我
-COGITO-
思

（德）西奥多·阿多诺　　瓦尔特·本雅明　著

刘楠楠　译

友谊的辩证法

阿多诺、本雅明通信集　1928—1940

GUANGXI NORMAL UNIVERSITY PRESS

广西师范大学出版社

·桂林·

友谊的辩证法：阿多诺、本雅明通信集 1928—1940
YOUYI DE BIANZHENGFA：ADUONUO、BENYAMING TONGXINJI 1928—1940

丛书策划：吴晓妮@我思工作室
责任编辑：叶　子　韩亚平
装帧设计：何　萌
内文制作：王璐怡

图书在版编目（CIP）数据

友谊的辩证法 ：阿多诺、本雅明通信集 ： 1928—
1940 / （德）西奥多·阿多诺，（德）瓦尔特·本雅明著 ；
刘楠楠译. -- 桂林 ：广西师范大学出版社，2022.8
　　（思无界）
　　ISBN 978-7-5598-4989-2

　　Ⅰ. ①友⋯ Ⅱ. ①西⋯ ②瓦⋯ ③刘⋯ Ⅲ. ①阿多诺
(Adorno, Theodor Wiesengrund 1903-1969)－书信集
②本亚明(Benjamin, Walter 1892-1940)－书信集 Ⅳ. ①B516.59

　　中国版本图书馆 CIP 数据核字（2022）第 080099 号

广西师范大学出版社出版发行

（广西桂林市五里店路 9 号　邮政编码：541004　）
网址：http://www.bbtpress.com
出版人：黄轩庄
全国新华书店经销
肥城新华印刷有限公司印刷
开本：765 mm×1 000 mm　1/16
印张：28　　　　　　　字数：320 千
2022 年 8 月第 1 版　　2022 年 8 月第 1 次印刷
定价：78.00 元

如发现印装质量问题，影响阅读，请与出版社发行部门联系调换。

译者前言

德国思想家阿多诺（Theodor W. Adorno，1903—1969）与本雅明（Walter Benjamin，1892—1940）之间的友谊一直为学界所津津乐道。他们二人于1923年在法兰克福相识，从1928年开始通信，直到本雅明1940年自尽，这期间始终保持通信往来。

遗憾的是，本雅明1933年被迫流亡法国时将所有书信留在了柏林的寓所里，这导致阿多诺在此之前写给本雅明的信件全部遗失。幸存下来的121封信件及明信片（本雅明写给阿多诺68封，阿多诺写给本雅明53封）按时间顺序完整地收录在了这本《通信集》里，没有任何删减。

一　轨迹

首先，本通信集记录了阿多诺与本雅明人生轨迹的殊途与交集。

阿多诺比本雅明小十一岁，二十岁那年认识了本雅明。1923年二人初识时，阿多诺在法兰克福读大学，本雅明则正准备在法兰克福撰写大学教授资格论文。这段时间，二人经常见面。阿多诺回忆道：

他（本雅明）在法兰克福生活期间，我们至少一周见一次，有可能更频繁。以后我们也经常定期见面，有时他来法兰克福，有时我去柏林。有一次我们好像还在意大利的那不勒斯见过，应该是1925年的事，不过我不能完全确定。我们在一起没有什么"目的"可言。所有四十年前的知识分子，大家聚在一起纯粹是为了聊天，谈论正在啃的那些理论。本雅明和我亦如此。我那时还很年轻，他毕竟比我大十一岁，所以我很自然地把自己当成接受者。我记得我总是痴迷地倾听他讲话，听完以后偶尔会提些问题。很快，他就把他还没发表的文章拿给我看，比如《论〈亲和力〉》……还有……《译者的任务》。[1]

阿多诺记忆里的本雅明拥有无穷的思想力，"没有任何一个讨论对象——即使是与哲学最不相干的话题——能逃过他的思想力"[2]。阿多诺认为，本雅明的哲学力量源于对所谓传统哲学对象的超越，他把哲学延伸到了"非哲学"的领域，即那些看似盲目和不经意的材料中。[3]与其他哲学家相比，本雅明的思想从不发生在概念领域，正因如此，"无概念"的思想内容在他那里得到了解放。他"仿佛用一把神奇的钥匙打开了不可破译之物，于是在不经意间，他不可调和地站在了以分类、抽象和宏大为本的一切官方哲学的对立面"[4]。

正是这种与正统哲学体系的不可调和性，最终导致了本雅明的大学教授资格论文《德意志悲苦剧的起源》以失败告终。事实上，本雅明选择写教授资格论文并不是完全自愿的，而是主要出于家庭的压力和经济

1　阿多诺:《追忆》（*Erinnerungen*），载于《阿多诺文集》（*Gesammelte Schriften*），卷20（1），第173—174页，苏尔坎普出版社，1986年。

2　同前，第174页。

3　同前，第174—175页。

4　同前，第177页。

上的无奈。本雅明来自富裕的犹太家庭，从小依靠父母过着相对阔绰的生活。但因 20 世纪 20 年代德国的经济状况开始恶化，再加上那时的本雅明已至而立之年，并建立了自己的小家庭，所以父亲要求他自食其力，除非"获得社会承认"，不然将终止对他的经济资助。于是，写教授资格论文便成了本雅明"获得社会承认"，以便从父亲那里继续得到经济资助的最好选择。可惜，当时的学界无法理解他那种独特的、"非正统"的前卫思想方式。教授资格论文没有通过，也就意味着他无法在德国大学立足。正是这条（非自愿的）正统学术道路的失败，让本雅明决心成为"自由文人"。

1928 年二人通信初始，本雅明作为自由撰稿人在德语文学评论界已经小有名气，而此时的阿多诺则刚刚经历了第一次教授资格论文的失败，正处在事业的迷茫期。不过比本雅明幸运的是，阿多诺的父亲愿意继续在经济上资助他。于是，在经过了第二次尝试以后，阿多诺的新论文《克尔恺郭尔：审美对象的建构》最终于 1931 年通过。随后，阿多诺被法兰克福大学聘为讲师，并开始了与《社会研究杂志》[1] 的长期合作。

从这里开始，二人的人生轨迹开始分道扬镳。阿多诺成功进入正统学术体系，而本雅明却游荡在"正统文学和学术机构之外的阵地"[2]。用俗话讲，他们可谓一个入世、一个出世，一个在体制内、一个在体制外。但如果从思想交流的角度来看，阿多诺则显然是二者中的"接受者"。比如从这一时期的书信中便可以看出，阿多诺的《剧院的自然史》（参见信 8）明显仿照本雅明的《德意志悲苦剧的起源》，他的歌剧剧本《印第安乔的宝藏》和短文《再次四手联弹》（二者均参见信 12）则显然是他在读完本雅明的《1900 年前后的柏林童年》以后对童年描写的尝

1　《社会研究杂志》是法兰克福社会研究所的理论刊物，由新上任的所长马克斯·霍克海默创办，阿多诺和本雅明均为该杂志撰过稿。

2　汉娜·阿伦特编：《启迪：本雅明文选》，张旭东、王斑译，第 42 页，生活·读书·新知三联书店，2008 年。

试。然而最明显的"思想借鉴"——这里仅根据本书而言，书中没有呈现的"借用"另当别论[1]——莫过于阿多诺的大学就职演讲稿《哲学的现实意义》，以至于二人共同的好友恩斯特·布洛赫严肃地质疑它的思想权归属问题，并让本雅明赶紧在信中声明，"有必要澄清版权这种我平时不想提的问题"（信5）。事实上，本雅明与阿多诺的思想交流始终是"单行道"：前者输出，后者接受。阿伦特和肖勒姆认为这是阿多诺师承本雅明的表现[2]，而当代学者则更多指责阿多诺对本雅明的"思想盗用"和"抄袭"[3]。

　　然而，自从本雅明的父母相继去世以后（参见信4），作为自由撰稿人的他只能卖文为生，收入非常不稳定，经常需要投靠朋友（参见信8）。1933年纳粹上台以后，本雅明开始了流亡法国的生活，这让他的经济处境每况愈下，甚至多次绝望地向阿多诺的未婚妻格蕾特[4]求助（参见信13）。自此以后，阿多诺与本雅明的通信便经常涉及如何在经济上资助后者并帮助后者筹款的话题。在阿多诺的坚持和帮助下，本雅明从1934年开始每月从法兰克福社会研究所——先是通过日内瓦分所，后来直接从迁至纽约的研究所——收到金额不等的津贴，有时还有额外补助。作为回报，本雅明不得不为研究所杂志撰稿，即使他对分派给自

1　比如阿多诺在关于克尔恺郭尔美学思想的大学教授资格论文中，就从本雅明的《德意志悲苦剧的起源》和《拱廊街》那里借用了大量的思想母题，但是在自己的文本中却没有对所借用的内容做出相应的标识，这导致肖勒姆指责它是对本雅明思想的"巧妙抄袭"。参见《本雅明、肖勒姆通信集》（*Walter Benjamin/Gershom Scholem: Briefwechsel*），第109页，苏尔坎普出版社，1980年。

2　参见《启迪》，第22页；G.肖勒姆：《本雅明：一个友谊的故事》，朱刘华译，第182页，上海译文出版社，2009年。

3　参见D.肖特克：《建设性碎片主义：本雅明著作的形式与接受》（*Konstruktiver Fragmentarismus: Form und Rezeption der Schriften Walter Benjamins*），第64—85页，苏尔坎普出版社，1999年。

4　格蕾特·卡普鲁斯（Gretel Karplus，1902—1993），婚后随阿多诺姓，与本雅明是好友，长年保持通信往来。本通信集收录了几封她与阿多诺共同写给本雅明的信件。

己的写作任务"完全不感兴趣"[1]。尽管如此，研究所的津贴——作为本雅明的主要收入来源——仍无法保障他在巴黎的基本生活。因此，除了研究所以外，阿多诺还尝试通过自己的家庭关系为本雅明筹款，可他的努力并没有带来令人满意的结果，倒是格蕾特始终默默地向本雅明汇款，为他救急。

经济上的窘迫让本雅明流亡期间的生活十分潦倒。幸运的是，本雅明与布莱希特的关系越来越密切，此时的布莱希特已流亡丹麦，经常邀请本雅明去斯文堡（Svendborg）长住；同时，本雅明的前妻朵拉·索菲在意大利的圣雷莫经营一个小旅馆，她不计前嫌，也经常收留本雅明在那里居住。于是，为了节省开支，本雅明在流亡期间经常往返于巴黎和这两个"避风港"。

与本雅明相比，阿多诺的命运要好很多。因为有父母的经济资助（参见信 57）和未婚妻格蕾特的支持，所以在纳粹上台以后，阿多诺先在法兰克福坚持了一年，后于 1934 年成功申请到在英国牛津大学继续哲学深造的机会。同时，他与《社会研究杂志》的合作也更加紧密，并对杂志上的文章有了决定权。这个新职能让二人之间的关系发生了微妙的变化，因为它让阿多诺摇身变成了《社会研究杂志》在本雅明面前的"守门人"。于是，阿多诺不仅有机会第一时间读到本雅明的最新作品，而且还有权对它们进行大量干预（从选题开始，一直到理论基础和文章最后的发表形式，阿多诺都插手过）。而本雅明在经济上对研究所的依赖让他越来越无法向阿多诺明确表达自己的立场。阿伦特曾指出，本雅明虽然从小就羞于与人打交道，但是他真正害怕的却只有那些让他有依赖关系的人。[2]阿多诺就是让他有依赖关系的人。二人之间这种不平等的关系在书信中多有体现。

1　参见《本雅明：一个友谊的故事》，第 199、205 页。
2　参见阿伦特 1968 年 2 月在 *Merkur* 杂志上连载的纪念文章《瓦尔特·本雅明》（*Walter Benjamin*），注释 3。其英文修订版作为导言在《启迪》上刊登。

　　1937 年底，本打算继续留在欧洲的阿多诺突然决定提前移民美国。这个"残酷的消息"对本雅明"简直就像晴天霹雳"（信 96）。后来当阿多诺在大洋彼岸的发展蒸蒸日上时，本雅明在巴黎却经历了一次又一次灾难性的打击。首先，纽约的研究所以削减开支为由暂停了对他的经济资助，这让本雅明再次陷入了经济危机；同时，他为《社会研究杂志》撰写的文章《波德莱尔笔下的第二帝国的巴黎》遭到了阿多诺严厉的批评和驳回（信 110）；再加上 1939 年他在法国讷韦尔拘留营里被关押了三个月（信 116），这一切让本雅明心灰意冷。1940 年 9 月 25 日，他在法西边境走投无路，最终选择了自杀。

　　事实上，本雅明并不是没有机会离开欧洲。1939 年意大利反犹立法公布以后，前妻朵拉曾经试图说服他一起移民英国；[1] 肖勒姆也始终坚持劝说和期待本雅明移居耶路撒冷。可是这些劝说都没有成功。即使对阿多诺让他来美国的建议，他都有些敷衍了事。因为他对英国和美国完全不感兴趣，甚至反感[2]，对去耶路撒冷又下不了决心。他经常说，他在美国唯一的用途恐怕就是被"马车载着到乡村四处游街，作为'最后一个欧洲人'展览示众"[3]。本雅明的心在法国，他的"拱廊街计划"只能在巴黎完成。于是，尽管对局势很早就抱有悲观态度，[4] 可他却一直留在巴黎，过着他笔下波希米亚式浪荡文人的生活；而对局势始终抱有乐观态度、坚信战争不会爆发的阿多诺（参见信 20、103 和 112）却早早移民去了美国。他们二人不同的人生轨迹，除了命运的捉弄，也是性格使然。

1　参见《本雅明：一个友谊的故事》，第 216 页。

2　同前。

3　《启迪》，第 37 页。

4　本雅明 1934 年就写道："危机将至，这是肯定的——结果则难料。"（参见信 22）

二　性格

　　通过书信，读者可以明显感受到二人性格的鲜明差异。阿多诺写信的语气直接干脆，做事雷厉风行，有时甚至有咄咄逼人之感；而本雅明则语气含蓄，唯唯诺诺，表达方式迂回，做事也总是犹豫不决。在评论阿多诺的《〈格奥尔格、霍夫曼斯塔尔通信集〉书评》时，本雅明这样写道："看来与对方争夺文学地位是这本通信集的基本动机，而攻击方似乎始终是格奥尔格。"（信 118）这句话其实对本雅明与阿多诺的通信也适用，只不过这里的攻击方始终是阿多诺。

　　德国学者肖特克（Detlev Schöttker）曾经概括过阿多诺"攻击"本雅明的方式。他认为阿多诺经济上的优越感和思想上企图利用本雅明的"不良"动机主要体现在三种表达模式上。首先，阿多诺总是借"思想同盟"之名，指责本雅明与布莱希特的友好关系。[1] 比如，当本雅明 1934 年第一次去丹麦拜访布莱希特时，阿多诺中断了与他的通信长达半年之久，并且后来还明确承认，"整个分歧与布莱希特这个人物以及您对他的赞赏有关"（信 23）。此后阿多诺在书信中多次警告本雅明，假如"布莱希特影响到您的写作，将会是一场灾难"（信 31）。其次，肖特克认为阿多诺在思想上有明显的自卑心理，这让他每次读到本雅明的最新作品时，总是倾向于表现出比本雅明领先一步的姿态，自称早就有过类似的想法，只不过本雅明不知道而已——就像格林童话里和兔子赛跑的刺猬，总是欺骗兔子说"我已经到啦！"（Ick bün all hier！）。[2] 这种表达模式在通信集中随处可见。比如他在读完本雅明的《拱廊街提纲》时的表述就非常典型："另一个类似的巧合是城市向

1　参见《建设性碎片主义：本雅明著作的形式与接受》，第 67 页。

2　参见同前。

农村转化的理论，我以前没读到过您这方面的讨论。您不知道，这一理论恰好是我在一篇评论莫泊桑的未完成的文章里提出的中心论题（假如我现在能找到材料，一定会把相应的段落全部拿出来与您分享）。"（信33）类似的表述比比皆是。最后，阿多诺总是把本雅明思想中的社会学取向归咎于布莱希特的"不良影响"，并对它进行攻击。[1] 比如他在批评本雅明的《机械复制时代的艺术作品》时如此写道："至于我们的理论分歧，我的感受是，它其实并不存在于我们之间，相反，它是对我的提醒，让我牢牢抓紧您的胳膊，直到布莱希特的余晖最终沉入异域的水底。请您本着这一精神理解我的表述。"（信47）

阿多诺的"攻击"最终变成对本雅明写作的直接干预，《波德莱尔》的创作史（参见信110—113）就是这种干预的典型体现。值得一提的是，本雅明并不是阿多诺个人意志的唯一被强加者，对另外一位好友——克拉考尔——的写作，阿多诺也同样趾高气扬地擅自修改和重写过（参见信103和104）。

与阿多诺的盛气凌人相比，本雅明则显得谨言慎行。他的反应总给人一种含蓄和唯唯诺诺的感觉，"几乎是中国式的谦恭有礼"[2]。本雅明从未指责过阿多诺对自己思想的"借用"，偶尔提起时，语气也相当委婉。譬如他的典型表述是："我期待有机会能在您的文本里畅游，并在里面四处寻觅我自己的思想痕迹。"（信102）在评论阿多诺的《曼海姆》时他这样写道："我在这些表述中看到更多的，是我自己的思想被如此娴熟地运用，令我从中感受到全新、原创的观点。"（信67）甚至在面对阿多诺"巧妙抄袭"的大学教授资格论文时，本雅明也只是含蓄地评论道："因此，还是有可被视为'合作'的地方，有些词句放在一个人这里合适，放到另一个人那里也适用。"（信10）只有在针对阿多

1　同前，第67—68页。

2　S.桑塔格：《〈单向街及其他作品〉英译本序言》，载刘北成：《本雅明思想肖像》，第284页，上海人民出版社，1998年。

诺的学生斯滕贝尔格时，本雅明才终于直截了当地指出后者对自己的抄袭行为（信 102）。不过，这时的斯滕贝尔格已经与阿多诺脱离了师生关系；在他还是阿多诺的学生时，本雅明并没有向阿多诺表明过任何立场。反倒是阿多诺早早为自己的学生辩护（信 23），甚至在斯滕贝尔格投靠纳粹以后，还继续为自己曾经的立场狡辩（信 74）。

诚然，本雅明对待阿多诺的态度在一定程度上受制于他自己对研究所的经济依赖。但是另一方面，他含蓄委婉的表达方式也与他身上的"土星性格"有关。本雅明曾经在自传性短文《撒旦天使》中形容自己的星宿是土星[1]，这个"旋转缓慢、迂回拖延的星球"让人"冷漠、犹疑、迟缓"[2]。在阿多诺的记忆里，本雅明身上"没有人与人之间通常意义上的亲近与温暖……仿佛他如死人一般讲话，为的是能清醒、平静地看待生者无法认识到的事物"[3]。本雅明很少提及自己的私生活，对政局也鲜有公开议论。这让他显得很神秘，以至于阿多诺完全可以想象他是个"头戴高帽、手拿魔杖"的"魔术师"[4]。

本雅明的书信经常给人一种犹豫不决的印象，有时甚至连何时写信他都要思前想后。他曾经向阿多诺承认："我内心深处始终更接近于一种等待、踟蹰的方式。"（信 32）这也解释了本雅明为何对踱步于巴黎的 Flâneur（中文大多译为"游荡者"或者"闲逛者"，有游手好闲、浪荡子之意）情有独钟。他的犹豫不决也体现在对犹太神学和马克思主义的摇摆不定上，正如他的《论卡夫卡》，"一面是写给布莱希特看的，一面是写给肖勒姆看的"[5]。然而，在阿伦特看来，这种在犹太神学和

1　参见本雅明：《撒旦天使》（*Agesilaus Santander*），载于《本雅明文集》（*Gesammelte Schriften*），卷 6，第 521 页，苏尔坎普出版社，1985 年。

2　参见本雅明：《德意志悲苦剧的起源》，李双志、苏伟译，第 182 页，北京师范大学出版社，2013 年。

3　《追忆》，第 176 页。

4　同前。

5　《本雅明：一个友谊的故事》，第 200 页。

马克思主义之间的左右摇摆其实源于本雅明的"一个苦涩见解",即他认为这两种救赎都是"虚假"的,"不符合现实",无论它们的"标签是莫斯科还是耶路撒冷"。[1]于是,迟缓固执的本雅明"在绝望的困境中安顿了下来",以等待、踌躇的方式将自己的作品"保存了下来,以待未知的将来"。[2]事实证明,未来的读者更愿意向他的作品敞开怀抱;后世对其著作的接受,证实了他的预见。由此可见,本雅明身上的"土星性格"最终契合了他笔下的"忧郁者"[3]气质。正如他的"新天使"[4],本雅明将他忧郁的目光投向了人类进步历程中的废墟残骸。

三　分歧

关于阿多诺与本雅明之间的思想分歧,中外学界已经讨论过很多。笔者在这里仅从本通信集出发,略述一二。

不少学者习惯称二人的思想分歧为"论战"。其实这种说法并不准确,事实上,二人之间连"争论"都谈不上。因为不管论战还是争论,都需要你来我往,双方互相表达自己的不同观点。然而,在阿多诺和本雅明这里,主动"争""战"的只有阿多诺一人;本雅明在面对阿多诺的攻击时——出于经济和性格的原因——大都妥协,即使无法妥协,他的言辞也远不及阿多诺的激烈,而更多是用含蓄的、外交式的口吻为自己的观点辩护或者"自白"。因此,整个过程给人的直观感受是一方明显压倒另一方,特别是在批判《波德莱尔笔下的第二帝国的巴黎》的时

1　《启迪》,第 54 页。

2　同前。

3　参见《德意志悲苦剧的起源》,第 174 页。

4　《新天使》(*Angelus Novus*)是保罗·克利的一幅小画,本雅明非常喜欢并收藏了这幅画,而且还多次在自己的作品中评论过它。

候，阿多诺更是把霍克海默和社会研究所搬了出来，这让本雅明更加没有"反击"的余地。

从通信集的记录来看，二人的主要思想分歧在于：阿多诺极力主张唯物辩证法，而本雅明后期则试图寻找一条直观、具体、直接指向实践的唯物主义思考方式，布莱希特称之为"朴素的思考方式"（das plumpe Denken）。针对本雅明的写作，阿多诺贯穿始终的一个核心批评点是它们"缺乏中介"，"不够辩证"。无论是《卡夫卡》里的神话母题（信 27），《机械复制时代的艺术作品》中的自律艺术（信 47），还是《拱廊街提纲》中远古与现代的关系（信 39），阿多诺都指摘它们的"远古化"和"非辩证"倾向："在非辩证的神话目光下"，辩证法停滞"凝固了"。他对《波德莱尔》一文的尖锐批评则更是直接具体地落到了"中介性"的问题上。阿多诺在致信本雅明时严肃指出："您的辩证法缺少一样东西：中介。……您将上层建筑领域中的个别显著特征直接、甚至因果式地与下层基础的相关特征联系到一起，以对它进行'唯物主义'转向，我认为这种方法是不成功的。……对文化特征的唯物主义界定只有通过社会总过程的中介才可行。"（信 110）他直言不讳自己对"这种具体性及其行为主义特征"的"厌恶"，并把这种"无中介的唯物主义"称为"人类学唯物主义"，吁求本雅明将思想焦点转移到"辩证意象"的理论阐述上来。

这就引向了阿多诺对本雅明的第二个核心批评点：对直接性（Unmittelbarkeit）的诉求。本雅明喜欢"让组合在一起的材料自己说话"（信 31），因为他关注的不是理论观念，而是具象。但正是这种"脱离"理论、贴近现实的处理方式，让阿多诺对《波德莱尔》十分不满。他在信中一上来就直言批评道："这一切都没有得到理论阐释——它们难道是可以耐心等待解读、不会被自身灵晕消耗殆尽的'材料'吗？"（信 110）阿多诺认为这种直接性的背后"隐藏着极深的浪漫主义元素"，并批评它是"无政府的浪漫主义"（信 47）。由此，他将批判的矛头指向了布莱希特。实际上早在第一次对本雅明公开表示不满时，阿多诺就将整个分歧归咎到了布莱希特身上（信23）。面对本雅明对布莱希特——特别是他对布莱希特式的直接指向实践的朴素思想——的欣赏，阿多诺始终"无法苟同"，并且极力反对。在这里，他很自然地将讨论上升到政治的层面，目标则指向了无产阶级在历史进程中的作用以及知识分子与无产阶级的关系问题。阿多诺认为，本雅明在《机械复制时代的艺术作品》中对可复制的艺术，即以电影为代表的大众流行艺术的肯定，在政治上意味着"突然相信无产阶级具有一种能力，这种能力根据列宁思想只能通过作为辩证主体的知识分子的理论灌输才能获得"（信47）。于是，他要求本雅明"彻底清除布莱希特的影响"，"根除一切对真正无产阶级的真实意识的呼吁"，因为无产阶级"在资产阶级面前其实除了有革命的兴趣以外，无半点儿优势可言，甚至还完全继承了资产阶级特征的残骸"。（参见信47）因此，对阿多诺而言，知识分子的职能应该是"有认知地、摆脱一切认知禁忌地与无产阶级保持团结，而不是总想把我们自己的缺失变成无产阶级的美德——他们其实有同样的缺失，他们需要我们的认知就像我们需要他们搞革命一样"（信47）。由此可见，与本雅明的朴素思想相对立的，是阿多诺的精英主义倾向。

值得一提的是，这一分歧同时也反映在二人理论导向的差异中。阿多诺关注的是纯哲学领域，本雅明后期则更倾向于历史社会学的范畴，这也是《波德莱尔笔下的第二帝国的巴黎》令阿多诺如此动怒的根本原因。作为"拱廊街计划"的主要推动者，阿多诺一心希望本雅明能把它写成一部"第一哲学"的伟大巨著。早在1934年本雅明决定继续拱廊街研究时，阿多诺就明确表明了自己的哲学立场：

> 您知道，我确实从拱廊街计划中看到了第一哲学的样子，
> 这是交付给我们的使命，如果您在经历了漫长痛苦的压抑以后

能够完成这样一项庞大的研究计划，这便是我最大的心愿。如果我能为您的这项研究带来一丝希望的话——请不要以为我自以为是——那么这将是：首先，论文应以最激进的命题毫无保留地实现它所蕴含的一切神学内容和字面意义（不要顾及布莱希特所谓无神论的异议，它也许可以作为神学的反面被我们拯救，但绝对不能接受！）；其次，鉴于论文的哲学意图，它应尽量避免与社会理论的外部交流。（信 23）

从这段话看，阿多诺的立场非常明确：拱廊街计划应当本着第一哲学的原则进行；它既要排除布莱希特的影响，又要避免迎合研究所——作为出资方——的社会学理论导向。可惜本雅明的回信没能被完整保留下来，所以无从了解他对阿多诺的回应。但是从他后来提交的《拱廊街提纲》来看，本雅明并没有遵从阿多诺的意愿往纯哲学的方向写，以至于阿多诺再次致信警告他："提纲里有历史社会学的痕迹。……但坦率地讲，希望您不要责怪我，我认为您的拱廊街计划不是历史社会学研究，而是您独特意义上的第一哲学。"（信 31）同时，阿多诺还借"盟友"之名继续向本雅明施压："我把拱廊街计划不仅看作您个人哲学的核心，更是把它视为当今哲学的决定性话语。"他一厢情愿地把本雅明的历史社会学倾向归咎于本雅明因生活所迫而对社会研究所的妥协。（信 31）

面对阿多诺咄咄逼人的警告，本雅明的回应却非常含糊暧昧。他在感谢阿多诺的同时，首先表明了自己与社会研究所的关系，并向阿多诺保证《拱廊街》没有受到研究所"异质因素"的影响。通过向阿多诺解释拱廊街计划的形成史，本雅明拐弯抹角地暗示了自己其实仍在以"等待、踌躇的方式"寻找《拱廊街》的最终书写形式。至于阿多诺追求的"伟大的哲学著作"，本雅明也只是婉言回避，暗自与之保持距离："我不觉得这个表述［即'伟大的哲学著作'］是最妥当的。您也知道，我

在这里最关切的是'19 世纪的史前史'。"（信 32）

也许正是因为本雅明始终未能向阿多诺明确地表明自己的立场，所以在收到脱离理论阐释、罗列社会历史具象的《波德莱尔》时，阿多诺无法掩饰对它的"失望"。另外，他无视本雅明的暗示，一味认为这篇文章是本雅明为了把理论阐释留到最后而强加给自己的"克制原则"的产物。面对阿多诺劈头盖脸的批评，在巴黎生活困顿的本雅明开始还试图做出无力的辩护，后来却完全妥协了。（参见信 111 和 113）他遵照阿多诺的意见，全面修改了第二个章节，以《论波德莱尔的几个母题》为标题发表了这个章节的修订版，而他原本内容更加丰富的《波德莱尔笔下的第二帝国的巴黎》直到 1974 年才得以面世。于是，正如阿伦特所说的，阿多诺"战胜"了本雅明。对于自己的胜利，阿多诺也毫不掩饰，他写信告诉本雅明："如果我先前有时会因为我的吹毛求疵而感到内疚，那么，现在内疚则转化成了沾沾自喜，这是您的责任——咱们的写作成果现在就是如此辩证。"（信 117）

四　友谊

学界只要一提到阿多诺与本雅明之间的关系，就会不由自主地说长道短。有人赞叹这两位 20 世纪伟大思想家之间的惺惺相惜，也有人指责阿多诺对本雅明的背叛与剽窃。笔者在这里也没能免俗，说三道四了不少。尽管如此，笔者还是希望这篇对逝者"评头论足"的导读能够帮助读者，从一种辩证的视角阅读他们之间的友谊故事。

本雅明一生中结交过许多当时（或者后来）的文化名人，但被学界议论最多的莫过于三段相互对抗的友谊，它们的另一端分别是肖勒姆、阿多诺和布莱希特。本雅明曾经形容自己具有"雅努斯的双面性"（Janusgesicht），这三段友谊恰好生动地体现了他的"两面性"；或许应该更准确地说,正是他的"两面性"促成了他与以上三位人物的友情。

本雅明的"两面性"主要体现在他在犹太神学思想和马克思主义世界观之间的纠结与挣扎。如果说肖勒姆和布莱希特分别代表了犹太神秘主义和无产阶级革命的两个极端,那么阿多诺恐怕是他们当中唯一认识到神学范畴对本雅明的马克思主义思想具有重要意义的人,尽管肖勒姆嘲笑阿多诺的神学认识"具有世俗性","不够深刻"。[1] 犹太复国主义与共产主义实际上是 20 世纪初摆在德国(特别是年轻)犹太知识分子面前的两条路,也是能让他们逆抗时代、走出困境的选择,这是当时多数犹太知识分子的认知。关于"犹太问题"和这两种选择,汉娜·阿伦特已经做出了极好的解释,这里不作赘述。感兴趣者可以参考她的著名文章《瓦尔特·本雅明:1892—1940》[2]。

事实上本雅明与阿伦特以及阿多诺都有亲戚关系。[3] 阿伦特在 30 年代流亡巴黎时期与本雅明来往密切,而且还在本雅明一贫如洗的时候在经济上救助过他。阿伦特自始至终怀疑阿多诺对待本雅明的态度,并且在本雅明死后曾强烈谴责过阿多诺对他的背叛。[4] 相反,她对待布莱希特和肖勒姆的态度却没有这样激烈。在布莱希特和本雅明之间,她看到的是"旷世奇缘的友谊","在世的最伟大的德国诗人与当时最重要的批评家的际会"。[5] 至于肖勒姆,阿伦特则称赞他对本雅明"不渝的忠诚",和他"在与本雅明相关的所有事情上可敬的宽宏大量"[6]。然而,在针对阿多诺时,阿伦特的指责有两点:第一,本雅明在经济上对社会

1　参见《本雅明:一个友谊的故事》,第 209 页。

2　参见《启迪》,第 21—68 页。

3　阿伦特与本雅明的堂弟君特·安德斯(Günther Anders)有过一段婚姻;本雅明的表弟埃贡·维辛(Egon Wissing)与阿多诺的妻妹里斯洛特·卡普鲁斯(Liselotte Karplus)是夫妻。参见本通信集第 101、102 号。

4　参见《瓦尔特·本雅明》,*Merkur*,1968 年 2 月刊。

5　参见《启迪》,第 33—34 页。

6　同前,第 34 页。

研究所的依赖——这其实要归功于阿多诺——让他对阿多诺和霍克海默等人不得不"俯首听命"[1]；第二，作为本雅明一生中唯一的"弟子"，阿多诺不仅在本雅明生前"战胜"了他，在他死后亦如此。[2]正是这种富有张力的关系构成了他们之间友谊的"两面性"，它像一股暗涌始终流淌在二人的通信中。

尽管当代学者对阿多诺在这段"友谊"中扮演的角色褒贬不一，但不可否认的是，在阿多诺的推动下，法兰克福社会研究所的确成为本雅明流亡时期的"救命稻草"[3]，而且本雅明去世前也的确把自己的遗稿托付给了阿多诺。

关于本雅明这三段令人津津乐道的伟大友谊，肖勒姆撰写的《本雅明：一个友谊的故事》有专门的记述，其中文版已于 2009 年发行，阿伦特的纪念文章也在《启迪》2008 年的中文版里面世。本通信集则首次向中文读者全面、立体、真实地展现阿多诺与本雅明之间的辩证友谊和思想碰撞，以填补这方面的空白。

五　书信

在信息高度发达的今天，书信这种交流形式早已离我们远去，取而代之的是各种令人眼花缭乱的实时电子媒介。其实在阿多诺和本雅明生活的年代，书信就已经是一种"过时"的交流方式了，它逐渐被更快捷的电话、电报、广播等"先进的"交流媒介取代。尽管如此，本雅明依

1　同前。

2　在本雅明生前，阿多诺决定他的文章能否在《社会研究杂志》上发表；在本雅明死后，阿多诺将他的遗稿视为"私藏"，掌控它们的出版权和阐释权。参见《瓦尔特·本雅明》，*Merkur*，1968 年 2 月刊，注释 3。

3　参见《本雅明：一个友谊的故事》，第 200 页。

旧坚持使用这种"传统"的交流方式，终生保持写信的习惯。阿多诺曾经评论本雅明是"一位伟大、狂热的写信人"[1]。即使当时打字机早已取代了手写，但是只要条件允许，本雅明仍然坚持手写自己的信件。写信对他来说近乎一件具有仪式感的事情，这种仪式感甚至渗透在了他的用纸和笔迹上。[2]不仅如此，本雅明还是一位狂热的读信人和书信收集者。他深谙18、19世纪的德语书信文化，并编撰过一本巧妙地抨击德国纳粹主义的书信集，名为《德意志人》[3]，此书对后世影响深远。

　　书信作为一种书写形式，充溢着私人领域与公共领域、个人与客观、个体与时代的辩证性。首先，书信具有私人性。它记录个人的生活和思想轨迹，在一定程度上具有"传记"的性质，因此可以让写信人在读者面前变得有血有肉、实在立体。通过书信，读者可以感受到写信人的性格修养、语言风格和待人处世的方式。尽管不能保证在任何情景下都具有真实性，书信依然能将写信人的个人形象——有时是写信人自我塑造的形象——展示给读者。

　　其次，书信具有重要的历史文献功能，它能在客观认知的层面上让读者了解超越个体的时代与社会政治文化背景。在这个意义上，书信也是一种历史见证，"为历史风景提供了可塑性"[4]。从宏观上讲，它可以见证某一个时代；从微观上讲，它可以记载某个阶层、某个派系或者某个小圈子的人际关系网和内外部斗争史。这些错综复杂的关系既是时

1　阿多诺：《写信人本雅明》（*Benjamin der Briefschreiber*），载于《阿多诺文集》，卷11，第584页，苏尔坎普出版社，1974年。

2　同前，第584—585页。

3　本雅明1936年用化名Detlef Holz出版了书信集*Deutsche Menschen*。正如该书的献词"显而无名／卓而无华／尊而无彰"，本雅明通过编辑和点评18、19世纪"德国人"（有名人，也有普通市民阶层）的书信，向读者展示了自由、宽容和友爱的德意志人之面貌，并以此从侧面抨击了德国当时的政治状况。该书的中文本参见《德意志人》，范丁梁译，北京师范大学出版社，2014年。

4　参见信118。

代的产物，同时又建构了那个时代的历史文化特征。具体到这本集子，读者不仅可以通过阿多诺、本雅明二人的通信感受犹太知识分子在纳粹时代的欧洲的悲惨境遇和他们之间的互帮互助，而且还能从他们笔下了解到二人关系网的交集，以及他们对"友人"（比如布洛赫、克拉考尔、肖勒姆、曼海姆、马尔库塞等）或者对各自的"敌人"（特别是阿多诺眼中的布莱希特）的态度与评价。

最后，同时也是最重要的，书信可以记录某一部著作或者某一个思想的创作和形成史。它为写信人提供了重要的自我反思、自我理解和与他人进行思想对话的媒介。因此，书信允许读者窥见作者的"工作坊内部"[1]，从而进入其思想创作的内在逻辑。本雅明很早就认识到了书信的重要性。他反对将书信单纯视为提供实证"证据"和信息"来源"[2]的辅助性文本。对他而言，这种做法的恶劣后果是可疑的"窥探癖"，目的只是为了"窥视帷幕后的作者"[3]。相反，本雅明更愿意视书信为一种独一无二的文体，本身就具有无可比拟的认知价值。他曾经写道，伟大的书信能够散发"史诗般的甜蜜"[4]，在语言和意义上不逊色于其他类型的文本。因此，书信在勾勒时代面貌的同时，也能凸显思想的风景。如果从本雅明自己对书信的态度出发来看，那么他与阿多诺的通信就不能被单纯理解为其主要著作的"副文本"。这些通信更是二人思想结晶和碰撞的中心，是他们反思与对话的首要场所。正如他们在通信中围绕《论卡夫卡》《机械复制时代的艺术作品》、拱廊街计划和《波德莱尔》的讨论与分歧，已经无法脱离这些著作，进入到了它们的影响史。

1　参见本雅明：《著作与遗稿（校勘评注完整版）》（*Werke und Nachlass. Kritische Gesamtausgabe*），卷 10，第 38 页，苏尔坎普出版社，2008 年。

2　同前，卷 9（1），第 506 页。

3　同前。

4　同前，卷 13（1），第 57 页。

巧合的是，本雅明写给阿多诺的最后一封长信（信118），恰恰与书信评论有关。当时阿多诺为刚刚出版不久的《格奥尔格、霍夫曼斯塔尔通信集》试写了一篇评论，本雅明对此在信中发表了他自己的意见。阿多诺的书评和本雅明对书评的评论，为如何通过书信集解读文学或思想巨擘之间的辩证友谊，提供了一种阅读范式。

六　结语

本通信集译自德语原文，所依据的版本是德国苏尔坎普出版社发行的 *Theodor W. Adorno / Walter Benjamin: Briefwechsel 1928—1940*。笔者在翻译过程中保留并翻译了此版的注释，并加注了部分内容，以译者注的方式标注出来，希望有助于读者阅读。笔者发现，在众多的人物注释中，女性人物经常被德语编者一笔带过。为了做到"男女平等"，笔者通过注明生卒年、职业等信息，尽量让这些女性人物的形象也同样饱满。

尽管笔者非常欣赏本雅明本人的翻译观，但是要在实践中运用它，却很难做到，因为它指向的是语言哲学思辨，而不是为翻译实践提供实用指南。因此，虽然听起来有些像老生常谈，但笔者仍认为"信、达、雅"乃最符合本书情况的翻译原则。所以在翻译过程中，笔者以"信"为本，尽量做到"达"。至于"雅"，鉴于笔者能力有限，再加上大家对"雅"的理解多有不同，所以不敢企及。另外，为了译文的流畅，译者们习惯将原文不通顺的地方讲通顺，将原文有歧义的地方解释清楚。若想做到保留原文的歧义性，译者则需要极大的勇气，冒被指摘的风险。可惜笔者并没有足够的勇气完全保留原文的含混性，而是有时为了"达"，稍微填平了一些磕绊的表述，于是对原文便有所"不忠"。尽管如此，笔者还是试图将阿多诺、本雅明二人不同的语言气质尽量呈现给读者。能力不足之处，望读者见谅。

最后感谢广西师范大学出版社我思工作室的耐心与支持。

刘楠楠

2022 年春，普林斯顿

CONTENTS

目 录

辑三　1935—1936

辑六　1938—1939

辑　一

1928—1933

1　本雅明致阿多诺

1928 年 7 月 2 日

柏林，Grunewald，Delbrück 路 23 号

亲爱的维森贡德先生 [1]：

很高兴收到您友好的来信 [2]，期待拜读您的《舒伯特》[3]。您信里暗示的应该是这篇文章吧。希望它已经圆满完成。我能提前拜托您把手稿也寄给布洛赫吗？[4] 跟他一起拜读您的文章会让我受益匪浅。

您在柏林期间对我的好友阿尔弗雷德·科恩表现出的友好与关心，让我觉得有必要向您汇报一下他的近况。他所在的公司濒临破产，所以他自己的职位也难保。虽然还没有正式宣布，公司破产仍是商业机密，但如果朋友们不能成功挽救的话，今年 10 月份他的情况将会相当严峻。因此我也想出一份力，而我能做的就是再跟您提起他。柏林这边没有办

1　阿多诺的父亲姓维森贡德（Wiesengrund），母亲姓阿多诺（Adorno）。阿多诺原本随父姓维森贡德，后为满足母亲的愿望，改为复姓维森贡德-阿多诺。因此阿多诺的早期著作均署名维森贡德或者维森贡德-阿多诺。逃亡美国后，他才开始使用 W. 阿多诺这个名字。译者注。

2　阿多诺在 1933 年以前写给本雅明的信件全部留在本雅明在柏林的最后一个住所里。后因本雅明于 1933 年 3 月被迫离开德国逃亡法国，这些信件全部遗失。

3　阿多诺的《舒伯特》一文原载于 1928 年 10 月的《音乐》杂志，后被收入德国苏尔坎普出版社的《阿多诺文集》，卷 17，第 18—33 页。该文的手稿已遗失。

4　恩斯特·布洛赫与本雅明早在 1919 年就相识了。1928 年 2 月布洛赫通过阿多诺本人了解到其《舒伯特》一文的提纲和笔记，并给了他极大的鼓励。

法，我自然理解。您估计法兰克福那边有可能吗？[1]

我知道，只要您能成功用一下自己的朋友圈和影响力，便足矣。

很不好意思开口请您帮忙，而我自己却显然还没有请卡普鲁斯小姐[2]到我这里来。但这与健忘无关，而是近几个星期的工作和各种事情积压在一起[3]，我觉得太仓促，所以才没跟卡普鲁斯小姐联系。

一旦情况好转，我希望您很快能从她那里听到我的消息。

致以最诚挚的问候！

您的
瓦尔特·本雅明

1　阿尔弗雷德·科恩（Alfred Cohn，1892—1954）是本雅明的同窗和儿时好友。科恩是一名商人，从 1928 年初开始，本雅明就在努力为他另寻出路。阿多诺和他后来的妻子格蕾特分别曾在法兰克福和柏林——即本雅明信里提到的"柏林这边"——出力相助，但均未果。

2　指格蕾特·卡普鲁斯，她后来成为阿多诺的妻子。她于 1928 年初与本雅明相识。

3　本雅明提到的"工作"可能是指他为《苏联大百科全书》撰写的"歌德"词条。参见苏尔坎普出版社的《本雅明文集》，卷 2（2），第 705—739 页。"各种事情"可能是指本雅明在计划去巴勒斯坦和与前女友阿西娅·拉西斯（Asja Lacis）重归于好之间的犹豫不决和摇摆不定。参见肖勒姆的《本雅明：一个友谊的故事》。母亲的中风让本雅明的个人处境更加困难。

2 本雅明致阿多诺

1928 年 9 月 1 日

柏林，Grunewald，Delbrück 路 23 号

亲爱的维森贡德先生：

这么久没跟您联系，实在是没有借口。所以请将这封短信当作我的解释。但首先我想衷心地感谢您寄来的手稿。[1]

我拿到手稿的时候正好布洛赫也在。他迫不及待地想带回家阅读，所以我极不情愿地把手稿先给了他。可后来发生了些事情，布洛赫突然离开了柏林，导致他没能研究您的文章，也没能把手稿还给我。

所以手稿几天前才又回到我手上。因为我不想急匆匆地阅读《舒伯特》，这会让我错上加错，所以决定通过这封信告诉您，一个星期以后您会收到我对这篇文章的看法，以及不那么正式的感谢。

让我把糗事一并说完：《文学世界》编委会对我为"格奥尔格[2]特刊"

---

1 本雅明从阿多诺那里收到了两份手稿，它们分别是《舒伯特》和警句格言系列《母题 III》，本雅明收到的手稿标题可能是《新格言》。这两篇文章分别收录在《阿多诺文集》，卷 16，第 263—265 页，及卷 18，第 15—18 页。

2 斯特凡·格奥尔格（Stefan George，1868—1933），德国 20 世纪初最重要的诗人之一。他的早期作品崇尚"为艺术而艺术"。后来一些趣味相投的诗人、作家和学者围绕着他形成了当时在德语文坛举足轻重的"格奥尔格圈"。早在学生时代，本雅明就曾认真研读过格奥尔格的诗作，成名后还专为他写过评论。译者注。

向您征稿的建议响应热烈。[1] 他们向我保证马上向您邀约。所以我草率地以为事情这就算办完了，而并未想到杂志社竟如此疏忽大意。在这件事上我也向您道歉。

希望今后更加顺利！

诚挚的问候！

您的

瓦尔特·本雅明

万分感谢您为我的朋友所做的一切。[2] 因为事情还没结束，所以我可能还会再跟您提这个事儿。

1　为庆祝斯特凡·格奥尔格六十大寿，罗沃尔特（Rowohlt）出版社发行的周刊《文学世界》组织了一次调研，调研结果刊登在了 1928 年 7 月 13 日的那期杂志上。本雅明显然试图帮助阿多诺加入这个调研圈。关于"格奥尔格特刊"以及本雅明在特刊上发表的文章，参见《本雅明文集》，卷 2（2），第 622—624 页，以及卷 2（3），第 1429—1430 页。

2　"我的朋友"指本雅明的好友阿尔弗雷德·科恩。详见上一封信。阿多诺为科恩具体做了什么，不详。

3　本雅明致阿多诺

1930 年 3 月 29 日

柏林，Friedrich Wilhelm 路 15 号 III

亲爱的维森贡德先生：

请原谅我有事相求。您曾经向我提起过几位评论过克劳斯 [1] 的作者，可是其中一位作者的名字我不小心忘记了。[2] 记得您提这个名字的时候我还挺惊讶的。我记住的名字有：Liegler，Haecker，Viertel ——然后还有一个名字。如果我没记错的话，您说他是克劳斯的学生。

您能尽快寄一张卡片告诉我吗？

衷心感谢您！

您的

瓦尔特·本雅明

1　卡尔·克劳斯（Karl Kraus，1874—1936），奥地利著名作家、语言学家和文学评论家。本雅明曾写过关于克劳斯的评论。译者注。

2　除了这封信里提到的名字，本雅明在克劳斯评论里还引用了 Robert Scheu 和 Otto Stoessel。他的《卡尔·克劳斯》一文收录在《本雅明文集》，卷 2（1），第 334—367 页。本雅明询问的是否是上述两位作者中的一位，不详。

◁　本雅明致阿多诺

1930 年 11 月 10 日

柏林，Wilmersdorf Prinzregenten 大街 66 号

亲爱的维森贡德先生：

　　我母亲几天前去世，[1] 所以给您的回信有些耽搁。很抱歉这封信我写不了太长。虽然您在信里提到的很多事情我都想一一详细回复，可眼下积压的工作实在太多。[2] 您对我给法兰克福建议的主题[3]提出的异议，与我自己的顾虑不谋而合。这让我更加乐意采纳您的表述："关于文学批评的哲学"。我这几天就给霍克海默写信。[4] 如果您能马上告诉他这个新的主题形式，并同时告知他，由于家里的丧事我非常希望能把报告的时间推迟到圣诞节以后——大约 1 月中旬，那就再好不过了。

1　本雅明的母亲于 1930 年 11 月 2 日去世。

2　"积压的工作"是指本雅明计划与布莱希特和赫伯特·伊林（Herbert Ihering）一起，共同创办一份名叫《危机与批评》的杂志。本雅明的杂志备忘录里有一份未来合作人员的名单，阿多诺的名字也在名单上。参见《本雅明文集》，卷 6，第 619—621 页。

3　本雅明有可能在霍克海默的邀请下给法兰克福社会研究所做一场报告。可惜这一计划似乎并未实现。

4　可惜并没有保留下来任何本雅明这段时间写给霍克海默的信。

您对《老古玩店》的些许坚持，[1]终于战胜了我出于外在因素的犹豫——我已经沉迷于这本书好几天了，估计您听到这个消息会心满意足的。知道您是如何阅读这本书的，让我有种在黑暗的走道里被人提灯引领的感觉。我看到了不可思议的纹理在发光。

我多么希望能用写作的方式让您感受到我与布莱希特最近碰面后的深入交流[2]，因为交流中迸发出的火花还没有传到您那里。但是我一直指望的《法兰克福报》——我本想在那里发表一篇论凯斯特纳的文章[3]——却不怎么顺利。他们明显瞻前顾后。

我读了柯尔施的《马克思主义与哲学》。在我看来，它是正确道路上的无力蹒跚。

请尽快让我听到关于您论文[4]的好消息。布莱希特下次来我这里的时候，我会把卡普鲁斯小姐也叫上。

最诚挚的问候！

您的

瓦尔特·本雅明

1　《老古玩店》是英国作家狄更斯的长篇小说。阿多诺1930年9月阅读了这本书，并"深受感动"。在一封写给齐格弗里德·克拉考尔（Siegfried Kracauer，1889—1966，德国著名电影理论家）的信里，阿多诺称这本书是"最伟大的作品之一——充满了神秘色彩，与之相比，布洛赫的写作简直就是茅厕里的八卦"。同年，阿多诺写了一篇《关于狄更斯的〈老古玩店〉的演讲稿》。这篇演讲稿首先在法兰克福广播电台朗读，后来在1931年4月18日的《法兰克福报》上刊登。该文现收录在《阿多诺文集》，卷11，第515—522页。

2　本雅明于1929年5月结识布莱希特。"我与布莱希特最近碰面"跟前面提到的二人共同创办杂志的计划有关。

3　本雅明撰写的评论标题是《左翼的忧郁：评埃里希·凯斯特纳的新诗集》。这篇文章没能在《法兰克福报》上发表，却在1931年第8期的《社会》杂志上刊登。该文现收录在《本雅明文集》，卷3，第279—283页。——埃里希·凯斯特纳（Erich Kästner，1899—1974），德国著名儿童文学作家。译者注。

4　这里指阿多诺的教授资格论文，原标题为《克尔恺郭尔哲学中的美学建构》。本雅明写这封信时，阿多诺已经在导师保罗·蒂利希（Paul Tillich）那里递交了论文，后于1931年2月完成了答辩。

5　本雅明致阿多诺

1931 年 11 月 10 日

柏林，Wilmersdorf，Prinzregenten 大街 66 号

亲爱的维森贡德先生：

我从南法回来以后，终于有机会坐下来给您写信。这封信的前提是：我一口气读完并认真研究了您的就职演讲稿[1]。我已经跟布洛赫聊过了，他还把您写给他的信[2]给我看了。对我而言，毫无疑问，这篇文章整体

1　"您的就职演讲稿"：阿多诺于 1931 年 5 月 2 日进行了题为《哲学的现实意义》的就职演讲。演讲稿的手稿日期为 5 月 7 日，该文现收录在《阿多诺文集》，卷 1，第 325—344 页。阿多诺把演讲稿的打印稿分别寄给了本雅明、克拉考尔和布洛赫。

2　"您写给他的信"：布洛赫读完阿多诺的就职演讲稿后给阿多诺写了一封长信，并在信里提出了很多异议。可惜布洛赫的这封信和阿多诺写给布洛赫的回信都没有保留下来。在给克拉考尔的一封信里，阿多诺提到了他与布洛赫之间的争论："亲爱的弗里德尔，这是一封仓促的信：我昨天收到了布洛赫寄来的关于我的就职演说的长信，我详细地给他回了信。由于他信里的观点与你的基本吻合（对唯物主义的导入；我猜这是交谈的结果），所以我给他的回答同时也是给你的回答。我已经拜托他把信也给你看看。我现在也想请求你尽快读信，因为我相信你质疑的地方我都做出了解释。特别是我为什么以这种方式，而不是从'整体性'向唯物主义过渡。我的意图也许并没有你想象的那么有策略性。相反，我是在尝试唯物主义的新方法。该方法的方向我认为是正确的，虽然我也很清楚这个提纲的不足。——随笔风格问题是有具体原因的。它是我对韦特海默（Max Wertheimer）和里兹勒（Kurt Riezler）反对克尔恺郭尔的回应，所以需要从非常具体的语境来理解这个问题。我当然不是想随意地把哲学简化成随笔。我只是坚信，随笔这一文体隐藏着一种原则，可以与伟大的哲学相得益彰。如果你能将我停留在布洛赫信里的讨论继续下去，我将会非常高兴。——至于你质疑它具有大学策略的性质，我很乐意接受。但另一方面，既然学校要求我做项目，我就不可能太（转下页）

上是成功的；它的精练恰恰有力地体现了我们这个小圈子的基本思想；这篇文章在各方面都颇有水准，正如阿波利奈尔所说的那样，是个"里程碑"。布洛赫认为这里涉及的思想与唯物主义的关联有些牵强，我觉得他说的虽然对，但是在思辨的前提下，它却又是充分合理的，而且在马克思主义不被条条框框地套用，而是被用来思考——或者对我们所有人而言，被用来努力奋斗——的地方或许是经得住检验的。我认为他关于您对维也纳学派的分析[1]的意见似乎更有说服力。您在这里表达出来的无懈可击和委婉巧妙，我想我是懂的。但是从这儿能走多远就很难预料了。而您对现象学发展的分析[2]则更显得无可厚非；您对海德格尔关于死亡功能的阐释[3]是关键。另外，您的那种方式与其说是外交态度，毋宁说是细腻深远的方式，以及这种方式所展现出的权威姿态，简言之，您用这种方式在某些地方成功避开针锋相对的学院派哲学传统的那种自信，特别触动我。

　　现在谈谈布洛赫提出的另一个问题——是否应该提我的名字。我个人对此并不曾敏感——希望也没有冒犯到您的任何感受；但在认真研读完您的文章以后，其重要性让我觉得有必要澄清版权这种我平时不想提的问题：我想撤回我在法兰克福说的话[4]。能够明确体现您对学院派哲学立场的那句话是：

（接上页）偏离演讲里提出的纲领。我实在搞不懂为什么大家都很吃惊。每个人的说法不一。最愚蠢的是曼海姆，他说，我投靠了维也纳实证主义！！！"（阿多诺1931年6月8日写给克拉考尔的信）

[1] 参见《阿多诺文集》，卷1，第331—332页。

[2] 同前，第327—331页。

[3] 同前，第330页。

[4] "在法兰克福说的话"是指本雅明六月底、七月初从法国回柏林路经法兰克福时，在法兰克福逗留并与阿多诺等人聚会时所说的话。他想要"撤回的"应该与是否注明他的名字和他的著作《德意志悲苦剧的起源》有关。本雅明在法兰克福第一次听说阿多诺的演讲内容时，似乎拒绝后者提及他的名字。从这封信里可以看出，在认真研究完阿多诺的文章后，再加上布洛赫的影响，本雅明似乎改变了主意。

> 科学的任务[1]不是探索隐匿的和存在的现实意图，而是阐
> 释无意图的现实，其方法是借助对孤立的现实元素的形象和意
> 象建构，以消解科学的任务这个问题。

这句话我愿意署我的名字。可是要写这句话，就不能不提"巴洛克"这本书的导论[2]，我在那里已经表达了这一——显然的，从相对和谦逊的意义上来讲的——新思想。就我而言，我肯定会提"巴洛克"这本书。毋庸赘言：假如我是您，更不会不提它。

请您从这里读出您的重要演讲所唤起我的极大兴趣。我希望我们之间能始终保持这种纯粹的哲学同盟关系。

有个请求不知该不该讲：如果这篇演讲稿将来要出版，而且您打算——如您暗示的那样——援引我的话，还烦请事先通知我一下。

我愉快地读完了《无歌之言》[3]，第四段和结尾两段格外出彩。

万分感谢您寄来的烟草袋！[4]

一如既往的诚挚问候！

您的
瓦尔特·本雅明

1　阿多诺发表的演讲稿原文不是"科学的任务"，而是"哲学的任务"。参见《阿多诺文集》，卷 1，第 335 页。其他地方本雅明都准确地复述了原文。

2　"巴洛克"这本书指的是本雅明的《德意志悲苦剧的起源》。"导论"的原标题是《认识论批判代序》。参见《本雅明文集》，卷 1（1），第 203—430 页。

3　原载于 1931 年 7 月 14 日的《法兰克福报》。现收录在《阿多诺文集》，卷 20（2），第 537—543 页。——《无歌之言》（*Worte ohne Lieder*）是阿多诺写的随笔。译者注。

4　烟草袋可能是阿多诺送给本雅明的生日礼物。7 月 15 号是本雅明的生日。

另外，亲爱的维森贡德先生：

朔恩[1]来过，他老是来问我一些只有您才能回答的问题。您是否愿意接手回答这两个问题？他好像很急。请转寄到他的地址：Eschersheimer Landstraße 33。

1）您最喜欢的那首歌——歌词有一句是"乞丐奔向大门"[2]——的词曲；2）《我会站在山边》[3]的曲。

万分感谢。

WB

1　恩斯特·朔恩（Ernst Schoen，1894—1960），德国音乐家、诗人，儿时便是本雅明的好友。他从 1929 年 5 月开始担任法兰克福德国西南广播电台的艺术总监，1933 年逃亡伦敦。
2　"乞丐奔向大门"出自德国作曲家威尔海姆·陶伯特（Wilhelm Taubert，1811—1891）的《摇篮曲》。阿多诺对这句歌词做过深入的阐释。参见阿多诺的《最低限度的道德》（《阿多诺文集》，卷 4，第 225 页）。本通信集的第 94、96 和 105 封信也有提到。
3　德语标题为"Am Berge tät ich stehen"，具体不详。

6　本雅明致阿多诺

柏林，1931 年 7 月 25 日

亲爱的维森贡德先生：

十分感谢您的上一封来信。

我想我们终于看到了希望。您的文章[1]能发表是我衷心甚至迫切的愿望。我怎么可能阻碍与我的思想如此一致的纲领性宣言呢？

如果您不反对的话，我个人可能更希望是献词，而不是引文。[2]至于具体措辞，我们可以等到文章送去排印的时候再谈。不过引文我已经找了，您可以在第 21 页和第 33 页之间选择，我个人觉得第 33 页更重要。[3]

要不是因为罗沃尔特出版社的破产[4]让我拿不到样书，我现在就再给您寄去一本。[5]

1　这里指上一封信里提到的阿多诺的就职演讲稿《哲学的现实意义》。

2　该文保留下来的打字稿里既没有给本雅明的献词，也没有标注引文。

3　《阿多诺文集》的编者后来又加注了信里提到的这两个具体页码。参见《阿多诺文集》，卷 1，第 335 页。——这里指本雅明在上一封信里提到的那句关于"科学 / 哲学的任务"的引文。阿多诺后来在他的文章里注明了这句话是出自本雅明的《德意志悲苦剧的起源》。译者注。

4　由于经济危机，罗沃尔特出版社三分之二的资产被乌尔斯坦（Ullstein）出版社收购。

5　这里指本雅明的《德意志悲苦剧的起源》。该书 1928 年在罗沃尔特出版社发行。译者注。

您现在该集中精力找出版社了。[1] 波恩的科亨（Cohen）出版社如何？

您跟格拉布偶尔通信吗？[2] 烦请您告诉他，他的请求我正在处理呢。[3] 但是由于类似的情况，我已经寄出了不少样书，所以库存变得紧缺起来，新样书置办也没那么容易了。不过我没忘。

既然聊到我的事，那我就跟您说一下吧，我在上一期《文学世界》里发表的那篇文章[4]，杂志刊登的时候出了个大错——他们把我手稿里删除的一段当成结尾了。这就使文章以"廉价"（billig）一词结束。下一期将会更正这个错误。

最后我还想跟您说，我没有一点怨恨，您没什么可担心的。对我而

1　阿多诺的就职演讲稿在他生前未能出版。

2　赫尔曼·格拉布（Hermann Grab, 1903—1949）来自布拉格的一个显赫的犹太家庭。获得哲学博士和法学博士后，格拉布先在一家律师事务所短暂工作了一段时间，后来投身音乐和写作。20年代中期，格拉布与阿多诺结为好友，并通过阿多诺认识了本雅明。

3　格拉布曾经努力为本雅明在布拉格日耳曼学家、巴洛克专家赫尔伯特·塞萨兹（Herbert Cysarz，后来投靠了纳粹）那里谋求教员职位。为此他在一封未能保留下来的信让本雅明寄几本出版物给塞萨兹。在一封大概写于1931年4月或5月初的信里，格拉布告诉阿多诺："我想先赶紧向你汇报一下：我刚从塞萨兹那里回来，已经向他引荐了本雅明。他似乎很感兴趣，也很果断。我觉得他是所有教授席位的人里唯一能真正指望的。'本雅明计划'首先遇到的障碍是日耳曼文学教员过剩，但是他们水平都有限（就连塞萨兹也这样认为），所以晋升的竞争力应该不会很强。我只想提一下这个现实情况，但不觉得它很关键。虽然我不想唤起任何'希望'，但我可以胸有成竹地说，成功是绝对有可能的。塞萨兹对本雅明在文学史方面的著作还不甚了解，肯定得等阅读了以后才能表态。所以我想拜托你让本雅明把书寄到我的地址：《德意志悲苦剧的起源》、关于歌德《亲和力》的著作，以及其他他认为重要的文章。塞萨兹特别希望能读到本雅明书评类的文章（不是别人写的关于本雅明的书评，而是本雅明自己写的有关其他作者的评论）。塞萨兹六月份下半个月才能抽出时间来，但还是希望他能赶紧把作品寄过来。关于克劳斯的文章他就不用再寄了。我从本雅明博士那里已经收到了这篇文章，如果他不介意的话，我会把这篇文章转交给塞萨兹。我暂且就告诉你这些，希望事情能成。请严格保密是我在促成此事。"（未公开，具体日期不详）格拉布的努力最终没能成功，参见信8。

4　这里指本雅明的《打开我的藏书》。该文原载于《文学世界》杂志1931年第29期。现收录在《本雅明文集》，卷4（1），第388—396页。关于删除的结尾部分，参见《本雅明文集》，卷4（2），第997—998页。

言，您的上一封信不管是从个人层面还是从事务层面上都已经说得很清楚了。

　　最诚挚的问候！

您的
瓦尔特·本雅明

7　本雅明致阿多诺

1932 年 3 月 31 日

柏林，Wilmersdorf，Prinzregenten 大街 66 号

亲爱的维森贡德先生：

　　您的盛情邀请[1]加上对当地风光气候的描绘，很令人心动。看到我们重温柯尼斯坦美好时光[2]的共同愿望将要泡汤，我感到很遗憾。这其中的原因很简单，我眼下仍无法脱身[3]，恐怕要等到四月初才行，而这个时间对你俩来说可能太仓促了。如果是这样的话，我的旅行路线[4]可能会比正常情况下的更迂回。我要了一些旅行宣传册，册子上说 160 马克就能路经荷兰和葡萄牙进行为期 14 天的海上航行。虽然肯定是三等舱，但还算体面。依此，我极有可能 4 月 9 号从汉堡出发前往巴利

1　大概从 3 月中旬开始，阿多诺和未婚妻卡普鲁斯在位于圣拉斐尔和戛纳之间的 Le Trayas 度假。阿多诺在寄给本雅明的明信片里邀请他来访。

2　阿多诺为了能安静工作，经常去陶努斯山区（Taunus）的柯尼斯坦（Königstein）或者毗邻的科伦堡（Kronberg）待上一段时间。本雅明在 1928 年至 1930 年间偶尔去那里拜访过他。"美好时光"指的应该是 1929 年 9、10 月份之间，本雅明在柯尼斯坦向霍克海默和阿多诺朗读了他的《拱廊街计划初提纲》。参见《本雅明文集》，卷 5（2），第 1082 页。

3　为了生计，本雅明为《法兰克福报》的文学副刊撰写了一份歌德研究文献的注释书目，标题为《百年歌德研究文献》。该书目于 1932 年 3 月 20 日匿名发表，现收录在《本雅明文集》，卷 3，第 326—340 页。

4　本雅明 4 月 7 日——不是像信里说的 4 月 9 日——从汉堡乘货船卡塔尼亚号前往巴塞罗那，并从那里摆渡到伊比萨岛。

阿里群岛。不管能不能成，我都会很快写信告诉您我的具体逗留地。希望经过法国蔚蓝海岸以后就能给您去信。祝您和卡普鲁斯小姐一切顺利！友好的祝福！

您的

瓦尔特·本雅明

8　本雅明致阿多诺

1932 年 9 月 3 日

意大利，Poveromo（Marina di Massa），伊琳娜别墅[1]

亲爱的维森贡德先生：

　　很高兴等了这么久您的信终于寄到了。特别令我欣喜的是，您信里的某些段落与附件里《剧院的自然史》一文的圆满结尾[2]紧密相连。衷心感谢您在文章里对我的献词。[3]您的这一系列文章独树一帜，从真正巴洛克的视角审视了舞台与舞台世界。我想说，它们简直就是《任何一种未来的巴洛克剧院史导论》[4]。您把这一主题的隐蔽关系通过献词呈现出来，让我尤其欣慰。[5]毋庸赘言，结尾这篇非常成功。但《休息厅》

1　应剧作家威廉·施拜尔（Wilhelm Speyer, 1887—1952）的邀请，本雅明七月中旬离开伊比萨岛，经马赛和尼斯前往意大利。他协助施拜尔创作剧本《帽子、大衣、手套》，报酬是版权收入的百分之十。另外，本雅明在意大利逗留期间的主要文学创作是《1900 年前后的柏林童年》。

2　阿多诺的《剧院的自然史》于 1931 年至 1932 年在《达姆施塔特黑森州立剧院报》上连载。最后一章《拱顶作为尾声》未被刊登。阿多诺给本雅明寄去的是这一章的打印稿。全文现收录在《阿多诺文集》，卷 16，第 309—320 页。

3　结尾一章带有献词的打印稿已遗失。参见阿多诺在首次出版与本雅明的通信集时的注释："当时未能发表的结尾部分在原稿里是献给本雅明的。"

4　这里呼应的是康德的代表作《任何一种能够作为科学出现的未来形而上学导论》。译者注。

5　《剧院的自然史》——尤其结尾部分——是阿多诺对本雅明的《德意志悲苦剧的起源》的致敬。本雅明在该著作里对德国巴洛克时期的悲苦剧进行了美学哲学分析，并借此在《认识论批判代序》里对康德思想进行了批判。阿多诺的"自然史"观念明显来自本雅明的《德意志悲苦剧的起源》。译者注。

一章[1]也有很多妙处，比如那两个钟面的意象[2]，以及对幕间禁食的敏锐思考[3]。我希望很快能读到您在霍克海默档案[4]上的文章。如果允许我再提个心愿的话，若能同您的文章一起，读到首期杂志，就再好不过了。我在这里有大量时间可以阅读，五个月前出发时带的小图书馆[5]很快就看完了。您兴许会感兴趣，我这次又带了四本普鲁斯特，并且经常读。不过我在这里发现了一本新书，想与您分享。罗沃尔特出版社出版了亚瑟·罗森堡的《布尔什维主义史》[6]，我刚读完。在我看来，无论如何也不能漏掉这本书。至少我不得不说，它让我了解到不少事情，包括政治渗透到个人命运里的那些领域。各种形势加上您最近对塞萨兹的暗示，让我对此有所思考。我并不反感跟塞萨兹联系，但是不理解他既然也有同样的想法，为什么不先走第一步呢——他完全可以直接或者通过格拉布给我写信。如果我在他的位置上遇到类似的情况，肯定会这样做。另外，我的迟疑与面子无关，而是经验告诉我，人际关系开始时犯的错误到往后造成的影响会越来越大。我想，就凭塞萨兹的影响，应该足以让布拉格的某个学会或者院系给我发个演讲邀请什么的。[7]也许您能在这点上与格拉布沟通一下。与此同时，衷心感谢您在讨论课报告后面附

1　《休息厅》是《剧院的自然史》的倒数第二章。参见《阿多诺文集》，卷16，第317—319页。

2　同前，第317页。

3　同前，第318页。

4　这里指霍克海默主办的《社会研究杂志》，首期于1932年发行。这一期（首期是合刊）刊登了阿多诺的《论音乐的社会情境》的前半部分。后半部分原载于该杂志的第三期。全文现收录在《阿多诺文集》，卷18，第729—777页。

5　参见本雅明的《已读书籍目录》，那里记录了他当年从8月到11月在Poveromo读过的书。参见《本雅明文集》，卷7（1），第465—466页。

6　这本书的全名是《从马克思到现在的布尔什维主义史》，于1932年出版。该书作者亚瑟·罗森堡（Arthur Rosenberg，1889—1943）是德国历史学家、马克思主义学者和政治家。译者注。

7　本雅明最终没有收到任何来自布拉格的邀请。

上的邀请。[1] 毋庸赘言，我很想来，也很重视您寄来的课堂流程记录。[2]
我当然希望能跟您一起来做这件事。但眼下我比以往更难作出决定，这
也包括我能否来法兰克福。我既不知道什么时候能回柏林，也没把握事
情将会如何发展。我恐怕还得在这儿待上几个星期，之后不得不回柏林：
一方面有住房问题要解决[3]，另一方面，罗沃尔特出版社似乎还是愿意
出版我的随笔集[4]。长期留在德国其实对我的吸引力并不大。因为到处
都会碰壁，而电台方面的困境[5]恐怕更难让我来法兰克福。如果您知道
朔恩的近况，请务必告诉我。从他那儿我得不到任何消息。今天就写到
这里。最后我还想告诉您，我正在写一些关于儿时记忆的文字[6]。希望
不久以后能给您看。

　　最诚挚的问候！

您的

瓦尔特·本雅明

1　阿多诺显然曾邀请本雅明来参加他自己关于美学新思想的讨论课，课上阿多诺主要讲解了
本雅明的《德意志悲苦剧的起源》一书。

2　这里指前面提到的讨论课课堂记录。

3　参见《本雅明、肖勒姆通信集》，第 30 页。

4　本雅明从 1928 年开始就计划在罗沃尔特那里出版一本《文学评论随笔集》（参见《本雅明、
肖勒姆通信集》，第 23 页）。一份 1930 年的合同显示，双方计划出版的随笔包括：已经发
表过的《卡尔·克劳斯》《译者的任务》《普鲁斯特的形象》《超现实主义》《戈特弗里德·凯勒》
及评论约翰·彼得·赫贝尔（Johann Peter Hebel）和格林（Julien Green）的文章，以及即将
动笔的《小说家与说书人》《关于青年艺术风格》《批评家的任务》和评论安德烈·纪德（André
Gide）、弗朗茨·黑塞尔（Franz Hessel）、罗伯特·瓦尔泽（Robert Walser）的文章。

5　1929 至 1932 年间，朔恩经常委托本雅明为位于法兰克福的德国西南广播电台撰写文学类
广播稿。这让本雅明那几年的经济状况得到改善。但随着帕彭政府和纳粹的上台，广播电台
的政治压力越来越大，这使得朔恩很难再委托本雅明写广播稿。参见《本雅明文集》，卷 2（3），
第 1505 页。

6　这里指《1900 年前后的柏林童年》。关于该书的创作史和出版史，参见《本雅明文集》，
卷 4（2），第 964—970 页，以及卷 6，第 797—799 页。

另外，阅读您的《失真像》[1]是一种享受。我在书评里援引的沃尔夫斯克尔[2]的原文应该是："难道不能说唯灵论者在彼岸钓鱼吗？"[3]

---

1   阿多诺的这篇杂文原载于 1932 年 8 月 31 日的《法兰克福报》，现收录在《阿多诺文集》，卷 20（2），第 565—566 页。

2   卡尔·沃尔夫斯克尔（Karl Wolfskehl，1869—1948），德国文学家、翻译家。译者注。

3   这句话出自本雅明给汉斯·利布斯克尔（Hans Liebstoeckl）的《我们时代下的秘密科学》写的书评。该书评标题为《蒙昧者的启示》，原载于 1932 年 8 月 21 日的《法兰克福报》（文学副刊）。因为报纸排印有误——Drüben（在彼岸）被误写成了 Trüben（浑浊不清），导致这句话的原意被扭曲。参见《本雅明文集》，卷 3，第 356—360 页。

9 本雅明致阿多诺

1932 年 11 月 10 日[1]

亲爱的维森贡德先生：

听说您从柏林回来了。

我正在去柏林的路上，由于这次恐怕只能在法兰克福作短暂的停留，所以想现在就跟您约好。

我周日中午一点左右到。可能住在朔恩那里。周日晚上见面可能最好。您能安排一下吗？具体细节您最好跟朔恩商议。

《克尔恺郭尔》[2]的校样我能有机会看到吗？

我这次来还有一件要事，那就是会见霍克海默。我的意图很明确：如果研究所愿意并且能够资助我工作的话，现在是时候了，因为各方面都在阻挠和抵制我的工作。[3]（您懂的；而且我还想拜托您对我来法兰克福一事保密，其中的缘由您肯定也能理解。）

1　这封信的地址不详。因为本雅明离开 Poveromo 的具体时间不详，而他在信里说已经在返回柏林的路上了，并将于 11 月 13 日抵达法兰克福，因此可以推测，这封信是他离开 Poveromo 以后写的。因为手头拮据，本雅明不得不靠朋友施拜尔驱车一同回德国。

2　这里指阿多诺论克尔恺郭尔的教授资格论文。译者注。

3　本雅明这段时间抱怨有不少报刊编辑和广播电台都与他保持距离。

我计划详细地向霍克海默建议为杂志撰写长文 [1]，类似您那一篇 [2]。请您务必转告他这次会面的必要性。

我会带来一份新手稿 [3]——一本小册子，您会喜欢的。

一如既往的真诚问候！

您的

瓦尔特·本雅明

1　本雅明与霍克海默最终商定撰写《论法国作家当前的社会环境》一文。参见《社会研究杂志》（1934 年），第 1 期，第 54—77 页。全文现收录在《本雅明文集》，卷 2（2），第 776—803 页。

2　本雅明指的是阿多诺的《论音乐的社会情境》，参见上一封信。

3　这是指上一封信里提到的《1900 年前后的柏林童年》。阿多诺在一封写给克拉考尔的信里，提到了自己听完本雅明朗读手稿后的感受："本雅明来过，并给我读了不少新书《1900 年前后的柏林童年》里的片段。我很喜欢，觉得非常新颖。即使与《单向街》比也有极大的飞跃，因为远古的神话在这里得到了真正的终结，他只在最转瞬即逝——即'现代'——那里找寻神话性。我相信这本书也会让你印象深刻的。"（参见阿多诺 1932 年 11 月 21 日致克拉考尔的信）。

10　本雅明致阿多诺

1932 年 12 月 1 日

柏林，Wilmersdorf，Prinzregenten 大街 66 号

亲爱的维森贡德先生：

我暂且中断一会儿对《克尔恺郭尔》的阅读[1]，以便向您（浅薄地）说几句这本举足轻重的著作给我带来的感受。这是一种阅读克尔恺郭尔本人的感受。我没有资格现在就对这本书的思路和结构评头论足。而且结尾部分我还没有读到，最重要的部分仍有待成书。在印张上阅读很容易忘记页码，但这很值得。无论是您对克尔恺郭尔的巴洛克母题的阐述，对"室内"的时代分析，对他技术寓言宝库的精彩引用，对他的经济处境的解释，还是就内在性作为城堡的阐释，以及视精神至上主义为唯灵论边缘的论述——您丰富敏锐的洞察力让我惊叹。从布勒东的诗行（《自由联盟》[2]）开始，我就不再太去想我自己的研究领域，而是被您的思想地图带到一个内在性的世界里，您的英雄从未从那里回来。因此，还是有可被视为"合作"的地方，有些词句放在一个人这里合适，放到另

1　这段时间本雅明在印刷的大张纸上阅读了《克尔恺郭尔》一书的大部分。阿多诺同年 9 月到 11 月期间详细修改了这本书，命名为《克尔恺郭尔：审美对象的建构》。该书于 1933 年 1 月由图宾根的 Mohr（Siebeck）出版社发行。现收录在《阿多诺文集》，卷 2，第 7—213 页。
2　安德烈·布勒东（André Breton，1896—1966），法国著名作家、诗人、超现实主义创始人之一。这首诗于 1931 年在巴黎匿名发表。译者注。

一个人那里也适用。另外，我虽然不清楚，但能推测得出，尽管这本书已经完成，您仍然进行了详尽的修改，这让它增色不少。这里隐藏着值得人们深思的成功秘诀。

今天先写到这里。但我还是想补充一点，您的短文里我特别欣赏《霍夫曼的故事》[1]。我昨天跟布洛赫聊过，他也非常喜欢。《音乐的社会批判》[2]的第二部分是我接下来要读的。

我无时无刻不在写《柏林童年》。至于在前面章节的基础上再加写些新的章节是否能成功，我还不清楚。[3] 不过，一些草稿的修改工作开始有头绪了。我给 G. K.[4] 读了一些片段，她的反应很令我欣慰。我从她那里得知，您与 "Parze" 的关系不错。城管可能要找我工作室的麻烦[5]，这让我觉得有必要联络当地的艺术家协会。这件事情保密，我打算只找一家权威机构。您在这方面有门路吗？——您有布拉格的消息吗？

诚挚的问候！

您的

瓦尔特·本雅明

1　该文完整标题为《奥芬巴赫母题中的霍夫曼的故事》。原载于《戏剧世界》杂志，1932/33 年第 2 期，第 17—20 页。现收录在《阿多诺文集》，卷 17，第 42—46 页。

2　这里指阿多诺的《论音乐的社会情境》的后半部分，参见信 8。

3　参见《本雅明文集》，卷 4（2），第 965 页，文集编辑的注释。

4　即格蕾特·卡普鲁斯，阿多诺的未婚妻。

5　早在一封同年 8 月 7 日从意大利 Poveromo 写给肖勒姆的信上，本雅明就写道："城管想把我从柏林的住所赶出去。这其实正合我意，一方面是因为我经济上的困难，另一方面我实在厌倦了在柏林的新闻出版和广播电台界寻求一席之地，那里没有出路。"（参见《本雅明、肖勒姆通信集》，第 25 页）

11 本雅明致阿多诺

1933 年 1 月 14 日

柏林，Wilmersdorf，Prinzregenten 大街 66 号

亲爱的维森贡德先生：

　　我想简短地通知您，我成功地找到《霍氏日报》来发表我为您的《克尔恺郭尔》写的书评。[1]

　　这事儿其实并不简单，因为我从未给《霍氏日报》写过书评。由于我眼下不想跟《文学世界》有任何关系，但又不想放过发表这篇书评的机会（因为只要我不在那里评论这本书，就不会有其他人评论），所以我觉得在《霍氏日报》上先把这个位置占下更为重要，以防有人在那里写负面的评论。我同意了他们的条件，书评篇幅不超过两页半打字纸，不过他们本来也不会给书评更多的版面。

　　可惜我又办了一件蠢事，我把您寄来的印张给了好友古斯塔夫·格吕克[2]。而他去度假了，报社也还没给我寄来样书，所以请问您能否尽快给我寄来一本。我想尽快投入工作。

1　本雅明的书评发表时有删减。书评标题为《克尔恺郭尔——哲学唯心主义的终结》。原载于《霍氏日报》（文学副刊），1933 年 4 月 2 日。现收录在《本雅明文集》，卷 3，第 380—383 页。

2　古斯塔夫·格吕克（Gustav Glück，1902—1973），出生于维也纳，1938 年前在柏林任帝国信用银行外事部部长。1938 年移民阿根廷，战后在法兰克福任德累斯顿银行董事，晚年又回到维也纳生活。

让我们团结起来同心协力，并为此欢欣鼓舞！

最诚挚的问候！

您的

瓦尔特·本雅明

辑 二

1934—1935

12　本雅明致阿多诺

1934 年 1 月 29 日

巴黎（第 6 区），Four 街 1 号 皇宫酒店

亲爱的维森贡德先生：

久别带来的困难和危害在某些事情上体现得尤为明显。《印第安乔的宝藏》[1] 对我来说就是这样一件。我们之间多年来保持的关系——一个人可以直接、完整地面对另一个人的作品——变得越来越难。读这个剧本的时候我不停在想，要是我们能有机会深入讨论这项计划就好了。也许这个愿望是自私的，但它会让我今天的表态更容易些。假如我们之前就有机会讨论的话，您很快就会知道，除了我对音乐方面的问题一窍不通以外，题材选取本身我认为并不成功。我不清楚的是，除了标题的暗示，您有没有向我透露过这个题材？我就知道这位马克·吐温。可惜在您创作期间我们没碰过面，而导致我们无法见面的外在因素 [2] 恐怕让

1　这里指阿多诺的《印第安乔的宝藏——根据马克·吐温改编的歌唱剧》。阿多诺于 1932 年 11 月至 1933 年 8 月间完成创作，Rolf Tiedemann 于 1979 年编辑出版了剧本。从音乐到歌唱剧计划仅有"两首与管弦乐团"合作完成。（参见阿多诺：《乐曲》，Heinz-Klaus Metzger/Reiner Riehn 编辑，卷 2：《室内乐、合唱、管弦乐》，第 63—72 页，慕尼黑：1984 年）阿多诺 1933 年夏就把剧本的手稿寄给了本雅明，但本雅明迟迟没有回信。格蕾特·卡普鲁斯多次向本雅明问起，最后一次是在 1934 年 1 月 20 日的信里："泰迪夏天就把汤姆手稿寄给你了。他一直热切地盼望着你的评价和回信。"

2　这里暗指希特勒夺取政权。该事件导致本雅明 1933 年 3 月逃亡巴黎，而阿多诺一直坚持到 1934 年春才离开德国。

您更加退居到创作里。不管怎样，我长久的缄默肯定让您预料到了我这次表态的超常难处。如果我仍旧决定发表意见的话，请您从中——请把我表态这个举动看得比我的态度本身更重——看到我们之间友谊的真实写照。其实我更愿意更详细地恭喜您那篇描写儿时记忆的精彩短篇《再次四手联弹》[1]——这是我读到的您的最后一篇文章。与您的歌唱剧所渲染的童年氛围相比，它离我更近。我想我理解您创作时的想法。但如果我没记错的话，这个想法在科克托[2]之后就很难再成功了。他的《可怕的孩子们》[3]更危险。而危险性似乎是您试图向我传达的构思准绳。请您相信，我并没有疏漏剧中的美好事物，比方说洞穴漫游。但我认为，它们被还原成了世外桃源，这与您所关心的内容是不符的，剧中推进情节发展的歌曲所表达的亦如此。由此，童年只能在献血祭坛边被直接呼唤。在科克托那里献的血可不少。在您这里，对话的铆足劲儿和乡土气与之背道而驰。

以上仅仅是我最个人的评价，请您相信，我在这里与您的联盟不比早前我对《克尔恺郭尔》公开评论时的少。

致以最诚挚的问候！

您的

瓦尔特·本雅明

1　原载于《霍氏日报》，1933 年 12 月 19 日，现收录在《阿多诺文集》，卷 17，第 303—306 页。
2　让·科克托（Jean Cocteau，1889—1963），法国著名诗人、小说家、剧作家。译者注。
3　让·科克托的这部小说于 1929 年在巴黎出版。

13 阿多诺致本雅明

1934 年 3 月 4 日

柏林，Prinzenallee 大道 60 号，卡普鲁斯家

亲爱的本雅明先生：

几周来我一直考虑就汤姆·索亚[1]给您详细回信，因为您的评价是迄今为止我收到的关于该剧的唯一有意义的评论。但是在此期间，费莉西塔斯[2]告诉我您的情况很紧急[3]，所以我能想象在这种情况下进行美学

---

1 这里指阿多诺的歌剧剧本《印第安乔的宝藏》。译者注。

2 费莉西塔斯是本雅明对格蕾特·卡普鲁斯的昵称。这个名字出自威廉·施拜尔的话剧《帽子、大衣、手套》中的女主人公，本雅明参与了该剧的创作和版税。参见信 8 的注释。本雅明的写法是 Felizitas，阿多诺和卡普鲁斯通常写成 Felicitas。而格蕾特·卡普鲁斯对本雅明的昵称是德特勒夫，这个名字出自本雅明的化名 Detlef Holz。

3 在给格蕾特·卡普鲁斯的一封日期不详——大概是 1934 年 2 月底——的信里，本雅明描述了他的处境："该怎么办啊！……现在变得越来越难。之前的基本生活还算够——可是现在不够了。上两周——交完房租以后——是一连串的沮丧。……我不具体说了。没有你，我只能绝望或者冷漠地面对接下来的几周。这两种心情我都是专家了。在这种情况下我都没力气问你这个问题。几天来我一直躺着——只是为了不花钱或者不用见人——或者写作。你想想有什么办法。我需要一千法郎应急以撑过 3 月份。"参见《本雅明文集》，卷 5（2），第 1099 页；最后一句被删减。格蕾特·卡普鲁斯 3 月 3 日回信道："还好你的上上封信寄到的时候，泰迪正在这里，请原谅我把信给他看了。他立即采取了行动。我今天就略提一下，泰迪会详细地向你汇报。他联系到我以前的合伙人 H 家族，这家人跟维森贡德一家是几十年的朋友。你好像在法兰克福见过爱尔莎。我们通过泰迪的姨母阿加特在她和她兄弟阿尔方斯那里活动了关系，他们答应一定会帮忙。"从 1933 年春开始，本雅明从报社那里得到的收入越来越少，格蕾特·卡普鲁斯给他提供过一定的经济资助。1934 年 4 月开始，本雅明从社会研究所日内瓦办事处那里每月领取到 100 瑞士法郎。

的长篇大论会让人有种讥讽感。

所以，我宁愿先为您做点事情。我联络了赫兹伯格夫人[1]（您有一次跟我一起去过她在法兰克福的家）和我姨母[2]——是她在法兰克福逗留期间出面找的赫兹伯格夫人（她住在诺因基兴，并在那里有一家百货公司）。我姨母写信告诉我说，她的行动有了成果。具体金额[3]我还不清楚，应该不会特别多，但至少能应急。我跟她们说情况很严峻，所以请求她们尽快解决，我想她们会这样做的。不管怎样，我希望您能尽快告诉我详情，这样，如果需要的话，我能继续向她们施压。

另外一个计划[4]的时机尚未成熟，因为那位相关人士现在还不在巴黎。但我也会在这里尽力想办法的。

简要谈谈"汤姆"：我不认为《可怕的孩子们》是这个剧本的幸运星。我关心的完全是另外一回事，并且希望：不仅我这样想。铆足了劲儿的语言不是男孩子们说的，而是从少年文学里来的。情节推进的中心当然是洞穴这场戏，但我不觉得它那么软弱无力。请允许我毫不傲慢地讲，这个剧本里掺杂了很多东西，都不是字面上的意思，而且通过儿童范式也体现出很多非常严肃的话题：我更关心的是对儿童范式的展示，而不是对童年的呼唤。这个剧本的创作史恰恰与您错过的危机时刻有关。

---

1 女商人爱尔莎·赫兹伯格（Else Herzberger, 1877[？]—1962）是阿多诺父母多年的好友，尤其与阿多诺的姨母和母亲关系密切。关于爱尔莎·赫兹伯格，参见阿多诺《最低限度的道德》中《鸡血石》一篇（《阿多诺文集》，卷4，第199—201页）。

2 钢琴家阿加特·卡韦里-阿多诺（Agathe Calvelli-Adorno, 1868—1935），是阿多诺母亲的妹妹，住在阿多诺父母家里。阿多诺的父亲奥斯卡·维森贡德（Oscar Wiesengrund, 1870—1946）是富有的法兰克福商人，青年时期在英国生活过多年，后与歌唱家玛丽亚·卡韦里-阿多诺（Maria Calvelli-Adorno, 1864—1952）结为夫妻。阿多诺的父母1939年春离开德国，先逃亡到古巴，从1940年开始在纽约生活。

3 总共450法国法郎，参见信19。

4 阿多诺的考虑是，从爱尔莎·赫兹伯格的兄弟阿尔方斯·赫兹伯格（Alfons Herzberger）那里为本雅明的拱廊街计划赢得资助合同。详见信15。——资助合同原文为Dedikationsvertrag，即一方出资，受资助的作者把书献给出资人。译者注。

它当然不能与科克托相提并论，也不能拿去跟史诗剧比。跟它最接近的应该是克尔恺郭尔。中心主题是违背誓言，整出剧是一个逃亡计划：对恐惧的展现。也许您重读一遍会有更好的印象。正是这样一部作品，我不相信它会失败，我更不会相信您不是这部作品的最佳读者。另外，您不仅知道这个剧本的计划，我还在朔恩那里给您读过两个场景（墓地和鬼屋），那天晚上您给大家朗读了拱廊（我本想写：拱廊街计划！怎么会犯这种错误！）——《柏林童年》的前几篇。这是对您指责的措手不及进行的辩护。——音乐已经有不少了。[1]

您的拱廊街计划到底进行得如何？我考虑的另外一个——第二个，尚未成熟的——行动计划是用老套的办法争取那位朋友的资助合同。我不知道是否能说服他，但在这之前我想先了解一下您对这个计划的看法。能有机会熟记"拱廊街"关系到的是共同的私心，这我不必向您多讲！这样一个具体的合同资助也许对此并非不利。

我手上的工作很多，其中不乏稀奇古怪的事。眼下我正在为《音乐》杂志写一篇关于音乐评论危机的长篇论文。[2]这篇论文与我的音乐社会学专论[3]联系紧密。

此致

您忠诚的
泰迪·维森贡德

---

1 参见信 12 注释。
2 这里指阿多诺的《论音乐批评的危机》。该文并没有在《音乐》杂志上发表，而是原载于由恩斯特·克热内克（Ernst Krenek）和威利·赖希（Willi Reich）共同主办的维也纳音乐杂志《23》（1935 年 3 月 25 日，第 20/21 期，第 5—15 页）。现收录在《阿多诺文集》，卷 20（2），第 746—755 页。
3 这里指信 8 里提到的《论音乐的社会情境》。

14　本雅明致阿多诺

1934 年 3 月 9 日

巴黎（第 6 区），Four 街 1 号

亲爱的维森贡德先生：

过去一年横跨在我们之间的沉默，被您以如此难忘、如此坚决的方式打破了。请您相信，您在信里对方方面面的事情所展现出来的态度，我都真切地体会到了，并将牢记在心。

请转告您的姨母，她的出面让我感激不尽。我希望有一天能亲自向她道谢。

至于见面 [1]，我希望不再遥遥无期。鉴于我们需要详细地聊聊"汤姆"，这让我更热切地期待这一天的到来。正如贝都因人谚语里说的，汤姆的外衣褶皱里住着死神，这个意象我自然从一开始就是清楚的。我上一封信里有所保留的不是针对您的意图，而是针对它的实现。而这一切都与"儿童范式"有关，要对这个概念进行讨论和深入的展开，我需要跟您面谈。

如果您能来，我最想做的事情之一是带您去参观法国国家图书馆，没有人比您更合适了。

1　本雅明指的是格蕾特·卡普鲁斯于 1934 年 3 月 3 日写给他的一封信。卡普鲁斯信里写道："泰迪现在还在柏林，不过这个星期就经法兰克福前往伦敦，以便先熟悉一下当地的情况。因为现在没有什么急事，所以他可能绕道从巴黎返程。"二人最终没能见面。

事实上，它有世界上最神奇的图书馆大厅，人们像是在歌剧院场景里工作一样。可惜的是，图书馆六点就关门了——这个习惯从剧院六点就开门的年代延续至今。拱廊街计划又有了点生机，这个微弱的火花——它不可能比我自己更有生命力——是您点燃的。自从又开始出门以后，我其实一整天都会待在图书馆的工作厅，并且也终于习惯了各种刁钻的规定，让自己稍微舒服了起来。

奇怪的是，我最近最有趣的发现之一竟然是本德语书，也许您也还没读过这本书，不过应该能在那边的图书馆里找到：英格伦德[1]的四卷本《法国工人联合会史》。

我的夜晚很短，睡得晚，醒得早。这封信给您带去的是早起的人的问候，他被圣日耳曼教堂的钟声叫醒，又被雨滴声带回了梦乡。

十分诚挚的问候！

您的
瓦尔特·本雅明

1　西格蒙德·英格伦德（Sigmund Engländer, 1828—1902），奥地利记者、政治评论家。他的《法国工人联合会史》出版于 1864 年。译者注。

15　阿多诺致本雅明

柏林，1934 年 3 月 13 日

亲爱的本雅明先生：

衷心感谢您的来信——信被转寄到了我这里。我在这边会一直待到复活节，节后回法兰克福一个星期，之后就去英国。那里似乎会有一个大学的机会给我[1]。很高兴我的行动初见成效。为了继续，我还有几个问题想问您：首先，目前取得的成果[2]，如果能赋予它一定的规律性，是否能保证您的基本生活，还是您觉得我有必要继续向她们施压？如果她们贡献的数额确实太微薄，施压自然是恰当且必要的，不然只会造成伤害。请您理解，为了您和下一步的计划，我需要有更清晰的了解。另外，您对我为拱廊街计划争取资助合同的想法怎么看？大概是这样的，

1　阿多诺在 1935 年 7 月 5 日致克拉考尔的信里概述了他刚到英国的情况："我今天就写这些：我在牛津是莫顿学院的高等生（不是大家谣传的教员或者教授），任务是写一本关于认识论的大部头的——或许也就是小部头的——书，暂定标题为'现象学的二律悖反'，副标题是'辩证逻辑导论'。其中关于范畴直观分析的部分我希望能用作英文博士论文。值得一提的是，他们选我加入非常难进的牛津哲学学会。以后的前景应该不会太差。但我还只是暂时在这儿，我的居住地仍然是法兰克福。"阿多诺原本希望能在牛津或者伦敦找到一个教书的机会。参见《阿多诺、克热内克通信集》，第 43—44 页。

2　本雅明拿到的总金额为 450 法国法郎（信 13）。阿多诺、他的姨母阿加特和爱尔莎·赫兹伯格分别贡献了三分之一，格蕾特·卡普鲁斯在 1934 年 4 月 19 日写给本雅明的信里有所提及（信 19）。

我想引起一位（住在巴黎的）人士的兴趣，他是这次帮忙的那位太太的兄弟。他这个人不好相处，对您来说会不太容易（对我也难：他没能成为知识分子，却变成了商人，由于生意上的成功，所以他动不动就因别处错过的机会发泄怨气），但如果能懂得正确把握，他会非常慷慨，紧急关头还会像仅有的朋友那样从各个方面关心您的命运。他目前不在巴黎，但写信跟我说不久就会回去，所以我觉得这是做他的工作的好时机。正是出于以上原因，题献这种建议就会显得非常恰当，当然前提是他能慷慨解囊。所以请您理解我在这件事情上的坚持。也请尽快给我答复。

另外还有一件事情：我还做了那位相关女士的外甥[1]的工作。他正好也在这里，自己虽然并不阔绰，但有不少关系，也很尽心。他找了巴黎熟人的关系，一位名叫施瓦兹的先生（公司名是马丁）。这位先生愿意为您效劳，并且已经多次与您的旅馆联系过——我不知道是电话联系还是亲自去的，但都没能找到您。我听说这位施瓦兹先生热情主动、考虑周全。您要是一整天都待在国家图书馆工作的话，最好还是在旅馆给他留个信儿，告诉他什么时间能找到您，并且让旅馆留意不要错过他。我朋友很看重这个关系。另外，我的这位朋友（还是那位外甥）因为以前是书商，所以为您在罗沃尔特那里做了工作（他没提前问我，不然没经过您的同意我是不会允许的）。他取得的小成果是：罗沃尔特出版社将捐赠 20 本《德意志悲苦剧的起源》和 20 本《单向街》，大家争取向自己的朋友们推荐，筹集到的钱款全部归您。因为我本地的朋友这两本书自然都有了，所以格蕾特和我不知道还能去找谁——也许您在巴黎的朋友圈子至少能收下一部分。如果这样的话，我会保证尽快给您寄去一个包裹。毋庸赘言，我在这里也会尽力的。

---

1 这里指阿诺德·列维（Arnold Levy，或者 Levy-Ginsberg），艺术史博士，后转行做旧书商。他在巴黎一直生活到二战结束以后，并在那里改名为 Armand Levilliers。列维-金斯伯格夫妇是本雅明生前最后几年最亲近的好友之一。

　　至于《柏林童年》，您考虑过埃里希·莱斯[1]出版社吗？我认识那里的一位编辑，他十分了解您的作品，对您也很敬仰。[2]虽然他现在不是全职在那里工作了，但我想肯定还是有一定影响力的。不管怎样，我这里有本样书总归是好的。不过总体而言，出版前景都不乐观。Bote & Bock 出版社就拒绝发行我的音乐创作，尽管我的作曲得到了当下音乐界的一个权威组织的极力推荐。所以对前景不能抱太大希望，当然也不要置之不理。另外，埃里希·莱斯出版社的现任负责人是狂热的犹太复国主义者。也许您的好友格哈德[3]能帮上忙。

　　既然我充当了喜欢大兴土木的加图的角色，不用多说您也能猜到，拱廊街计划重新动工的消息让我有多欢喜。我自己也写了不少东西：一堆音乐方面的文章，都被霍氏通过了[4]，却迟迟不刊登；还有一篇文章是关于格奥尔格新出的散文集[5]，同一家报社，这篇文章希望不会让您觉得无聊。他的散文集里有些出彩的地方，比如梦的记录，还有一首他自己翻译的马拉美的精彩绝伦的诗[6]，我以前不知道这首诗。——我还写了一些哲学方面的东西，但都没发表。不过我刚完成的关于音乐批评危机的长文倒似乎是能出版。

1　埃里希·莱斯（Erich Reiss, 1887—1951），德国出版商。他继承了一大笔遗产，从 1908 年开始经营自己的出版社。因为是犹太人，他的出版社从 1935 年开始被禁止出版非犹太文学作品。莱斯 1938 年被关进集中营，后被 Karin Michaelis 和 Selma Lagerlöf 成功营救。之后他从瑞典逃亡到纽约。

2　这位编辑是德国作家汉斯·海纳克（Hans Hennecke, 1897—1977），参见信 17。

3　本雅明在 1934 年 4 月 8 日写给肖勒姆的信里拜托后者为其在莱斯那里找关系，关于肖勒姆的回信详见《本雅明、肖勒姆通信集》，第 135 页。——肖勒姆，他的原名是格哈德·肖勒姆（Gerhard Scholem, 1897—1982），从德国移民以色列后才改名为格肖姆·肖勒姆（Gershom Scholem）。译者注。

4　阿多诺通过 Friedrich T. Gubler 联系上《霍氏日报》。关于他写的这些音乐方面的文章，参见信 17 及其注释。

5　这里指斯特凡·格奥尔格的《日子与行动》（*Tage und Taten*），1933 年在柏林出版。阿多诺写的这篇评论未能保留下来。

6　格奥尔格翻译的这首马拉美的散文诗是《冬天的颤抖》（*Frisson d'hiver*）。

　　伦敦的具体行程我还说不准，但我依旧热切地盼望能从巴黎返程[1]——除非学期一开始我就必须待在那边上课（比如在牛津卡西尔[2]那里）。但是这个前景似乎太美好，所以我不敢奢望。不管怎样，他们很快就能见到我了，但我知道，他们不可能像您这么热切地盼望我的到来——以讨论"拱廊街"和"汤姆"为名，我已经很期待了。

　　我正在花很多时间学英语。成年人学习一门新外语真是一个奇妙的旅程。

　　请尽快给我回信。您有弗里德尔[3]的消息吗？他的地址是什么？朔恩近况如何？

您真挚忠诚的
泰迪

1　阿多诺最终没能途经巴黎返回。

2　指恩斯特·卡西尔（Ernst Cassirer, 1874—1945），德国哲学家，曾在牛津任教。阿多诺主动联系过卡西尔，并向他咨询牛津的学术机会。译者注。

3　弗里德尔（Friedel）是对齐格弗里德·克拉考尔的昵称，他与阿多诺年轻时便成为好友。参见阿多诺的《天马行空的现实主义者——齐格弗里德·克拉考尔》（《阿多诺文集》，卷11，第388—408页）。

16　本雅明致阿多诺

1934 年 3 月 18 日

巴黎（第 6 区），Four 街 1 号 皇宫酒店

亲爱的维森贡德先生：

十分感谢您清醒审慎的来信。它让我有了一丝喘息的希望——就我目前的处境而言，这已经足够多了。它同时也让我期待能在不久的将来跟您讨论很多我们之间有待讨论的话题。我为您在英国的机会感到高兴，它让我的期待成为可能。

伦敦——有一位从那里来的朋友不久前刚对我说——依旧是通往世界的大门。如果还能掌握英语，那里向一个人敞开的机会或许会比巴黎多，不管这个人多么熟悉巴黎。您在那儿应该还能见到朔恩，虽然我很少听到他的消息。他能让家人跟他在一起，说明英国这片土地还是可靠的。

我在上一封信里向您和您的朋友们迅速及时的援助道了谢，这里再补充一句——算是回答您的询问：若能赋予它一定的规律性，我将对那几位陌生的捐助人感激不尽。因为这样至少能让我有可能提前做计划。在过去的这几个月里，对我的生存状态毁灭性最大的，恐怕就是我完全没有能力掌控至少一丁点儿的时间段。

您朋友的援助之手和您的来信为我点燃了希望之光，这让我又能集中精力回到研究工作的重心上来——正是这种强烈的感觉才让我真正意识到之前的绝望程度。既然我们很快就能见面，我就更不想在信

里谈了。我希望有一天能带您去看我在图书馆的写字台。至于题献，我有以下考虑，并希望这一考虑与您的一致：拱廊街计划的确将会围绕着"当下"（Jetztzeit）展开——我的当下，以及所有使之成为可能的当下。它将展现一种更积极意义上的时代错置（Anachronismus）。之所以是更积极意义上的，是因为这种时代错置不是去精炼过去，而是让人道的未来提早发生。拱廊街计划的献词将表达这个思想，我认为它是具有前瞻性的。

不过我想，这个思想的表达和那位朋友的参与，需要在将来会面以后才能碰撞出更具体的形态，如果您认为恰当的话。

另外，我已经跟施瓦兹先生见过面了，他像您信里说的一样热情周到，所以我们短暂的会谈进行得十分愉快。离开时他让我等他的信儿。

从信里得知您稳定地维持着写作，我很替您高兴。毋庸赘言，我万分期待您的格奥尔格一文。请您第一时间寄给我一份；同时我也希望能收到您的音乐批评论文 [1]。作为回报，我会给您寄去一篇我为科莫雷尔的《让·保罗》写的长篇书评 [2]，虽然这篇文章不一定能发表。

至于我们的创作越来越难，您的音乐作品在 Bote & Bock 那里的命运便又是一个我极不希望发生的例证。难道我们没做好不进入主流的准备吗？您知道的，在这一点上我早就跟您提起过我自己的出版命运了；无论是被烧毁的博士论文 [3]，还是您信里提到的罗沃尔特的建议：我懂

---

[1]　这里指信 13 里首次提到的《论音乐批评的危机》。

[2]　参见马克斯·科莫雷尔（Max Kommerell）的《让·保罗》（法兰克福：1933 年）。本雅明为此书写的书评标题为《被浸湿的魔杖：论马克斯·科莫雷尔的〈让·保罗〉》，原载于 1934 年 3 月 29 日的《法兰克福报》，发表时本雅明使用的是化名 K. A. Stempflinger，现收录在《本雅明文集》，卷 3，第 409—417 页。

[3]　本雅明的博士论文《德国浪漫派的艺术批评概念》1920 年由伯尔尼的 Francke 出版社发行，原载于其博士导师 Richard Herbertz 主办的《新伯尔尼哲学与哲学史论丛》第 5 辑。由于 1924 年出版社仓库的一场火灾，"我的博士论文仅存的样书全部烧毁"（参见《本雅明通信集》，第 341 页）。该论文现收录在《本雅明文集》，卷 1（1），第 7—122 页。

得这里的规则，所以很乐意接收一半的样书。

您还提到了埃里希·莱斯。他那儿的机会如何，我也说不准。不管怎样，我会提供一份《柏林童年》的手稿。赫尔曼·黑塞就这本书给我写了一封颇有见地的、友善的信。[1] 当然也有些感伤，他自己的影响圈缩小了，而且眼疾也不见好转。

您动身去法兰克福前还会给我写信吗？一旦确定，我能第一时间知道您来巴黎的日期吗？

真诚的问候！

您的

瓦尔特·本雅明

---

1 参见《赫尔曼·黑塞通信集》，卷 2：1922—1935 年，第 412—413 页。

17　阿多诺致本雅明

1934 年 4 月 5 日

柏林

亲爱的本雅明先生：

　　我在柏林逗留的时间又拖延了——但我现在终于准备动身回家八天，然后直接去伦敦。出发前我想先给您写封信。

　　我希望在家里能见到这次财务行动的实际主理人，当然我也会尽一切努力把它变成定期行为。我会马上了解这位太太的想法；考虑到上次请求的迫切性，我想她应该也是做好了定期的打算的。但如果估计错误，我还有机会继续施压。我自然会尽一切努力，相信我们一定能成功帮您渡过难关。

　　同时，为了《柏林童年》我也没闲着。我通过门路听说陶[1]代表卡西尔出版社表现出了兴趣，但是出于各种原因我对此不抱太大希望，特别是因为陶的个人因素，我感觉他极不适合为我们做称职的代理。所以埃里希·莱斯那里更重要。我听说他表现出了浓厚的兴趣，去鼓动他的是他从前的编辑汉斯·海纳克——后者十分仰慕您，也熟知您的作品，会尽最大的努力并也已经尽了最大的努力。对此事有益的是，莱斯似乎

1　马克斯·陶（Max Tau, 1897—1976），德语语文学家，曾任布鲁诺·卡西尔（Bruno Cassirer）出版社编辑。1938 年逃亡挪威，1942 年移民瑞典。

从《童年》里（海纳克给他讲了您这本书的思想，好像还给他看了剪报[1]）看到了他自己的童年。他那里的问题有些特殊。莱斯出版社越来越追随正统犹太复国主义——正是出于这个原因，海纳克作为基督徒也被免除了编辑主任的职务。所以存在您这本书是否适合在那里出版的顾虑。我希望这个顾虑能消除，毕竟如果您能让好友格哈德帮忙的话，对此事会非常有利；如果他愿意出面证明您的整部作品与犹太神学传统关系密切（尽管从研究对象上看不出来），那就再好不过了。行动越快越好。此外，请尽快给格蕾特寄一份可付印的《童年》手稿（她今天就此事刚发来电报），她好给海纳克送去。最后还有一点很重要，您需要加入一个无雅利安条例的作家协会[2]。无论如何，您需要正式注册或者持有注册证明，以免遭遇出版困难——入会过程会有些漫长，但请相信我，若不是因为入会对出版机会极其关键的话，我是不会如此坚持的。我想《悲苦剧》和《亲和力》[3]（仅这两本）的合法性是无法被否认的。如果您认识贝恩[4]，事情会好办很多。

费莉西塔斯的身体确实好多了。她经过两个星期的疗养长胖了八斤，我都快认不出她来了。她胃口变好了，头疼也消失了。这位新大夫是第一个靠谱的。至少在这件事情上我放心了，可以比她消瘦的那七天更安心地离开柏林。

至于我自己，《霍氏日报》的停刊[5]对我影响很大。我在那里有十一篇已通过的稿件——全部都是严肃有分量的文章——不能印刷出

1　关于《柏林童年》在这之前单独发行的部分，参见《本雅明文集》，卷4（2），第970—971页。

2　本雅明没有向纳粹帝国作家协会递交入会申请。阿多诺的申请于1935年2月20日被拒。

3　本雅明的长篇论文《论歌德的〈亲和力〉》在不来梅通讯出版社和霍夫曼斯塔尔主办的《新德意志杂志》上分两期发表（分别为1924年4月和1925年1月）。现收录在《本雅明文集》，卷1（1），第123—201页。

4　本雅明随后便请求格蕾特·卡普鲁斯给他寄一份贝恩的演讲稿《新国家与知识分子》。——戈特弗里德·贝恩（Gottfried Benn，1886—1956），德国著名作家、诗人。译者注。

5　《霍氏日报》于同年3月31日停刊。

版，也不知道还能找谁出版。而且由于哈斯杂志的崩溃[1]，我的另外四篇文章——包括关于外来词的一篇[2]——也被退回。我给《霍氏》写的最后一篇文章是分析贝多芬的[3]，附带一篇评论其晚期风格的笔记[4]（完全是我关于贝多芬的首次尝试）。我对此本抱有一定的信心，结果这两篇文章，加上评论格奥尔格的那篇[5]，一篇关于勃拉姆斯的[6]，还有一篇论拉威尔的新稿子[7]，现在都被搁置了。不过这三个月我至少写作顺利，而且我也下定决心无论如何尽快着手新书。新书将围绕音乐复制理论[8]，在这一理论上我已经耗费了将近十年，其中有些思想碎片（比如小夜曲、新节奏等[9]）已经发表过，但整体还需要壮大。这些内容您可能刚开始的时候会感觉与您距离遥远。但我相信，遥远的主题不一定不重要，在这一点上我坚信您跟我的想法一致，而且它与您自己的研究兴趣（这绝对是一本哲学的，而非艺术实践的论文）也十分相关，尽管从题目上看不出来。今天我只想向您暗示一点：作品沉寂的问题以极其特殊的方式将我引向了我们的问题核心，即现代与远古合一的问题。我将从另一端，即远古这一端展开。让我恍然大悟的是，正如"现代"最古老，

1　这里指《文学世界》杂志。该杂志从 1933 年中期开始不再由威利·哈斯（Willy Haas）任总编辑，取而代之的是卡尔·劳奇（Karl Rauch）。1933 年 9 月杂志被纳粹政府强制一体化。

2　阿多诺的《关于外来词的使用》生前未能发表。参见《阿多诺文集》，卷 11，第 640—646 页。

3　参见阿多诺：《路德维希·范·贝多芬：六首钢琴小品 OP.126》，《阿多诺文集》，卷 18，第 185—188 页。

4　参见阿多诺：《贝多芬的晚期风格》，《阿多诺文集》，卷 17，第 13—17 页。

5　这里指阿多诺为格奥尔格的《日子与行动》写的评论，该文已遗失。参见信 15。

6　参见阿多诺：《勃拉姆斯在当下》，《阿多诺文集》，卷 18，第 200—203 页。

7　可能是指阿多诺的《拉威尔》（参见《阿多诺文集》，卷 18，第 273—274 页，文集编者注明的时间是"大约 1928 年"）。阿多诺似乎于 1936 年给本雅明寄了一份修改稿，参见信 58 及其注释。

8　该计划最终未能完成，这段时间也没有任何与之相关的笔记保留下来。参见信 47 及其注释。

9　参见阿多诺：《小夜曲》，原载于《开端》（1929 年 1 月），第 11 期，第 1 册，第 16—23 页，现收录在《阿多诺文集》，卷 17，第 52—59 页；《新节奏》，原载于《指挥台与指挥棒》（1930 年），第 7 期，第 1 册，第 1—7 页，现收录在《阿多诺文集》，卷 17，第 66—73 页。

"远古"本身也是新的功能：远古首先是历史的产物，因此具有辩证性，它并非"前历史"，而恰恰相反。它不是别的，而是一切历史沉寂之处：它只能通过历史的旋律来衡量，也只有历史的节奏才能将其"生产"成史前史。我想，我只需向您透露这些，就足够引起您对这一计划的兴趣，它的核心思想是对"原始形态"的批判。也许它并没有您想象的那么遥远，而是会随着拱廊街计划的进行而与之交相辉映。至少二者在这一点上是呼应的：对 19 世纪史前史的研究，您应该了解远古在原则上与范畴上的历史性：它不是作为历史上最古老的，而是从时间的内在法则中出现的。借此，我又幸运地回到了您的拱廊街计划，这部著作您一定要不惜一切代价、不顾任何后果、定义清晰地去完成，正如我仅知道的那几页宏伟论述一样——关于赌徒[1]，关于土星光环[2]，还有关于静止和"总是一样"的辩证法。最后请满足我对神话的渴望：呼唤召唤者！

您永远的

泰迪

您的回信请寄到我家。——您能给我寄来一份克尔恺郭尔批评的手稿吗？

---

1   参见《本雅明文集》，卷 5（2），第 1056—1057 页。

2   同前，第 1060 页。

18 本雅明致阿多诺

1934 年 4 月 9 日

巴黎（第 16 区），Jasmin 街 25B 号

亲爱的维森贡德先生：

谢谢您的重要来信。

我对它的回应首先是给肖勒姆写信[1]，昨天就写好了。对我而言，看到您如何运作整件事情与知道您做这件事情本身同等重要。我也想借这个机会告诉您，我十分赞同您对陶的保留意见。倘若他能超出预期对我们有所帮助的话，那倒是更好。不管怎样，手稿将同这封信一起从邮局寄往费莉西塔斯那里。

我很高兴她的身体状况有了好转。确实是时候找一名懂行的医生了。另外，我建议过她去维辛大夫[2]那里看看，他的业务能力我很敬佩，而且他不久会来柏林。

我还想告诉您，赫尔曼·黑塞知道《柏林童年》，对它有过十分肯

1　参见《本雅明、肖勒姆通信集》，第 129—131 页。

2　埃贡·维辛（Egon Wissing, 1900—1984），是本雅明的表兄弟，二人关系亲密。"纳粹上台前二人同住在柏林 Prinzregenten 大街。1932 年 7 月，本雅明打算结束自己的生命，他在随遗嘱寄给维辛的信里指定维辛做自己的遗嘱执行人。"（参见肖勒姆：《瓦尔特·本雅明和他的天使》[1983]，第 149 页）在苏联逗留了一段时间以后，埃贡·维辛移民到了美国，并随即在波士顿的马萨诸塞纪念医院工作。1940 年春，他与格蕾特·卡普鲁斯的妹妹——牙医里斯洛特·卡普鲁斯（Liselotte Karplus, 1909 年出生）——结为夫妻。

定的评价，如果需要，他应该也会在莱斯面前这样做的。——难题是在
协会会员这里，就我所知，入会注册的期限早就过了。您有更确切的消
息吗？

接下来，我想谈谈您就音乐复制理论围绕远古和现代这两个概念所
做的丰富影射。您在此处确实触及了拱廊街计划的核心问题，但眼下我
除了向您确认这一点外无能为力。不过，您不是有机会从英国返回的时
候来巴黎看看吗？您应该能想象，我有多么期待能在这里——就地——
亲自告诉您这项计划的最新进展。

再次全心投入这项研究，需要花费些时日，因为前几个星期我把一
项具体的课题放在了工作的首位，而它却刚刚泡汤了，这很令我心痛。
您可能从费莉西塔斯那里听说了，有人引荐我在当地的一位名医家里做
一场关于过去十年德国文学的讲座[1]。这场讲座的意义在于，可以让这
个名利场里的人认识我。在约好的演讲日期前一个星期——邀请卡都发
出去了——这位名医患了严重的肺炎，至今生死未卜。讲座在这一季能
否举行还是个问题，这将导致后续讲座也不太可能进行。

这一系列演讲原本可以为夏天做一些经济储备。可是现在泡汤了。
这让我的处境更加依赖于您采取的财务行动。让我不安的是，施瓦兹-
马丁先生再也没联系过我。我们的第一次会面进行得相当顺利，三月底
我电话通知了他我的新住址。他向我保证复活节以后跟我联系，可到现
在还没有他的信儿。所以现在您的行动成了我的希望之光。

校对对方的文章似乎变成我们之间不同寻常但却近乎隆重的事件。
我都不敢打听怎样的出版条件才能允许您被专业的音乐杂志采纳。您有

1　在一封 3 月 5 日致布莱希特的信里，本雅明写道："我将在几个我熟悉的和不熟悉的法国
圈子里做一系列关于'德国先锋'的讲座。总共计划有五场——票是整季预订的。我为每个
不同的领域选取了一位有代表性和影响力的人物。1）小说（卡夫卡）；2）散文（布洛赫）；
3）戏剧（布莱希特）；4）新闻（克劳斯）。在这之前还会有一场导论式的讲座，标题为《德
国公众》。"（参见《本雅明通信集》，第 602—603 页）

十一篇文章寄去柏林，这就说明了一切。不过您一共提到了十五篇稿子，我能想象您在过去的一年里有多么努力地工作。我很想进一步了解这些文章，为此希望您能来巴黎。

今天先写这些。希望很快能有您的回音。

最诚挚的问候！

您的

瓦尔特·本雅明

19　阿多诺致本雅明

1934 年 4 月 13 日

法兰克福

亲爱的本雅明先生：

您的信我昨天从阿莫巴赫[1]回来后收到了，请允许我在出发前的忙乱中仓促地给您回信。

您已经把金额数[2]告诉了费莉西塔斯，这很好。这个数目比我想象中的少，特别是考虑到其中的三分之二还是由我和我姨母分别出的。主理此事的这位太太正好跟我们用过晚餐，我把我的想法非常具体地告诉了她——正如我所愿，取得了成效。总之，涉及的金额作为最低标准已经稳妥了。

就此事我今天还跟本诺[3]谈了，他答应我每个月从他那里还会支付以上金额的三分之二[4]。这部分和另外那部分加起来，至少能保障最低标准；我相信，鉴于我非常有效的干预，数额还会增加的。我希望这能

1　阿多诺经常夏天与他的父母一起去位于欧登瓦德山区的小城阿莫巴赫（Amorbach）度假。

2　关于具体数额，参见信 15 的注释。

3　本诺·赖芬伯格（Benno Reifenberg, 1892—1970），1924 年起任《法兰克福报》的副刊编辑，1930—1932 年期间是该报驻巴黎的通讯员，从 1932 年起任时政编辑。

4　即 300 法郎。

消除您对基本生活的担忧。所以请务必尽快通知公司 [1] 您的新住址——
还有通知本诺，如果您还没有告诉他的话。

　　至于作家协会：您不必太担心最后期限。您可以向他们注明，您此
前在巴利阿里岛，所以不知道有截止期限（这本来就是事实！）。重要
的是，您最好说明自己以前就在那里长期居住过，以免被当成难民。在
这一点上您可以随便提供证明。但请您务必抓紧时间办这件事情，这对
图书出版来说绝对重要——请您相信我，不然我是不会为此来纠缠您的。
您多年以来一直过着流浪的生活，这一点很重要。

　　我周日出发去英国，周一晚上到伦敦。我的地址是：T. W-A, Dr.
Bernard Wingfield 代收, Brooklyn-House, West-Drayton, Middlesex。[2]—— 我
依然希望能从巴黎绕道回来；现在学期开始 [3] 我必须人在伦敦。至于
绕道巴黎 [4] 的时间和机会我还不清楚：因为我可能——至少——整
个学期都要待在那里，而且出于外汇许可证的原因 [5]，经济上也是
个问题。我多想在巴黎与费莉西塔斯会合啊。让我们做最好的打
算吧。[6]

　　昨天我在阿莫巴赫的湖边公园看到一只野生水獭活生生跳入池塘，
即使在这样一封无聊的、事务性的信件里，我仍不想错过这个机会给您

1　可能是指爱尔莎·赫兹伯格在萨尔地区诺因基兴（Neunkirchen）的百货公司。

2　阿多诺给的是他堂兄弟的地址。

3　牛津大学学期开始的时间是 4 月中旬。

4　阿多诺绕道巴黎并在那里与格蕾特·卡普鲁斯会合的计划没能实现。

5　外汇输出限制从 1931 年起开始实施。纳粹夺取政权以后，几乎封锁了一切向外的资本转移。
即使为公差以外的出国旅行提供的特殊政策，比如健康原因或者出国留学等，1934 年秋以后
也几乎都被废除。如果出国留学，只有在证明有迫切的文化政治需求的前提下，外汇才能被
允许配给。

6　这句话阿多诺是用英语写的。译者注。

带去"被宠坏的动物"的问候。[1] 请尽快回信！

　　诚挚的问候！

您的泰迪

　　黑塞的推荐务必利用起来！

1　这里呼应的是本雅明《1900 年前后的柏林童年》中的《水獭》一章。这篇文章与其他两篇一起原载于 1933 年 3 月 2 日的《法兰克福报》，标题为《1900 年前后的柏林童年·III》（参见《本雅明文集》，卷 4［1］，第 255—257 页，以及卷 7［1］，第 406—408 页）。

20　阿多诺致本雅明

1934 年 4 月 21 日

布鲁克林（西德雷顿）

亲爱的本雅明先生：

　　万分感谢您的来信[1]和"短文"[2]——我今天早晨收到了。我们没能早些谈到作家协会的问题，实属遗憾。我担心，由于您不在德国，所以在这件事情上——请允许我坦率地讲——有些疏忽。即便您获得了图书馆员的提名，有一部著作属于日耳曼文学题材，但我仍不觉得事情有希望；特别是您拿到了申请表格却没有填写，这让事情变得更糟。我认为他们不太可能知道瑞士一事[3]。即使有人问起，您完全可以拿肺病作解释，这在今天同入伍花名册一样难以核实。但这都不是关键。普遍来讲和对非雅利安作者（包括我在内）来说，问题在于，大家都会先收到规范申请的证明——这个不难弄，但最终的正式入会批准却一直拖着。我去年十一月就申请了，可正式批准到现在还没下来。不过也不需要正式入会通知，因为官方通告说，在收到最终决定以前，向编辑部和出版社

1　已遗失；可能是应本雅明的请求被阿多诺销毁了（参见下文）。

2　参见本雅明《思想意象》中的三个短篇：《知者》（《本雅明文集》，卷 4 [1]，第422—423 页）、《美好的恐慌》（《本雅明文集》，卷 4 [1]，第 434—435 页）和《报纸》（《本雅明文集》，卷 2 [2]，第 628—629 页）。另见下文。

3　本雅明 1917 年初用医生开具的坐骨神经痛证明，成功躲过了被征召入伍的威胁。同年，他与妻子朵拉迁居瑞士伯尔尼。

出示申请证明即可。如果我是您的话，虽然耽搁对事情很不利，但我仍
会填好申请表，并找出一条令人信服的理由来解释为什么耽搁。至于必
须填写的两位担保人，其中一位也许最好选鲁道夫·亚历山大·施罗德，
您可以通过不来梅通讯社联系到他；另外一位最好在政治右翼分子里
找，除了贝恩，我想到的是——请您别惊讶——费希特[1]。比瑞士一事
后果更严重的，恐怕是您 1933 年 3 月离开了德国。在这件事情上，您
一定要说明并且提供记录证证您在此之前——因为经济原因——就已经
常年在国外逗留了，比如您第一次在伊比萨岛的日子[2]就可以作为很好
的证明。转让著作权[3]这个主意我觉得不妥：首先，即使是现在，也还
没有这个必要；其次，这种事情总会导致不和（另外：您试过在伦敦上
演《帽子、大衣和手套》[4]吗？就我对这边剧院的初步了解，这出剧应
该会有机会——也许朔恩能想办法翻译剧本，如果您对此仍感兴趣的
话）；最后，我认为这个做法有些冒险，毕竟有不少章节已经出版了。
至于忠诚宣言，您大可不必担心——对我们来讲，它跟公职人员对国家
的效忠义务没有太大区别。不瞒您说，我开始怀疑纳粹政府到底能不能
坚持到宣言起效用的那一天。我虽然不是那么乐观——估计将来如果不
是军阀独裁或者陶尔斐斯式专制[5]，也将会是一种右翼的无政府状态，

1　鲍尔·费希特（Paul Fechter, 1880—1958），德国记者、文学史家，1933—1942 年协助
主办周报《德意志未来》。
2　本雅明 1932 年在伊比萨岛住过一段时间。
3　本雅明应该是建议过从形式上把在德国境内的出版物稿费转让给别人，以避开向国外汇款
这个难题。
4　参见信 8 和信 13 的注释。
5　恩格尔伯特·陶尔斐斯（Engelbert Dollfuß, 1892—1934）是奥地利政治人物，1932—1934
年出任奥地利总理。他通过民主手段上台，却逐渐走向专制。1934 年他在一场劫持暴动中被
纳粹分子枪杀。译者注。

即布朗农梦想[1]的实现——但是他们开始崩溃的征兆越来越明显，所以对此我们也不需要一厢情愿地视而不见。

接下来，让我进入您的"短文"视界，我非常喜欢它们。其中大部分我已经在《单向街》的补遗[2]中读过了，比如三段式的梦[3]，还有关于节日和恐慌的那篇[4]，不过这一篇如果我没记错的话有些改动，之前的版本没有这么密集地围绕着 7 月 14 号国庆日展开，包括它的烟火表演受到德彪西的赞颂，还有中间咆哮的马赛曲——也就是说没有组织到具体的时间点上，而这在新版本中做到了。给我印象最深的是有关报纸的那一篇，这篇文章我可以"全权署名"：这不是自以为是，而是它与我的思想完全一致；我几年前就尝试过反对克劳斯，捍卫报纸在语言使用上的混乱。作为答谢，我希望很快能给您寄去我自己关于外来词的一篇长文[5]，我在其中对外来语的申辩与您的有几分相似，即在它们最不合适的地方。我出了个鬼招，把这篇文章寄给了《母语》——普遍语言学会的会刊，当真至今未收到回音。若真能在那里发表，连您都会刮目相看的。它是最愚蠢的语言纯粹派的喉舌。

我自己的事情仍前途未卜，但我也不抱太大希望。在这里，特别是在大学生活，这件差事与布莱希特的《男人就是男人》[6]这个难题（剧名不该翻译成"man is man"吗？）像极了。想要把教授资格正常转过来是不可能的。另外，新实施的外汇管理规定让一切都难上加难，想从

1　阿诺特·布朗农（Arnolt Bronnen, 1895—1959），奥地利作家，20 年代与布莱希特关系密切，后来成为纳粹的拥护者。阿多诺这里暗示的应该是布朗农对德国自由军团的拥护，参见布朗农的小说《O.S.》（1929）。

2　参见《本雅明文集》，卷 4（2），第 911—912 页。

3　参见《知者》（《本雅明文集》，卷 4［1］，第 422—423 页）。译者注。

4　参见《美好的恐慌》（《本雅明文集》，卷 4［1］，第 434—435 页）。译者注。

5　参见信 17 的注释，该文没有在《母语》杂志上发表。

6　《男人就是男人》（Mann ist Mann）是布莱希特的一部喜剧，1926 年在达姆施塔特和杜塞尔多夫同时首演。该寓言剧讲述了包装工盖利·盖伊成为士兵的故事。它的主题涉及人类身份的可换性问题，即个人的身份只能通过与他人有关的社会政治环境来定义。译者注。

德国弄出来哪怕一丁点儿的资金都非常困难。我希望到下个星期事情能明朗起来。——在德国，狄尔斯的解职[1]是对戈林的沉重打击，这一事件我觉得非常重要。内部争斗第一次向外显现出来，很快会演变成接班人之战的。

霍克海默邀请我去巴黎几天，他下个星期到巴黎，之后会很长时间在路上。可惜我不得不拒绝他，因为我明天和周三有早就约好的重要会谈，鉴于刚到这里，不可能因为巴黎而改期：我先是与经济学院的普朗特见面，再跟学术援助委员会[2]的总秘书长亚当斯和卡西尔见面。如果您见到霍克海默，请转告他，我这边难以脱身。毋庸赘言，我很抱歉。

我想再澄清一下，赫兹伯格夫人的财务转账，我和我姨母参与了将近三分之二。我们目前正在"清算"，把准备的资金在德国调度好，然后她再从萨尔地区给您汇出去。阿诺德·列维[3]好像也不在巴黎。

我之前写信向您提起过，赖芬伯格[4]希望您能为我的《克尔恺郭尔》写一篇书评，毋庸赘言，您可以自行决定。我这次对赖芬伯格的印象不错，感觉他人品还行，能指望上他的支持。

我能再次问您朔恩和克拉考尔的地址吗？[5]请尽快回信！我下周无论如何也不会在这郊区住了，或者去牛津，或者搬到大英博物馆的图书馆附近。请您也同样销毁我的信。——格蕾特身体确实好多了。这是我

1　鲁道夫·狄尔斯（Rudolf Diels，1900—1957）是德国纳粹盖世太保的创建人和第一任首席指挥官，戈林的亲信，1934年4月1日被撤职。接替他的是海因里希·希姆莱（Heinrich Himmler，1900—1945）。

2　英国学术援助委员会（Academic Assistance Council）帮助阿多诺与英国当局联系，是阿多诺去英国继续哲学学术深造的官方"邀请人"。阿多诺5月3日下午与沃尔特·亚当斯（Walter Adams）和恩斯特·卡西尔进行了会面。

3　阿诺德·列维是爱尔莎·赫兹伯格的外甥。参见信15的注释。译者注。

4　本诺·赖芬伯格，参见信19的注释。

5　参见信21。

最近唯一的曙光。

　　始终诚挚的问候！

您的泰迪

电报：Wingfield

　　　　West Drayton

电话：West Drayton 58

21　本雅明致阿多诺

1934 年 4 月 28 日

巴黎（第 14 区），Denfert-Rochereau 广场 28 号 Floridor 旅馆

亲爱的维森贡德先生：

我利用刚口述完一篇长演讲稿[1]的干劲，启用打字机给您写信。正好方便跟您商议几件要事。

但我想先感谢您从伦敦的来信。我与作家协会的关系当然不是原则上的问题，而只是机遇而已。一旦与莱斯出版社商量好各种遗留问题，我自然会跟那些人联系的。可惜眼下并没有很顺利。我既没有收到莱斯本人的回音，也没有费莉西塔斯那边有关此事的消息。不过我已经跟肖勒姆[2]联系过了，一旦事情有进展，他会酌情向出版社发表他自己对《柏林童年》的意见的。

阿诺德·列维这段时间来过。我从他身上看到了超乎寻常的睿智和——感谢您——善良。我向他详细聊了我的处境。结果是，他考虑过诺因基兴约定[3]以外的援助计划，但还没有行动。我也不知道他对这个

1　这里指下文提到的《作为生产者的作者》，本雅明生前没能发表这篇演讲稿。参见《本雅明文集》，卷 2（2），第 683—701 页；卷 2（3），第 1460—1463 页。

2　本雅明 4 月 8 日给肖勒姆写过信，参见信 18 的注释。

3　这里指与赫兹伯格夫人的约定，她的百货公司在萨尔地区的诺因基兴，并从那里向本雅明转账。参见信 19 和信 20。译者注。

计划的前景是否持乐观态度。

因为他在来这儿之前与赫兹伯格夫人只是短暂地见了面，所以对她就此事的态度没有详细的了解。所以，他来问我诺因基兴提供的帮助是否会持续下去。根据您之前的来信，我感觉可以肯定地回答他这个问题，不然，我也不知道该如何面对未来的日子。

多亏您，我们似乎已经习惯了讨论这类事务。但我自己却很难在信里向您表达我们之间这一层新关系带给我的个人感受。所以我极其希望能在巴黎见到您。

如果您在的话，我前面提到的演讲稿肯定会为我们提供很多可讨论的话题。我演讲的题目是《作为生产者的作者》，地点是这里的"法西斯研究所"[1]，听众不会很多，但相当专业，这个演讲可以被视作《史诗剧》[2]的姊妹篇，我在前者对文学作品所做的尝试对应后者对舞台的分析。

估计您是第一个知道我在国外使用的新笔名的人：O.E.Tal = lateo 的反写（我隐藏自己）。

就《克尔恺郭尔》一事，我立即给《法兰克福报》写了信，并请求他们确认这个写作任务[3]——我当然立刻申请了这个任务。毋庸赘言，我非常乐意为您的著作写书评。

克拉考尔的地址是：巴黎（第 6 区），麦迪逊大酒店，圣日耳曼大道。朔恩的地址可能有变更，我好几个月没有收到他的音讯了：恩斯特·朔恩，Lea Steps 代收，Vale of Health，Hampstead（Hampstead 3410）。

希望很快能收到您的好消息，还有您在英国大学里的学术进展。请

1　关于该研究所，参见《本雅明文集》，卷 2（3），第 1462 页。

2　本雅明的《什么是史诗剧？——布莱希特研究》大约完成于 1931 年初，遗稿于 1966 年才得以出版。该文现收录在《本雅明文集》，卷 2（2），第 519—531 页。

3　本雅明为阿多诺的《克尔恺郭尔》写的书评没能在《法兰克福报》上发表。

尽可能随时保持联系。

　　诚挚的问候！

您的

瓦尔特·本雅明

22　本雅明致阿多诺

1934 年 5 月 24 日

巴黎（第 14 区），Denfert-Rochereau 广场 28 号 Floridor 旅馆

亲爱的维森贡德先生：

希望这封短信能让您回忆起我上一封信结尾的请求：请尽可能随时保持联系，并告知您在英国的情况。因为我很久没有您的消息了，只有朔恩寄来的一张简短的明信片上提起过您，而他的音讯就像流星一样断断续续。

不知收到您的下一封信时，我是在这里，还是已经去丹麦了[1]。动身的具体日期还没定下来，但应该很快了。我很期待还能在这里收到您的来信——6 月 4 号以前我不会动身。如果您在这之后才写，恐怕就要久等我从丹麦的回信了；因为得考虑到从这里转寄到丹麦的信件有可能从德国走。

最近从那里不缺可靠的消息。旁观者越知情，就越不会妄下断言。危机将至，这是肯定的——结果则难料。

我不确定是否已经向您提起过我的上一篇文章。它的题目是《作为生产者的作者》，对应我以前对史诗剧所做的论述。我眼下正在与《收

1　本雅明 6 月中旬前往丹麦，在那里拜访布莱希特。

集》杂志 [1] 商量这篇文章的发表一事，他们恐怕还需要多一些决断力。

莱斯拒绝出版《柏林童年》这件事，我想您应该已经听说了。尽管如此，我还是要感谢您为此事所做的一切努力。

动身去丹麦之前，我还打算跟几位重要人物见面：鲍尔翰 [2]，皮埃尔-甘 [3] 和杜·博斯 [4]。然后还有克拉考尔，我感觉越来越难见到他了。他为了完成新小说的写作，近乎隐居。[5] 我祝愿他翻译这部小说的计划能成功，但并不否认我对它有文学方面的顾虑。

我在上一封信里向您问起过那个保尔·宾斯旺格（Paul Binswanger）吗？他有本厚颜无耻的书，叫《福楼拜的美学问题》，在克劳斯特曼（Klostermann）那里出版了。[6]

最后有个请求：就克尔恺郭尔书评一事，您能出面提醒一下盖克 [7] 或者赖芬伯格吗？我已经询问过两次了，但都没有收到任何回音。

今天就到这里。请尽可能往这里写信。十分诚挚的问候！

您的

瓦尔特·本雅明

1 《收集》杂志是托马斯·曼的长子克劳斯·曼（Klaus Mann，1906—1949）流亡期间主办的文学月刊。
2 让·鲍尔翰（Jean Paulhan，1884—1968）是极具影响力的《新法国评论》杂志主编，参见信 28 及其注释。
3 莱昂·皮埃尔-甘（Léon Pierre-Quint，1895—1956），法国小说家、散文家，因对普鲁斯特（1926）和纪德（1933）的研究巨著而闻名。
4 夏尔·杜·博斯（Charles Du Bos，1882—1939），法国散文家、文学评论家。
5 克拉考尔这段时间专注于他的第二部小说《格奥尔格》的写作，该书在他身后才得以出版。参见《齐格弗里德·克拉考尔文集》（1973），卷7，第243—490页。
6 参见保尔·宾斯旺格：《福楼拜的美学问题——论文学中的语言与风格问题》（1934）。本雅明对该书的批评原本计划作为其文学批评系列"文学史新论"的一部分，后来用化名 Detlef Holz 在 1934 年 8 月 12 日的《法兰克福报》（文学副刊）上单独发表。本雅明的批评现收录在《文集》，卷3，第423—425页。
7 鲁道夫·盖克（Rudolf Geck，1868—1936）从1896年开始便为《法兰克福报》的副刊工作，1933年以后被本诺·赖芬伯格接替。

23 阿多诺致本雅明

1934 年 11 月 6 日

牛津，莫顿学院

亲爱的本雅明先生：

非常感谢您的来信！[1] 我长久的缄默与我在这里遭遇到的残酷的民族同化没有任何关系；我们之间的这一状态肯定不会持续下去的。因此我决定立即提笔给您回信。我沉默这么久的原因，格蕾特去拜访您的时候[2] 应该跟您讲了。她的造访加上您的来信化解了我的顾虑。顾虑主要来自写作方面，我之前很难克制不对您的某些文章深感担忧（这是我们结盟以来从未有过的）：特别是您关于法国小说的文章[3] 和对科莫雷尔的书评[4]，后一篇甚至在个人层面上深深刺痛了我，因为科莫雷尔曾经说过，像我这种人应该被枪决——我就不需要多做解释了。但主要分歧

---

1 本雅明之前的信件已遗失。

2 格蕾特·卡普鲁斯 9 月 22、23 日去丹麦拜访了本雅明。

3 参见本雅明：《论法国小说的社会现状》，原载于《社会研究杂志》（1934 年），第 3 期，第 1 册，第 54—78 页，现收录于《本雅明文集》，卷 2（2），第 776—803 页。

4 参见信 16 的注释。——阿多诺在 1968 年的一封信中还提到自己为什么无法原谅科莫雷尔："我认识科莫雷尔，我们几乎同时在法兰克福被授予教授资格。然而我们之间的交情并不深——政治分歧当时决定一切，所以像他这种顽固的右派和我之间不可能产生真感情。我当时觉得他是个很有天赋的法西斯分子，他肯定也不喜欢我。今天看起来这一切似乎很荒唐，但 1933 年以前的情况则大不一样。[……]他当然是个有天赋的人，但我对他没有好感；本雅明对敌对分子的欣赏，我从未想通过。"（参见阿多诺 1968 年 1 月 4 日致 Francis Golffing 的信）

因为介入性太强，而且在各方面都太棘手，所以很难在信里讲清楚，更何况您人还在哥本哈根[1]；另外，我个人也感觉在伦敦的这段时间越来越缺乏自由和安全感，因而未跟您开诚布公地讨论此事，所以我选择了沉默，期待下一封信的到来，然后您的信果真就出现了。这封信之所以触动了我，是因为它与之前的来信划清了界限。我希望我没有无理取闹，但必须承认，整个分歧与布莱希特这个人物以及您对他的赞赏有关：分歧涉及唯物辩证法的原则性问题，比如"使用价值"这个概念，其中心立场我始终难以苟同。如果我没记错的话，您也否认过这些观点，所以对我来说目前最重要的是向您保证我对您的全心支持，不让您担心我这是从众行为或者蓄意支配您。事实上，您决定结束随笔写作、终于开始着手进行拱廊街计划，是我多年来从您那里听到的最令人欣慰的消息。您知道，我确实从拱廊街计划中看到了第一哲学的样子，这是交付给我们的使命，如果您在经历了漫长痛苦的压抑以后能够完成这样一项庞大的研究计划，这便是我最大的心愿。如果我能为您的这项研究带来一丝希望的话——请不要以为我自以为是——那么这将是：首先，论文应以最激进的命题毫无保留地实现它所蕴含的一切神学内容和字面意义（不要顾及布莱希特所谓无神论的异议，它也许可以作为神学的反面被我们拯救，但绝对不能接受！）；其次，鉴于论文的哲学意图，它应尽量避免与社会理论的外部交流。因为我觉得在这里，最关键、最严肃之处应当实在完整地表达出来，以完全达到范畴的深度，并同时不遗漏神学。但我也认为，在这个关键层面上，我们越不表面套用马克思主义理论，对它就会越有益：在这里，"美学"能比救星一样的阶级理论更加深入且革命性地介入现实。因此我认为，正是那些最偏的母题——比如"永恒不变"或者地狱的母题——必然要在最大程度上得到表达，同时，辩证意象这一概念也需要得到清晰的阐释。没有人比我更清楚这里面的每

---

1 此时本雅明正在丹麦拜访布莱希特。

一句话都加载了且必须加载政治火药；但火药埋得越深，其破坏力也就越大。我不敢给您提什么"建议"——我现在试图做的，仅仅是站出来捍卫您的初衷，反对暴君，正如您在克劳斯那里做的一样，只需要呼唤他的名字，暴君便会消失。

另外，拱廊街计划似乎现在正好有新鲜血液可以注入。我刚从一份英文电影杂志上看到一篇关于布勒东新书[1]的评论，如果我没想错的话，它与我们的很多观点十分相近。比如它也反对梦的心理学解析，主张阐释真实意象；而且也认为真实意象具有历史关键性。但总体来说，由于它与您的主题太接近，所以恐怕需要在核心部分进行一次彻底反转（从书评中我还看不出哪里可以）；但正因为它能触发反转，所以这本书也许能够起到重要作用，正如潘诺夫斯基和萨克斯尔[2]之于"巴洛克"一书一样——多么奇妙的平行啊！关于"拱廊街"我还想多说一点：如果这本需要整合您所有语言经验的书用法语来写作，在我看来将会是一场灾难，因为即使对法语融会贯通，但作为媒介它对于整合不会起到任何作用，而这一整合恰恰以您语言生活的辩证性为前提。如果将来有出版困难，我认为最合适的办法是翻译——但是在我看来，如果没有德语原著，其所造成的巨大损失不比乌兰德焚烧荷尔德林遗著[3]给德语语言所带来的损失小。——当然我会对这本书的出版尽一切可能之力；目前我觉得奥地利的可能性最大，因为克热内克[4]目前在那里担任了几个重要

1　指《连通》（*Les vases communicants*），安德烈·布勒东的这本书早在 1932 年就在巴黎出版了，阿多诺这里提到的书评不详。

2　弗里德里希·萨克斯尔（Friedrich Saxl, 1890—1948），奥地利艺术史学家，属于瓦尔堡学派。译者注。

3　乌兰德其实并没有焚烧荷尔德林的遗著，这是阿多诺的误解。

4　恩斯特·克热内克（Ernst Krenek, 1900—1991），奥地利作曲家，从 1929 年春开始与阿多诺保持通信往来，与本雅明也是好友。早在 1930 年上半年，克热内克和本雅明二人便有合作的计划，但具体计划不详。1931 年 4 月克热内克去柏林拜访了本雅明，并与他讨论了《卡尔·克劳斯》一文。详见《中间派绝望的激进主义：恩斯特·克热内克、弗里德里希·古波勒通信集（1928—1939）》（维也纳/科隆：1989 年）。

职务，他肯定会不遗余力地帮助出版。

至于我自己的胡塞尔研究，我就像奔赴刑场一样蒙着眼睛大步朝它前行，对于这样一篇逻辑学论文来讲，这也许并非坏事。我最初的想法是要把杰出的"哲学"语言翻译回意象语言，可惜这一初衷目前在这里能否实现，不完全取决于我；但我不会放过任何机会去指明形式本体论及其论证的内在矛盾——从他这个级别的最高立场出发，当然只能在这里，即"哲学"作为研究对象的地方，无中介地存在。但我目前仍在研究的初始阶段，所以不想乱讲，请您再耐心等待三个月，之后我的思路会更清晰。我两年之内拿到牛津既少又难的哲学博士学位[1]的前景还算乐观，这之后的个人前途应该也不会太差；这边的人际关系还算舒服，可是被迫过中世纪学生那种方帽长袍的生活，我就没那么喜欢了。

至于布莱希特，我既没见过，也没有他的什么消息。不过我在伦敦街头倒是偶遇过艾斯勒[2]，可他竟然厚颜无耻地举止傲慢，所以我完全失去跟这帮人打交道的兴趣，虽然他们觉得这只是一种"行为方式"，但我不觉得这是体面的行为。不过艾斯勒至少后来通过朔恩道了歉，但是，sunt certi denique fines（一切总归有个限度）[3]。——朔恩我见过两次，由于我施了不少伎俩成功避开了 Hansi[4]，所以与朔恩的碰面十分愉快；可他的个人处境却不怎么乐观，我也不知道该如何帮忙。我最近也没有他的消息了，只收到过他的一张明信片。估计他那边的情况非常糟糕，所以不要抱太大希望。他的地址是：London NW，32 Belsize Park。

1　因为 1938 年移居纽约，阿多诺未能完成牛津的博士学位。

2　汉斯·艾斯勒（Hanns Eisler，1898—1962），作曲家，曾经师从阿诺德·勋伯格，1925年在维也纳师从阿尔班·贝尔格期间认识阿多诺；阿多诺与艾斯勒后来在纽约和加州分别又见过面，并于 1942 年底在加州共同撰写《电影配乐》一书（参见《阿多诺文集》，卷 15，第 7—155 页）。

3　参见贺拉斯：《讽刺诗集》，第 1 卷。

4　这里指恩斯特·朔恩的妻子约翰娜，罗根多夫伯爵夫人。

您能把《卡夫卡》一文[1]寄给我吗？它对我有多重要，无须赘言。——我写了一篇长文专门探讨曼海姆的资产阶级社会学[2]，这是我迄今为止写过的最尖锐的马克思主义批评；可是曼海姆请求我等到他的书出版以后再结束我的文章，出于忠诚，我无法拒绝他；所以这篇文章就这样搁置了几个星期。一旦誊清稿完成，我会给您寄去一份（这篇文章已经发展成小册子的长度了，里面有关于法西斯主义理论的元素）。

我希望圣雷莫[3]能给您带来更好的写作环境，我的祝福将陪伴着您。您知道吗，我曾经在那里住过好几个月！[4] Morgana 海上咖啡馆我特别推荐，很适合您写作。另外，您千万不要错过 Bussana Vécchia 这个死寂的山村[5]，它完全可以与波西塔诺最有名望的某些区相媲美。假如您有兴致享用马赛鱼汤，欧洲酒店的老板 Coddoni 先生——请代我向他问好——最懂行，他肯定会乐意与您分享。而且他还会带您见识 uòva all'òstrica 这道菜[6]的奥秘。

1　本雅明的《弗朗茨·卡夫卡》一文生前仅发表过两章——《波将金》和《驼背小人》，原载于《犹太评论报》（1934 年 12 月 21 日；1934 年 12 月 28 日），当时的标题为《纪念弗朗茨·卡夫卡》。全文现收录在《本雅明文集》，卷 2（2），第 409—438 页。

2　阿多诺最初的构想是"对［曼海姆］关于'文化危机与大众民主'的演讲及其长篇导论进行连续评论"（参见阿多诺 1934 年 11 月 24 日致曼海姆的书信），后来应曼海姆的请求——二人在英国期间有过联系——阿多诺把原计划改为对其专著《改革时代的人与社会》（1935）进行评论。阿多诺的文章《新客观社会学：评卡尔·曼海姆的〈改革时代的人与社会〉》在其身后才得以出版，参见《阿多诺文集》，卷 20（1），第 13—45 页。二战后阿多诺修改了此文，并以标题《知识社会学的意识》在其随笔集《棱镜》中发表，参见《阿多诺文集》，卷 10（1），第 31—46 页。

3　圣雷莫（San Remo）是意大利西北部的一个地中海小镇。本雅明应该在上一封未被保留下来的信里提到过自己想去圣雷莫，他的前妻在那里经营一个小旅馆，取名为艾米丽别墅，后来改名为费德别墅。

4　阿多诺 1927 年夏秋在圣雷莫住过一段时间，参见信 25。

5　Bussana Vécchia 山村 1887 年在地震中被摧毁。

6　这道菜是把生蛋黄放到汤匙上，撒上盐，挤上一点柠檬，像吃生蚝一样一口吸入嘴里。

　　对克拉考尔我深感愧疚[1]，尽管我的抵制并非偶然。我还没读《三毛钱小说》[2]。阅读理查德·休斯[3]和诺曼·道格拉斯[4]让我受益匪浅。

　　斯滕贝尔格[5]为评论报写的文章[6]，我从他那里收到并读过了。我不像费莉西塔斯那样认为它们一文不值，特别是关于摄影的那篇文章还是有可取之处的，比如对"客观主义"的批评；当然他评论青春艺术派的那篇不过是在列清单而已。我当然希望这里不只有这种初生牛犊，而更该有"成年人"的成熟远见。我写信谨慎地提醒过他，反对海德格尔、雅斯贝尔斯和形式哲学的文章虽然合理，但正是在这里才更需要最宝贵、最厚重的哲学范畴。有了您的《拱廊街》，这一切就都能解决了。

　　最诚挚的问候！

您的
泰迪·维森贡德

　　听说爱尔莎·赫兹伯格来英国了，可惜我根本就见不着她，就像您见不着您的英国朋友[7]一样。如果我有机会见到她，肯定不会忘记讨论具体事务的。请向朵拉·索菲夫人[8]问好！

1　克拉考尔于 1933 年 2 月 28 日逃亡巴黎，阿多诺与他的通信往来于 1933 年 4 月底中断。直到 1935 年夏二人才继续通信。

2　布莱希特的《三毛钱小说》同年 10 月首次出版。

3　参见理查德·休斯（Richard Hughes，1900—1976）的《牙买加飓风》。

4　阿多诺的藏书里有一本诺曼·道格拉斯（Norman Douglas，1868—1952）的《南风》，该书于 1917 年首版，阿多诺收藏的是后来的版本。

5　道尔夫·斯滕贝尔格（Dolf Sternberger，1907—1989）在 1930 至 1933 年间与阿多诺交往甚密，并上过阿多诺的课；阿多诺启发过他写作博士论文《被理解的死亡：马丁·海德格尔的存在主体论研究》（莱比锡：1934 年），并为之写过鉴定。

6　参见道尔夫·斯滕贝尔格：《关于摄影艺术》和《青春艺术派：概念与面相学》，载于 1934 年的《新评论报》。

7　由于本雅明的信未能保留下来，所以无法确认这里的"英国朋友"是指谁。

8　朵拉·索菲·本雅明（Dora Sophie Benjamin，1890—1964），原姓凯尔纳，曾是本雅明的妻子。

24 本雅明致阿多诺

1934 年 11 月 30 日

圣雷莫，艾米丽别墅

[信的开头已遗失]

如果能成的话，恐怕也只会是片段。若当真如此，我肯定会给您寄去全文的手稿。[1]

我很期待拜读您对曼海姆的评论，希望很快能收到。

恩斯特·布洛赫——我几乎没有他的其他任何消息——有本新书[2]预告。但 Oprecht & Helbling 出版社还没有发行此书。——几天前我终于收到了朔恩的消息，他的情况跟您信里写的一样。——至于艾斯勒，比起与其他人，他与电影音乐更合得来，这一点我今年夏天就领教过了。[3]

您推荐的 Morgana 咖啡馆让我有些伤感。因为它的地理位置的确无与伦比，非常适合写作。当地的其他咖啡馆完全不如人意，比意大利最偏僻小山村里的好不了多少。但是，简言之，Morgana 倒闭关门了。我打算下一站去 Bussana Vécchia。我之前朝同一个方向一直走到了 Tággia。这座小城坐落在山上，景色相当迷人，我在那里还发现了"世

---

1 根据上一封信推测，应该是本雅明回应阿多诺的请求，告知《弗朗茨·卡夫卡》一文的出版机会。

2 指恩斯特·布洛赫的《这个时代的遗产》（苏黎世：1935 年）。

3 本雅明同年夏天在丹麦布莱希特那里见过汉斯·艾斯勒。

界最美阶梯"。——您是什么时候来这儿的？

我前妻也向您问好。

希望能收到您的回信。最诚挚的问候！

您的

瓦尔特·本雅明

25 阿多诺致本雅明

1934 年 12 月 5 日

牛津，莫顿学院

亲爱的本雅明先生：

您的来信让我很高兴，所以我打算立即给您回信，这样还能从英国寄出：我下周三、周四左右将启程去柏林费莉西塔斯那里。出发之前我的地址是 Albemarle Court Hotel，Leinster Gardens，London W2，如果您回信及时，我应该还能收到您的信——不然我们的通信恐怕要中断一段时间，至少要到一月中旬。

至于见面的计划，没有人比我更渴望了；所以明年我们一定要找机会见面好好聊聊。不过明年上半年恐怕有些困难，除非您有机会来伦敦。从一月中旬到三月中旬，以及四月底到六月中旬，我有牛津的事务在身，中间我还很有可能去美国一趟，因为我没法拒绝霍克海默的迫切邀请[1]，不然会影响到各方面的利益关系，更不用说人情了。但是由于

---

1 这里指的是霍克海默 11 月 16 日写给阿多诺的信，信里他提到在美国的前景："这边分所的前景，再加上我坚信，面对越来越黑暗的环境，您自己也觉得有义务为继续并扩大研究所的影响力做贡献，这两点加起来也许能说服您认真考虑来美国一趟。如果我明年年初确实能回欧洲一趟，我们也许会有机会一起讨论行程。但是由于我的欧洲之行可能还会往后拖延，所以您冬天就来的想法也并非不可取。我觉得您很有可能实地考察完以后对这里的机会比对英国的机会更看好——即使不考虑研究所纯粹物质上的帮助。虽然我不排除失望的可能性，但是鉴于哥伦比亚大学决策圈以及其他相关大学的权威人士的慷慨态度，我认为前（转下页）

这边的暑假格外长——从六月中旬至少到十月中旬——所以在这期间应该可以安排。我现在就开始考虑在哪儿以及如何见面。

关于爱尔莎·赫兹伯格：我本希望能与她碰面，可是她并没有来英国。如果凑巧的话，我也许圣诞节期间能在法兰克福见到她——但这并不确定。写信与她商榷我觉得不妥。原则上我认为写信是最后一着（这一方式毕竟有限制），等到最需要的时候再用——这样才能在关键时刻起作用。因此，我希望您能告诉我您的近况——是否有必要启用这最后一着，还是能挺过去。如果是后者，正如以上考虑，我建议就先这样。而且萨尔地区公投[1]对爱尔莎来说应该也是一大心头重负。所以您能告诉我该怎么做吗？

关于"拱廊街"我想再聊几句。您的"集体梦幻"与荣格的"集体无意识"（荣格最近写的东西我其实只读过一篇，是关于乔伊斯的[2]，还算过得去）之间的关系是无法回避的。但是我一直非常钦佩您的地方在于，您总能最坚定、最不留情地跟那些看似与您最相近的人或思想保持距离：比如您在《论〈亲和力〉》中远离贡道尔夫[3]，就像您远离从表现主义一直到豪森斯坦和塞萨兹对巴洛克的"评赏"一样[4]——塞萨兹

（接上页）景很乐观。不管怎样，我觉得您的近况和现在在这里的形势能激发您来美考察一下。往返的费用我们可以分摊，这样您的花费不会比您目前的生活费高。请您务必认真考虑此事！当然，我的建议里肯定有希望见到您的成分。"（参见霍克海默1934年11月16日致阿多诺的信）阿多诺1937年6月才实现赴美之行。

1　1935年1月13日萨尔地区公投，90.36%的投票者支持萨尔地区投靠纳粹德国。

2　这里指荣格的《〈尤利西斯〉：一场独白》，原载于1932年9月的《欧洲杂志》，阿多诺读到的版本可能出自荣格的作品集《灵魂的现实性》（苏黎世：1934年）。

3　本雅明在《论歌德的〈亲和力〉》中对贡道尔夫的态度，参见《本雅明文集》，卷1（1），第158—167页。——弗里德里希·贡道尔夫（Friedrich Gundolf，1880—1931）是德国魏玛时期的著名学者，曾为歌德写过传记。译者注。

4　参见本雅明《德意志悲苦剧的起源》一书《认识论批判代序》中的"'评赏'"和"巴洛克与表现主义"章节（见《本雅明文集》，卷1［1］，第232—236页）；本雅明在"'评赏'"一节中援引了威廉·豪森斯坦（Wilhelm Hausenstein）的《巴洛克的精神》和赫尔伯特·塞萨兹的《德国巴洛克风格的文学创作：文艺复兴、巴洛克、洛可可》。

的《席勒》一书[1]超出了我们最坏的担忧。您的这一意图我认为具有系统的高贵性，它与"激进"的范畴有一定关系，眼下我认为非常重要。我记得很清楚，十年前您就已经非常尖锐地质疑当时的舍勒[2]，虽然那时您比现在更无顾忌地表述神学——神权本体论——思想，这一点让我印象非常深刻。与荣格或者克拉格斯[3]（他在《作为仇敌的幽灵》中《现实意象》一章的"幻象"学说，与我们的问题相对而言最为接近）[4]的关系，我认为只能建立在这个意义上。更准确地说：这里正是远古意象与辩证意象之间——或者正如我反对布莱希特时所说的唯物主义思想观念——的分界线。我认为很有可能在弗洛伊德与荣格的争论那里找到中介，虽然弗洛伊德对我们的问题一无所知，但他确实让荣格遭受了唯名论的考验，而正需要这一考验才能赢得进入这19世纪史前史的途径。因此，针对意象的辩证特征，我认为它们不能被解释为内在"心理的"，而应是动态客观的。如果这些概念我已梳理清楚的话，那么弗洛伊德的个人主义批评，同时也是辩证的，正好有助于打破这些人的远古性，同时——辩证地——扬弃弗洛伊德自身的内在性观点。请原谅我含糊的勾画——我若在此做具体的阐释，则有抢占您理论的嫌疑，这是我最不敢妄想的。但我确实认为弗洛伊德关于心理分析阐释的文章[5]对这一总体问题极其重要。您在巴洛克一书中拯救了归纳法[6]：在这里，我们需要拯救唯名主义者与精神分析者，以消灭并超越资产阶级本体主义。另外我很好奇，

1　参见赫尔伯特·塞萨兹：《席勒》（哈勒：1934年）。

2　本雅明具体在什么地方有过对舍勒（Max Scheler，1874—1928）的阐释，不详。

3　路德维希·克拉格斯（Ludwig Klages，1872—1956），德国著名心理学家、生命哲学家、笔迹学创始人。译者注。

4　参见路德维希·克拉格斯：《作为灵魂仇敌的幽灵》，卷3第一部分，《关于现实意象的学说》（"原型与幻象"）（莱比锡：1932年）。

5　阿多诺想到的可能是弗洛伊德的以下文章：《自画像》（1925）、《心理分析运动史》（1915）、《心理分析概述》（1924/1928）和《心理分析的阻力》（1925）。

6　参见《本雅明文集》，卷1（1），第223—227页。

您在哥本哈根期间与赖希[1]和他的圈子有过来往吗？他们当中有些还不错，但更多的无疑是浪漫主义时期的费尔巴哈，倒退回了无政府主义，并且令人担忧地歌颂"生殖器"，以此宣扬一种非历史的性别观。

我迫不及待地想拜读您的《柏林童年》新篇[2]，还有《卡夫卡》[3]：我们所有人还都欠卡夫卡一个解码[4]，特别是克拉考尔[5]——所以我们多么迫切地需要把他从存在主义神学那里解救出来，以赋予他其他神学性。由于离我们的相见还有不短的一段时间，所以有可能现在就读到您的这些新文吗？

我突然想到克热内克，他眼下正尽力帮我找出版社，发行一本音乐理论的集子[6]（费莉西塔斯给集子取名《伟大的潘死了》，而且我在格奥尔格那里还找到了一句非常好的引文[7]）。克热内克发展得非常好，在我们最近的通信中展现出非凡的音乐知识，就连最偏的领域都了如指

1　心理分析学家威廉·赖希（Wilhelm Reich，1897—1957）曾经移民丹麦，并在哥本哈根主持性政治研究出版社（Verlag für Sexualpolitik）。

2　阿多诺从格蕾特·卡普鲁斯那里得知本雅明为《柏林童年》写了新篇。在一封日期不详，但应该是 1934 年 11 月底给格蕾特·卡普鲁斯的信里，本雅明写道："至于工作方面，我的坚持也许出乎你的意料，我首先恢复了《柏林童年》的写作。有几篇我其实几年来一直想写。其中一篇我想我终于完成了；它的题目告诉你，这篇对我有多重要。它叫《颜色》。一旦能找到人帮我誊清，我就给你寄去一份。另外有一篇叫《哈勒门》，还有一篇叫《圣诞赞歌》。"（参见《本雅明文集》，4［2］，第 967 页）

3　参见信 23 的注释。

4　原文是 das lösende Wort，根据上下文，是指迄今为止大家对卡夫卡的解读（特别是神学解读）都不对，需要有人来做正确的（神学）解读。译者注。

5　克拉考尔评论卡夫卡的文章包括：他为卡夫卡的长篇小说以及短篇《中国长城建造时》写的书评，还有两篇长篇论文。参见《齐格弗里德·克拉考尔文集》（法兰克福：1990 年），卷 5。

6　这本取名为《伟大的潘死了》的音乐文集没能出版，参见《阿多诺、克热内克通信集》，第 73 页。

7　阿多诺在 1934 年 11 月 5 日写给克热内克的信里援引了格奥尔格《第七环》中的诗行（参见《阿多诺、克热内克通信集》，第 59 和 73 页）。本雅明早在 1933 年就援引过同一行诗（参见《本雅明文集》，卷 3，第 397 页）。

掌，我还从未见过像他这样的。幸亏在政治方面没人能理解他。[1]

您已经读过《曙暮光》[2]了吗？

祝您写作顺利——至于我自己，今天只想与您分享一句波尔查诺的话，我为这句话辩护，希望还没有寄给过您：波尔查诺认为逻辑是"一门告诉我们如何在实用教科书中介绍科学的科学"[3]。

我在 1927 年去过圣雷莫，格蕾特先陪了我几天，之后我自己在那里待了几个月；正是那段时间我研读了弗洛伊德。阿尔卑斯的湖光山色的确无与伦比——特别是山间，有最美的山脊小路。

请代我向您前妻问好。始终诚挚的问候！

您的

泰迪·维森贡德

1　克热内克当时是哈布斯堡王朝的拥护者。

2　参见 Heinrich Regius（霍克海默的化名）：《曙暮光：德国笔记》（苏黎世：1934 年）。现收录在《霍克海默文集》，卷 2，《早期哲学著作（1922—1932）》（法兰克福：1987 年），第 309—452 页。

3　阿多诺这里转引自胡塞尔的《逻辑研究》卷 1，《纯粹逻辑学导引》，第 29 页。原文出自波尔查诺（B. Bolzano）的《科学论》（苏尔茨巴赫：1837 年），卷 1，第 7 页。

26　阿多诺致本雅明

1934 年 12 月 16 日

柏林

亲爱的本雅明先生：

　　我在维辛[1]那里读了您的《卡夫卡》，今天只想跟您说，这篇文章的母题给我留下了特别深刻的印象——它是继《卡尔·克劳斯》[2]之后给我印象最深的一篇。我希望这几天能腾出时间来详细地谈谈我的感受，这里先提前预告一下，我将会着重讨论"关切"（Aufmerksamkeit）这一概念，您在第三章结尾处把它定义为祷告的历史象征[3]。另外，这篇文章让我前所未有地看清楚了我们在哲学核心问题上的一致。——我在柏林的时光很美好。

您永远的

泰迪·W

1　这里是埃贡·维辛亲手写上的，以此告诉本雅明，阿多诺不是从他那里拿到的《卡夫卡》手稿。

2　本雅明的《卡尔·克劳斯》一文写于 1931 年，分成 4 期——1931 年 3 月 10 日、3 月 14 日、3 月 17 日和 3 月 18 日——在《法兰克福报》上发表。全文现收录在《本雅明文集》，卷 2（1），第 334—367 页。

3　参见《本雅明文集》，卷 2（2），第 432 页。

27 阿多诺致本雅明

1934 年 12 月 17 日

柏林

亲爱的本雅明先生：

请允许我仓促地——因为费莉西塔斯正要把您的《卡夫卡》文稿从我手里夺走，导致我只通读了两遍——履行我的诺言，跟您聊聊我的感想，目的是向您表达这篇文章让我感受到的自发的、无法抗拒的谢意，而并非我自以为是，臆想自己能完全领会它丰赡的思想，甚至"评价"它。如果我说我在这里前所未有地看到了我们在哲学核心问题上的一致，请不要以为我狂妄自大。我早在九年前就尝试过阐释卡夫卡[1]：我把他的作品比作从被救赎的视角为俗世拍摄的照片，照片上除了一块黑布的边角外什么也没有，而它极度偏移的镜头不是别的，正是这个被放歪了的相机本身——因此，无须用其他语言来解释我们之间的一致，无论您的分析超越出这一阐释有多远。同时，这也在原则上触及我们对"神学"的态度。因为我以前——在进入您的《拱廊街》之前——就坚持这一立场，所以对我而言具有双重意义的是，我希望我们的思想消融其中的神学意象不是别的，而正是在这里维持您思想的那个神学意象——可以称其为"逆向"神学。这一立场同时反对神学的自然与超自然阐释，在您的文

---

1 不详。参见《卡夫卡笔记》的开头（《阿多诺文集》，卷 10［1］，第 254 页）。

章里首次得到了鲜明的表达，这确实让我不禁想到我自己的立场——我的《克尔恺郭尔》[1]不是别的，正是关于此；当您嘲讽将帕斯卡与克尔恺郭尔联系到一起的时候，[2]请别忘了我在《克尔恺郭尔》中也同样讽刺了把克尔恺郭尔与帕斯卡和奥古斯丁联系在一起的做法[3]。如果我依然坚信克尔恺郭尔与卡夫卡之间存在某种关联的话，那么它肯定不是辩证神学的，其代言人是舍普斯[4]。相反，这一关联其实隐藏在"文字"里[5]，您在此明确地指出，卡夫卡假定的文字遗迹，可能更好——即从社会的角度——理解为文字的导引（Prolegomenon）。事实上，这正是我们的神学密码，不多，但也丝毫不少。它在这里如此强烈地爆发出来，是继早前的"拱廊街残篇"以来，您的哲学成就的最好证明。

　　我们之间的一致还包括对音乐和留声机以及对摄影的论述——我大概一年前写过一篇关于唱片这种形式的文章[6]，文中我从您的"巴洛克"一书出发[7]，我对物的异化和反面性范畴的应用与您在《卡夫卡》一文中建构的几乎如出一辙，这篇文章我希望几个星期以后能给您寄去；尤其还有对美丽与无望的论述[8]。稍微有些遗憾的是，您虽然提及了目前

1　参见信 10 的注释。

2　参见《本雅明文集》，卷 2（2），第 426 页。

3　参见《阿多诺文集》，卷 2，第 91 页。

4　汉斯·约阿希姆·舍普斯（Hans Joachim Schoeps）和马克斯·布洛德（Max Brod）于 1931年共同出版了卡夫卡的遗作《中国长城建造时》。阿多诺这里指的是二人共同撰写的跋，其中预告了舍普斯的新书，它是"对卡夫卡全部作品的详细阐释，并最终将他的作品解释成一种——受西方历史世俗化进程影响的——对犹太启示概念的否定更新"（第 258 页）。

5　参见《本雅明文集》，卷 2（2），第 437 页。

6　参见阿多诺：《唱片的形式》，原载于维也纳音乐杂志《23》（1934 年 12 月 15 日），现收录在《阿多诺文集》，卷 19，第 530—534 页。

7　这里指阿多诺对本雅明的《德意志悲苦剧的起源》的引用。文中阿多诺援引本雅明，把音乐定义为"巴别塔以后人类的最后一门语言"（参见《本雅明文集》，卷 1［1］，第 388 页）。然而，阿多诺在他的文章里并没有注明该引文的出处（参见《阿多诺文集》，卷 19，第 533 页）。

8　参见《本雅明文集》，卷 2（2），第 413—414 页。

官方对卡夫卡的神学阐释[1]的空洞性（顺便提一下，凯泽尔[2]心理分析的陈词滥调对真理的扭曲其实比其资产阶级思想对真理的扭曲少），但却并没有像您在《亲和力》中对待贡道尔夫[3]时那样详尽明确地表达出来。在弗洛伊德那里，制服与父亲想象是一体的。

如果您自称这篇文章"尚未完成"，那么我按照常理应该会荒唐地否定您。您肯定知道碎片性（das Fragmentarische）在这里有多重要，但它并不妨碍可以辨认"未完成"的地方——特别是鉴于这篇文章处在《拱廊街》之前。因为这里才是它未完成之处。史前史与现代的关系还没有上升到概念，而对卡夫卡的成功阐释最终将取决于此。第一个空白是在开头对卢卡奇的征引[4]和"历史时代"（Zeitalter）与"宇宙纪元"（Weltalter）的对比[5]那里。这一对比不能仅仅理解为对立，而必须辩证地对待。我想说：对我们而言，"历史时代"的概念近乎不存在（就像我们对"衰落"和"进步"不是从表面的意义上去理解一样，您自己在文章中也打破了这一解读），存在的仅仅是"宇宙纪元"，它是变成化石的当下的外延。我知道，没有人会像您一样从理论上承认我的观点。可是在《卡夫卡》一文中，"宇宙纪元"这一概念却只停留在抽象的黑格尔的意义上（顺便提一下，出乎我意料的是，也许您没有意识到，您的这篇文章与黑格尔之间的联系有多么紧密。我举个例子：比如"无"和"有"这一段[6]就与黑格尔的第一概念运动——"有—无—变"——非常一致，而且您引用的柯亨[7]对神法与罪愆的颠倒——虽然存在犹太传

---

1 同前，第 425—426 页。
2 阿多诺这里指的是赫尔穆特·凯泽尔（Hellmuth Kaiser）的《卡夫卡的地狱》（维也纳：1931 年），本雅明在他的《卡夫卡》一文中有提及，参见《本雅明文集》，卷 2（2），第 425 页。
3 参见《本雅明文集》，卷 1（1），第 158—167 页。
4 同前，卷 2（2），第 410 页。
5 同前。
6 同前，第 435 页。
7 同前，第 412 页。

统——无疑也是出自黑格尔的法哲学）。这就是说，卡夫卡对史前史的回忆（Anamnesis）——或者说"遗忘"——在您的文章中得到的是远古意义上的，而非彻底辩证的阐释：而这恰恰将它推向了"拱廊街"。我在这里最没有资格做评判，因为我深知，我在《克尔恺郭尔》中也有过同样的倒退，也同样没有对神话这一概念做出解释，虽然我把它当成逻辑结构，但却没有去具体强调它。正是出于这个原因，我允许自己指出这一点。在众多逸事解析中，唯独一桩逸事——即卡夫卡的童年旧照[1]——没有得到解释，这并非偶然。而对它的阐释将等同于闪光灯下宇宙纪元的中和。这就意味着各种具象的自相矛盾——执着于远古、没有对神话进行辩证阐释的结果。我认为最主要的矛盾莫过于俄德拉德克（Odradek）[2]。因为让它来自"史前世界和罪愆"[3]，而不把它当作文字的导引重新解读，正如您如此迫切地把它置于文字的问题之前那样，这就是纯粹的远古主义。如果俄德拉德克在父亲那里找到了自己的位置，那么它不正是"家父之忧"和对他的威胁吗？它不正预示着造物的罪愆关系的消解吗？这一忧虑——着实是"用脚立地"的海德格尔——不正是家的消解密码，即对希望的最确定的承诺吗？作为物界（Dingwelt）的另一面，俄德拉德克当然代表了扭曲变形——但这也正是超验的主题，有机体与非有机体之间的界限被打破并得到了和解，或者说，死亡被消解了：俄德拉德克"存活了下来"。换言之，只有变形为物的生命才被许诺从自然关系中解脱。[4]这里不只是"云一般的晦暗不明"[5]，因为辩证法和云的形象不应被"澄清"，而应被"彻底地辩证"——就像让寓言从天而降一样——这才是阐释卡夫卡的内在核心；对"辩证意象"进

---

1 同前，第416页。卡夫卡的这张童年照片被本雅明收藏了起来。

2 参见卡夫卡《乡村医生》中的散文《家父之忧》。

3 参见《本雅明文集》，卷2（2），第431页。

4 阿多诺注：这也正是我为何在其他地方反对与"使用价值"建立直接联系的最根本原因！

5 参见《本雅明文集》，卷2（2），第420页。

行彻底的理论阐述亦如此。不，俄德拉德克是如此辩证，以至于可以对它说，"没有什么可以做到十全十美"[1]。——您对神话与童话的讨论[2]也属于这一范畴。童话在您这里似乎狡猾地胜过甚至打破了神话，这一点可能会被指摘——就好像阿提卡的悲剧作家是童话诗人似的，可他们并不是；或者好像童话里的关键人物不属于前神话的无罪世界似的，而这一世界在我们看来是物的。奇怪的是，这些可能被指摘的具体"错误"恰恰从这里开始。因为《在流放地》的罪犯[3]——如果我没有完全记错的话——不只是在背上，而是全身被行刑机器刻上了文字，故事甚至还描绘了行刑机器如何翻转他们（翻转［Umwendung］是这个故事的中心，正如它也存在于理解的瞬间；另外，正是这个故事，虽然其主体暴露出一定的理想主义的抽象性和警句格言[4]，您正确地驳回了后者[5]，但它那不同的结尾，还有咖啡馆桌子下面老长官的坟墓，却不容忽视）。我认为远古的地方还包括您把露天剧场解释为"乡村教堂的集会或者儿童节日"[6]——19 世纪 80 年代城市歌咏节这一意象可能更真切，而摩根斯坦的"乡村气息"[7]我一直都觉得可疑。如果卡夫卡没有创立宗教[8]——您在这一点上非常正确！他的确不是宗教创始人！——那么他肯定也不是犹太家园的诗人。在这里我认为您有关德意志民族与犹太民族交叠的言论[9]非常关键。绑在天使身后的翅膀[10]不是缺陷，而是它们的"特征"——

1　阿多诺在《印第安乔的宝藏》中的一句话。参见信 12 的注释。

2　参见《本雅明文集》，卷 2（2），第 415 页。

3　同前，第 432 页。

4　参见卡夫卡《中国长城建造时》中的《对原罪、痛苦、希望和正确道路的观察》。

5　参见《本雅明文集》，卷 2（2），第 425—426 页。

6　同前，第 423 页。

7　同前。关于本雅明与索玛·摩根斯坦（Soma Morgenstern）的谈话以及本雅明对后者的"评论"，参见《本雅明文集》，卷 2（3），第 1231 页。

8　参见《本雅明文集》，卷 2（2），第 424 页。

9　同前，第 432 页。

10　同前，第 423 页。

这些翅膀，其过时的外观正是希望本身，除此无他。

　　从这个角度看，即外观的辩证性作为史前现代，您对戏剧与肢体（Geste）功能的阐述[1]是成功的，是您首次赋予了它该有的中心地位。《诉讼》的要旨如出一辙。如果一定要为肢体寻找理由的话，我认为不应该在中国戏剧那里，而应该在"现代"，即语言的枯萎这里寻找。在卡夫卡的肢体里，丧失了物之语言的造物得到了解放。于是，正如您所说的，他们投入到思考与学习中，并视其为祈祷——而把它当作"实验尝试"[2]，我是无法理解的，事实上，您文章中唯一让我感到陌生的地方就是对史诗剧范畴的引入。对于这个世界剧场来说，因为它只为上帝表演，所以无法容忍一切把它与舞台结合在一起的外部立场；就像您说的不能把作为舞台背景的天空镶进相框挂到墙上一样[3]，场景本身也没有舞台框架（除非天空正好在跑道上方）。因此，卡夫卡的艺术形式（毫无疑问，只要拒绝无中介的学说，就自然不会忽略这种艺术形式）与戏剧极度对立，它更是小说，这在根本上属于世界作为救赎"剧场"的概念范畴——无声地接受语言。所以在我看来，布洛德对电影的乏味影射，在这里触及的东西比他想象的要准确。卡夫卡的小说不是实验话剧的脚本，因为原则上它们缺少可能参与实验的观众。它们更像是最后的、消失殆尽的无声电影的文字（默片的消失与卡夫卡的去世几乎同时，这不无道理）；肢体的模棱两可是坠入无声（语言的毁灭）与在音乐中升起之间的模棱两可——所以关于"肢体—动物—音乐"组合最有力的莫过于《一条狗的研究》中对一群狗无声地演奏音乐的描述，我会毫不犹豫地拿这个故事与《桑丘·潘沙》[4]作比较。如果能将其引入，也许很多问题可以得

1　同前，第418—420页。

2　同前，第418页。本雅明引用的"实验尝试"概念出自布莱希特的史诗剧理论。

3　同前，第419页。

4　参见卡夫卡的短篇小说《关于桑丘·潘沙的真相》。本雅明对它的评论详见《本雅明文集》，卷2（2），第438页。

到解释。关于碎片性我还想说，遗忘与记忆的关系[1]——无疑是核心——我认为还不够清晰，也许可以更明确、更坚定地得到澄清；关于"无个性"（Charakterlosigkeit）[2]，十分奇妙的是，我去年写过一篇短文《同化》[3]，文中我对个性的灭杀也做了相同的肯定；同样神奇的是，今年年初我在伦敦写了一篇关于伦敦大巴各式各样彩色车票的文章[4]，它与您《柏林童年》里的《颜色》[5]一篇出奇地相像，费莉西塔斯给我看了您的这篇文章。最后，请让我再次着重强调一下"关切"作为"祈祷"[6]的意义。我不知道还有什么能比这一点更重要——也不知道还有什么比它更能表达您内心最深处的动机。

——我感觉您的《卡夫卡》几乎赎了我们的好友恩斯特[7]的罪。我给他写了一封长信，但还没有收到回音，我很好奇他究竟是否会回信。——我们周六去法兰克福，费莉西塔斯的身体状况很好，我自己也感觉不错。

我会给列维写信。祝友谊长存！

您的

泰德·W

---

1 参见《本雅明文集》，卷 2（2），第 429—432 页。

2 同前，第 418 页。

3 阿多诺的短文写于 1934 年 1 月 18 日。

4 阿多诺的笔记写于 1934 年 4 月 22 日。

5 参见《本雅明文集》，卷 4（1），第 263 页，以及卷 7（1），第 424 页。

6 同前，卷 2（2），第 432 页。

7 恩斯特·布洛赫对卡夫卡的评论出自他的《这个时代的遗产》一书（苏黎世：1934 年），第 182 页。

28　本雅明致阿多诺

1935 年 1 月 7 日

圣雷莫，费德别墅

亲爱的维森贡德先生：

　　我猜您已经回英国了，所以决定给您回信。提笔写这封信，我是有些犹豫的——因为您 12 月 17 号的那封长信如此有分量、如此深入地涉及问题的核心，所以我担心在信里很难作出恰当的回应。因此，我认为更重要的是，首先让您知道我有多高兴看到您表现出来的热情。您的信我不止是读，而且是认真地研读；它需要逐句思考。因为您十分准确地抓住了我的写作意图，所以您的质疑和指摘对我极其重要。这首先包括您关于我没有完全克服远古主义的意见，特别是您对宇宙纪元和遗忘这一问题的顾虑。另外，我完全同意您针对"实验尝试"这个概念提出的异议，并会思考您就默片提出的深远建议。您特别指出的《一条狗的研究》也给我提了醒。这篇文章——恐怕是卡夫卡唯一的一篇——让我在写作《卡夫卡》的过程中始终感到陌生，我当时就知道——我还曾向费莉西塔斯说起过——这篇文章仍有可挖掘之处。您的建议印证了这个可能性。

　　既然其中两部分——第一章和第三章——已经发表了，那么修订本的路也算铺平了。至于修订本最终能否出版，朔肯[1]是否愿意以图书的形式发行增订本，还是个疑问。[2]就目前而言，我认为修改恐怕将主要集中在第四部分[3]，因为尽管这一部分的重点很鲜明——也许正是因为重点太突出，所以就连您和肖勒姆这种读者都难以下定论。而且目前关于它的呼声也越来越高，其中不乏布莱希特的[4]；于是在它周围形成了一股声源，我还需要去聆听它。我暂时先把各种思考收集到了一起，但它们将如何与原文对应，我还没有梳理。这些思考主要围绕"比喻 = 象征"这一关系，我相信它比"寓言 = 小说"的对应更能体现卡夫卡作品中的悖论。[5]有必要进一步解释卡夫卡的小说形式，这一点我与您的观点一致，文中确实不足，但是它只能通过其他途径间接实现。

我希望——这也不是完全没有可能——在我们下次见面之前，先保留一些问题。如果允许我抱有希望的话，费莉西塔斯暗示过我，您在考虑复活节期间来圣雷莫一趟[6]。您要是能来就太好了——您无法想象在这里与世隔绝的我多么期待您的到来。不过最近这种与外界隔绝的状态将会先暂停一会儿；维辛会来，所以我有可能成为他在柏林最后几个月的间接见证人，而您亲身经历了他在柏林的最后时光。这更令我期待与您相见。

出了复活节，我这边就难安排了。因为布莱希特又邀请我去丹麦，而且希望我现在就去。我虽然五月份以前不会离开圣雷莫，但另一方面，

1　萨尔曼·朔肯（Salman Schocken，1877—1959），1931 年创立了朔肯出版社，1933 年移民巴勒斯坦。——本雅明计划在朔肯那里出一本关于卡夫卡的文集，但是该计划未能实现。

2　关于修订本的计划，参见《本雅明文集》，卷 2（3），第 1179—1188 页。

3　该章节的标题是"桑丘·潘沙"，参见《本雅明文集》，卷 2（2），第 433—438 页。

4　参见本雅明的《1934 年夏斯文堡笔记》（《本雅明文集》，卷 6，第 526—530 页），其中记录了布莱希特对他的《卡夫卡》一文的评价。

5　关于"比喻 = 象征"与"寓言 = 小说"的思考，详见《本雅明文集》，卷 2（3），第1253—1256 页和第 1258—1261 页。

6　格蕾特·卡普鲁斯在 1934 年 12 月 26 日的信里写道，她和阿多诺计划去圣雷莫探访本雅明，可惜该计划未能实现。

虽然这里对我而言是宝贵的栖身之地，但一直待下去也不是长久之计。因为长期远离朋友和研究资料是一项十分危险的考验。而且我无时无刻不在感受最基本的衣食住行的束缚；不过研究所每月寄来的一百法郎[1]足够支撑我在这里的基本生活，所以目前不需要麻烦外人。这也算是回答了您之前信里的友好询问，对此我感激不尽。在这个特殊的时刻，我多么希望能用最微薄的物质手段换取最基本的行动自由，从而获得更多的主动权。但是怎样才能做到呢？

另一方面，您自己也知道刚开始用外语写作需要多大的动力。我眼下正在为《新法国评论》写一篇关于巴霍芬[2]的文章[3]，感受颇深。这篇文章触及我们很多最基本的问题。因为法国没有人知道巴霍芬——他的著作没有一本被翻译成法语——所以我必须先以提供信息为主。提到巴霍芬，我还想告诉您，我毫无保留地赞同您在 12 月 5 号的信里就荣格和克拉格斯提出的建议[4]。正是出于您指出的这一点，我觉得我有必要更深入全面地去了解一下荣格。您手上有他的乔伊斯研究吗？

您能告诉我"没有什么可以做到十全十美"[5]这句话的出处吗？另外，您能不能把信里提到的关于伦敦车票的文章寄给我？无论如何，我期待很快能读到您关于唱片的大作，它涉及十分重要的关联。

我没有收到布洛赫的新书[6]，出版社通知我重新给我寄了一本。布洛赫同我们所有人一样，需要内行朋友的意见和建议，但十分遗憾的是，

1　从 1934 年 4 月开始，本雅明每月从社会研究所领取到一百瑞士法郎。

2　约翰·雅各布·巴霍芬（Johann Jakob Bachofen，1815—1887），瑞士法学家和人类学家，著有《母权论》。译者注。

3　本雅明应《新法国评论》主编让·鲍尔翰的邀请，用法语为该杂志撰写一篇题为《约翰·雅各布·巴霍芬》的文章（参见《本雅明文集》，卷 2［1］，第 219—233 页）。结果该文章被鲍尔翰婉拒，在本雅明生前未能发表。

4　参见信 25。

5　参见信 27 及其注释。

6　这里指《这个时代的遗产》。

他无视自己不小的朋友圈子，似乎完全满足于自己的写作。

　　您读《三毛钱小说》[1]了吗？我认为它非常成功。请写信告诉我您的想法，还有您详细的近况。别忘了告诉我您的工作进展。

　　今天就到这里。最诚挚的问候。

您的
瓦尔特·本雅明

1　参见信 23 及其注释。

29　本雅明致阿多诺

1935 年 4 月初 [1]

摩纳哥–拉孔达米讷，马赛饭店

亲爱的维森贡德先生：

我本想早点给您回信。[2] 但现在这封信——我希望——您在德国度假的时候能收到。另外，我的沉寂是有理由的：我之前一想到给您写信，就好比一艘帆船的船长在海上风平浪静的时候拿出他的航海日志。他有什么可写的呢？

我现在写的几篇文章 [3] 都有些稀奇古怪，就好似抓拍斗士诗情画意的姿态一样。其中的一篇您可能已经从费莉西塔斯那里看过了；另外一篇正在成形。两篇都没有什么讨论的价值。至于另一个层面的迫切性，它同这个层面的自我断定一样，眼下我鼓不起力气去表达。

1　这封信应该是 1935 年 3 月 24 日——这是《彩车游行上空的对话：尼斯狂欢节的余音》一文的发表日期，本雅明给格蕾特·卡普鲁斯寄了这篇文章的剪报——之后、本雅明 4 月 10 日回到巴黎之前写的。

2　阿多诺写给本雅明的信已遗失。

3　这里可能是指《彩车游行上空的对话：尼斯狂欢节的余音》和《幸运之手：关于游戏的闲聊》。前一篇以本雅明的化名 Detlef Holz 在 1935 年 3 月 24 日的《法兰克福报》上首载（参见《本雅明文集》，卷 4〔2〕，第 763—771 页）；后一篇在本雅明生前未能发表（参见同前，第 771—777 页）。

我首先想到的是与恩斯特·B[1]和解。不过听说他跟卡罗拉[2]结婚了，这让我觉得和解似乎也没那么有必要了。他俩之间的关系并非什么新鲜事，但这位姑娘现在的正式角色让我对未来的友谊——即使其他方面都很顺利——不抱太大希望。也不是说我有什么具体依据。不，这是氛围的问题：有些女性知道给丈夫生命中的友情以足够的空间——没有人比爱尔莎·冯·施特斯基[3]更懂得这一点了；也有一些女性会让丈夫的友谊枯萎——琳达[4]可以算是这一类，而卡罗拉非这一类莫属了。

我们这次还是见不着面，这让我感到万分遗憾。我们什么时候能期待下次再见？就算您回程的时候途经巴黎，恐怕也还是见不到我。生活环境变得越来越糟糕，这让我没办法随便回去，而且越来越难在巴黎立足。那里最近的情况我是从齐格弗里德信中[5]得知的，他的描述相当灰暗。就连那些更有资源的旁观者也都感受到了巴黎城强烈的变化，我刚在一份法语杂志上读到一个英国人——同样也是知识分子——写的信，信中他解释了自己为什么避开巴黎。他的描述与我自己的经验吻合。

当然这一切都无法改变一个事实，那就是法国国家图书馆依旧是我最向往的工作地。而且研究所一直催促的《福克斯》一文[6]其实也只能在那里完成。但是要在那里写作的话，所有物品都必须自己带过去，而且要等很久才能得到工作人员的理会。

您的确非常明智地做到了在新环境里做最长远的打算——这也许

---

1 这里指恩斯特·布洛赫。译者注。

2 卡罗拉（Karola Piotrkowska）与布洛赫 1927 年相识，1934 年 11 月二人结婚。

3 爱尔莎·冯·施特斯基（Else von Stritzky）是布洛赫的第一任妻子，1921 年去世。

4 琳达（Linda Oppenheimer），布洛赫的第二任妻子，二人 1921 年结婚。

5 这里指齐格弗里德·克拉考尔 1935 年 2 月 24 日致本雅明的信。

6 本雅明应霍克海默的邀请，撰写了《爱德华·福克斯——收藏家和历史学家》一文。该文原载于《社会研究杂志》（1937 年），第 6 期，第 346—380 页。现收录在《本雅明文集》，卷 2（2），第 465—505 页。

是走出阴霾的唯一希望。我多么希望能更详尽地了解您的胡塞尔研究。我特别感兴趣的是您针对"呆板"（das Ausdruckslose）的表述。而且您关于戈尔贡神话的暗示我认为也很重要。您回法兰克福的时候可以去找一本关于戈尔贡神话的考古学专著，如果我没记错，这本书应该是上世纪四五十年代一个名叫 Levezow 的人写的 [1]。

您能从法兰克福给我回信吗？您什么时候回牛津？——我几个星期前收到一封爱尔莎·H 的来信。我给她回信的时候情况比现在乐观：我当时以为圣雷莫一直到复活节都会是我的避风港，而且以为跟您见过面以后才会结束在那里的逗留。现在我不想在复活节以前——特别是从这里——去打扰她。

希望您能在法兰克福享受一丝春意。肯定比我这儿强：在这里，地球上仅剩的四五十个财经大亨相互炫耀着自己的游艇和劳斯莱斯。天空乌云密布，这是我唯一能感同身受的。

向您和费莉西塔斯呈上我最诚挚的问候！

您的 WB

1　参见 Konrad Levezow：《关于古代诗歌与艺术领域中戈尔贡范式的发展：一份考古学研究》（1832/1833 年）。

辑 三

1935—1936

30 本雅明致阿多诺

1935 年 5 月 1 日

巴黎（第 14 区），Denfert-Rochereau 广场 28 号 Floridor 旅馆

亲爱的维森贡德先生：

我从费莉西塔斯那里听说您在柯尼斯坦度过了愉快的假期[1]，而且您的明信片[2]我也已经收到了，知道您写作十分顺利，我很替您高兴。

我刚回到巴黎，准备继续"拱廊街计划"。过了这么多年，我终于打算不再仅仅对它进行研究，而是把总提纲[3]也确定下来。在提纲确定之前肯定还有很多工作要做，但是鉴于我多年来积累的大量材料，所以在这一特殊情况下，确定总提纲本身便已经意味着完成了很重要的一部分工作。

正是出于这个原因，当然不光是这个原因，我一再希望今年能见到您。再加上我今年不一定去丹麦了。所以您已经有暑期计划了吗？您觉得这段时间能有机会来法国碰面吗？

我非常期待再见到您。可是相比之下，跟布洛赫见面——他有可能

1　本雅明从格蕾特·卡普鲁斯的信里（1935 年 4 月 2 日）得知，阿多诺大概从 4 月 7 日至 4 月 21 日与卡普鲁斯一起在柯尼斯坦度假。

2　已遗失。

3　这里指拱廊街计划的提纲《巴黎，19 世纪的首都》，参见《本雅明文集》，卷 5（1），第 45—59 页。

来找我——却让我感到压力很大。他两个月前催我写信告诉他我对他新书的看法[1]，就好像老师催学生交作业一样，所以我放弃了这件本来就很让我头疼的差事，不打算在信里发表对《这个时代的遗产》的任何意见。

我最近听说，他这本书是为以阿尔弗雷德·坎托罗维奇[2]等人为代表的"青年一代"写的，他想要为年轻人指路（这条文学道路肯定是卡罗拉为他指点的）——这不仅证实了我私下的担忧，而且他书里的众多章节也有种种迹象。

我回巴黎以后试着通过爱尔莎·赫兹伯格在巴黎的地址（38 Quai d'Auteuil，阿尔方斯·赫兹伯格代收）与她取得联系，可惜没有收到她的任何回音。所以我推测她不在这儿。但另一方面，我很希望能与她建立个人联系。所以您能帮忙沟通一下吗？而且您能确认一下她是否来了巴黎，或者打算什么时候来吗？您这样会帮我一个大忙。

我多年来四处寻觅的一本书这两天终于到我手上了，它满足了我的所有期待。尽管您可能已经知道这本书了，但我还是忍不住在这里给您附上三条我自己随意选择翻译的格言。

XL

把自己认为重要的想法归到十根手指和它的每一个关节上。

XLI

最能留在一个人记忆里的东西，不仅需要与他钟爱的人和事物联系在一起，同时也需要与他憎恨的人和事物联系在一起。

1　详见布洛赫于 1934 年 12 月 18 日致本雅明的信，参见《布洛赫通信集：1903—1975》（法兰克福：1985 年），卷 2，第 658—659 页。

2　阿尔弗雷德·坎托罗维奇（Alfred Kantorowicz，1899—1979），1927 年至 1929 年任《霍氏日报》驻巴黎的文化通讯员，1931 年加入德国共产党，1933 年 3 月逃亡巴黎。

XLII

　　如果一个人打算处理事务或者与他人打交道，他就必须把
自己认为重要的想法归到沿途正好看见的一系列事物身上。

　　Hérault de Séchelles[1]：《野心理论》。他不仅领先于司汤达，更
是乔治·毕希纳（Georg Büchner）式的人类学唯物主义的先驱。

　　克热内克给我寄来了他的《卡尔五世》和关于历史描写的文章。[2]
我过几天就写信向他道谢。

　　希望早日收到您的回信！

　　最诚挚的问候！

您的

瓦尔特·本雅明

1　Marie-Jean Hérault de Séchelles（1759—1794），曾任巴黎议会的"法律总顾问"，后来
积极参与法国大革命，最终成为雅各宾派，是"救国委员会"的成员。后因与保皇派勾结被
判刑，1794 年死于绞刑架下。

2　这里指克热内克为他的歌剧《卡尔五世》撰写的脚本，以及《艺术与科学的历史观》一文。
后者原载于 1935 年 3 月 24 日的《维也纳政治报》，克热内克在这篇文章中多次援引了本雅
明的《德意志悲苦剧的起源》一书。

31 阿多诺致本雅明

1935 年 5 月 20 日

牛津，莫顿学院

亲爱的本雅明先生：

非常感谢您的上两封来信 [1]。您的第一封信我耽搁了很久还没回，是因为我需要去伦敦几天，落下了一些课业，回来以后不得不补上；所以我现在赶紧回复您的第二封来信。

事实上，拟定大纲是我从您那里能听到的最重要、最令人欢欣鼓舞的事情。毋庸赘言您想必也知道，我有多么渴望读到您的"拱廊街大纲"——一旦有打字稿的话；我理解您不愿意寄原稿过来，不愿意把它交付给一再成问题的渠道。但是我之所以向您索要提纲，不仅因为这里面有我自己的理论参与——它在其中比任何其他地方表现得都强烈，请把它理解为我们之间的休戚与共；而且我还有一些实际的考量。

我在伦敦与波洛克[2]进行了长谈，很大一部分谈话内容自然与您有关。波洛克明确向我承诺，研究所尽管在各方面财政紧缩（最近的一次是撤销伦敦分所），但仍会继续在物质上资助您——当然我无法给他一个确切的数字。虽然我并非那么乐观，但我仍然愿意正面评估这一承诺，

---

1 除了信 30，还有一封没有保留下来的信。

2 弗里德里希·波洛克（Friedrich Pollock，1894—1970），德国经济学家、社会学家，是法兰克福社会研究所的副所长，主要负责研究所的财务工作。

一是因为我知道霍克海默有多欣赏您，二是考虑到我自己与研究所的关系。您也知道，虽然研究所跟我密切合作了多年，[1]但实际上并没有为我做过什么。霍克海默和波洛克似乎认为现在该是认真考虑这件事情的时候了，所以波洛克此次来的主要目的就是盘点过去。我们的打算是，明年我继续待在牛津，完成论文；长远的计划还不确定。所以面对研究所我仍然处在一个不差的位置上——我属于研究所，但却一无所求。我唯一坚持的一点是研究所对您的援助，鉴于以上条件，我认为他们不可能不履行这一职责。

不过波洛克认为，如果这样的话，研究所至少有权利向您要稿子，而我也很难反驳他，因为我知道研究所能指望上的有生产力的人是多么寥寥无几。他向我透露了三个计划：有关福克斯的那篇文章[2]，一篇评论社会民主党战前的文化政治的文章[3]，还有——这令我很惊讶——"拱廊街"。

我的立场是——希望与您的想法一致——力劝您先写前两篇论文。因为一方面，它们肯定会为杂志带来巨大的收益；另一方面，坦率地讲，我希望这两篇文章获得的资助足以让您在完成它们的同时，继续"拱廊街"的写作——它们作为"副业"应该不会给您带来太多的工作。

至于"拱廊街"，却没这么简单，特别是因为我还没有看到提纲，而您显然已经给过波洛克一些暗示了。波洛克告诉我，您的提纲叫《巴黎，19 世纪的首都》（*Paris, capitale du XIXième siècle*）。从他告诉我的内容来看，提纲里有历史社会学的痕迹。我当然清楚研究所以及《社

1　阿多诺 1921 年早在法兰克福读大学的时候便与霍克海默相识。阿多诺不属于社会研究所的正式成员，这里指的是他参与研究所讨论和《社会研究杂志》的工作。

2　参见信 29 及注释。译者注。

3　这一计划的设想是分析德国社会主义理论刊物《新时代》上的文化政治评论，最终未能实现。

会研究杂志》——特别是鉴于洛文塔尔[1]仍然在那里起决定作用——很难不接受这样一篇历史社会学的文章。但坦率地讲，希望您不要责怪我，我认为您的拱廊街计划不是历史社会学研究，而是您独特意义上的第一哲学。在材料的重要性这一点上，我们没有分歧，没有人比我更清楚只能从材料中进行阐释。但是，也没有人比我更不愿意放弃对概念的阐释和完整表达；我相信，我对您的构思有足够的了解，让我确信这也是您的初衷。您不是已经在《文学世界》上——比如在有关超现实主义[2]和摄影[3]的文章里——为一些未阐释的材料作辩护了吗？您不正是考虑在拱廊街计划中作最后的阐释吗？ 19世纪的史前史，"总是一样"这一论题，作为最古老的最新，赌徒，长毛绒——这些都属于哲学理论领域。但毫无疑问，这一理论只能从社会范畴和神学范畴的对立中找到其辩证性。正是出于这一原因，再加上其阐释的方法，所以从原则上来讲，"拱廊街"不能在研究所指定的论文框架下来写，就像我的《克尔恺郭尔》；不，比它要好成千上万倍。

我当然知道有应对的办法：比如您可以放弃阐释，让组合在一起的材料自己说话；但不能放弃的是研究所，所以可以调整方法去迎合它。我懂得这里的难处，但是我无法赞同这样的理由。请让我从朋友的角度坦诚地跟您讲，并允许我至少在这一件事情上对您开诚布公。我把拱廊街计划不仅看作您个人哲学的核心，更是把它视为当今哲学的决定性话语；作为独一无二的杰作，它在各方面都具有如此关键的意义——无论是对您个人还是在成功的意义上——所以我认为任何降低对这部著作的

1　利奥·洛文塔尔（Leo Löwenthal, 1900—1993），德国著名文学理论家、历史学家、哲学家、社会学家，1930年成为社会研究所的固定成员，并且是《社会研究杂志》的主编。

2　参见本雅明：《超现实主义：欧洲知识界之最后一景》，原载于《文学世界》（1929年2月1日，第5期；1929年2月8日，第6期；1929年2月15日，第7期），现收录在《本雅明文集》，卷2（1），第295—310页。

3　本雅明的《摄影小史》分三期——1931年9月18日、9月25日和10月2日，在《文学世界》杂志上连载，现收录在《本雅明文集》，卷2（1），第368—385页。

要求或者放弃您原本范畴的想法都将是灾难，不可弥补。在我看来，不管您怎样维持自己的生计，没有任何一个机构组织有权利凌驾于您的"拱廊街"之上。正如我认为如果布莱希特影响到您的写作将会是一场灾难一样（并不是说我对布莱希特抱有成见——但问题正是出在这儿），我同样也认为，如果向研究所妥协，也将会是一场灾难——我认为您的著作如果按照原本的构思写，是不太可能被研究所通过的，尽管对此我会很高兴。

但正是因为我还没看过您的提纲，所以对此无法下定论。因此在波洛克面前，我虽然对"拱廊街"的意义没有任何质疑，但是作为研究所的论文我还是把另外两篇文章放在了首位。所以现在对我来说至关重要的是知道您的立场，以及您与研究所谈判的结果；当然如果能在提纲的基础上表明立场就更好了，特别是考虑到我很快会再见到波洛克。——如果我的话对您有任何意义，除去实际问题的考量，我想恳求您在写作过程中务必忠于"拱廊街"的初衷。我坚信，这样的话，这部著作即使——正是——从马克思主义的角度也将会做到最好；因为对我们而言（请原谅我把自己也带上），从自己的范畴出发比接受别人指定的更能揭露社会现象；而在我们自身的领域，马克思主义概念太频繁地被抽象孤立地使用，被当作救星对待，并最终转化成了蹩脚的美学。至少这是我的个人经验，而且我愿意相信，我们越一贯彻底地忠于美学的起源，我们就越真实；如果我们否认它，剩下的便仅仅是单纯的美学。毋庸赘言，我说这些话的目的并不是要拯救衰败的形势，但我相信，艺术的消亡只能从美学内部才能适当解决。我知道您不会怀疑我存在复古主义——在我看来，拱廊街计划的实现所带来的冲击性将会像超现实主义一样，比未得到澄清的城市规划社会体系所带来的苍白见解更具有革命性。

我自然会给爱尔莎·赫兹伯格写信，尽管她的信不会让我十分开心。如果她坚持选择对您和我的生存状态抱有同样幻想的话，那么她当然会自我感觉良好。让我们拭目以待吧。[1]

我自己的写作平静且稳定地进行。现在我正处在一个关键节点上，即对"范畴直观"（kategoriale Anschauung）的批判分析，我已经把它分析透了。我希望最迟九月份能动手写最终稿。鉴于已经积累的前期工作，最终文本应该主要就剩修改工作。十分感谢您推荐的 Levezow 的书，我会去牛津博德利图书馆找找看，它是我知道的最美的图书馆之一。

另外，您认识马克斯·恩斯特吗？我虽然从未见过他，但却可以轻而易举地通过罗特·莲娜[2]引荐您认识，莲娜与他的关系很亲密。考虑到您目前的研究阶段，我可以想象，如果能与这位在我看来最有成果的超现实主义大师见面，对"拱廊街"的写作会非常有利。不过我听说马克斯·恩斯特的情况很糟糕。我跟莲娜在一起待了很久，她讲了不少趣事，其中不乏我们好友的太太们——卡罗拉和莉莉[3]的事。我与她有一些工作上的合作，受益匪浅。我听了魏尔为《风流的玛丽》作的曲[4]，除了一首优美的曲子和一首奇怪的曲子外，其他的都很令人失望——它们跟正统音乐厅的音乐没有什么区别。也许他的英语轻歌剧[5]会好些。不过该剧的匈牙利词作者让人有最坏的预感。

我经常见朔恩，他和 Hansi 可能周日会来看我。他虽然仍感到绝望，但是近况并不差；他成功地把穆杰时代的借贷天赋用在了法西斯时代，而法西斯时代似乎对他表示感激。我终于为他做了点实事，这让我感到很欣慰。而且 Hansi 似乎也松懈了对我的犹太抵制。

1　这句话阿多诺是用英文写的。译者注。

2　罗特·莲娜（Lotte Lenya, 1898—1981），著名演员、歌唱家、舞蹈家，1926 年与作曲家库尔特·魏尔（Kurt Weill）结为夫妻，1933 年逃亡巴黎，后移民美国。

3　这里指卡罗拉·布洛赫和莉莉·克拉考尔。

4　库尔特·魏尔 1934 年为 Jacques Deval 的消遣剧《风流的玛丽》谱曲。

5　这里指库尔特·魏尔的轻歌剧《一只母牛的王国》，剧本出自 Robert Vambery 之手，该剧于 1935 年 6 月 28 日在伦敦的萨沃伊剧院首演。

　　布洛赫抱怨没有收到您对《遗产》一书的评价[1]，但是他在同一封信里提到，他的傲慢不是神话，而是必要时"让鼻子泛青"，所以我完全理解您为什么不想让身体遭受这样的折磨，而我也不想重蹈覆辙了。所以我现在也欠他一封回信。——格蕾特生了八天的病，不过现在似乎有了起色。长期分隔两地让人难以忍受。

　　我的暑期计划还很渺茫——我既不知道究竟能不能回德国，也不知道是否需要赶紧回来。但我想我们现在就应该做好见面的打算。您认为九月份在圣雷莫如何？

　　始终诚挚的问候！

您的
泰迪·维森贡德

1　参见布洛赫于 1935 年 3 月 18 日写给阿多诺的信（《布洛赫通信集：1903—1975》，卷 2，第 434—436 页）。

32　本雅明致阿多诺

1935 年 5 月 31 日

巴黎（第 14 区），Denfert–Rochereau 广场 28 号

亲爱的维森贡德先生：

如果这封信来得有些迟，那么它随附件一并给您带去的是我对拱廊街计划的最完整说明，以及我的内心和外在处境。

在讨论提纲[1]的具体内容之前，我想先就研究所与我的关系聊几句。我很快就能说完。因为研究所在此扮演的角色暂且仅限于：我与波洛克四月底的谈话推动了《拱廊街提纲》的起草。毫无疑问，这只是一个外在、异质的动力。但正因如此，它对我多年以来悉心呵护、免遭外界影响的大量研究材料起到了冲击作用，并推动它结出菁华。我想强调的是，这一推动力虽然从论文的整体经济性来讲是正当、有益的，但外界的异质因素也就仅限于此而已。我之所以强调这一点，是因为您信里表现出来的担忧。我理解您的顾虑，它是您热切关注此事的必然体现，即使此事距离我们的讨论已时隔多年。我今天早晨收到了一封费莉西塔斯的来信[2]，她在信里对您的顾虑也有忠实的响应。她写道：

1　本雅明寄给阿多诺的提纲版本参见《本雅明文集》，卷 5（2），第 1237—1249 页。

2　格蕾特·卡普鲁斯致本雅明的信写于 1935 年 5 月 28 日。其节选参见《本雅明文集》，卷 5（2），第 1115—1116 页。

　　我很惊讶弗里兹[1]对你的笔记感兴趣,你打算给杂志写吗?
但我觉得这里的危险很大,因为杂志提供的框架相对太狭窄,
所以你恐怕无法像好友们多年期待的那样把它写成一部伟大的
哲学巨著,它应当只为自己而存在,不做任何妥协,并通过它
的重要性来弥补你多年来的众多缺失。

我知道,这是真正的友谊才会有的语言,正如您说"如果布莱希特影响
到《拱廊街》的写作将会是灾难"时一样。关于这一点请允许我做以下
解释。

　　葛拉西安[2]有一句箴言:"探索万物,让时间来到你身边。"如果
我曾经实践过这句箴言,那么我想应该就是对待拱廊街计划的方式了。
它始于阿拉贡——《巴黎的农民》[3],我当时每晚躺在床上,顶多只能
读两三页,因为它让我心跳得如此之快,以至我不得不把书放下。怎样
的先兆啊!它预示了横亘在我和这本书之间的岁月!而"拱廊街"最早
的笔记[4]便出自这段时间。——然后是在柏林的那几年,对拱廊街计划
的诸多讨论滋养了我与黑塞尔[5]之间的友谊。那时有了一个今天看起来
已经不适用的副标题:"一个辩证的童话剧"[6]。这一副标题暗示了我

1　这里指弗里德里希·波洛克。译者注。

2　巴尔塔沙·葛拉西安(Baltasar Gracián, 1601—1658),西班牙耶稣会教士、巴洛克散文作家、
思想家和哲学家。译者注。

3　路易·阿拉贡(Louis Aragon, 1897—1982),法国著名诗人、小说家、政治活动家。译者注。
本雅明曾于1928年翻译过阿拉贡的超现实主义小说《巴黎的农民》中的节选,其译文《唐璜
与擦鞋匠、邮票、女士盥洗室、切尔塔咖啡店》在同年6月8日和15日的《文学世界》上连载。

4　大致写于1927年,参见《本雅明文集》,卷5(2),第1041—1043和1341—1347页。

5　弗朗茨·黑塞尔(Franz Hessel, 1881—1941),德国作家、翻译家,1924—1933年任
罗沃尔特出版社的编辑,1938年移民法国。关于本雅明与黑塞尔之间的友谊,参见《本雅
明文集》,卷6,第469—470页。

6　参见《本雅明文集》,卷5(2),第1044—1059页。

当时设想的表达方式具有吟游叙事诗的特征，其残余——从今天的角度来看——无论从形式上还是语言上都缺乏足够的保障。但这一时期同时也是我逍遥无忧、痴迷于远古与自然史的哲学思考时期。与您在法兰克福的对话，以及在瑞士小屋里关于"历史"的谈话，还有之后跟您、阿西娅[1]、费莉西塔斯和霍克海默围坐桌前的历史性讨论，结束了这一时期。吟游诗人的天真也就此终结。这一浪漫主义的形式在发展捷径中被超越了，但是在当时以及多年以后，我并未找到取代它的其他形式。另外，这些年的外在环境也开始恶化，但这对我而言却更像是天意，因为我内心深处始终更接近于一种等待、踌躇的方式。之后便是与布莱希特的重要会面，它把拱廊街计划推向了最无解的疑难窘境，我至今都无法从中抽离。然而最后这个时期对《拱廊街》的意义——它并非微不足道——只有在我清楚地知道这一意义的界限，也就是说可以完全漠视这方面的"指点"以后，才会逐渐明确。

　　我在这里所指涉的一切，特别是对您而言，都会在提纲里有明确的体现，但我在此仍想补充几句。提纲虽然丝毫没有否定我原本的构思，但是目前我还无法从各方面完整地去表达它。正如《巴洛克》对认识论理论基础的表述是在经受了材料的检验以后完成的一样，这里也会类似。但我不能保证这次的理论基础同样会以单独的章节出现——无论是开头还是结尾。这个问题还有待最终决定。但是针对理论基础本身，提纲里有至关重要的暗示，您最不可能错过这些暗示，并会从中辨识出您在上一封信中提到的主题。另外，我惊喜地发现，《拱廊街》与《巴洛克》的相似性在这里体现得比以往任何时期都清晰。请允许我在此特别肯定这个融合过程的重要性，它把整个原本形而上的思想体引向了一种聚合状态，在这一状态下，辩证意象的世界面对一切形而上学的异议得到了保障。

1　阿西娅·拉西斯（Asja Lacis，1891—1979），本雅明的前女友，二人 1924 年相识。

在现阶段（当然也是首次），我能料想到正统马克思主义可能会对我的研究方法进行各种批判，对此我坦然面对。因为我相信，从长远来看，针对研究方法进行马克思主义讨论是能站得住脚的，即使只是因为历史意象的关键问题在此首次得以全面展开。但是，由于一部著作的哲学性不仅与它使用的术语，还与它在哲学讨论中的立场休戚相关，所以我姑且相信，这个提纲指向的是费莉西塔斯所说的"伟大的哲学著作"，尽管我不觉得这个表述是最妥当的。您也知道，我在这里最关切的是"19世纪的史前史"。

在这里，我看到了原初的同时恐怕也是唯一的理由，让我在生存困境中永不放弃。我现在很清楚，《拱廊街》的写作从头至尾只能在巴黎完成，尽管我在前期工作中已经积累了庞大的材料基础。当然——暂时——只能用德语写。我在巴黎每个月的最低消费是 1000 法郎。波洛克五月份向我提供了这个资助，六月份我应该还会收到相同的金额。但是这种资助需要持续一阵子才能确保我能继续写作。本来就困难重重，而严重的偏头疼让我更经常意识到生存的动荡。研究所是否对《拱廊街》感兴趣以及对什么标题感兴趣，我是否需要先写其他论文来满足研究所的兴趣——这些问题可能您与波洛克直接谈更好。我写什么文章都行，但是它要有一定的价值才行——比方说关于福克斯的那篇——它要让我愿意为此而拖延拱廊街计划。（我眼下不想接手关于《新时代》的论文。对此以后有机会详谈。）

我也不认为研究所会"按照我原本的构想"发行《拱廊街》，关于这一点我四月份刚与波洛克口头谈过。那些深入的新社会学视角虽然能为展开阐释提供框架，但问题是如何才能确保研究所的参与，因为如果没有研究所的参与，《拱廊街》无论如何也无法完成。如果在现阶段就拉长草稿与成稿之间的间隔，这会为将来的写作带来极大的风险。而提纲虽然无法在每一处，但至少能在我认为举足轻重的地方论证其哲学概念。如果提纲里缺失某些关键词，比如长毛绒、枯燥乏味、对"幻象"

的定义，那么这些母题其实只需要被归位即可；而且其中的一些母题我已经相当深入地展开了阐述，所以它们没有出现在提纲里。这其中的原因不是来自外界，而更多的是内在的考量：它的目的是把过去那些有把握的思想与我这些年来积累的新材料贯穿到一起。

您收到草稿后请不要给任何人看，而且请您务必尽快寄还给我。它是为我自己研究用的。我还有另外一个版本很快就写完了，这个新版本将会有多份复本，到时我会给您寄去一份。

圣雷莫作为我们今年见面的地点恐怕无法实现。您从牛津回柏林的时候能不能想办法路经巴黎？请您务必认真考虑这个可能性！

莲娜和马克斯·恩斯特我都很想见。如果您能帮忙联系，我肯定同意。

我很高兴您的论文写作胜利在望。要等到我们下次见面才能了解更多信息吗？

至于给爱尔莎·赫兹伯格写信，我仍拿不定主意，但不知道事态是否允许我继续拖延下去。

请您收下我最诚挚的问候！

您的

瓦尔特·本雅明

33 阿多诺致本雅明

1935 年 6 月 5 日

牛津，莫顿学院

亲爱的本雅明先生：

我能向您提个请求吗？您手稿的宽页边如此诱人，让我很想用铅笔去作旁注，如果您允许我这样做的话，会让我对《拱廊街提纲》（我还是习惯用以前的名字）的回应，不管从材料上还是从时间上省很多事。我自然知道铅笔旁注可以擦掉，但是在得到您的同意之前，我还是不敢妄为。

另外，在仔细阅读了提纲以后，我可以告诉您：我完全消除了之前关于研究所的顾虑。我相信，研究所可以——不，应该——接受整篇论文；它有权利在研究所出版，至少比弗朗兹·博克瑙[1]的论文更有权出版；您不需要向研究所妥协，反之研究所亦如此。如果霍克海默在某些地方强调具体到社会问题上，那么它肯定对我们都有好处。首先是商品这个范畴[2]，它在提纲里（其实在我的《克尔恺郭尔》中也如此）过于概括，所以无法揭示其 19 世纪的特殊性；而且，仅从科技的角度，

1　弗朗兹·博克瑙（Franz Borkenau，1900—1957），奥地利历史学家、政治评论家。1921—1929 年加入德国共产党。他的《从封建社会到资产阶级世界观的过渡》（巴黎：1934 年）在社会研究所丛书中出版。

2　参见《本雅明文集》，卷 5（2），第 1242—1243 页。

即从"工业制造"的角度阐述是不够的，同时还需要追问其经济功能，即前期发达资本主义时代——作为狭义上的现代——的市场规律。另外一个概念当然是"集体意识"[1]。但是对这一概念的探讨将会把我们引向核心问题的讨论，鉴于研究对象的巨大难点和它所承载的责任，我不想在此轻率地评头论足，而只想冒昧地发表以下意见：马克思主义对这样一种非辩证的集体意识结构——不融合阶级因素的集体意识——的反对，也许与另外一点重合，即它要求辩证意象既不被置于意识的领域，也不被置于无意识的领域。但不管怎样，毫无疑问的是，这里实证的准确性始终都要涵盖阐释的精准。——我这就给霍克海默写信[2]，要求他们接受整篇论文，当然还有对论文的资助。

鉴于拱廊街计划对我的重要性，任何赞美之词都是对它的亵渎。但我在这里还是忍不住挑选出最打动我的几点来谈谈。首先是"新奇（nouveauté）理论"[3]和您对这一范畴深远影响力的洞见，您把它与寓言作对照是完全正确的（至于17世纪与19世纪之间的关系——实际上这正是《巴洛克》与《拱廊街》的关联所在——仍有待进一步讨论）。另外还有对拜物教的讨论[4]，它让我重新意识到，虽然我们分别两年，但仍旧心有灵犀。因为我大概三个月前刚给霍克海默写过一封长信[5]，最近又跟布洛克谈过，我跟他们说，与弗洛姆[6]和赖希[7]不同，我认为社会与心理学的真正"中介"不在于家庭，而是在商品特征即恋物癖这里，

1　同前，第1239和1246页。

2　阿多诺1935年6月8日给霍克海默去了一封信，信里他极力要求研究所把本雅明的《拱廊街》纳入出版计划。

3　参见《本雅明文集》，卷5（2），第1246—1247页。

4　同前，第1243页。

5　在1935年6月8日写给霍克海默的信里，阿多诺主要讨论了"社会与心理学的中介"问题。

6　埃里希·弗洛姆（Erich Fromm，1900—1980），德国精神分析学家，是法兰克福社会研究所的成员，"分析社会心理学"的奠基人。译者注。

7　参见信25及其注释。译者注。

商品拜物教才是物化的真正呼应。另外，可能您自己都没有觉察到您在这点上与弗洛伊德的思想十分吻合——他那里肯定有关于指甲和头发的讨论。您一定要把弗洛伊德和那个非常知名的费伦齐[1]写的关于肛门性格和肛门问题的所有文章都找来读一下。——另一个类似的巧合是城市向农村转化的理论[2]，我以前没读到过您这方面的讨论。您不知道，这一理论恰好是我在一篇评论莫泊桑的未完成的文章[3]里提出的中心论题（如果我现在能找到材料，一定会把相应的段落全部拿出来与您分享）。我在那里把城市视为狩猎场，猎人这个概念在我的讨论中是关键（比如关于制服的理论：所有猎人看起来都一样）。另外，莫泊桑有一则短篇讲的尽管不是周日狩猎，但却是与之相关的周日骑马[4]，这在树林的背景下同样也呈现出"辩证意象"。我想再次向您着重强调一下莫泊桑，他的小说《夜晚，一个噩梦》[5]，完全可以与爱伦·坡的《人群中的人》[6]辩证呼应。渴望您的解读。

我有一个大胆的想法：飞机的发明终结了 19 世纪。也许我很快就有这方面的东西给您看。——您应该知道，马克思和恩格斯曾经要求取消城乡差别[7]。

今天的结尾——它是序曲而不是赋格曲的尾声——附上一则我以前

1　桑多·费伦齐（Sándor Ferenczi, 1873—1933），匈牙利心理学家，曾在维也纳学医，并在布达佩斯从医。1908 年与弗洛伊德相识，并在他那里做了心理分析。后来在布达佩斯从事精神分析工作。

2　参见《本雅明文集》，卷 5（2），第 1245 页。

3　阿多诺评论莫泊桑的残篇已遗失。但是他这里指的也有可能是他在莫泊桑的两本小说集里做的旁注，这两本小说集分别是《泰利埃公馆》（柏林：出版年不详）和《月光：中短篇小说集》（慕尼黑：1922 年）。

4　参见莫泊桑的短篇小说《骑马》，出自其短篇小说集《菲菲小姐》。

5　参见莫泊桑 1887 年发表的中篇小说《夜晚，噩梦》。

6　参见《本雅明文集》，卷 5（2），第 1245 页。

7　参见《马克思恩格斯全集》，第 3 卷。

的笔记："刚发生的过去仿佛被灾难毁灭了。"[1]

真挚的友谊与感激之情！

您的

泰迪·维森贡德

1　这一则笔记写于 1932 年 8 月 16 日。阿多诺后来把这句话收录在《最低限度的道德》中（参见《阿多诺文集》，卷 4，第 55 页）。本雅明把这句话保存在了他自己关于拱廊街的《笔记与材料》中（参见《本雅明文集》，卷 5〔1〕，第 501 页）。

34　阿多诺致本雅明

1935 年 6 月 8 日

牛津，莫顿学院

亲爱的本雅明先生：

　　这封信仍不是对《拱廊街提纲》的回应，因为它的重要性不容许我即兴发挥；但我今天确实有几件要事相告。

　　我收到爱尔莎·赫兹伯格从苏黎世(Baur au Lac 酒店)寄来的一封信。她从我父母那里得知阿加特重病[1]的消息，所以我借此直接给她回了信。我利用这个机会迫切严肃地恳求她资助拱廊街计划的完成——是的，我从道德上向她施了压。虽然我一向悲观，但这次我觉得有希望。因为阿加特的病情深深触动了爱尔莎，所以她眼下的心态对我们是有利的；而且我向她恳求的方式让她很难拒绝。如果阿加特的命运能帮助化解一些事情，这至少也是一种慰藉。不过从法兰克福传来的消息并不赖——康复是有可能的，但需要时间。

　　我在信里告诉爱尔莎，假如她确实感兴趣，您会给她寄去《拱廊街提纲》（我想的当然是仍在准备阶段的新提纲）。我想您应该会同意的。考虑到爱尔莎的自恋倾向，从心理战术来讲这很重要。我们先等她的回复。但无论如何，请把您的电报地址和电话号码给我。

1　阿多诺的姨母阿加特·卡韦里-阿多诺（Agathe Calvelli-Adorno）同年 5 月得了轻度中风。

　　另外，波洛克通知我不来伦敦了，我猜他已经在去美国的路上了。如此这般，我之前与他相关的计划只能作废（其中一个计划是让他邀请您来伦敦一起座谈）。所以我没有迟疑，立即给霍克海默详细写了一封长信[1]，并像对爱尔莎一样恳切地请求他代表研究所完全支持拱廊街计划（我想的是，在研究所杂志上先发表一部分，然后整部著作在研究所丛书中出版），资助它的写作，并同时向后延迟其他论文（《福克斯》和《新时代》），因为它们无法与《拱廊街》的写作同时进行。我向他特别强调并解释了我为什么相信《拱廊街》以目前的状况看完全可以被研究所批准，我向他保证对此我没有任何顾虑，实现出版《拱廊街》是我的责任。在这件事情上我同样也持乐观态度。从实际考量出发，您也许可以把我读过的那个提纲版本给他寄过去，因为我想我了解他的反应。

　　另外一个行动计划与加比·奥彭海姆[2]有关——不出我所料，果然失败了。她又答复我说她家是租的，而不是买的。

　　此外，我还从伦敦的一位熟人那里获知了一个新项目，我在这里先非正式地跟您说一下。这个项目是由巴勒斯坦的恩斯特·西蒙[3]提议、曼海姆主持的。有一个左翼印度人——这位先生好像有个古怪的名字，叫克里什那·梅农[4]，计划在一个相关出版社发行一套小丛书，他们想邀请您就19、20世纪的思想史写一本（请您别晕过去！）150—200页的普及作品[5]。这个计划虽然听起来有些荒诞，似乎与您毫不相干，但

1　参见信33及其注释。

2　加布里尔·奥彭海姆（Gabrielle Oppenheim）是著名化学家和化学工业家保罗·奥彭海姆（Paul Oppenheim）的妻子。阿多诺早年在法兰克福时就与她相识。奥彭海姆夫妇1933年逃亡比利时，后来移民美国。

3　恩斯特·西蒙（Ernst Simon, 1899—1988），著名教育学家。曾在法兰克福的犹太学院任教，1928年移民巴勒斯坦，并从1935年开始在耶路撒冷希伯来大学主持教育学系工作。

4　政治家克里什那·梅农（Vengalil Krishnan Krishna Menon, 1896—1974）在1929年至1947年间担任"印度同盟"秘书，1934—1947年亦为伦敦市政厅工党议员。

5　该计划最终未能实现。

我想正是这个荒诞性，再加上 40 英镑的稿费外加销售收益的份额，也许对您会有吸引力。不过这本书需要翻译成英文。好处是，政治方面想写什么就写什么。除了研究对象无比庞大以外，最大的弊端还有他们要求的普及性。要驾驭这两点，需要一种崭新的思想形式，通过出其不意的一击摧毁和粉碎整体性与思想史本身。这一形式问题确实是个"左手"[1]的问题，需要超越一切资产阶级从众主义的范畴，而这只有您才能驾驭。（我脑子里闪过一个想法：思想史商品目录大甩卖。当然不能如此讥讽，但却是这个意思。）不过我不想影响您最终的决定。请您不要告诉任何人这个项目，更不要告诉任何人您是从我这里听说的。

祝您假期愉快！我的假期将会很平静。

最诚挚的问候！

您的挚友

泰迪·维森贡德

1　这里化用的是本雅明《单向街》里的一句格言："当今时代谁都不可以过分依赖他的'能力'，即兴创作才是强项，所有决定性的一击都来自左手。"（参见《本雅明文集》，卷4[1]，第89页）

35　本雅明致阿多诺

1935 年 6 月 10 日

巴黎（第 14 区），Denfert-Rochereau 广场 28 号

亲爱的维森贡德先生：

　　我最近身体欠佳、心力交瘁，不然早就回复您的重要来信并向您道谢了。另外，维辛的近况[1]也有责任，他在巴黎的这几周简直是灾难，他的未来更让人担忧，因为这里有传言说德国政府要求俄罗斯禁止德国公民入境。可俄罗斯是他开启新生活的最后一丝希望。

　　另外还有与我相关的经济方面的事情。首先是波洛克突然返回美国。他本来答应我看完提纲以后就找我面谈，可是他还没来得及看，因为我把提纲手稿寄去日内瓦[2]进行转录后第二天，他就离开了欧洲。让我感到负担更重的是，他虽然向我保证无论如何会在经济上一直资助我到 7月 31 号，也就是说保证我有两个月专心工作的时间，但这之后我又要重新面对越来越令人沮丧的生存问题，因为到时我们又将回到以前每个月 500 法郎的约定[3]。——总而言之：这一约定并没有因为研究项目庞大的问题而更改。所以现在一切都取决于拱廊街计划是否能从思想上和物质上在研究所获得一席之地。所以您的支持对我来说至关重要。

1　埃贡·维辛有时吸毒。

2　这里指社会研究所在日内瓦的办事处。

3　参见信 28 及其注释。

　　为了至少从策略上减轻您的负担，我给波洛克写了一封信——他出发前不久收到了——答应他从 8 月份开始暂时搁置《拱廊街》，先着手写《福克斯》一文。

　　我非常期待您的旁注，页边如果不是给您留的，那还会是给谁留的呢？鉴于眼下不可能与您面对面地讨论提纲里提出的各种问题——我希望这只是暂时的——那么旁注至少能取而代之。我很清楚，您提出的那两个问题——一是对前期发达资本主义时代的商品概念进行区别对待的问题，二是集体无意识的阶级分化或者不分化的问题——在方法论方面最为突出。从您信里的字里行间中，我感受到您理解我为何对这些问题小心翼翼，并且赞同我暂且搁置对这些问题的决定，对此我非常欣慰。这些问题的深远意义毋庸置疑。它们一方面需要确保在面对马克思主义的合理质疑时进行辩护，另一方面又恰恰不能在讨论中失去新意，因为这一新意即使——或者恰恰——对马克思主义史学来说，也意味着从真正意义上抛弃唯心主义的历史观及其调和观点。正是在这个意义上，我把您关于"刚发生的过去仿佛被灾难毁灭了"的评论珍藏了下来 [1]。

　　另外，目前这些笔记正在被影印，这其实是波洛克的建议，他还特意为我提供了这方面的经费。不然带着这一堆手稿旅行确实是梦魇。

　　根据您信里的暗示，若能有机会将您的莫泊桑评论丰富到我自己的思考上来，将会对我意义深远。您把城市视为狩猎场的表述非常精彩。但是信中最让我惊诧的，是您针对社会与心理学之间的"中介"问题所阐明的态度。在这里，我们的确牵着同一根绳子——尽管我之前对您的表述毫无所知——而绳子的另一头则是弗洛姆和赖希，虽然这并不合我们意。——我接下来就研读弗洛伊德。您知道弗洛伊德本人或者他的学派里是否有人对苏醒的状态（Erwachen）进行过心理分析？或者有这方面的研究论文？

1　参见《本雅明文集》，卷 5（1），第 501 页。

　　一旦"拱廊街"研究的外围被测量好——这应该很快了——我就会以同心圆的形式向中心靠拢，研究完弗洛伊德以后，我便会开始波德莱尔研究。

　　同时，我很期待有一天能收到您自己对"本质直观"（Wesensschau）的毁灭性批判所作的解释。在看到自己的理论工具落到海德格尔这种人手里所变成的样子后，胡塞尔自己难道不也会欢迎您这样的毁灭性批判吗？

　　鉴于我在接下来的几周内生活有了保障，所以现在难以向爱尔莎·H启齿。但如果您那边的情况——还有它背后令人难过的根源——到本月底不见好转，那么到时我自然会作出决定的。但是在此之前，我应该还会收到您的回音。我知道您与姨母走得很近。我衷心地祝愿她早日康复，请您接受、并向令堂转达我的祝福。

　　最诚挚的问候！

您的
瓦尔特·本雅明

　　另：这封信是圣灵节期间写的，正当我想把信寄出去的时候，您又来了一封信。您的来信对我的重要性，无须赘言。假如您的计划——即使只是其中之一——果真能成功，我当真就能松口气了，这是多年来从未有过的。毋庸赘言，无论需要我做什么，我都会尽力的。我不会、也不容许疏忽任何事情。是的，如您所料，这个尚未公开的"思想史"项目在通常情况下我的确会非常抵触，但是您把它展现在我面前的形式却是如此吸引人，让我很想尝试。

　　我每天都在等日内瓦的提纲复本，一旦收到，我会立即给霍克海默寄去一份。我原本打算在把提纲寄去日内瓦之前，再多多少少充实一下它的内容。但是为了不耽误时间，我打消了这个念头。所以，我将要寄给霍克海默的日内瓦复本，与您读过的提纲版本几乎一样。如您可能为我的附信[1]提供一些暗示，将会对我大有帮助，因为毕竟我写给霍克海默的内容，最好与您报告里的态度一致。由于日内瓦的复本尚未寄到，所以也许这能为您预留出足够的时间——尽管我也很清楚这将会占用您自己的工作时间，我知道您的论文正处在非常关键的阶段。您在此和在上几封信里展露出来的友谊之情，让我感激不尽。

我开始走马观花地阅读《资本论》的第一卷。为了在领略壮丽山川的同时，也到小矮人花园里来逛逛，我也一并看了弗里德尔的有些龌龊的"文化史"[2]。

我的电报地址是：Denfert-Rochereau 广场 28 号。

电话：Danton 9073。

再次衷心地祝愿您一切安好，写作顺利！

1　本雅明致霍克海默的附信写于 7 月 10 日。
2　本雅明翻阅的是埃贡·弗里德尔（Egon Friedell，1878—1938）的四卷本《现代文化史》的第三卷。参见本雅明的拱廊街计划参考书目索引（《本雅明文集》，卷 5［2］，第 1295 页）。

36   本雅明致阿多诺

1935 年 6 月 19 日

巴黎（第 14 区），Denfert-Rochereau 广场 28 号 Floridor 旅馆

亲爱的维森贡德先生：

我想立即通知您，我收到了您从法兰克福寄来的信 [1]，您提前出发的原因让我很难过，请接受我诚挚的慰问。我知道您与病者的关系很近，在上一封寄去牛津的信里我衷心地祝福她早日康复。

至于寄去牛津的那封较详细的长信，鉴于您可能一时半会儿看不到，所以我想在此简要重复一下信里最主要的几点内容。其中的一点您从法兰克福寄来的卡上已经提到了。我无法言明要点燃我心中的希望需要多大的努力——您的来信似乎让它又变得渺茫。如果能推动爱尔莎·H 出手相助，我愿意向她提供一切材料，这一点应该不需要特别跟您讲了吧？我随时可以把提纲寄给她。我都不敢告诉您，这个希望多么有可能成为我的最后一丝希望，这一点您自己应该也清楚。

至于把提纲寄给霍克海默一事，我在信里也写了。日内瓦的复本还没有到，所以我还无法给他寄去。另外，这次的复本并不是我原本计划的"第二稿"，它与您读过的版本一致。因为我意识到，我原本打算的

---

1   阿多诺的信已遗失。信里他应该是告诉本雅明，他的姨母于 6 月 11 日第二次中风，所以他被提前召回家。

修订稿会耽误很长时间，而那时的计划是让波洛克收到手稿。然而他提前动身回美国了，这对我是一个沉重的打击，因为我们原本计划 7 月份就《拱廊街提纲》进行的会谈也泡汤了。

您寄来的意味深长的海涅诗行 [1] 我未曾读过，您应当最了解它对我的震撼有多大，不然您应该也不会把它寄给我，更不会为我找到这首诗。

至于"思想史"，感谢您向我神秘且大胆地揭开了这个项目，我在上一封信里也表达了对它的正面期待。倘若这样一个奇袭能够帮助我从生活枷锁中解脱几个月，何乐而不为呢？

您假期已经有打算了吗？我们有机会见面吗？您一直到 7 月底都能在巴黎见到我，如果需要，我还可以待得更久。

我猜您假期也不会停止工作。您在上一封信里提到了对现象学直观概念的批评，对此我万分期待。

请尽快详尽地回信。

最诚挚的问候！

您的

瓦尔特·本雅明

---

1 可能是指海涅的诗作《耶胡达·本·哈勒维 4》（*Jehuda ben Halevy 4*），出自诗集《罗曼采罗》（*Romanzero*）中的第三部分《希伯来调》。本雅明后来把阿多诺寄给他的诗行收集到拱廊街计划的《笔记与材料》中，参见《本雅明文集》，卷 5（1），第 99 页。

37　本雅明致阿多诺

1935 年 7 月 5 日

巴黎（第 14 区）

亲爱的维森贡德先生：

惊悉噩耗 [1]，不胜悲痛！

我知道这对您的打击有多大，也能想象您在最亲近的家庭环境中遇到如此强大的理解和如此无条件的信任对您意味着什么。

您把我和我的写作也纳入这个信任当中，从而把我与逝者联系到了一起，这让您的悲痛也变成了我的悲痛。

请向令堂令尊转达我的哀悼与慰问。并献上我最恳挚的问候！

您的

瓦尔特·本雅明

1　阿多诺的姨母阿加特·卡韦里－阿多诺于 1935 年 6 月 26 日离世。阿多诺写给本雅明的消息已遗失。

38 阿多诺致本雅明

1935 年 7 月 12 日[1]

法兰克福

亲爱的本雅明先生：

我代表全家向您表示衷心的感谢！我至今仍未恢复工作的能力和干劲。所以关于《拱廊街》的回复又要推迟——请您再次原谅。我对这项计划的热情丝毫未减。我本周五将同费莉西塔斯与我母亲一道去黑森林疗养三周（地址是：Bären 旅馆，赫恩伯格，黑森林）。我希望到时终于能回复欠您的信。

我很高兴爱尔莎终于有了行动[2]。在这里，以及很多在我生命中最重要的时刻，我又感受到了逝者的力量。没有什么比它更能让我欣慰的了。

衷心的问候！

您的

泰迪·维森贡德

1　这是阿多诺寄给本雅明的致谢卡上的日期。

2　不详。爱尔莎·赫兹伯格应该在法兰克福亲口告诉了阿多诺她的计划。

39　阿多诺与格蕾特·卡普鲁斯共同致本雅明

1935 年 8 月 2 日—4 日

赫恩伯格，黑森林，Bären 旅馆

亲爱的本雅明先生：

请允许我今天——终于——尝试着谈谈您的提纲[1]。我非常仔细地研读了您的提纲，并与费莉西塔斯再次详细讨论了它，她也全心参与了这封信的撰写。您知道，我非常看重您的研究对象，鉴于其重要性，我将开诚布公地直接进入我认为对咱俩都至关重要的中心问题。在进入批评讨论之前，我想先强调一下，尽管您以思路轮廓为主的书写方式无法呈现思想的全貌，但于我而言，您的提纲已经涉及了最为关键的思想观念。在这里，我只想特别强调您把"居住"视为"留下印记"的精彩论述，对"收藏家"和"把物品从有用性的诅咒中解救出来"的关键词句，以及对奥斯曼[2]的辩证把握。另外，您把"波德莱尔"一章作为对该诗人的阐释，并同时作为对"新奇"（nouveauté）范畴的引入（第 20 页），

1　阿多诺收到的提纲版本参见《本雅明文集》，卷 5（2），第 1237—1249 页。阿多诺在这封信里参考的是本雅明的打字稿页码，本雅明的原稿页码在《本雅明文集》里通过方括号标注。

2　奥斯曼（Georges-Eugène Haussmann，1809—1891），法国著名城市规划师，1852 年至 1870 年主持了巴黎的城市规划。本雅明计划在其拱廊街研究中针对奥斯曼的城市规划对巴黎居民的生活与感官上的影响作出阐释。部分论述可参见本雅明的《发达资本主义时代的抒情诗人：论波德莱尔》一书。译者注。

我认为这个构思也相当巧妙。

　　不出您所料，您应该也已经猜到了，我关注的仍然是由"19 世纪的史前史""辩证意象""神话与现代的关系"等一系列概念构成的观念复杂体。如果我在这里不对"材料"与"认识论"问题进行区分，那么这虽然与提纲的外在结构不相符，但至少与其哲学内核相一致，因为在哲学的内在运动中，二者之间的对立终应消失，正如在流传下来的两种现代版本的辩证法中所发生的那样。请允许我从提纲第三页的格言出发："每一个时代都梦想着下一个时代。"（Chaque époque rêve la suivante.）我之所以把这句格言视为重要工具，是因为围绕着它形成了辩证意象理论的所有那些在我看来应受到批评的，即非辩证的母题。因此，删掉这句话也许能澄清理论本身。因为这句格言暗示了三点：它将辩证意象视为一种——即使是集体的——意识内容；它视未来为乌托邦，对未来的理解是线性的、近乎发展史式的；它将"时代"想象成附属其中、内在统一、拥有该意识内容的主体。我认为关键在于，这是一种内在性的辩证意象把握，而这一把握不仅威胁到辩证意象概念的神学原初力量，滋生了一种简单化——它削弱的不是主体差异，而是真理内容本身；而且同时还未能切中对立的社会运动，而您却为此牺牲了神学。

　　如果您把辩证意象作为"梦境"转移到意识的层面上来，那么这个概念不仅被祛魅和驯化了，而且那股使唯物主义合法化的客观关键力量也被削弱了。商品的拜物教特征不是意识的事实，相反，它生产意识，并在这一非凡意义上是辩证的。这也就意味着，意识或者无意识不只是简单地将商品拜物教呈现为梦幻，而且是既饥渴又恐惧地回应着它。正是由于您目前对辩证意象的内在性理解——请允许我称其为"镜像现实主义"（Abbild-Realismus），拜物教特征的那股强大的辩证力量消失殆尽。请让我回到您精彩的"拱廊街初稿"[1]的语言上来：如果

---

[1]　这里指的是本雅明 1929 年向阿多诺口头朗读过的几篇拱廊街短文，现收录在《本雅明文集》，卷 5（2），《巴黎拱廊街 II》，第 1044—1059 页。

辩证意象不过是集体意识对拜物特征的理解方式，那么圣西门式的商品世界虽然可以显现为乌托邦，但其对立面——作为地狱的 19 世纪辩证意象，却得不到揭示。而只有后者才能把黄金时代的意象带到正确的位置，对奥芬巴赫 [1] 的阐释也只有在这一双重含义下才合理，即地狱与天国的双重意义——二者均为奥芬巴赫的显在范畴，甚至可以一直追溯到其配器的细节。因此，放弃初稿里的"地狱"范畴，还有关于"玩家"的精彩讨论 [2]——有关投机和赌博的段落 [3] 是无法替代它的，于我而言，不仅令您的提纲丧失了些许光彩，而且还影响到了它的辩证统一。我没有低估意识的内在性对于 19 世纪的意义，但是从中我们无法获得辩证意象的概念，而意识的内在性本身——作为"室内"（Intérieur）[4]——则是作为异化的 19 世纪的辩证意象。在这一点上，我即使在新赌局中也会保留我在《克尔恺郭尔》第二章 [5] 中下的赌注。因此，辩证意象不能被当作梦境转移到意识的层面上，相反，梦境需要通过辩证的结构被抛弃，而意识内在性本身则应当被理解为现实的星丛。就好比天文相位，在这一相位下，地狱穿过人间。我认为，只有这种迁徙的星象图才能解锁历史作为史前史的视野。——请允许我尝试从反向极端的角度再次阐明我的异议。通过对辩证意象的内在理解（我想用正面的词汇将它与您早前的"模式"概念做对比），您把最老与最新之间的关系——它是您初稿的核心——构建成了对"无阶级社会"的乌托邦指涉关系 [6]。于是，远古变成了一种附加补充，而不再是"最新"本身；也就是说，

1　奥芬巴赫（Jacques Offenbach, 1819—1880），德裔法国作曲家，被后人称为轻歌剧的奠基人。特别在其歌剧《地狱中的奥菲欧》（又名《天国与地狱序曲》）中，地狱与天国的母题贯穿全剧。译者注。

2　参见《本雅明文集》，卷 5（2），第 1056—1057 页。

3　同前，第 1247 页。

4　同前，第 61—69 页。

5　参见《阿多诺文集》，卷 2，第 38—69 页。

6　参见《本雅明文集》，卷 5（2），第 1239 页。

它被非辩证化了。与此同时，无阶级的意象也同样非辩证地倒退回神话时代，而不是——只要从本原（ἀρχή）中被召唤出来——作为地狱幻影（Höllenphantasmagorie）真正明晰起来。所以，我认为，远古得以与现代统一的范畴，不在黄金时代，而在灾难。我曾经记录过这样一句话：刚发生的过去总好像被灾难毁灭了一样[1]。此时此地我想说：这就是史前史的样子。恰恰在这一点上，我意识到，我与您《悲苦剧》一书中最大胆的想法一致。

　　一旦将辩证意象祛魅成"梦境"并将其心理化，它便会因此而落入资产阶级心理学的魔掌。因为，谁是梦的主体？诚然，在19世纪，只有个体，但是从个体的梦里我们无法直接镜像地解读出拜物特征及其丰碑。于是便把集体意识请了进来，但是从您当前的文本来看，我担心您的集体意识无法与荣格的概念区分开来。它面对两方面的批判：在社会进程方面，集体意识把远古意象实体化了，而辩证意象通过商品特征恰恰不是在远古的集体自我（Kollektivich）中，而是在被异化的资产阶级个体中产生；从心理学方面看，正如霍克海默所言[2]，大众自我（Massenich）只存在于地震和大规模灾难中，而在其他情况下，客观剩余价值只有在个人主体这里才行之有效，并最终战胜它。对集体意识的臆造其实旨在转移对真正的客观性及其相关概念即对被异化的主体性的注意力。所以我们的任务是对这种"意识"辩证地进行社会与个体的两极化和再溶解，而不是将其精炼成商品特征的相关意象。在做梦的集体里没有阶级差别可言，这已经是个明确充分的警告了。

　　然而，"黄金时代"的神话远古范畴最终也会为商品范畴本身带来毁灭性的后果，这于我而言极具社会重要性。如果对黄金时代至关重要

1　参见信33及其注释。

2　参见霍克海默：《历史与心理学》，原载于《社会研究杂志》（1932年），第一期，第125—144页。阿多诺所指的段落参见第136页。该文章现收录在《霍克海默文集》（法兰克福：1988年），卷3，第48—69页（这里的出处是第60页）。

的"暧昧性"（Zweideutigkeit）（这个概念本身也非常需要理论支持，绝对不能就此而止），即它与地狱的暧昧性避而不谈，那么商品作为这个时代的本质，最终只能沦为地狱且被否定，而这种否定的方式实际上将原初状态（Urzustand）的直接性（Unmittelbarkeit）展现成了真理：于是，辩证意象的祛魅便径直走向了纯粹的神话思维，正如之前的荣格，克拉格斯在这里危险登场。您提纲里没有任何一处比这里更具有"补救"（Remedien）的思想。所以这里应当重点讨论有关收藏家的学说，他们把物品从有用性的诅咒中解救出来；如果我没理解错的话，奥斯曼也属于此处，正是由于商品特性在一种黑格尔式的自我意识中得到完善，奥斯曼的阶级意识揭开了打破幻影的序幕。将商品理解为辩证意象，意味着也要把它视为其毁灭与"扬弃"的母题，而不是仅仅让它退回到古代去。商品一方面是被异化之物，其使用价值逐渐消亡；另一方面，它又是幸存者，被异化后超越了直接性，存活了下来。在商品这里，而不是直接对人类，我们得到了不朽的承诺，而拜物——为了继续拓展您在拱廊街研究与"巴洛克"一书之间正确建立起来的联系——之于 19 世纪则是一个不忠的最后意象，犹如骷髅。在我看来，这里正是卡夫卡认识论特质的重要所在，特别是他的俄德拉德克[1]作为无用的存活商品所具有的重要认识论意义：卡夫卡的这个童话故事也许终结了超现实主义，正如哈姆雷特终结了悲苦剧一样。从社会内部来看，这就意味着，使用价值这一概念无法单独胜任对商品特征的批判，而只是把我们带回到劳动分工以前的阶段。这也一直是我反对贝塔[2]的真正原因，我对她[3]的"集体"与无中介的"功能"概念始终抱有怀疑态度，因为我认为它们本身是一种"倒退"。这一考量的现实内容正好触及您在提纲中与贝塔一致

---

1 参见信 27。

2 贝塔（Berta）是贝托尔特·布莱希特的化名。纳粹期间，从德国写给国外的信件很少提他的真名。

3 布莱希特的化名贝塔是女名。译者注。

的范畴，希望您能从中读懂，我对贝塔的抗拒不是狭隘地企图拯救自律艺术或者类似种种，而是与我们哲学联盟中的那些在我看来最本初的母题进行最深入的对话。如果允许我大胆总结我的批评，那么它必将包容极端。对神学的修复，或者更确切地说，一直通向神学内核的激进辩证法，同时也必将意味着进一步加强对社会的辩证性即对经济母题的认识。这同时也需要历史的把握。19 世纪的商品特殊性，即商品的工业化生产，需要从材料上进行更明确的梳理，因为毕竟从资本主义的初始阶段开始，也就是说，从手工制造时代即巴洛克时代开始，便已经出现了商品和异化——而现代的"统一性"从那一刻起便存在于商品特征之中。所以只有对商品的工业形式与其旧形式之间进行准确的历史区分与定义，才能真正确立"史前史"与 19 世纪的本体论。所有对商品形式"本身"（als solche）的指涉都会赋予史前史一定的隐喻性，而该隐喻性在这个关键点是不能被容许的。我推测，如果您在这里完全遵循自己的处理方式，不先入为主地进行材料研究工作，也许能得到最好的阐释结果。相比之下，如果我的批评意见主要集中在抽象理论领域，那么这也是一种不得已，但我知道，您不会从"世界观"的角度去看待它，并因此而对我的保留意见置之不理。

　　请允许我再提几个具体的个别意见，这些意见也只有在以上理论背景下才有意义。关于标题，我的建议是 Paris, Hauptstadt des neunzehnten Jahrhunderts，而不是 Paris, die Hauptstadt des neunzehnten Jahrhunderts[1]，除非您让《拱廊街》这个标题同地狱一起复活。您按照人名来划分章节[2]，我认为不妥；这一做法是对外部构架的强行系统化，我对此无法苟同。您以前不是根据材料来划分章节吗？比如"长毛绒"和"尘

1　本雅明的原标题《巴黎，19 世纪的首都》，德文是 Paris, die Hauptstadt des neunzehnten Jahrhunderts。阿多诺建议把"首都"一词之前的定冠词"die"删掉。译者注。

2　本雅明的提纲章节标题分别是：1. 傅立叶与拱廊，2. 达盖尔与全景画，3. 格兰维尔与世界博览会，4. 路易·菲利浦与居室，5. 波德莱尔与巴黎街道，6. 奥斯曼与街垒。译者注。

土"？特别是傅立叶与拱廊的关系，我还不能完全理解。我设想的较为合理的结构布局应该是，将关于城市与商品的各种材料组合到一起，然后在后面的章节作为辩证意象及其理论进行解读。

至于第 1 页上的引文，"门廊"（portique）一词很能代表"古代"这个母题；鉴于与"作为最古老的最新"这一论题的关系，您也许可以考虑在这里就帝国的形态学进行初步论述（正如您在"巴洛克"中对"忧郁"的论述一样）。在第 2 页，您无论如何需要澄清作为目的本身的帝国国家概念只不过是一种意识形态而已，您在后续的讨论中也表明了这一点。在这里完全没有得到澄清的是"构造"（Konstruktion）概念，它既是对材料的异化，也是对材料的支配，所以已经具备显著的辩证性，因此我认为也应当对它进行辩证的阐释（与当前的"构造"概念保持清晰的界限；也许属于 19 世纪的"工程师"一词是个不错的中介）。至于在这里出现的"集体无意识"概念，我已经发表了不少原则上的意见，不过您在此处对它的引入和阐述并不是很明确。至于第 3 页，我想问，铸铁真的是最早出现的人造建筑材料吗？砖呢？总体而言，"最早"这种说法会让我觉得有些不舒服。也许这里可以互补地表达：每一个时代都梦想着自己是被灾难毁灭了的时代。第 4 页：鉴于我前面对辩证意象作为一种倒退（Regression）的批评，"新旧交融"（das Neue sich mit dem Alten durchdringt）的表述我认为很可疑。这里不是回归到"旧"，而是新事物作为表象与幻想，本身就是旧的。我没有强求之意，但请允许我在此提醒您我在《克尔恺郭尔》的《室内》一章中对包括"歧义性"（Zweideutigkeit）在内的某些表述。我还想另外补充一点：辩证意象作为范式并不是社会的产物，而是客观的星丛，社会形势显现其中。因此，不能指望辩证意象具有意识形态"功能"或者社会"功能"。我对单纯负面的物化（Verdinglichung）理论的反对，即我对提纲中克拉格斯的批判，主要基于您在第 4 页对机器的论述。高估机械技术和机器本身一直是资产阶级固有的复古理论：通过对生产工具的抽象指涉，生产关系被掩盖了。

第 6 页应当加入被格奥尔格[1]及后人所接受的黑格尔"第二自然"这一重要概念。"巴黎的恶魔"可能会被护送入地狱。第 7 页：我强烈怀疑工人是否真的"最后一次"脱离其阶级属性，作为陪衬出现。关于报纸专栏的史前史想法，您在《克劳斯》一文中有过详细的阐述，非常精彩；这里海涅也应当出现。对此，我想到以前有一个说法，称记者语言为"模板体"，其起源也许可以继续追溯。"生活感受"（Lebensgefühl）作为文化史或者思想史术语，非常靠不住。您对科技的原始表象的接受与深信不疑，在我看来，似乎与您对远古本身的过度评价有关。我记录了以下表述：神话不是真实社会的无阶级渴望，而是异化商品的客观特征本身。第 9 页：把 19 世纪的绘画史想象成对摄影的逃离史（这与把音乐理解为逃离"平庸"的思想十分一致），这一构想极妙，但却不辩证，因为在绘画领域发掘出的那些尚未进入商品形式的生产力，不能具体地去理解，而只能通过缺失的印迹（Spur）去把握（马奈也许是这一辩证法的确切所在）。这似乎与提纲的神话或者远古化倾向有关。绘画领域的发掘物作为过去的物品在一定程度上变成了历史哲学的固定星宿，生产力因素从中消逝。在非辩证的神话目光下——这是美杜莎的凝视，辩证法的主观因素凝固了。

第 10 页提到的黄金时代也许是通向地狱的真正过渡。我不理解世界博览会与工人阶层之间的关系，它看起来更像是一种揣测，作此断言需要谨慎。第 11 页无疑需要对"幻象"（Phantasmagorie）概念做出更充分的定义与理论阐述。我认为第 12 页是个警告。我和费莉西塔斯仍记得您的"土星"引文[2]当时给我们留下的震撼；但是该引文经不起冷静的推敲。不是土星光环变成了铸铁阳台，而是铸铁阳台成为土星光环

1　这里指格奥尔格·卢卡奇和他的《历史与阶级意识》（柏林：1923 年）。

2　这里可能指本雅明 1929 年在柯尼斯坦为大家朗读的文稿《土星光环，抑或钢铁建筑之事》。参见《本雅明文集》，卷 5（2），第 1060—1063 页，阿多诺提到的引文在第 1060 页。

的化身；我很高兴在这里我终于可以不再抽象地，而是用您自己的成就来反驳您：我想到的是《柏林童年》中精彩绝伦的《月亮》一章[1]，其哲学内涵很适合放到此处。我回想起您曾经就拱廊街计划说过这样一句话：它只能从癫狂的空间里夺取[2]。而对土星引文的阐释却是一种退缩，它说明拱廊计划不但没有去征服癫狂，反而与之疏远了。我的反对意见正在于此：齐格弗里德[3]在这里应该会很开心的；鉴于问题的严肃性，我在这里必须直截了当地讲。——商品的拜物概念需要用其发现者的相关言论来支撑，我想您原本应该也打算这样做的。第 12 页还出现了"有机体"（das Organische）概念，它暗示了一种静态的人类学，因此是站不住脚的，除非它仅在拜物本身出现以前存在，也就是说，以历史的形态存在，就像"自然风景"概念一样。第 13 页需要加入俄德拉德克所代表的辩证商品母题。工人运动在这里显得又有些牵强；当然，这有可能得归咎于提纲的简要书写方式，提纲中很多类似的表述亦如此，而这也适用于我的许多其他保留意见。关于时尚的段落我认为很重要，但是在论述过程中我认为应当脱离"有机体"概念，而与"生命体"（das Lebendige）概念联系起来——也就是说，脱离高于一切的"自然"概念。关于时尚，我还想到了变色丝光绸（Changeant），一种闪亮的布料，它也许能够代表 19 世纪，而且还与工业流程密切相关。也许您可以继续这方面的研究，黑塞尔夫人[4]肯定精通此道，她在《法兰克福报》上的报道我们一直非常关注。

　　第 14 页让我顾虑重重的地方是您对商品范畴过于抽象的使用：仿佛商品范畴本身一直到 19 世纪才"首次"出现（顺便提一下，这一质

1　参见《本雅明文集》，卷 4（1），第 300—302 页，以及卷 7（1），第 426—428 页。

2　同前，卷 5（2），第 1010 页，以及卷 5（1），第 570—571 页。

3　这里指齐格弗里德·克拉考尔。

4　弗朗茨·黑塞尔之妻海伦·黑塞尔（Helen Hessel），是本雅明在巴黎的好友，她是《法兰克福报》驻巴黎的记者。

疑同样也适用于我在《克尔恺郭尔》中对"室内"与内在性社会学的阐述，在这里，我对您提纲的一切指摘，同样也可以指向我自己的早期研究）。我相信，商品范畴可以通过其特有的现代范畴——世界贸易与帝国主义变得更加具体化。比如拱廊街作为巴扎，或者古董店作为在时光中消逝之物的世界贸易市场。至于从外面带进来的远方，其意义也许触及争取无意识阶层的问题以及帝国主义的侵略。我在这里只是向您提供一些想法；您当然可以从材料自身去挖掘更多更确凿、更令人信服的依据，进而对物界（Dingwelt）的 19 世纪特殊形态进行界定（也许可以从其反面，比如垃圾、残余和废墟，来界定）。——关于办公场所的段落也同样缺乏历史准确性。在我看来，与其单纯地把它看作生活居所之"室内"的对立面，倒不如视其为古代的，特别是巴洛克时期的起居室形式的残余（比如里面摆放的地球仪，墙上挂的地图，围栏和其他实体形式）。第15 页关于青春艺术派（Jugendstil）的理论：我虽然赞同您的观点，认为青春艺术风格对"室内"起到了决定性的颠覆作用，但却不认同您对它"调动了一切内在力量"的看法。它也许试图通过"外在化"去拯救和实现内在性（这里需要加入象征主义的理论，特别是马拉美的"室内"概念，它与克尔恺郭尔的正相反）。在青春艺术派这里，性取代了内在性。它求助于性，因为只有在这里，私人个体才不是与内心的自己，而是与肉体的自己相遇。青春派风格的一切艺术——从易卜生到梅特林克和邓南遮皆如此。施特劳斯与青春派的起源是瓦格纳，而不是勃拉姆斯的室内乐。——混凝土在我看来并不代表青春艺术风格，而只是填补了1910 年前后的奇怪空白。另外，我认为真正的青春艺术风格可能是与1900 年前后的经济大危机同时出现的，混凝土则属于战前的经济繁荣期。第 16 页：您可以留意一下韦德金德在遗著里对易卜生的《大建筑师》的诡异阐释 [1]。我不太了解论苏醒的精神分析文献，不过我会去找找看。

1　参见弗兰克·韦德金德（Frank Wedekind, 1864—1918）：《作家易卜生与他的〈大建筑师〉》，《韦德金德文集》（慕尼黑：1921 年），第 9 卷，第 340—358 页。

但是：对梦与苏醒的心理学解析——它明确反对催眠术（例证参见弗洛伊德的讲稿[1]），不也正属于同时出现的青春派风格吗？这也许是一个头等重要且意义深远的问题。就原则层面的批评，我在此还想校正补充一点：如果我拒绝使用"集体意识"概念，那么，我并不是要让"资产阶级个体"作为真正的根基存在。"室内"应当更明确地作为一种社会功能去把握，而其整体性也应当被揭示为表象。然而，这一表象并不是对假定的集体意识而言，而是对真实的社会发展进程本身而言。"个体"在这里是辩证的变迁工具，它不应被当作神话舍弃（wegmythisieren），而只能被扬弃。另外，我想再次明确强调一下"把物品从有用性的徭役中解救出来"这一段，它是商品辩证救赎的绝妙转折点。第17页：我希望关于"收藏家"的理论和作为盒子（Etui）的"室内"理论能够得到最大程度的扩展。

第18页：我想向您指出莫泊桑的《夜》[2]，在我看来，它是对爱伦·坡的《人群中的人》的辩证收场。我认为您将人群视为面纱的段落非常精彩。第19页的批评点在辩证意象。您肯定比我更清楚，就它的无比重要性而言，这里给出的理论还远远不够。我还想说，歧义性不是把辩证法翻译成意象，而是意象的"印迹"，其本身也只有通过理论才能得到彻底辩证。我记得我在《克尔恺郭尔》的"室内"章节里有一句话适合用在这里。第20页：您也许可以考虑波德莱尔在《被谴责的诗》（Pièces condamnées）中那首伟大的《被诅咒的女人》（Femmes damnées）的最后一行诗。——"虚假意识"概念我认为最需要谨慎使用，而且不能不追溯到黑格尔这一源头。——附庸风雅（Snob）原本不是美学概念，而是一个社会概念；它因为萨克雷而闻名。附庸风雅与丹蒂主义（Dandy）需要作严格的区分；同时也需要对附庸风雅的历史本身

1　这里指弗洛伊德 1916/1917 年的《精神分析导论讲稿》。

2　参见信 33 及其注释。

做进一步研究，您从普鲁斯特那里能找到最棒的材料。您在第 21 页就
"为艺术而艺术"和"总体艺术作品"（Gesamtkunstwerk）提出的论点，
我认为以目前的这个形式是站不住脚的。总体艺术作品与简明意义上的
纯艺术主义（Artismus）是为了摆脱商品特征的两种完全相反的尝试，
因此它们是不同的；所以波德莱尔与瓦格纳的关系同嫖娼者与娼妓之间
的关系一样辩证。

我不满意第 22 页的投机（Spekulation）理论。这里首先缺少了《拱
廊街》初稿里无比精彩的赌博（Glücksspiel）理论[1]；同时也未顾及金
融投机背后的真正经济原理。投机从负面体现了资本主义理性的非理性
化。或许这里也可以通过"外推到极致"的办法进行处理。第 23 页缺
少详尽的透视（Perspektive）理论；我记得拱廊街初稿里有这方面的论
述[2]。1810 至 1820 年间发明的立体镜也与之相关。——《奥斯曼》一章
的辩证构思非常精彩，但在表述过程中也许可以比现在的提纲更简洁鲜
明一些，不然读者需要先对其进行解读。

请您原谅我在评论里的吹毛求疵，但我认为有责任把我原则上的批
评至少具体到几个细节上。至于您问起的那本书[3]，我会去找伦敦瓦尔
堡研究所的好友温德帮忙，希望能帮您找到原书。您的提纲我随信寄回。
最后我想请您原谅，这封信我和费莉西塔斯各留了一份复本。我通常是
不会这样做的，但是鉴于这封信的实质性内容，希望您能理解，而且我
相信它也能让将来的讨论更容易些。——至于齐格弗里德，我只是让他
向您转达我不能及时回应您提纲的歉意[4]，而并没有向他透露您谋篇的

1　参见这封信的开头部分以及相关注释。

2　参见《本雅明文集》，卷 5（2），第 1049—1050 页。

3　本雅明在 7 月 29 日致格蕾特·卡普鲁斯的信里附言道："你能帮我问一下泰迪，看他是
否有办法找到诺阿克（Noack）的《凯旋门》（瓦尔堡图书馆研究丛书）吗？"（参见《本雅
明文集》，卷 5［2］，第 1127 页）

4　参见阿多诺于 7 月 5 日致克拉考尔的信。

任何信息，更不用说告诉他您的提纲内容了。我给他写的一封长信，他·
至今未回，考虑到我目前的个人状况[1]，这让我很不愉快。最后请您原
谅这封信的外观，它是在一个非常破旧的打字机上完成的，而且鉴于它
的长度，不可能事前起草稿。

　　这里的山区让我和费莉西塔斯得到了很好的休养。我没怎么工作，
只是起草了一份把我以前的音乐论文编辑成书的方案。至于能否出版，
尚不确定。

　　祝友谊长存！

您一如既往的
泰迪·维森贡德

亲爱的德特勒夫：

　　万分感谢你的大象巴巴[2]！今天我只想问候你，并祝你假期愉快！
我会尽快再给你写信的，现在我仍沉浸在《拱廊街》中。最诚挚的问候！

你一如既往的
费莉西塔斯（是 Felicitas 还是 Felizitas？[3]）

1935 年 8 月 5 日[4]

亲爱的本雅明先生：

　　为了尝试将您的"梦幻"瞬间——作为辩证意象的主观瞬间——与

1　这里指阿多诺的姨母去世一事。

2　在上一封本雅明寄给格蕾特·卡普鲁斯的信笺上，印有一头开着敞篷车的大象，它用鼻子
将自己的帽子高高举起。本雅明就这幅图写道："这只大象出自近年来法国最棒的儿童作家
之手，它叫巴巴。"（参见本雅明 1935 年 7 月 29 日致格蕾特·卡普鲁斯的信）

3　关于本雅明对格蕾特·卡普鲁斯的昵称——费莉西塔斯——的写法，参见信 13 及其注释。
译者注。

4　阿多诺随信所附的补充内容。

辩证意象的范式性理解相融合，我想到了几句表述，在这里与您分享。目前我只能想到这些：

随着事物的使用价值逐渐消失，它被异化的部分便被掏空，并且获得了作为符号的意义。通过向它们注入渴望与恐惧意图，主体性占有了它们。随着这些逝去的事物成为主观意图的意象，它们便呈现为不朽与永恒之物。辩证意象是被异化之物与注入的意义之间的星丛，停顿在死亡与意义的无差异时刻。当物被唤醒为最新的表象时，死亡则将意义转化成了最古老。

40   本雅明致格蕾特·卡普鲁斯与阿多诺

1935 年 8 月 16 日

巴黎

亲爱的费莉西塔斯：

我相信把这封短信寄给你是正确的。

如果信寄到你手上的时候你俩已经不在一起了，还烦请把它转寄给维森贡德。

我今天不对你们 4 号的那封意味深远的长信作回应。我的回应将保留到以后——恐怕不会是一封信，而是一系列信件。这些通信所包含的思想涌动抑或涓涓细流，希望终有一日，当我们重逢时，能汇聚到一起。

不，这封信不是回应，而更像是一个——请允许我这样讲——收到通知。但它不是要通知你，我的双手收到了你们的来信；也不是要说，我的头脑接收到了信息；而是在我具体回应之前，先向你们表达我的喜悦，你们的来信见证了我们之间的深厚友谊，并且唤醒了我们多年来的许许多多友好交谈。

你们的质疑既准确又迫切，而让我感到最丰富、最重要且最值得注意之处在于，它们涉及的领域处处与我们就此经历的思想生活紧密相关；你们的每一处思考——或者几乎每一处思考——都毫无偏差地指向了思想创作的中心。虽然目前我还无法预知你们的回应将以何种形式继续影响我，但有两点我是肯定的：首先，它必定对我的写作有益；其次，它见证并坚定了我们之间的友谊。

如果只考虑到我自己的话，以上便是我今天想要说的一切。因为其他任何解释暂时容易误入谜团，或者难以界定。但我又不想让我的寥寥几行显得太贫瘠，所以在这里贸然暂且做少许解释——虽然这并非不是冒险之举。

我的解释，自白性多于直接实质性，所以希望你们迁就。

首先，你们在信里明确提及的《拱廊街》的"初稿"，对此需要申明的是：我没有放弃这个"初稿"的一字一句。请允许我这样讲，你们读到的提纲不是《拱廊街》的"第二稿"，而是另一稿。这两个版本的关系对立，表达了论文的正题与反题。所以这个"第二稿"于我而言不是结论。它的必要性在于，"第一稿"中的认识论无法被直接表达出来——除非使用不被许可的"诗"的形式。因此它有一个早已被抛弃的副标题："诗的童话剧"。

现在我有了一张弓，但还没有力量去拉满它。这股力量只能从长期的训练中得来，对此而言，材料研究是众多要素之一。我窘迫的境况迫使其他要素在这第二时期只能为了材料研究而让步。我对这一点认识得很清楚。这一认识也反映在我拖拉的工作特点上。我不想让任何失误影响到整体规划。

那么，这个训练的其他要素是什么呢？——结构要素。如果维森贡德对章节的划分有所指摘，那么他确实击中了要害。这一布局缺乏结构性。至于它是否必须从你们暗示的方向去寻觅，我暂持保留态度。但肯定的是，结构性之于《拱廊街》等同于魔法石之于炼金术。对此暂且只有一点可以说：它必须以一种简明、崭新的方式概括出这本书与以往流传下来的历史研究之间的对立。但是用何种方式？仍有待决定。

我希望你们在读完这些话以后，不用再担心我对其他质疑的抗拒与固执己见有关。在这件事情上，我想不出任何比它离我更远的恶习了。我先略过那许许多多与你们思想一致的地方，它们将保留到以后再谈。

（特别是维森贡德就"黄金时代"主题的反思。）不——我眼下想到的，是你们在信中对土星片段的评论。我虽然丝毫不否认"铸铁阳台必将成为土星光环"，但我必须澄清的是：要完成这一转化，不可能是某一个别观察，更不可能仅仅是观察格兰维尔[1]绘画的任务，相反，它只能是整本书的任务。《柏林童年》为我提供的形式，恰恰一点都不适合这本书的任何地方：为我的这个认识奠定基础是"第二稿"的重要任务。19世纪的史前史，它在一个处于世纪之交的顽童眼里，与埋葬在历史地图上的符号那里，是两种截然不同的模样。

　　这些初步意见局限于几个普遍问题。但若不对其周边进行试探，一切具体问题将不会得到解答。我以后会找机会谈及它们。但最后请允许我指出一个于我而言极其关键的问题，虽然这里也有自白的嫌疑。我这样做是想表明两点：维森贡德将辩证意象定义为"星丛"，我认为非常准确；但另一方面我也认为，我从这个星丛中指出的某些元素也是不容丢弃的，比如梦的形象。辩证意象并不是摹画梦——我从未打算作此断言。但于我而言它确实拥有的，是苏醒单元（Instanzen des Erwachens），即醒来状态的入侵之处，而其形象只能从此处建构，就如同将闪烁的星点连成星座。此处同样也需要张开一张弓，攻克辩证：意象与苏醒之间的辩证。

你的

德特勒夫

1　格兰维尔（Grandville，1803—1847），真实姓名是 Jean Ignace Isidore Gérard，法国著名插画家，以政治和讽刺漫画闻名。"铸铁阳台"和"土星光环"指的是他的插画《连接世界的桥梁》。译者注。

41　本雅明致阿多诺

1935 年 12 月 27 日

巴黎（第 14 区），Bénard 路 23 号

亲爱的维森贡德先生：

在向您转达马克斯的消息[1]之前——它其实是这封信的首要动机，请允许我先向您致哀。

阿尔班·贝尔格去世[2]的消息昨天传到了我这里。您知道，一起讨论他的作品是唯一能让我在音乐这个离我十分遥远的领域里感受到与其他领域同样强度的事情。特别是我们观看完《沃采克》[3]演出后的交谈，至今令我难忘。

1　马克斯·霍克海默自 12 月中旬开始便在巴黎逗留，他显然拜托本雅明替他给阿多诺写信。阿多诺圣诞节期间在德国的家里。

2　阿尔班·贝尔格（Alban Berg，1885—1935），奥地利著名作曲家，是阿多诺的恩师及挚友，于 1935 年 12 月 24 日逝世。

3　本雅明同阿多诺一道于 1925 年 12 月 22 日在柏林观看了贝尔格的歌剧《沃采克》，该剧于 12 月 15 日首演。阿多诺在 1925 年 12 月 27 日致阿尔班·贝尔格的信里提到过他与本雅明对《沃采克》的感受："客栈那场戏这次非常精彩：我不知道是克莱伯［Erich Kleiber，《沃采克》的导演］的原因，还是我自己的原因，但我今天确实感受到了这场中间戏是整出剧的中心。它大胆巧妙从而成功的地方，在于它捕捉和把握那些原始、混乱、低级维度的方式：唱错调作为建构的母题是一种形而上的深邃发现，它甚至超越了马勒最为神秘的意图。我找不到其他词语来形容它的伟大，就连本雅明——他可能是更可信的见证人，况且比任何一位音乐家都懂您的作品——也有同样的感受。因此，这一场戏在这里的位置并非偶然：它是荷尔德林意义上的转折，'无表达'也许随它进入了音乐本身。"

马克斯请求您，在电报通知他您回英国前的具体地址以前，不要离开欧洲大陆。他非常希望能有机会在欧洲大陆与您见面，不管是在荷兰还是在巴黎。（如果会面能在巴黎举行，您能想象我的喜悦和它对我的重要性。）

而且他还请求您把信件寄给我，因为他会不断向我更新他的地址，以及他在荷兰逗留的日期——他将于本周末前往那里。

另外，马克斯当然也知道，我有多么希望我们三人能在巴黎见面。

最诚挚的问候献给您和费莉西塔斯！

您的 WB

42 阿多诺致本雅明

1935 年 12 月 29 日

法兰克福

亲爱的本雅明先生：

衷心感谢您的来信，它是我的好友阿尔班·贝尔格离世以后第一封寄到我这里来的慰问信。您的这一举动让我非常感动。这个打击比我过去一整年所经历的痛苦都更难以承受。我今天确实感到形如残片，就像贝尔格有一次在类似的情况下写给我的题词一样[1]。

所以今天的回信很短。我礼拜二（31 号）去柏林格雷特那里，并将在那里一直待到 6 号。之后我返回法兰克福，可能待到 10 号，最迟 11 号。然后便会立即回伦敦（地址是：Albemarle Court Hotel，W2，Leister Gardens；电话：Paddington 7228；酒店的电报地址是：Apporter London），中途不停歇。我 17 号必须回牛津。

我本以为会与马克斯在伦敦碰面。但是鉴于这次会面对于我和他来说同样重要，所以我不想固执己见，而是可以提前在他建议的地点见面。我从 11 号到 17 号在伦敦或者去其他任何地方都行，如果实在有必要，我也可以提前去荷兰或者巴黎与他会面；最早大概 9 号；然后也可以跟

---

1 参见《阿多诺文集》，卷 18，第 491 页。贝尔格送给阿多诺的题词样书《沃采克的三个残篇》已遗失。

他一起来英国。所以我很希望能尽快得到答复，最好能寄到柏林来。作为会面地点，布鲁塞尔也可以考虑。[1]

就此我还有最后一点想说：我在伦敦是有邀请的；但如果要去法国、荷兰或者比利时，我必须持有马克斯的邀请才行，因为我从这边只能拿到 10 马克，而且也没有其他任何人能邀请我。我猜马克斯应该知道这个情况并且有相应的安排。也许您能帮我在他面前委婉地提醒一下；被这种事情牵制让我有些难为情，但是鉴于当下的法律规定，我没有其他选择，他应该不会误会我。

请事先接受我由衷的感谢。无须赘言，我多希望能尽快见到您。您有考虑过来英国一趟吗？

您忠诚的老友

泰迪·维森贡德

1　阿多诺与霍克海默最终于 1936 年 1 月中旬在阿姆斯特丹会面。会面时二人就"爵士乐研究"达成了协议，而且阿多诺与《社会研究杂志》的合作也由此变得更加紧密。

43 本雅明致阿多诺

1936 年 1 月 3 日

巴黎

亲爱的维森贡德先生：

十分感谢您 12 月 29 号的来信。

马克斯今天给我的任务，是让我通知您，我们对您的返程所抱有的希望恐怕无法一一实现。他现在的安排是，我们无法像他期望的那样在巴黎进行三人会晤。

从目前的情况看，马克斯可能按照原计划与您在伦敦会面，除非他不得不把您从那里召唤到荷兰去。由于他眼下的行程仍不确定，所以他希望您一到 Albemarle Court Hotel 就给他发电报，如果您到那时还没有从他那里收到任何消息的话。他的地址将会是：阿姆斯特丹 Carlton Hotel。

我想马克斯与您见面时会把我的文章[1]也带上，我很高兴这篇文章将在《社会研究杂志》上用法语发表。请您务必向他索要我的手稿，我很期待您的回应。不管怎样，请尽快从伦敦回信。

---

1 本雅明指的是《机械复制时代的艺术作品》第一稿，参见《本雅明文集》，卷 1（2），第 431—508 页。该文的法语译者是皮埃尔·科洛索夫斯基（Pierre Klossowski），法语标题为"L'Œuvre d'art à l'époque de sa reproduction mécanisée"，法语翻译原载于《社会研究杂志》（1936），第 5 期，第 40—66 页。现收录在《本雅明文集》，卷 1（2），第 709—739 页。

关于在英国境外见面的外部条件事宜，我已经以您暗示的方式向马克斯转达了。

请您转告费莉西塔斯，我会很快给她回信的。

最诚挚的问候！

您的 WB

44　阿多诺致本雅明

1936 年 1 月 29 日

伦敦

亲爱的本雅明先生：

　　我正坐在一个幽暗的咖啡馆里给您写这张明信片。这个咖啡馆坐落在伦敦金融城中心的一个拱廊街里，周围是玩多米诺骨牌的原糖交易人——这个地方除了您以外，我不会带任何人来看。但它似乎是给您写信的好地方。我又回牛津了，专心写论文。我已经看到了论文完成的曙光。我希望分析的部分最多再需要四个星期，最终的润色版本我想夏天能完成。我希望这部著作能客观上至少兑现一部分它对我的意义。在写论文的同时，我还参与了一本关于贝尔格的专著[1]，这项工作是我无法拒绝的。我接手了这本专著的大部分分析评论——需要通宵达旦地工作。这些工作，再加上这个咖啡馆，希望能让您谅解我写的这张卡片。另外它还包含一个请求：请尽快将您的"技术时代"[2]的复本寄给我。这个

1　这本有关阿尔班·贝尔格的专著是由威利·赖希发起的。书中收集了贝尔格自己的著作以及阿多诺与克热内克写的评论文章。参见威利·赖希：《阿尔班·贝尔格》（维也纳；莱比锡；苏黎世：1937 年）。阿多诺在书中对贝尔格的以下作品进行了分析：《第一钢琴奏鸣曲》《四首歌，第 2 号》，七首早期歌曲、《第三弦乐四重奏》《四支单簧管和钢琴作品，第 6 号》、为弦乐四重奏和音乐会咏叹调《酒》谱写的抒情组曲。这些文章后来被收录到阿多诺个人的《贝尔格》专著（1968 年），参见《阿多诺文集》，卷 13，第 321—494 页。

2　这里指本雅明的《机械复制时代的艺术作品》，参见上一封信的注释。

请求非常迫切，因为我对马克斯给我看的那些片段[1]有些疑虑（首先在表达方面）。只有通读了全文以后，我才能消除这些疑惑或者为它们辩解。对此我将不胜感激。——我想马克斯应该已经告诉您了，我可能有机会三月份去巴黎一趟[2]。对此不会有人比我更开心了。

您忠诚的好友

泰迪·W

---

1   霍克海默在阿姆斯特丹与阿多诺会面时，给他看了本雅明的文章。参见上一封信。
2   这一计划最终未能实现。

45　本雅明致阿多诺

1936 年 2 月 7 日

巴黎（第 14 区），Bénard 路 23 号

亲爱的维森贡德先生：

我其实从一开始就迫切地希望把我的新文章寄给您。这篇文章——可以这么说——"第一次"写完时，您人在法兰克福。所以我把手稿交给了马克斯，希望您与他会面时能有足够的时间阅读。但是，当我后来从马克斯那里得知事情并非如此时，其他复本都已经被别人要走了。

但是过不了几天，您应该会不仅收到文章的原稿，还会收到它的法文翻译。在马克斯的督促下，皮埃尔·科洛索夫斯基[1] 承担了翻译任务。我们希望他是翻译这篇文章的正确人选：他不仅能满足语言方面的一切要求，并且还具备相关专业方面的重要能力。

我很高兴地通知您，马克斯和我就这篇文章的谈话非常有成果，气氛也相当融洽。特别是您提出的一些问题，我俩都认为非常重要。我们的谈话结果——我想您从中应该能辨识出很多您自己与他的谈话内容——除了让我对文本进行了语言重组外（修改的地方不多），还被写入一系列注释里，这些注释代表了文本结构中政治哲学基础的切入。

1　皮埃尔·科洛索夫斯基（Pierre Klossowski，1905—2001），法国作家、画家、翻译家。

　　除了讨论这篇文章以外,我和马克斯会面时还达成了协议[1],这让我最迫切的愿望通过您友好的帮助终于得以实现。经过了我们在 Lutétia 酒店的短暂交谈[2],我想我不必向您多解释,终于可以不用为生计问题而担忧地工作对我有多重要。再加上您与研究所的合作关系也变得更加密切,这让我对我们的前景,无论在理论方面还是在实际处境方面,都抱有美好的期望,虽然我希望我在这里没有草率地乐观。

　　另外就我所知,帮助马克斯准备随笔集[3]的法语版——就此我接下来会跟格罗瑟森[4]谈——将会为我们提供下一次见面的机会。我真心希望您这次能给巴黎留出充裕的时间。在给您看过我为《拱廊街》收集的直观资料之前,譬如带您去国家图书馆的铜版画陈列厅[5],我很难让您离开巴黎。

　　我希望您能从这封信的字里行间读出我的感激之情,我们之间的关系让我难以直接对您启齿。

您忠诚的联盟!
瓦尔特·本雅明

1　霍克海默向本雅明保证将帮助他改善物质方面的处境。阿多诺在 1 月 26 日致霍克海默的信里写道:"我们以前讲过 1000 法郎——如果我再次提醒您这个数字,您会觉得我粗鲁吗?由于他眼下没有其他收入,所以如果少于这个数目,即使再节省也无法在巴黎生活。"

2　阿多诺于 1935 年 12 月 11 日晚间抵达巴黎,经过短暂的停留后继续前往法兰克福。

3　霍克海默计划将他在《社会研究杂志》上发表的文章以文集的形式翻译成法语,书名定为《唯物主义哲学文集》,但是该计划最终由于伽利玛出版社拖拉的态度而告吹。

4　格罗瑟森(Bernhard Groethuysen,1880—1946),法国哲学家,师从威廉·狄尔泰,1931—1933 年在柏林任教授,后来移居法国,是伽利玛出版社的顾问。

5　关于本雅明在法国国家图书馆的铜版画陈列厅为拱廊街计划所做的图片收集工作,参见《本雅明文集》,卷 5(2),第 1323—1324 页。

46 本雅明致阿多诺

1936 年 2 月 27 日

巴黎，Bénard 路 23 号

亲爱的维森贡德先生：

我本以为能早些把文章[1]随信给您寄去。但是由于在法语翻译完成以前我无法再做德语文本的复本，所以如果您在我现在寄给您的版本中发现一些翻译的痕迹，还望您谅解。

另外，假如翻译工作已经全面结束了的话，我肯定会随德语原文给您一并寄去一份法文版。但现在的情况是，虽然法语翻译已经送去排印了，但我暂时仍需要保留这个文本，以便与译者从头到尾再过最后一遍。

出于这个原因，我对您寄来的阿尔班·贝尔格纪念文章[2]的答谢也耽搁了。诚然，倘若不是我在过去的两个礼拜必须没日没夜地紧盯着法语翻译的话，您应该早就已经收到我对您精彩文章的回应了。您知道，您的第二篇文章由于属于我更熟悉的领域，所以更能被我接受。因此这

---

1 本雅明寄给阿多诺的打字稿包括《机械复制时代的艺术作品》的第二稿（参见《本雅明文集》，卷 7［1］，第 350—384 页）。

2 参见阿多诺以化名 Hektor Rottweiler 在维也纳的音乐杂志《23》（1936 年 2 月 1 日，第 24/25 期）上发表的以下文章：《关于〈露露〉交响组曲》（现收录在《阿多诺文集》，卷 13，第 472—477 页）和《对生者的追忆》。阿多诺于 1955 年 10 月写了追忆贝尔格的第二稿《纪念阿尔班·贝尔格》（参见《阿多诺文集》，卷 18，第 487—512 页），并于 1968 年为他自己论贝尔格的专著再次修改该稿（参见《阿多诺文集》，卷 13，第 335—367 页）。

篇文章让我思考得更多，而且它确实有一种非凡的美。这一美感集中体现在许多段落当中。

比如您在文章的开头对"硬石般温柔"表情的描绘，与死者的面部模型[1]巧妙呼应；然后是那句令人惊叹的表述，完全与我有关："他幻想的绝望比世界本身还消极"——这一视角又让我重新回想起《沃采克》的音乐。其他的词句让我有一种模糊的幻觉，就好像您写下它们时想到的似乎是我，特别是当您提及"食人者的友善"（Freundlichkeit des Menschenfressers）[2]时。而且您在援引贝尔格关于"管乐和弦"话语[3]时的语境，也很令我欣慰。

希望您的回信不会让我等很久。无论它来得多及时，我都会迫不及待。这两个星期与译者的深度合作让我与我自己的德语文本之间产生了一定的距离感，这种距离感我通常只有在较长的间隔下才会有。我这样说并不是要与这个文本脱离任何关系，而是因为我通过这种距离感发现了一个重要因素，并且希望它能够有幸在您——作为我的最佳读者——那里得到领会：这个因素正是食人者的文雅（menschenfresserische Urbanität）[4]，一种小心翼翼、审慎周全的破坏与毁灭。我希望通过它，您最热爱、最熟知的事物能得到显现。

我还在等待马克斯的文章汇编，它们的法语翻译由我负责。等这项工作安排好以后，我猜我们将会在这里见面。我希望很快。

最诚挚的问候！

您的

瓦尔特·本雅明

1　《23》杂志上印有贝尔格死后的面部模型图片。

2　参见《23》，1936 年 2 月 1 日，第 24/25 期，第 27 页。

3　"'是'，他说，带着一种野性，犹如雪崩一样埋葬了一切《约翰福音》式的温柔，'人们必须得听一次八音管乐和弦究竟怎样'；就好像他知道没有听众能从这个和弦中幸存一样。"（同前，第 26 页）

4　参见本雅明在他的文章《卡尔·克劳斯》中对讽刺作家的刻画（《本雅明文集》，卷 2〔1〕，第 355 页）。

47　阿多诺致本雅明

1936 年 3 月 18 日

伦敦

亲爱的本雅明先生：

　　如果我今天打算就您的精彩文章写一些评语，那么我的意图并不是要对它进行批评，甚至连适当的回应都不能算。我最近承受的可怕的工作压力——逻辑学论著，贝尔格专著我参与的部分还有两个分析有待完成，再加上爵士乐研究[1]，让这一企图变得十分渺茫。另外，我非常清楚书面交流对于这样一篇杰作的不足，因为没有一句话我不想深入详尽地跟您探讨。我坚持相信这很快就能实现，但另一方面，我又不想等太久才给您回复，不管书面交流有多不尽如人意。

　　出于以上原因，请允许我集中于主线。我对您的文章最感兴趣且完全认可的地方在于，您关于本源（Ursprung）的初衷——辩证地建构神话与历史的关系——贯穿于唯物辩证法的思考层面：神话的辩证式自我消解在这里被视为艺术的祛魅。您知道，"艺术的消亡"（Liquidation der Kunst）是我多年来美学尝试的对象，特别在音乐领域我为"技术优先"的明确辩护，必须严格地从这一意义以及您的"第二技术"[2]的意

1　阿多诺的《论爵士乐》以化名 Hektor Rottweiler 在《社会研究杂志》上发表（1936 年，第 5 期，第 235—257 页），现收录在《阿多诺文集》，卷 17，第 74—100 页。它由一份爵士乐研究的基础提纲发展而来，并且是在霍克海默的建议下写成的。

2　参见《本雅明文集》，卷 7（1），第 359—360 页。

义上去理解。如果我们在这里不谋而合，我觉得不足为奇。我之所以不惊讶，是因为您在《巴洛克》一书中已经完成了对寓言（您的新术语是："有灵晕的"）与象征的分化，在《单向街》里完成了对艺术作品与巫术仪式记载的区分。这对于咱俩而言——希望您不会认为我自以为是——是一个完美的肯定，因为我两年前在一篇您没读过的论勋伯格的文章[1]里，就技术与辩证法以及技术的变动关系等问题做过一些表述，我的表述与您的不谋而合。

这一吻合同时也为我们之间的分歧提供了标准，我不得不提它，目的不为别的，而只是为我们之间日益清晰的"总路线"服务。请让我从咱们的老方法——"内在批评"（immanente Kritik）开始谈起。在您的早期著作中——这篇新作似乎是其延续——您将艺术作品视为"制成品"（Gebilde），使其从神学象征以及巫术禁忌中分离出来。但我现在颇有顾虑的是，您现在将巫术的灵晕概念不费吹灰之力地转嫁到了"自律艺术品"（autonome Kunstwerk）身上，并断然赋予了后者反革命的功能，我在这里看到了某些布莱希特主题的升华。我不必向您保证我完全懂得资产阶级艺术作品中存在的神秘因素（尤其因为我一再尝试揭露，属于美学自律性概念范畴的资产阶级唯心主义哲学是彻头彻尾的神话）。但我认为，自律艺术品的中心本身不属于神话这边——请原谅我公式化的用语，而是内在辩证的，即其自身将魔性与自由的象征交织在一起。如果我没记错的话，您曾经就马拉美说过类似的话，而我对您整篇文章的感受可以用以下方式最明确地表达出来：我一直期待您能写一篇研究马拉美的大作，与这一篇作对比，我认为，您还欠我们这样一项极其重要的研究。无论您的文章有多辩证，它在自律艺术品这里却没有；它忽

1　参见阿多诺：《辩证的作曲家》，原载于《纪念阿诺德·勋伯格诞辰60周年》（维也纳：1934年），第18—23页，现收录在《阿多诺文集》，卷17，第198—203页。阿多诺在这里提到的关于"技术与辩证法以及技术的变动关系"的表述，参见《阿多诺文集》，卷17，第202—203页。

视了一个最基本的、在我自己的音乐领域日益清晰的经验，即遵循自律艺术的技术法则所造成的最外在后果，恰恰改变了自律艺术本身，并且让它接近的不是禁忌与崇拜，而是自由的、可自觉生产与制作的状态。马拉美有一句话最能体现这一唯物主义纲领，他将文学创作定义为不是被激发的，而是用言语做出来的（aus Worten gemacht）;[1] 而最伟大的保守派人物，比如瓦莱里与博查特（后者及其论别墅的文章，虽然有一句可怕的反对工人的话，但总体而言可以被纳入唯物主义的范畴），在其最内核处也聚藏了这种爆炸力。如果您在"有水平"的电影面前拯救庸俗电影，那么没有人会比我更赞同您；但是，"为艺术而艺术"同样也需要被拯救，而反对它的统一战线，就我所知从布莱希特一直到青年运动，其存在本身就能刺激大家去这样做。您提到游戏（Spiel）和表象（Schein）是艺术的要素 [2]，但我没看出来，为什么游戏是辩证的，而表象却不是——您在奥蒂莉那里拯救的表象，在迷娘与海伦那里却不怎么仁慈。[3] 这里的讨论自然很快便转向了政治争论。因为如果您辩证地看待机械化与异化（这是合理的），而对客观化的主观性世界却不这样做，那么政治上就意味着突然相信无产阶级（作为影院的主体）具有一种能力，这种能力根据列宁思想只能通过作为辩证主体的知识分子的理论灌输才能获得，而后者所从属的艺术品领域却被您打入了地狱。请您不要误会，我不是想为艺术品的自律性保留特权，我同您一样相信艺术品的灵晕正在消逝；顺便提一句，灵晕的消逝不光与技术的复制性有关，同时也与它遵守自己的"自律"形式法则有关（我和考利什酝酿多年的

1　马拉美的原话是："Mais, Degas, ce n'est point avec des idées que l'on fait des vers … C'est avec de mots."

2　参见《本雅明文集》，卷 7（1），第 359 页。

3　参见本雅明：《论歌德的〈亲和力〉》，《本雅明文集》，卷 1（1），第 123—201 页，尤其参见第 194—201 页。——奥蒂莉（Ottilie）、迷娘和海伦，均为歌德作品中的人物。译者注。

音乐复制理论[1]正是把它作为研究对象）。但是艺术品的自律性，即它的物的形式（Dingform），与它身上的魔力是两回事：正如影院的物化没有完全消失一样，伟大的艺术品的物化也没有完全沦丧；如果说，因为自负而否定前者是一种资产阶级的反动姿态，那么，从直接的使用价值角度去废除后者则更接近于无政府主义。同您一样，"极端［也］打动我"：但只有在最底层的辩证与最高层的辩证等效时才行，而不是简单地让后者衰败。二者均带有资本主义的伤疤，二者均包含变革的因素（当然，勋伯格与美国电影的调和是永远不可能的）；二者是撕裂成两半的自由，但它们却不能把自由完整地拼凑起来：为了一方而牺牲另一方则会演变成浪漫主义，要么是保留个性和一切魔性的资产阶级浪漫主义，要么是无政府的浪漫主义，盲目相信无产阶级在历史进程中的强大自发力量——无产阶级本身却也是资本主义社会的产物。我必须指责您的文章陷入了第二种浪漫主义。您从艺术禁忌的角度把艺术吓跑了——但您似乎害怕因此而闯进来的野蛮（我何尝不也跟您一样害怕它），所以将恐惧的对象升华成了一种逆向禁忌，以保护您自己。电影院里观众的大笑——我就这一点与马克斯谈过，他应该也已经跟您说了——不是不好或者不具有革命性，而是充斥了资产阶级最丑恶的暴虐癖；我对谈论体育的报童所具备的专业知识深表怀疑；另外，您的"消遣理论"（Theorie der Zerstreuung）[2]虽然有惊人的诱惑力，但却不能令我信服，原因很简单：共产主义社会的劳动组织形式使工人不再精疲力尽和愚昧无知，以至于需要去寻求娱乐消遣。另一方面，您针对资本主义实践本身使用的某些概念，比如"试验"（Test）[3]概念，我认为接近本体

---

1   1935 年 3 月阿多诺与鲁道夫·考利什（Rudolf Kolisch）决定完成他们酝酿多年的研究计划，共同撰写著作《音乐复制理论》。（参见《阿多诺、克热内克通信集》，第 72—73 页。）这一计划最终未能实现，阿多诺遗稿中收录的大量残篇是他后来单独完成的。

2   参见《本雅明文集》，卷 7（1），第 380—381 页。

3   同前，第 364—365 页。

主义，具有禁忌的功能——倘若真有灵晕存在的话，那么电影恐怕在最高程度上，诚然也最可疑地具有这种特质。再提一小点：您暗示反动派通过内行知识在卓别林的电影面前摇身变成了先锋派——我认为这里也存在浪漫主义的倾向；因为我既不把克拉考尔最中意的导演——即便在《摩登时代》之后——归入先锋派的行列（其原因可以从我的爵士乐研究中明确得出），也不相信卓别林电影中体面的元素有任何一个被统觉（apperzipieren）了。只需听听观众们笑什么，便能了解他们的关注点在哪里。您对韦尔弗的抨击[1]令我窃喜，但如果用米老鼠取而代之，事情就没这么简单了，它将严肃地提出这样一个问题：对每个人的复制究竟是否真的给出了您所宣称的那种电影的先验性（Apriori），还是它更趋向于一种"幼稚现实主义"（naiver Realismus）——对它的资产阶级特征我们在巴黎曾经达成过深入的共识。而您认为的那种与技术复制艺术相对立的具有灵晕的现代艺术，恰恰是诸如弗拉芒克[2]和里尔克这种本质上有问题的艺术，这并非偶然。低级的艺术自然可以轻松打败里尔克，但如果改成其他名字，比如卡夫卡或者勋伯格，问题就不同了。勋伯格的音乐显然没有灵晕。

因此我的建议是，更加辩证。一方面，对"自律的"艺术作品进行彻底辩证，它通过自身的技术将自己超越成为精心策划的艺术品；另一方面，更加辩证地对待实用艺术的消极面，您对此虽然没有认识不清，但却用相对抽象的范畴比如"电影资本"[3]进行描述，而未对其本身，即其内在的非理性追究到底。两年前我在新巴别堡（Neubabelsberg）的摄影棚里待了一天，当时给我印象最深的是，您在文中特别指出的蒙太奇等先进技术实际上应用得非常少；更多的是幼稚地模仿现实搭

---

1 同前，第 363 页。

2 法国画家莫里斯·弗拉芒克（Maurice Vlaminck）的名字没有出现在本雅明《机械复制时代的艺术作品》流传下来的任何一个版本里。

3 参见《本雅明文集》，卷 7（1），第 356—357 页，以及第 370 和第 372 页。

建场景，然后再进行"翻拍"（abphotographieren）。您低估了自律艺术的技术性，高估了他律艺术的技术性。这大致就是我的主要反对意见。要矫正它，只能对您割裂开来的两极进行辩证。我认为，这意味着彻底清除布莱希特的影响，他的主题在您这里已经得到了非常深入的变革；特别是清除对相互关系（Wirkungszusammenhang）的直接性（Unmittelbarkeit）的一切诉求，无论它们属于何种性质；以及根除一切对真正无产阶级的真实意识的呼吁，他们在资产阶级面前其实除了有革命的兴趣以外，无半点儿优势可言，甚至还完全继承了资产阶级特征的残骸。这足够清晰地规定了我们的职能——我知道我指的不是激进主义的"知识分子"概念。但是，这不意味着我们可以通过扎进新的禁忌——比如"试验"——而摆脱旧的禁忌。革命的目的是消除恐惧。所以我们不需要害怕它，也不需要将我们的恐惧本体化。如果我们有认知地、摆脱一切认知禁忌地与无产阶级保持团结，而不是总想把我们自己的缺失变成无产阶级的美德——他们其实有同样的缺失，他们需要我们的认知就像我们需要他们搞革命一样，那么，这不是资产阶级的唯心主义。我相信，美学讨论的进一步发展将在根本上取决于对知识分子与无产阶级之间关系的辩解，而您为此开了个好头。

请您原谅以上评论的仓促。所有这一切都必须从细节上得到严肃的讨论，而这却掌握在——最终不见得有魔法的——上帝的手中；只是时间仓促，迫使我使用宽泛的范畴，尽管我从您那里学会应严格避免这种方法。为了让您知道我指涉的具体段落，我没有擦掉在手稿上留下的铅笔标注，[1]即使有些标注过于随意，无法向您表明什么。请您谅解。同时，也请原谅这封信的粗略。

我周日回德国。有可能在德国完成那篇关于爵士乐的文章，因为可惜我在伦敦没有时间写。完成后我想把这篇文章寄给您（我就不附信了），

1　留有阿多诺铅笔标注的打字稿已遗失。

并且请您读完后（总共不会超过 25 页打印纸）立即转寄给马克斯。但这还不确定，因为我既不知道是否能抽出时间来写作，更不晓得这篇文章的性质是否允许它从德国顺利寄出。马克斯应该已经给您讲了，这篇研究的核心是"癫狂"（Excentrics）[1] 概念。我十分希望这篇文章能与您的文章同时刊登。虽然我的主题很简单，但文章的关键点恐怕与您的一致，而且它试图从正面表达出一些我今天从反面表达的问题。通过揭露爵士乐的所谓"先进性"（比如蒙太奇的表象，集体参与，制作让步于复制）其实只不过是反动势力的外衣而已，它对爵士乐进行了最终判决。我相信，我在这篇文章中成功解码了爵士乐，并且成功描绘了它的社会功能。马克斯对它很满意，我相信您应该也会的。至于我们的理论分歧，我的感受是，它其实并不存在于我们之间，相反，它是对我的提醒，让我牢牢抓紧您的胳膊，直到布莱希特的余晖最终沉入异域的水底。请您本着这一精神理解我的表述。

但是我不能不说，您对作为"大众"的无产阶级在革命中被瓦解[2]的几句评论，是我读完《国家与革命》[3]之后遇到的最深刻、最有力的政治理论表述。

您的老友

泰迪·维森贡德

另外我还想说，我非常赞同您的达达主义理论[4]。它在这里的娴熟巧妙，如同"浮夸"与"恐怖"理论之于您的巴洛克研究[5]。

1　参见《本雅明文集》，卷 7（1），第 377—378 页，以及《阿多诺文集》，卷 17，第 97—99 页。

2　参见《本雅明文集》，卷 7（1），第 370—371 页，注释 12。

3　这里指列宁 1917 年的同名著作。

4　参见《本雅明文集》，卷 7（1），第 379—380 页。

5　参见《本雅明文集》，卷 1（1），第 230 页。

48   本雅明致阿多诺

1936 年 3 月 18 日以后

巴黎

亲爱的维森贡德先生：

衷心感谢您 18 号那封富有启迪的长信。它展开的一系列视角需要我们面对面的讨论——信件交流是无法做到的。

所以眼下我只想表达一点：

我请求您认真考虑是否有机会从巴黎绕道返程？[1] 我比以往更渴望与您见面，它会比以往更富有成果。而且出于个人原因，与您相见也是我眼下的一大心事。

即使我们只能腾出两天时间来见面，这也会对我接下来几个月的工作有益。

请告知您的想法！最后，再次感谢您的上一封来信！

最诚挚的问候！

您的 WB

---

1   阿多诺没有绕道巴黎。

49　阿多诺致本雅明

1936 年 5 月 28 日

牛津，莫顿学院

亲爱的本雅明先生：

距离我们上一次通信已经有一段时间了。我这边的沉寂完全是因为沉重的工作压力，至今仍压在我身上。我一直期待能收到您对我关于"机械复制"一文评论的回应。而且现在还有另外一篇文章——我的爵士乐研究也有待讨论，它与您那篇文章的内在关联是显而易见的——但正是由于它们的关系如此紧密，所以我必须向您澄清，我的整体构思，特别是关于"癫狂"[1] 以及对所谓集体参与进行批评[2] 的段落，均出自拜读您的大作之前。您在此期间已经读过了我这篇文章的摘要[3]，而且还参与了摘要的法语翻译：对此我深表谢意！但我仍然衷心希望您能尽快阅读全文，因为摘要肯定无法展现文本的全貌。文章眼下正在巴黎印刷，现在恐怕已经印刷完毕。您可以以我的名义向他们索要一份影印件，若不可行，就索要打字稿。

我的日常生活没什么可汇报的，更多的是精神生活。我为贝尔格专著撰写的部分，整整八篇分析，竟然在德国完成了；手稿将近 60 张打

1　参见《阿多诺文集》，卷 17，第 97—99 页。

2　参见同前，第 87—88 页。

3　《社会研究杂志》上的德语文章均附有英文和法文摘要。

印页。大部分文章是纯技术性的，但或许正因为如此，我很看重这一次的尝试；其中不乏于我而言非常重要的问题，我相信您也会感兴趣的。文章将于8—14天后送去排印。我会尽快让您也收到一份，不管是校样，还是手稿复本。我暂时需要保留我自己这份。——另外，我还为《23》杂志写了一篇论马勒的文章[1]，一旦发表，您也会收到一份——估计用不了几天了。

尽管如此，我的主要论著[2]并没有因此而搁置。它一个月以来一直驻足在我这个作者的手上：具体分析已经完成了。现在材料大致整理并规划好了。我接下来会先写一个介于细节方案与最终文本之间的较为详细的中间版本，希望今年夏天能完成。将无比庞杂的材料笔记转化成一本合理的书，这并不是一件易事。我的整体思想是，将逻辑学阐释为一种社会表现，以及反之，通过对发达资产阶级逻辑学的批评，准确表述辩证逻辑。不过这其中也包含对青春艺术派、小说、哲学的新浪漫主义，以及对语言哲学和消除唯心主义的众多思考。它的核心是分析范畴直观（kategorische Anschauung）作为唯心主义的假定难题。我很高兴在您的《悲苦剧》导言中找到了几句反对范畴直观的表述[3]，我非常赞同。我打算将您在那里展开的真理与意向论（die Lehre von Wahrheit und Intention）[4]用于我自己的研究中，具体地说，用到我对胡塞尔视语言为意向的批评上。但我不想在这里用笼统的暗示烦扰您，因为没有具体语境，它们没有任何意义。

我在上一封信里[5]向马克斯建议了一篇论波德莱尔与新浪漫主义社

1　参见阿多诺：《马勒札记》，原载于维也纳音乐杂志《23》（1936年5月18日，第26/27期），现收录在《阿多诺文集》，卷18，第235—240页。

2　这里指阿多诺的胡塞尔专著。

3　参见《本雅明文集》，卷1（1），第215—216页。

4　参见同前，第215—218页。

5　这里指阿多诺1936年5月26日写给霍克海默的信。

会理论的论文[1]——正如我在上一封信里向您暗示的,马拉美也可以在这里得到讨论。我当然推荐您撰写这篇论文,而且我想它应该非常适合拱廊街计划,甚至还可以作为后者的一个章节先行出版(比如"波德莱尔"一章)。假如您和马克斯不反对,我很乐意参与此文——当然,我不会预先限定您对"波德莱尔"的原本更高级的思想诉求。我很想知道您对这个提议的看法。在这件事情上我还想告诉您,我在贝尔格专著里有一章专门讨论波德莱尔[2](论他的诗作《酒》),我所持的论点是:整个新浪漫主义的诗歌,从波德莱尔一直到格奥尔格以及博查特,只能从翻译的观念出发去理解。[3]

我很想知道您那篇论唯物主义的文章[4]最近进展如何。我去巴黎的日期恐怕将取决于这篇文章和"波德莱尔"计划。如果到6月底还不行,那我们就只能等到秋后了。我极有可能放弃暑假,以尽快完成"导论"。

我昨天收到了《社会研究杂志》。至于您的论文的法语版,我想先细读完以后再发表意见。第一眼看上去给人的印象非常出色。

请尽快回信,并特别告知《拱廊街》的进展。——我昨天观看了赖因哈特的电影《仲夏夜之梦》[5],一个恐怖的童话故事,它从反面证明了您的理论,特别是您抨击韦尔弗的段落[6]。它无疑是一个非常辩证的例证:因为电影"灵晕"的野心同时无法抵挡地毁灭了灵晕本身。正如电影《安娜·卡列尼娜》中被拍摄的马奈绘画[7]。人们需要钢铁般的神

---

1 该计划最终未实现。

2 阿多诺在这里的研究对象是贝尔格的音乐会咏叹调《酒》,它是贝尔格为波德莱尔的组诗《酒》中的三首诗谱写的抒情组曲。参见《阿多诺文集》,卷13,第509—514页。

3 参见同前,第511—512页。

4 这里指的是本雅明《机械复制时代的艺术作品》一文。

5 这里指赖因哈特(Max Reinhardt)1935年根据莎士比亚的《仲夏夜之梦》改编拍摄的电影。

6 这里指本雅明的《机械复制时代的艺术作品》,参见《本雅明文集》,卷7(1),第363页。

7 这里指克拉伦斯·布朗(Clarence Brown)1935年根据托尔斯泰的同名小说改编的电影,主演是葛丽泰·嘉宝。

经才能忍受这种消亡。

　　诚挚的问候！

您的老友
泰迪·维森贡德

50 阿多诺致本雅明

1936 年 6 月 2 日

牛津，莫顿学院

亲爱的本雅明先生：

我刚从爱尔莎·赫兹伯格那里收到一封信，她回巴黎了（San Regis 酒店，Jean Goujon 街 12 号，香榭丽舍大道）。她的来信令我十分震惊。她信里说您的近况非常糟糕，并问我是否有办法帮您。

我本以为这件事情已经解决了，虽然资助不阔绰，但至少能保证温饱。我指的是马克斯跟我达成的协议，您也已经确认过了。但是读完爱尔莎的信以后，我非常担心有什么不对，所以请求您尽快回信，如有需要，我好立即插手干预。爱尔莎明显以为我辜负了您——这让我非常难堪。我请您必要时帮我修正她的印象。毋庸置疑，我会一如既往地继续为您在研究所面前担保。

您忠诚的联盟

泰迪·维森贡德

51 本雅明致阿多诺

1936 年 6 月 4 日

巴黎（第 14 区），Bénard 路 23 号

亲爱的维森贡德先生：

衷心感谢您 5 月 28 日的来信，我今天的回复仅是暂时性的。您下面将会读到，对于最重要的实质性问题，我反而写得相对简短。这有众多原因。

首先是您对本月底见面的提议，我非常期待。虽然马克斯文集的正式合同月底前恐怕仍不能准备就绪，但我认为现在就着手组织安排仍然是有益的。我今天就此事给纽约去了一封信。

所以我请求您，如果可能的话，尽量月底来，因为我这边恐怕七月份要离开巴黎一段时间。

这便涉及您 6 月 2 日的来信内容。我实在感到万分抱歉，让爱尔莎·H 误解了我们之间的友谊和您一直以来对我的支持与帮助。但是这个误会很快就能轻松解决，我希望您能宽恕我的过失。

自从长期积压在我身上的经济压力得到缓解以后，一件在此种情况下并非不同寻常之事也发生在了我身上：神经在松弛的状态下开始衰弱。我感到自己的思想储备已经耗尽。同时，我也感受到了此种情况下在巴黎滞留一年多带来的后果。我意识到，要恢复思想活力，我需要做点什么。

我之前与马克斯讨论我的事情时，曾经向他表示过，我提出的——

同时也是他批准的——最低生活费不包括旅费。事实上，我自己是没有经济能力去旅行的。但另一方面，我又不愿意——至今仍不愿意——刚刚受惠就再去求他。

所以我想到了爱尔莎·H，并且向阿诺德·列维提出了这个问题。他告诉我，跟他姨母谈此事对他来说是小菜一碟。虽然我对爱尔莎·H回巴黎一事并不知情，但列维恐怕已经跟她谈过了——也许方式不太妥当。因为我既无意也不打算让阿诺德·列维以为我的现状跟去年一样糟。其实我告诉过他，我的经济状况有了明显改善。我担心，他可能以为向爱尔莎·H夸大其词会更好。

我很抱歉还没有见到爱尔莎·H本人。但我希望很快能见到她，虽然我不能主动这样做。我希望见到她，是为了能尽快在她面前呈现我与您之间友谊的真正画面。同时也为了能让我的内心平静下来，我们之间个人情感关系的任何别扭都会让我感到极度不安。但是，我对我们团结在一起的坚信，还需要向您保证吗？特别是过去的这段日子深深见证了您对我的始终不渝。

我本希望今天能给您随信寄去电影论文的几点补充[1]，但可惜我还没有收到复本。这些补遗将切合我们近期研究的重大关联，我暂且先不做具体阐述，等拜读完您的爵士乐论文以后再说，其摘要已经令我非常期待了。可惜巴黎办事处眼下既没有手稿复本也没有校样，可能下周我才能拿到文本。

我想推迟到那时再回复您就艺术理论一文的重要来信——我宁愿推迟得更久些，一直到我们见面，但愿这一天能很快到来。我现在无论如何也无法想象在我的文件里没有您的这封重要来信。您信里的立场我很清楚，即使在与我自己的立场相对立的地方。具体细节有待谨慎的阐明。对我特别有启发的，是您对马拉美的提示，他的作品的确最能体现艺术

1　参见《本雅明文集》，卷1（3），第1044—1051页。

的非仪式、纯辩证层面。

非常感谢您关于勋伯格的文章[1]，您把它放到这个语境下是正确的。它不仅因为您对勋伯格音乐技巧的考察而重要；我个人更是对您针对他音乐作品序列特征的描述感兴趣；您写的"他的音乐萌芽里没有开出花"[2]这句话十分引人深思。——我很期待您的贝尔格分析以及马勒研究。

您能想象，我对您就合作研究波德莱尔的提议有多感兴趣。马拉美在这里的意义显而易见。但是"新浪漫主义社会理论"与波德莱尔的关联，我就不太清楚了。我知道在信里阐明这一关联不是一件易事。但是假如我们的会面不能如愿以偿，还烦请您在信里解释一下。

另外，我很期待能在见面的时候对您的现象学批评有更多了解。逻辑学的社会批判是一项全新的、很吸引人的研究。我最近写了一篇论尼古拉·列斯科夫的文章[3]，虽然其思想远不及艺术理论那篇，但其中仍有一些对"灵晕消逝"的呼应，即讲故事的艺术（die Kunst des Erzählens）的完结。

最后请接受我始终诚挚的问候！

您的

瓦尔特·本雅明

1　参见信 47 及其注释。

2　参见《阿多诺文集》，卷 17，第 199 页。

3　参见本雅明：《讲故事的人——论尼古拉·列斯科夫》，原载于神学与社会学杂志《东方与西方》（1936 年 10 月，第 3 期），现收录在《本雅明文集》，卷 2（2），第 438—465 页。

52　阿多诺致本雅明

1936 年 6 月 16 日

牛津，莫顿学院

亲爱的本雅明先生：

　　我刚刚收到马克斯的电报，他让我征求您的意见，是否有必要就唯物主义文集的翻译事宜现在去巴黎一趟。

　　我有多想来，毋庸赘言。但我认为，只有翻译事宜已经进展到我的到来能够直接具体地推动文集法语版成书的地步，我才能对得起研究所提供的旅费。因此，我衷心地请求您尽快告知事情的进展，以及您对这趟行程是否妥当的客观意见。

　　我计划着下周中间来；也许您能帮忙预订一家不贵的酒店或者住处。我不知道 Lutétia[1] 这次对我是否可行。

　　从爱尔莎那里我又收到了一封非常简短的来信。信里她用蛮横的口气要求我帮助您——和克拉考尔。信的结束语是："救助及时，事半功倍。"

　　事情变得相当荒唐。虽然我很抱歉，但我必须请求您主动解决这件事，请您告诉爱尔莎，我——还有费莉西塔斯——在这件事情上不需要她的告诫。我认为您出面比我自己写信更好。如果您觉得有必要，也请

1　Lutétia 酒店是霍克海默通常在巴黎的落脚之处，它是豪华级酒店。

您向列维-金斯伯格[1]谈谈此事：当然最好能找到一种有效方式，既能平息爱尔莎指手画脚的做派，又能不影响到她对您假期旅行的经济资助。

关于巴黎一事，我希望能尽快收到您的回复。

始终诚挚的问候！

您的
泰迪·维森贡德

1　这里指阿诺德·列维。

53 本雅明致阿多诺

1936 年 6 月 20 日

巴黎，Bénard 路 23 号

亲爱的维森贡德先生：

听说爱尔莎·H 又给您写了一封信，这让我既吃惊又沮丧。她现在把克拉考尔也牵扯了进来，让我猜想她写信的用意也许并不是为了帮我。令我感到更沮丧的是，我在这里有种被利用了的感觉。

尽管我十分感激她，但是我与您之间的情谊谁也别想搅乱。我希望有机会能巧妙地向她正式说明一切。

我收到您的来信以后，第一件事情就是给爱尔莎·H 寄了一份我自己研究工作的抽印本，好让她有理由回信。可惜未果（尽管我给她去了两通电话），这证实了我的担忧，我在这件事上只是她的借口而已。在这种情况下，从她那里得到旅行资助的希望也变得非常渺茫。

我已经拜托列维-金斯伯格一有机会就帮我约她见面。

我不否认，这件事情让我加倍盼望您的到来。当然这两件事情需要分开对待。

我昨天与格罗瑟森进行了长谈，事情有了眉目。开始翻译之前，我们需要先考虑这本文集将如何面对法语读者的问题。这项准备工作——文章的次序、章节划分、标题、前言等问题，将于 7 月初基本完成。等这项组织工作完全确定下来以后，翻译才会开始进行。

　　考虑到马克斯，我想他应该也赞同您参与文集的编排工作比参与翻译的细节问题更重要，况且翻译几个月以后才能确定下来。我相信，马克斯肯定也认为您 7 月初来巴黎是正当而且必要的。（如果您提早来[1]，恐怕不是很有利，因为准备工作可能还没有就绪。）

　　如果我以这件最重要的事务结束今天的短信，请您别见怪，因为它必须尽快送达您手中。我唯一想补充的是，巴黎办事处终于明天能把您的爵士乐研究给我了。

　　我想，我现在有理由对近在眼前的重逢抱有希望。

　　始终诚挚的问候！

您的
瓦尔特·本雅明

　　另：您来的时候能否一并带上诺阿克的《凯旋门》[2]借给我？

　　另外，潘诺夫斯基对透视理论在艺术发展进程中的研究[3]也同样重要。可惜我不知道书名。

1　阿多诺 10 月份才去巴黎。

2　参见诺阿克（Ferdinand Noack）：《凯旋与凯旋门》，收录在《瓦尔堡图书馆讲习（1925/26）》（莱比锡／柏林：1928 年）。

3　参见潘诺夫斯基（Erwin Panofsky）：《作为"象征形式"的透视》，收录在《瓦尔堡图书馆讲习（1924/25）》（莱比锡／柏林：1927 年）。

54　本雅明致阿多诺

1936 年 6 月 30 日

巴黎，Bénard 路 23 号

亲爱的维森贡德先生：

　　我没有收到您对我上一封信的回复，这让我更加希望本周末或者下周初能在这里见到您。

　　马克斯文集的工作进度完全可以为您的到来提供理由。我现在正打算与格罗瑟森就文集的编排进行商榷。过程中出现的问题，马克斯希望尽可能由您参与解决。

　　文集的基本编排确定下来以后，翻译工作才能开始进行。我认为您参与第一阶段的工作比参与第二阶段的更重要——更何况翻译过程中出现的细节问题可能要等到秋后才会真正迫切起来。

　　我终于读到了您的爵士乐论文的校样。如果我告诉您，我欣喜若狂地看到了我们的思想如此深入、如此自发地碰撞在一起，您会感到惊讶吗？您无须向我保证，这一思想碰撞已经在您读过我的电影论文之前就存在了。您的考察方式具有一种贯穿力与原创性，而这只能以创作过程中的完全自由为前提——这一自由的实践恰好从本质上证明了我们看问题方式的深刻一致。

　　我期待即将到来的重逢，所以不想在此作长篇大论。但我实在等不及告诉您，您对爵士乐切分音的表述[1]，让我对电影的"震惊效果"这一复杂问题豁然开朗。笼统地讲，我们的研究就像两盏聚光灯，从相反的方向射向了同一个对象，它们以影响更为深远的新方式前所未有地展现出当代艺术的轮廓与维度。

我们见面时再详谈。

我终于与爱尔莎·H见了面。那是一个星期以前在巴黎郊区的某地，场合非常适合深入交谈。我向她郑重恳切地——我相信同时也十分坚定有力地——表明了我们之间的关系，尤其是您对我的态度。我感觉我的话深深地触动了她，我们之间的关系无论如何也不会被继续侵犯了。蒂利希[2]来过，我跟他简短地聊了几句。我有些好奇，想比较一下咱俩各自对他的印象。

请尽快回信。再见！

最诚挚的问候！

您的

瓦尔特·本雅明

1　参见《阿多诺文集》，卷17，第74—75页。

2　保罗·蒂利希（Paul Tillich，1886—1965），著名德裔新教神学家、宗教哲学家。译者注。

55 阿多诺致本雅明

1936 年 9 月 6 日

柏林，Halensee Westfälische 街 27 号，卡普鲁斯家

亲爱的本雅明先生：

　　长久的缄默让我深感愧疚，而我能给您的唯一解释是，您评论 Rottweiler[1] 爵士乐研究的信——我当然非常期待这封信——我没有收到。我们之间积累的讨论话题以及研究材料愈来愈多，以至我都不知道该在信里从何谈起。所以今天请允许我通过计划巴黎之行[2]，来弥补我没有给您写信的过失。我可以 10 月初去巴黎一趟，具体大概从 4 号到 8 号或者 9 号；再晚就不行了，因为我 11 号必须回牛津赶赴一个邀请。我很想知道这个时间是否合您意；我打算 4 号晚间到巴黎。我的巴黎之行当然取决于邀请条件。马克斯原则上答应过我，研究所会出旅费；但我仍然需要事先确认好，因为我在巴黎完全没有办法拿到外汇，而且在法国领事馆和边境检查的时候，我可能还需要出示邀请函。您是否可以用您和马克斯认为最恰当的方式安排必要的事宜？如果一切顺利，而且您也能及时赶回巴黎[3]，那就没有什么能阻碍我们见面了。

1　Rottweiler 是阿多诺自己的化名。译者注。

2　阿多诺 10 月 4 日至 10 日在巴黎逗留。

3　本雅明一直到 9 月初都在丹麦拜访布莱希特，然后他从丹麦直接去了圣雷莫。

但我无论如何也不想一直等到见面才向您透露我对《讲故事的人》[1]的一点看法。首先，我完全赞同您在其中表达的历史哲学意图，即讲述（Erzählen）已变得不再可能。这一想法——远远超越了"小说理论"[2]的暗示——我并不陌生，其实我在能论证它之前的很多年，就清晰地觉察到了。我清楚地记得，当我的好友 Reinold Zickel[3] 十二三年前为我朗读他的小说[4]时，我对前置在人名前的定冠词（比如"那个苏娜说……"［"... sagte die Sunna"］等）十分反感，就是因为它在虚构地利用说书人的非中介性姿态，而我当时就认定这种非中介的姿态（die Geste der Unmittelbarkeit）已经不可能了；我知道，正是出于这一原因，我已经抵触那些所谓的叙事大师很久了，比如凯勒、施托姆之流，更不用提冯塔纳了。当我最近读到施尼茨勒的《通向野外的道路》[5]的开头一句话——"格奥尔格·封·韦尔根廷今天孤零零地坐在桌旁"，我同样感到震惊：他从哪里来的权力，写一个人就好像可以去谈论他一样，或者根本就知道这个人是谁？（如果我没记错的话，《亲和力》中的第一句对人物姓名介绍的迟疑——您对此也作过阐释[6]——是歌德显而易见的历史哲学手法，它证实了歌德开始意识到讲述的不可能。）

但是，您对"非中介姿态"的论述（由于您的文章现在不在我手上，所以请允许我不负责任地使用我自己的术语）主要集中在了身体意义上的"姿态"，而非黑格尔意义上的，即历史哲学意义上的"直接性"，这一倾向我认为不妥。这一分歧极其罕见地指向了我们的讨论中心。因

1　本雅明 7 月初给格蕾特·卡普鲁斯寄了一份文章样本——大概是打字稿的复本，复本后来被转寄到了法兰克福阿多诺那里。

2　这里指卢卡奇的名作《小说理论：试从历史哲学论伟大史诗的诸形式》（柏林：1920 年）。

3　关于 Reinold Zickel（1885—1953），参见《阿多诺文集》，卷 20（2），第 756—767 页。

4　参见 Reinold Zickel：《利里莱拉波德格鲁——回声的 9 个故事：奇幻旋转木马》（法兰克福：1925 年）。阿多诺这里指的是小说集的最后一个故事《苏娜还是利里莱拉波德格鲁》。

5　施尼茨勒（Arthur Schnitzler, 1862—1931）的长篇小说《通向野外的道路》发表于 1908 年。

6　参见本雅明：《论歌德的〈亲和力〉》，《本雅明文集》，卷 1（1），第 134—135 页。

为尽管我在原则上和具体方面完全赞同您的观点，但我与您有分歧的地方均可以用"人类学唯物主义"这个标题来概括，而对于它，我是无法苟同的。对您而言，具象化的标准似乎是人类的躯体（Leib）。但我认为，躯体是一种"不变量"，它扭曲了关键具象（即辩证意象，而非远古意象）。因此，我对您使用的"姿态"（我自己并不想避开这个词：这完全取决于对它的建构方式）等词颇有顾虑；如果我考虑正确的话，不假思索地接纳物化思想，以至将其视为身体的行为"试验"（这也是我反对"机械复制"一文的地方），这种过度拉伸的辩证法实际上只是非辩证的躯体本体论的反面，正如在您的文章中凸显出来的一样。我相信，只有让您理解这两个关键母题的统一，我们的讨论才会有结果（始终着眼于您的终极哲学——《拱廊街》）。这让我更加期待我们的会面。

我这边的实际生活没什么可汇报的。我和格蕾特完全放弃了假期，在柏林的两个月全部是在工作中度过的。我的论文初稿大概写完了一半。第一部分是详尽的大纲，后面的内容已经涉及文本本身。与此同时，我重新富有成果地研究了黑格尔。仅此而已。我们过着难以想象的隐居生活，没见过人。格蕾特的健康状况还算过得去，但她在工作上不断遇到愚不可及的烦扰。希望那句没能写进马克斯上一篇文章里的格言在这里适用："一切将被扫除"（Tout cela sera balayé）[1]。

您始终诚挚的同盟
泰迪·维森贡德

我知道，我提出的那两个母题的统一，在信里只是命题式的，还相当笼统。该统一性也许最好在美学自律的关系中把握。正如它在艺术复制一文中（在那里非辩证地）被略过了，《讲故事的人》一文对它

---

[1] 霍克海默本打算将安德烈·纪德的格言作为引文放在他的文章《利己主义与自由运动》的开头。这篇文章首载于《社会研究杂志》（1936 年），第 5 期，第 161—231 页；现收录在《霍克海默文集》，卷 4，第 9—88 页。

的排除于我而言有些"姿态化"。约翰·彼得·赫贝尔（Johann Peter Hebel）与作为娱乐消遣的艺术品：因为前者按照肉体的标准被一成不变地设定为积极正面，所以才有了后者的建构。但是，物化中的自律性同它身上的行为特征一样，应当被辩证地对待！

格蕾特让我向您问好，她想更多了解博查特[1]，我也是。

---

1   格蕾特·卡普鲁斯在 7 月 14 日的信里向本雅明问起："你在前一封信里写道，随着卡尔·克劳斯的离去，最后一个影响过你［……］的人也没了。我想我们从未说起过，但是你在这里难道没有漏掉鲁道夫·博查特［Rudolf Borchardt］吗？我［……］感到你和他之间有很强烈的联系，他是我想结识的为数不多的人之一。"（格蕾特·卡普鲁斯致本雅明，1936 年 7 月 14 日，未公开）

56 本雅明致阿多诺

1936 年 9 月 27 日

圣雷莫，费德别墅

亲爱的维森贡德先生：

十分感谢您 9 月 24 日的来信[1]。

我立即给您回信，以扫除我们见面的不确定性。这件事情对我太重要了，所以我无法想象再次推迟。因此，我征得了我前妻的同意，让斯特凡[2]不是现在，而是圣诞节才回来。这样，我就可以 10 月 4 号回到巴黎。我将于晚上 10：50 抵达巴黎里昂火车站。

即使您比我早到好几个小时，我还是拜托您不要来接我。除非您没有别的安排。不过我猜，您在劳累的旅行之后应该更想在酒店里休息。

按照马克斯的嘱咐和安排，您在巴黎期间是我的客人——对此我很感激马克斯，他让我有机会在巴黎接待您，所以请您直接去 Littré 大街的 Littré 酒店住下，在接待处提我的名字即可。那里一间舒适的房间不会超过 25 法郎（除非货币贬值已经开始生效）。请您不用为价格问题操心：我与他们很熟，必要的话可以跟他们商量。

我到了以后——晚上 11：15 或者 11：30 左右——就直接来酒店找您，

---

1 已遗失。

2 本雅明的儿子斯特凡（Stefan Rafael Benjamin，1918—1972）1936 年至 1938 年在维也纳求学。

我住的贝尔纳路离那儿不是很远。

另外，埃蒂博[1]的上一封来信让我们更有理由坚持见面。他在信里出乎意料地通知我，他将很快搬到博韦（Beauvais）去。虽然这个城市离巴黎不是特别远，但我认为这个情况还是会影响到合作，所以我希望您能协助商议此事。另外，他排除了一切在牛津会面的可能。您能想象，我本来非常乐意考虑去牛津碰面，即便有些运作方面的迟疑。

让我们今天先守住这些仓促的约定。我打心底期待再见到您。这张信纸的最后，是送给您和费莉西塔斯的问候。

您的
瓦尔特·本雅明

1　埃蒂博（René Etiemble，1909—2002），法国文学理论家、作家。他是霍克海默文集原定的法语翻译之一。

辑　四

1936—1937

57　阿多诺致本雅明

1936 年 10 月 15 日

牛津，莫顿学院

亲爱的瓦尔特[1]：

离开巴黎以后，我度过了平静的海上航行和三天美好的日子。如今回到牛津，请让我再次为巴黎的一周时光向您表示最由衷的谢意。它为我展开的视野跨度，完美映照了人际关系的密切。我知道，这两点都归功于您。

您委托我的事情我没有忘。论马勒的文章[2]我已经预订了；关于沃思[3]，我周日的同行伙伴（一个挺有意思的人：他是新西兰国际联盟代表团随员，在这里担任牛津大学出版社的编辑，马克思主义者）会帮忙查阅；关于诺阿克，我今天就写信[4]；只有《克尔恺郭尔》请您再多些

1　巴黎会面以后，阿多诺与本雅明开始互称对方的名字。

2　参见信 49 及其注释。

3　英国"裁缝"查尔斯·弗雷德里克·沃思（Charles Frederick Worth，1825—1895）1858 年与挪威富商 Dobergh 合伙，在法国大都会创建了一家高级时装店，影响了巴黎时装界三十年。

4　阿多诺致信温德（Edgar Wind）的日期是 1936 年 10 月 29 日。

耐心。那首仿荷尔德林的诗 [1] 您应该已经收到了。

我心醉神迷，但同时也心怀恐惧地读了瓦莱里 [2]。战争与纯诗歌的关系确实很有说服力。当然最厉害的是论进步那一篇 [3]。尽管如此，或许正因此：一位多伟大的人物啊！

另外，您读过一个叫考夫曼的人写的一本论马拉美、瓦莱里和晚期里尔克的书 [4] 吗？这本书像幽灵一样，在这里游荡。但是，最令我激动的恐怕是赫胥黎的新书《加沙盲人》[5]，他在书中显然努力跻身超现实主义流派之伍。

我又开始继续写论文。与此同时，我还尝试着尽量多发表音乐方面的短文 [6]。

我能麻烦您一件事吗？您知道我母亲祖籍科西嘉，从法律上讲属于法国。事实上，她结婚之前一直是法国籍，而我的姨母阿加特一直未婚，直到去世都是法国籍。我的祖父是军官，虽然相对而言较早地辞去了部队的职务，但是 1870 年曾领兵打过仗，（在法国里尔）身受重伤。这一切我都可以出具证明。我现在想知道的是：我的这个身世是否可以加速，甚至直接允许我——作为被纳粹驱逐出境的大学教员——入法国国籍；以及，这是否意味着 33 岁的我会被征召服兵役？

1　阿多诺 1950 年在匿名发表的《〈1900 年前后的柏林童年〉后记》中援引了这首诗，参见阿多诺：《论瓦尔特·本雅明》，第 74—76 页。这首诗其实出自 Friedrich Matthisson 的《仙女王国》，阿多诺的版本有删减。

2　本雅明在巴黎送给阿多诺一本保罗·瓦莱里的《文艺杂谈》，并在扉页上题词："纪念 1936 年 10 月在巴黎的时光。"

3　参见保罗·瓦莱里的《论进步》。

4　参见弗里茨·考夫曼（Fritz Kaufmann）：《作为创造的语言：从里尔克看纯艺术》（斯图加特：1934 年）。

5　赫胥黎（Aldous Huxley，1894—1963）的小说《加沙盲人》发表于 1936 年。

6　可能是指警句格言系列中的《乐团》（参见信 83 的注释）和《为什么是无调性音乐？》（参见《阿多诺文集》，卷 18，第 114—117 页），它们出自阿多诺与克热内克共同撰写无调性音乐专著的研究计划。

这个问题之所以对我非常重要，是因为德国那边出了些状况[1]，以致很难讲我还能不能再回去——这件事情请您严格保密，即使对格蕾特也不能讲。外汇局曾经询问过我在英国的生计来源，由于我现在才告知他们援助委员会发给我的津贴数额，而不是早些告诉他们，让我在形式上犯了法（我现在才跟他们讲是有理由的）。虽然他们通知我，只要我交一定数额的罚金——虽是一大笔钱，但也并非负担不起，他们可以不把这件事情当作犯罪行为对待。我全权委托我父亲与他们交涉。虽然这并不会造成严重威胁，但情况总归让人担忧。况且我一月份需要申请新护照。

鉴于这个潜在的情况变化，入法国籍的问题对我来说变得现实起来。如果您能在不提及我名字的情况下查清此事，我将不胜感激。我觉得在这件事情上布里尔[2]是正确人选。首先，他学过法律；其次，他正好有机会既可以摆摆架子，又能出一份力；最后，这件事情的实际后果终究关乎研究所。如果您觉得合适，可以只在他面前提我的名字！万分感谢！

我周一就给马克斯非常详尽地写了信[3]。信中也提到了克拉考尔[4]：我在这里采纳了您的提法。我希望我写的这些话对他有用。组织这些词句并不容易。

我希望很快能收到您的回信，也包括翻译事宜。出于友情，我至少

---

1 阿多诺用他父母在英国的财产负担自己在英国的开支，但在形式上却是从"英国学术援助委员会"拿奖学金，以便在必要的时候向德国外汇局证明自己在国外的经济来源。阿多诺的律师没有及时申报，而是 1936 年秋才向德国有关部门上报奖学金。由于这一疏忽，阿多诺被处罚金 1500 帝国马克。经过阿多诺父亲的成功斡旋，罚金降到了 150 帝国马克，从而解决了问题。

2 汉斯·克劳斯·布里尔（Hans Klaus Brill）是社会研究所驻巴黎办事处的秘书。

3 这封信的日期是 1936 年 10 月 12 日，信的节选参见《本雅明文集》，卷 7（2），第 864—865 页。

4 阿多诺在巴黎期间也与克拉考尔进行了交谈，谈话内容包括邀请克拉考尔为《社会研究杂志》写文章。克拉考尔随后 12 月便撰写了《大众与宣传》的提纲。这篇长文的最终标题是《德国和意大利的极权政治煽动》。

会建议戈德贝克[1]给您多看一些他写的文字。

　　"拱廊街"已经找到入口了，还是要让位给老"福克斯"[2]？

　　祝友谊长存！

您的泰迪

1　弗雷德·戈德贝克（Fred Goldbeck，1902—1981），德国指挥家、音乐家，是阿多诺的朋友，1925 年来到巴黎，1936 年至 1939 年在巴黎高等音乐学院指挥系任教。阿多诺推荐过他翻译霍克海默文集的部分章节。

2　指本雅明计划为《社会研究杂志》撰写的论爱德华·福克斯的文章。

58　阿多诺致本雅明

1936 年 10 月 18 日

牛津，莫顿学院

　　亲爱的瓦尔特，我能给您寄去一篇未发表的短文吗？是关于拉威尔的——不是您知道的那篇[1]，而是我三年前写的，那时他的病情还没有恶化，我对此也还不知情。这篇文章如今肯定发表不了了。除了您以外，只有戈德贝克有，不过他持有的文本正好是质量较差的版本。我自己已经没有复本了，所以您手上的文本便具有了在复制理论意义上必定消亡的唯一性。尽管如此，我还是想请您留下这篇手稿：作为我对巴黎美好时光的感激与回忆，但同时也作为对它的告别，我们将很久都不可能在那里漫步了。

　　祝友谊长存！

您的泰迪

1　本雅明 "知道的那篇" 发表于 1930 年（参见《阿多诺文集》，卷 17，第 60—65 页）。这里提到的版本——未能从本雅明的遗物中保存下来——与信 17 中提到的《拉威尔》一文大概一致，比如阿多诺将拉威尔 1933 年得的病断定为梅毒引起的，并把它与《情色音乐》（《阿多诺文集》，卷 18，第 273 页）中的主题联系在一起；此外，文章的结尾——"他最深刻的美德是忠于意象"，与本雅明在信 60 中的引文至少部分一致。在保留下来的打字稿复本里，少了关于斯特拉文斯基的段落（参见信 60），这表明了两个文本的差异。

克热内克写了一篇论克劳斯的长文 [1]，他在文章中多次关键性地涉及您；可以说是对我的贝尔格悼文 [2] 的一种效仿。

---

1   参见恩斯特·克热内克：《1936 年 11 月 30 日在维也纳音乐厅悼念卡尔·克劳斯的讲话》，发表于维也纳音乐杂志《23》(1936 年 11 月 10 日)，第 28/30 期，第 1—16 页，以及恩斯特·克热内克的《评论》(慕尼黑：1958 年)，第 224—228 页。

2   参见信 46 及其注释。

59 本雅明致阿多诺

1936 年 10 月 19 日

巴黎

亲爱的泰迪：

十分感谢您的来信。最让我高兴的是，它唤起了我对巴黎时光的共鸣。我们在巴黎的日子让蓄势厚积得到了全面开拓。尽管分离似乎不仅影响到我们之间的思想碰撞，更让我们之间的友谊也受到了猜疑，但巴黎的日子又让我们在彼此身上找到了认可，这于我而言无比宝贵。

那就期待不久再见吧！

您信中告知的意外情况虽然令人不悦，但我从中却也看到了一丝好处，它或许能促使您迁居巴黎。就我所知，无论您和您父母的身世如何，定居法国三年是入籍的必要前提。不管怎样，我已经拜托布里尔去打听此事了，他还会去查明您提出的其他问题。他一通知我，我就立刻给您去信。

总体而言，现在的入籍程序比以前方便多了。但情况也许会随政权的变化而变化，所以您越快申请越好。

科洛索夫斯基提交了一份详尽的试译稿，从内容上讲我相当满意，阿隆[1]认为语言方面也无可挑剔。在这两方面它均比戈德贝克的试译优

---

1 雷蒙·阿隆（Raymond Aron，1905—1983），法国社会学家、政治学家，1935—1939 年在巴黎高师就职，是法兰克福社会研究所驻法国的代表。

秀。从戈德贝克那里我再也没有收到任何消息。

我 13 号向霍克海默非常详细地汇报了翻译问题的进展（正如我们约定的那样），之后的 17 号我又给他去了一封信，推荐科洛索夫斯基为翻译。与此同时，科洛索夫斯基自己也会跟他联系。

非常感谢您还记得我的各种问题和愿望。我现在想多加一条——是个愿望：您下次给克热内克写信的时候，能不能跟他提一下《1900 年前后的柏林童年》？[1] 这本书的手稿目前在弗朗兹·格吕克[2]博士那里：维也纳 III, Landstraßer Hauptstraße 140。

我从费莉西塔斯那里收到了"精灵诗"[3]，您正确地评估了它之于我的关系。我向费莉西塔斯细述了我们在巴黎的时光。

自从上次聚会以来我就再也没见过克拉考尔。

最后祝您写作顺利！

诚挚的问候！

您的瓦尔特

1　阿多诺写给克热内克的信已遗失；克热内克的回复参见《阿多诺、克热内克通信集》，第 121—123 页，有关本雅明的段落参见第 123 页。

2　弗朗兹·格吕克（Franz Glück, 1899—1981）是古斯塔夫·格吕克（Gustav Glück）的长兄，曾任维也纳历史博物馆馆长。1930 年，弗朗兹·格吕克听从古斯塔夫·格吕克的建议——后者与本雅明是好友——给本雅明寄去了他的《阿道夫·路斯选集》；二人后来于 1931 年 1 月相识。弗朗兹·格吕克从 1935 年 11 月开始就尝试在维也纳为本雅明的《1900 年前后的柏林童年》寻找出版社，但最终未果。

3　这里指信 57 中提到的"仿荷尔德林的诗"，参见那里的注释。

60　本雅明致阿多诺

1936 年 10 月 26 日

巴黎（第 14 区），Bénard 路 23 号

亲爱的泰迪：

您对拉威尔的想象精彩绝伦，我完全理解您把它送给我的用意。非常感谢！

您将拉威尔与斯特拉文斯基作对比的段落尤其出彩。而且，您针对他忠于意象的表述——"即使疲倦地从手中滑落"，让我联想到索伊默书信中一段可圈可点的话。索伊默的这封信您很快会在我的书信集[1]里读到。

您现在应该已经收到布里尔的答复了。（为了表明事情的紧迫性，我有必要向他提及您的名字。）您在这方面有进一步打算了吗？

还有一件事趁记得要问您：您听说过一个名叫马丁的英国画家[2]

1　参见 Detlef Holz（本雅明的化名）：《德意志人：书信一束》（瑞士卢塞恩：1936 年），现收录在《本雅明文集》，卷 4（1），第 149—231 页。约翰·戈特弗里德·索伊默（Johann Gottfried Seume）的书信，参见第 169—170 页。

2　可能是指英国画家约翰·马丁（John Martin，1789—1854）。第 11 版《不列颠百科全书》对他有以下解释："他还关注伦敦翻修计划。"

吗？他画城市，"就像用梳子把柱发[1]从肩膀上梳下来一样"[2]。我在纳提曼[3]——一位被遗忘的第二帝国时期的作家那里读到过这个指涉。

克热内克论克劳斯的文章已经印刷出版了吗？即使尚未出版，我依然非常期待拜读。

埃蒂博又写信来保证寄稿子，但我到现在还是什么都没有收到。

今天就写到这里。诚挚的问候！

您的瓦尔特

1　原文是 Säulen-Haar，这个词是本雅明从法语文献翻译过来的，因为书里没有给出处，而且这个词是本雅明生造的，这里直译为"柱发"（Säulen，柱子；Haar，头发）。译者注。

2　这句引言的出处至今不详。

3　纳提曼（Alfred Nettement，1805—1869），法国历史学家、文学史家，1848 年创立了《公共舆论》杂志，1849—1852 年出任下院议员。关于本雅明在《拱廊街》研究期间读过的他的著作，参见《本雅明文集》，卷 5（2），第 1312 页。

61　本雅明致阿多诺

1936 年 11 月 5 日

巴黎

亲爱的泰迪：

我在出发之前赶紧给您寄去这封信。

我儿子最近的行为有些不妙，我在巴黎跟您提起的时候还只是模糊的担忧。问题出在他的行为，或许我应该写，出在他的状态上。

总之，我们不能再对他听之任之了，绝对有必要去看看他；斯特凡与外界的联系已经中断一个多月了。

由于我前妻在德国有拖欠的税款，就我所知，奥地利是唯一帮助德国调查税务的国家，所以她不能去维也纳。

我很不情愿从工作中抽身。旅行的其他困难由我前妻来帮忙承担。我还不知道会离开巴黎多久。

让这件本来就未知的任务难上加难的是，维也纳于我而言是一片完全陌生的土地。我在那里没有任何关系。所以，如果您能在适当情况下问一下克热内克或者您认为合适的其他人物，帮助我打开一定的活动空间，我将不胜感激。如果能在某些部门那里有体面的介绍信的话，将会对我大有帮助。

我在维也纳的地址是：弗朗兹·格吕克博士代收，维也纳 III，Landstraßer Hauptstraße 140。回信请寄到这个地址；请把克热内克的地址寄给我。

随信给您寄去一本书，希望您能喜欢。

非常诚挚的问候！

您的瓦尔特

62 阿多诺致本雅明

1936 年 11 月 7 日

牛津

亲爱的瓦尔特：

您的来信让我深感担忧，您在巴黎跟我聊过此事，所以我没有特别惊讶。如果我提醒您两件事，请不要以为我在越界干涉：首先，即使斯特凡患的是神经症，仍大可不必绝望。这种精神疾病在斯特凡这个年纪经常中断——这也赋予了该疾病现有的名字，之后便会完全消失。然后，我想您便可以理所当然地找一位心理分析医师为他医治，而不是精神病科大夫。另外，我还强烈建议他去彻底检查一下身体，特别是找荷尔蒙研究专家或者内分泌科大夫看看。因为性发育过程中的残留分泌物经常会引起类似神经症的病征，通过手术干预甚至能完全医治好，我就知道这样一个病例。在进行精神医治的同时，千万别忽视了身体方面的检查。

收到您寄来的《德意志人》我的确非常开心。一收到书，我当晚就迫不及待地从头读到了尾。我发现，书中呈现出来的悲哀，与《柏林童年》中的出奇接近——后者的创作时间应该跟书信集的筛选与导论大概一致吧。如果说《柏林童年》重塑了一种被自身阶层掩盖且尚未被其他阶层揭示的生活意象，那么同样，您投向书信集的目光则重现了这一遮掩的过程本身，作为一种客观进程，"童年"是其主观见证。换言之，市民阶层的没落通过书信形式的衰落得到了展现：在凯勒[1]与奥韦尔贝克[2]的书信中，所指阶层确实已经被掩盖了，而它背离作为交流方式的书信形式的姿态，同时也是其自暴自弃的姿态。如果我告诉您，科伦布施[3]那封信（和它大量的补遗），以及歌德致塞贝克[4]那封（和您伟大的评论），是在读第一遍时最令我激动的两篇，您应该不会感到吃惊，正如我毫不惊讶，您从《拉威尔》一文中发现的那句话，正是我把它送给您的初衷。——关于歌德评论，我只想说一点：您读过我三年前写的、尚未发表的晚期贝多芬短评[5]吗？（这篇评论终于快在布拉格发表了。）不可思议的是，我在这篇文章中关于抽象与具体相互交织的某些表述，也同样出现在您的评论中。克热内克好像有这篇文章的样本（我很看重这篇文章，所以与考利什[6]讨论过以后，我又做了大量改动），他肯定会跟您分享的。

接下来让我谈谈维也纳。正如克拉考尔视巴黎为他的第二故乡一样，我更有理由视维也纳为我的第二故乡。但是随着贝尔格的逝去，这个城市对我来说变得既陌生又黑暗；克劳斯的离世则更会让您感到如此。我在那里最亲近的两个挚友——考利什和斯图尔曼[7]——双双去了美国。所以与恩斯特·克热内克的关系现在便成了对我最有益和绝对有启发的。

1　戈特弗里德·凯勒（Gottfried Keller, 1819—1890），瑞士德语作家。译者注。

2　弗朗茨·奥韦尔贝克（Franz Overbeck, 1837—1905），德国教会史学家、新教神学家。译者注。

3　萨穆埃尔·科伦布施（Samuel Collenbusch, 1724—1803），德国《圣经》学家、宗教虔信主义者。译者注。

4　莫里茨·塞贝克（Moritz Seebeck, 1805—1884），德国教育学家。译者注。

5　这里指阿多诺 1934 年写的《贝多芬的晚期风格》，参见信 17 及其注释。

6　音乐家鲁道夫·考利什（Rudolf Kolisch, 1896—1978），是勋伯格圈子的一员，他在勋伯格的作品中担当小提琴手，并且是"考利什四重奏"的首席小提琴家。他在维也纳师从阿尔班·贝尔格时，与阿多诺成为好友。

7　爱德华·斯图尔曼（Eduard Steuermann, 1892—1964），奥地利作曲家、钢琴家，阿多诺 1925 年在维也纳跟随他学习钢琴。阿多诺有一篇纪念他的文章《斯图尔曼去世后》，参见《文集》，卷 17，第 311—317 页。

他的地址是：维也纳 XIII（Hietzing），Mühlbachergasse 6。您可以马上给他去电话，他会非常荣幸地接待您，也会乐意在各方面帮助您的。您也可以去找威利·赖希博士[1]，他是贝尔格生前的秘书及好友，《23》杂志主编，贝尔格专著是与他合作的，而且专著本身也是以他的名义出版的。他这个人很通情达理，并且他也知道您：您给他打一通电话便足矣。他的人脉很广，可以帮助您认识各路人等。比如海伦·贝尔格，您一定要去认识她；至于韦尔弗和阿尔玛·马勒，您不需要太看重他们。赖希的地址是：维也纳 I，Hohenstaufengasse 10。您还可以通过赖希或者克热内克与索玛·摩根斯坦[2]取得联系，虽然我不知道他当下的地址，但如果能跟他在维也纳咖啡馆里度过一晚，应该也没有辜负这个城市的守护神。——当然还有弗洛伊德。虽然指望不上与他交谈能有什么成果，但能见到年迈的他也是有益的，毕竟他摧毁了"父亲"的意象。我跟他没有直接联系，但是马克斯肯定可以帮您联系；或许卡尔·兰道尔[3]更能帮到您，您只需给他去一封短信提我和马克斯的名字即可。他的地址是：卡尔·兰道尔博士，阿姆斯特丹，Breughelstraße 10。——另外，格蕾特在维也纳有不少亲戚是大夫——可怜的格蕾特！她肯定能给出比我更好的建议，特别是贝尔格去世以后，这个城市对我越来越陌生。我还想到了非常有魅力的玛丽-路易丝·莫特希茨基[4]。不过，格蕾特有个堂兄弟，听说是一位非常了不起的大夫，也许可以考虑让他为斯

---

1 威利·赖希（Willi Reich, 1898—1980）同样也是贝尔格的弟子，1924—1937 年间以音乐批评与音乐写作为生，1937 年移民瑞士，从 1967 年开始在苏黎世理工大学教授音乐史课程。

2 阿多诺 1925 年在维也纳期间结识了索玛·摩根斯坦（Soma Morgenstern, 1890—1976）。摩根斯坦后来是《法兰克福报》驻维也纳的专栏记者；他 1938 年先移民法国，后来于 1941 年移民美国。

3 精神分析学家卡尔·兰道尔（Karl Landauer, 1887—1945）1919—1933 年间在法兰克福工作，从 1927 年起便与霍克海默合作，1933 年经瑞典移民荷兰，1943 年被驱逐到韦斯特博克中转营，后来被送入贝尔根-贝尔森集中营，1945 年 1 月饿死在集中营里。

4 维也纳出生的女画家莫特希茨基（Marie-Louise Motesiczky, 1906—1996）曾经在海牙、巴黎和维也纳学过画，1927—1928 年师从马克斯·贝克曼（Max Beckmann）。

特凡诊断。您也别错过这个机会，跟克热内克直截了当地谈谈在赖希纳（Reichner）那里出版《柏林童年》的计划，跟威利·赖希谈也行。刚好您的书信集现在出版，这是个好兆头：它好像是继《单向街》以来您的第一本图书出版物。我建议您送给克热内克一本，他在这方面很有见解。克热内克和赖希肯定也会与您分享贝尔格专著的手稿或者第一校样。

衷心地祝福您一切顺利！您已经收到诺阿克了吗？[1] 我十万火急地向瓦尔堡研究所索要了这本书。论马勒的文章我希望您也收到了。一收到马克斯的答复，我就给克拉考尔去了一封十分中肯的信，可他却只字未回。

您忠诚的
泰迪

请允许我再补充一点，我完全赞同您针对人道主义的极限——几乎是对人道主义与贫穷——所做的论述。这是对魏玛歌德故居以及歌德死去的房间的真正解读。您运用的手法是如此巧妙：恰恰通过康德兄弟的一封书信来展现！

---

1 诺阿克的著作《凯旋与凯旋门》于 11 月 5 日从瓦尔堡研究所寄出。

63 阿多诺致本雅明

1936 年 11 月 28 日

牛津，Banbury 路 47 号

亲爱的瓦尔特：

好几个星期没有收到您的讯息了[1]，这让我非常担心。一收到您的上一封来信，我就立刻往维也纳的地址写了一封长信[2]，并且还通知了克热内克和赖希博士。不光我没有收到您的讯息，他们也没有（就我所知，格蕾特也是）。所以除了猜想斯特凡的情况十分糟糕，致使您失去了一切联络的兴趣之外，我没有其他解释。我自己写信也经常断断续续，所以完全能理解您。尽管如此，我还是想恳求您给个回音，即使寄一张明信片都行。

我的请求同时还有一个实际理由。我询问过霍克海默，研究所是否希望我十二月的第二个星期去巴黎一趟。他刚刚发来电报确认——但前提是，您这段时间（大概从 8 号到 15 号）也在巴黎。所以我的整个行程计划[3]取决于您的讯息。到时会很忙。马克斯说他同意收录那篇论利己主义与自由运动的文章，并希望先翻译这篇；科洛索夫斯基的稿费问

1　参见下一封信（信 64）。

2　估计是上一封信（信 62）。

3　阿多诺 12 月 9 日前往巴黎，并在那里停留了几日。

题我们也需要解决；但最重要的是，我们需要商讨书评板块[1]的事宜。另外，我还想与您一起商定我那篇论曼海姆的长文[2]的处理方式，这篇文章大概能在德国写完，我想写完之后再寄给您。除此之外，还有很多哲学问题比以往更急需我们相互探讨。上次巴黎的一周时光对我的意义如此之重大，让我不可能轻易放弃这次的机会。

我的论文进展很顺利。我正在起草第 7 章，刚刚尝试草拟完对意识形态问题的新表述。上几周最重要的事件是阿尔弗雷德·索恩-雷瑟尔的来访[3]，他之前就他的新书草稿给我写过一封非常激动人心的信[4]，然后这次带着他的草稿来找我详谈。不可思议的是，他从完全不同的视角得出了与我眼下的尝试近乎一致的结论。客观上讲，与他的交谈我认为相当有意义。

克拉考尔似乎慢慢地，非常缓慢地，恢复了理智。朔恩也来看过我，他各方面的举止都非常有魅力，只可惜他的思想高度还不够。

我已经尝试着将咱俩关于爵士乐研究的讨论结果写入文本里了。

为了让这封信肯定能送至您手中，我一式两份，分别寄往您在巴黎和维也纳的地址。回信请寄到我的住宅地址：牛津，Banbury 路 47 号。请不要把信寄到莫顿学院，那里经常会有延误。

始终诚挚的问候！

您的泰迪

诺阿克应该早就寄到您手上了。

---

1 在霍克海默的推动下，阿多诺与本雅明打算接手《社会研究杂志》"书评板块"的重组事宜。二人共同起草的《关于〈社会研究杂志〉书评板块的建议》（参见《本雅明文集》，卷 3，第 601—602 页）于 12 月 17 日由本雅明寄给了霍克海默（参见同前，第 707—708 页）。

2 这里指阿多诺的《新客观社会学》，在信 23 中首次提及。

3 索恩-雷瑟尔 11 月 22 日去牛津拜访了阿多诺。——阿尔弗雷德·索恩-雷瑟尔（Alfred Sohn-Rethel，1899—1990），德国著名经济学家、社会哲学家。译者注。

4 这封信的大概日期是 1936 年 11 月 4 日至 12 日，参见《阿多诺、阿尔弗雷德·索恩-雷瑟尔通信集：1936—1969》。

64　本雅明致阿多诺

1936 年 12 月 2 日

圣雷莫，费德别墅

亲爱的泰迪：

您肯定一直在等我对您 11 月 7 日那封信的确认与致谢。首先，非常感谢您的同情，和您在信中周全的考虑。现在请让我告诉您，我的感谢为何姗姗来迟。

事态的外在发展完全在预料之外。我先提前讲清楚，这并不包括各方因素的内在关联。这趟旅行确实如之前担心的那样非常有必要，尽管斯特凡的情况并没有我们想象的那样糟糕。他与外界的联系没有完全中断，但是他的意志却明显出现了紊乱。我的精神病学常识仅够意识到他需要医生的鉴定，但我自己却没有能力预先作出判断。总之，除了意志紊乱以外，还有其他症状需要诊断清楚——更不用提笔迹学方面的症状了。

我现在从圣雷莫给您写信，我并没有去维也纳。我前妻希望能亲自消除她自己与斯特凡之间的前嫌，所以要求大家在意大利见面。可是斯特凡却不同意。经过两个星期精疲力竭的艰难斡旋，我终于得以在威尼斯——先是我一个人在那儿——跟斯特凡见面。这次见面至少对我与斯特凡的个人关系是有益的。接着我把他带到了圣雷莫我前妻这里，他将在这里待到圣诞节以后。圣诞期间我会再来几天。（我本周末回巴黎。）

现在最大的难题是医治问题。伯恩菲尔德[1]在芒通有诊所，可惜他目前不在。如果无法与他取得联系，我前妻将不得不决定在瑞士找大夫。

您应该能想象得到，在这种情况下我很难坚持工作。不过我倒是读完了一本狄更斯的长篇大作[2]，是继《老古玩店》后的第一本，后者还是我在德国的时候通过您那篇美文知道的。这本书的情节意味深长，有几个人物很可爱——尽管在结构编排上颇有争议，特别是结尾。

克热内克给我寄来了他的克劳斯悼文，他在描述与逝者的个人关系时所体现出来的伟大忠诚，令我印象深刻。我这两天就拜读您在同一期杂志上的书信[3]，回巴黎以后再读《勋伯格》一文[4]。我尤其期待您的贝多芬笔记，希望很快能收到。

借此我还想谈谈您为我的书信集写的美言。您在信里对书信形式史的揭示具有深刻的洞察力。而且，毋庸赘言，您在这本书与《柏林童年》之间建立起来的内在联系也具有同样的洞见。（我很想在维也纳为后者寻找出路；而且您的整封信因为我没能去成维也纳而几乎让我感到遗憾。我会给克热内克寄书的。）《书信集》谋篇的时间您猜对了；只有前言是最近才写的。

最后非常感谢您寄来的诺阿克。研读它让我即使在这种支离破碎的日子里，也能至少挽救一点拱廊街研究。

请让我用一如既往的诚挚问候结束今天的回信。

您的瓦尔特

---

1 伯恩菲尔德（Siegfried Bernfeld，1892—1953），奥地利心理学家、教育学家，曾经是青年运动的领袖，并在青年运动时期结识了本雅明，自1925年起就职于柏林心理分析研究所，1937年移民美国。

2 可能是狄更斯的小说《远大前程》，它作为第"1589号"书被本雅明记录到了《已读书籍目录》中（参见《本雅明文集》，卷7［1］，第472页）。

3 参见Hektor Rottweiler（阿多诺的化名）：《音乐教育的音乐》，原载于维也纳音乐杂志《23》（1936年11月10日），第28/30期，第29—37页，现收录在《阿多诺文集》，卷18，第805—812页。

4 这里指在信47中首次提到的《辩证的作曲家》。

65 本雅明致阿多诺

1937 年 1 月 29 日

巴黎（第 14 区），Bénard 路 23 号

亲爱的泰迪：

您昨天让我非常开心。《危险的关系》[1] 对我的意义我总有一天会亲口告诉您的。我至今还没读过这本书便足以说明一切。您的礼物出乎意料地为我打开了一条通向拉克洛的——对我而言无疑也是可行的——道路。衷心地感谢您！

我在圣雷莫津津有味地读完了《婚礼》[2]，当然也不乏模糊的思考。至于怎样的思考，还很难讲。

可惜我儿子的事情前景很不乐观。我不指望他能高中毕业。长期留在维也纳是不可能的，待在圣雷莫也不见得明智。巴黎也不是个好去处。眼下很难决定。

这让我忧心忡忡。糟糕的天气更是雪上加霜。在这种日子里只能靠坚持工作度日。我着手写《福克斯》了。到写完恐怕还需要三周。

您的《曼海姆》应该会比我快，我非常期待这篇文章。

您在信中暗示的"柏林故事"[3] 我很想听，这让我更加期待最迟三

---

1 阿多诺显然送给了本雅明一本德·拉克洛（Choderlos de Laclos）的小说。

2 可能是指让·科克托 1921 年的芭蕾舞剧《埃菲尔铁塔上的婚礼》。

3 阿多诺的信已遗失。

月份能见到您。

我很高兴您在柏林度过了美好的时光。

感谢您寄来的银行信息。

最后，马克斯来信对我们的建议发表了以下意见[1]："十分感谢关于书评板块的建议。我们将会详细讨论整体问题，希望最迟 1938 年初杂志能如大家所愿以崭新的形式面世。"

今天就写到这里。

您的老友
瓦尔特

---

1 参见信 63 及其注释。霍克海默致本雅明的回信日期是 1936 年 12 月 30 日。

66 阿多诺致本雅明

1937 年 2 月 17 日

牛津

亲爱的瓦尔特：

十分感谢您的来信，祝愿您的"猎狐行动"[1]成功——我在这里给您寄去一点我自己的战利品，"曼海姆先生"[2]，可惜他连色情插图——读他的书的唯一借口——都没有。请原谅这是一份未修订的版本：因为我只能在寄去纽约的样本上进行内容和文体的大量修改，目前纽约那边已经确认了；若对这个样本也进行修改，则又要花上好几个小时。尽管如此，我想您应该也能理解文章的大致意思，希望您能原谅我在这件事情上考虑不周。

连我自己都不知道这篇文章到底能不能发表：马克斯虽然刚打电报来确认已收到文稿，但却没有发表任何意见，所以我对这篇文章的命运有些担忧，我非常希望它能成功发表（曼海姆对手稿的反应[3]让我更加期望它能面世）。您能否在布里尔那里确认一下，看看下一期杂志的稿

1　这里指本雅明正在撰写的文章《爱德华·福克斯：收藏家和历史学家》。福克斯的德语原名 Fuchs 亦有狐狸之意。译者注。

2　阿多诺寄给本雅明的打字稿已遗失。

3　卡尔·曼海姆 2 月 8 日就阿多诺的评论文章给他写了一封长信，信中曼海姆避开二人的实际分歧不谈，指责阿多诺一味强调其方法中的负面因素。

件是否已经寄到他那里了，以及我的稿子是否列在其中？（请悄悄地去问，因为马克斯通知我说给我寄出了一封信，不过我下周末才能收到。）既然我在求您办事：您能否让布里尔以我的名义把刊有《利己主义与自由运动》的那期杂志，或者这篇文章的翻印，寄到玛丽安娜·马尔沙克博士[1]那里？她的地址是：牛津，Headington，17 Stephen Road。万分感谢！

假如您愿意，您也可以把我的曼海姆评论转交给克拉考尔，出于某些原因，我希望他也能读到，但前提是，他立刻就读（当然在合理的时间弹性范围内，而不是以各种紧急工作为托词），并且把文章立即寄还给我。这是我手上的唯一复本。

我非常期待您的《福克斯》，也希望很快能读到阿尔弗雷德·索恩的文章[2]。我的论文进展很快。我自然也开始感到相当疲惫。祝您一切顺利，特别是斯特凡的事。我这几周会见到伯恩菲尔德，如果您有事情想让我转告他，请告知。

一如既往的诚挚问候！

您的泰迪

---

1 玛丽安娜·马尔沙克（Marianne Marschak，原名 Marianne Berta Kamnitzer）是著名经济学家雅各布·马尔沙克（Jacob Marschak）之妻，二人 1933 年移民英国。

2 阿尔弗雷德·索恩-雷瑟尔的《巴黎提纲》直到 4 月底才完成（参见信 73 的注释）。

67 本雅明致阿多诺

1937 年 3 月 1 日

巴黎（第 14 区），Bénard 路 23 号

亲爱的泰迪：

我几天来沉默的原因很简单，我相信您很容易就能猜到。《福克斯》的写作一旦进入关键阶段，它便夜以继日地不容许我接近任何其他对象。

即使没有什么能比完成这篇文章更令我欣慰的，但终于能静下心来拜读您的曼海姆评论，那种心情至今犹在。直到现在我才完全理解，我们的写作任务，以及它为我们带来的立场，是多么一致。首先，借用康德的话，我们需要对思想死水的"恶心大杂烩"——阿猫阿狗都在里面用过餐——进行化学解析。这堆污秽需要全部送到实验室去分析。其次，在反对其可疑主厨的过程中，我们还必须努力做到文雅，这对您不难，而我则需要尽我所能。我想，我们可以相互认可对方身上那种非常可敬的自我克制，要保持它并非易事。

我发现，我们抓住了相同的诀窍：低调但不让步地推动我们最固有之思想。至少在您那里我看到了一些意义非常深远的表述，如果要我表达对它们的赞同，那么千言万语也说不尽。我在这些表述中看到更多的，是我自己的思想被如此娴熟地运用，令我从中感受到全新、原创的观点。我举两个非常重要的例子，请允许我这样讲，它们让我像收到礼物一样开心：首先是您断定（第 16 页），社会存在优先于意识具有重要的方

法论意义；[1] 其次是您将范例驱除出辩证方法的领域（第 19 页）[2]。这种认识是思想的音乐，令我深深地陶醉其中。

在我看来，您对曼海姆的批评还可以加剧上百倍，这您是知道的。（我愿意把他这本书的英文版想象成麦克唐纳的枕边书。）您关于"猎人"的段落[3] 非常精彩（曼海姆的"猎人"应该出自《蓬头彼得》）。另外，您的评论勾起的对这本书的蔑视比直接表述出来的多，这表明，您解决了文体问题。

您意识到了，我这是经验之谈。事实上不可否认，蔑视也是我在研究福克斯时的一种冲动，它随着研究的深入而不断增长。我希望这种情绪在我的文章里不会比在您那里更容易觉察。另外，我们的交集还出现在完全出乎意料之处：比如我们都提到了韦德金德[4]；就仿佛从阴沟里探出头来，只为深吸一口新鲜空气。

阴沟的意象倒是让我在写作过程中得到了些许慰藉。我把这篇文章的写作比作一个人的任务，他在某个臭名昭著的地方偶遇一位悲惨潦倒的老友，这位老友得了中风，临终遗愿是被葬到山上。把他的遗体运到山上可不是件容易的差事。那就让我们希望，来悼念他的人可以享受这山上的美景吧。所以我在写作时，经常对我自己说：*κατὰ φρένα καὶ κατὰ θυμόν*[5]。

文章随信附上。手稿的情况跟您自己的那篇差不多。我下次见到克拉考尔的时候，会依您考虑的方式把文章转交给他读。——研究所下一期杂志的稿件还没有送达乌尔姆街[6]。我非常希望您已经从马克斯那里

---

1 参见《阿多诺文集》，卷 20（1），第 34 页。

2 同前，第 38—39 页。

3 同前，第 39 页。

4 同前，第 23 页。本雅明在《福克斯》一文中对韦德金德的提及，参见《本雅明文集》，卷 2（2），第 496 页。

5 古希腊语："在他的心里和脑海里。"译者注。

6 这是巴黎高师所在地，法兰克福社会研究所的巴黎办事处亦在此处。

收到了正面回应。当然，我不否认，如果出版延误，我从中也看到了一丝好处，那就是咱俩的文章也许能在同一期杂志上刊登。

与此同时，我整理了一份荣格著作的目录。（这并不是件易事；重要的文本很分散。）对您的建议[1]思考越多，我就越觉得这是个好主意。我已经写信告诉马克斯了[2]。

索恩-雷瑟尔消失在迷雾中不见踪影。希望他走出迷雾时能够更加容光焕发。

我认识了让·瓦尔[3]——索邦大学哲学系教授。您下次来的时候[4]，一定不能错过机会结识这位新朋友，他也许不算什么重要人物，但交往起来却非常舒服。下次见面会是什么时候呢？

我用这个问题结束今天的信，整封信其实全是它的共鸣。

十分诚挚的问候！

您的瓦尔特

另：《利己主义与自由运动》已经给马尔沙克夫人寄去了。——我很好奇：曼海姆对您的评论有何反应？

1　阿多诺建议本雅明写一篇论荣格的文章。

2　参见《本雅明文集》，卷7（2），第866页。

3　法国哲学家让·瓦尔（Jean Wahl, 1888—1974）自1936年起在索邦大学任教。德国占领法国后，他因为是犹太人而被大学解职，又因公开批判法国通敌而遭监禁。出狱后他离开法国，移民美国。

4　阿多诺3月18日到巴黎逗留了几日。

68　本雅明致阿多诺

1937 年 3 月 16 日

巴黎

亲爱的泰迪：

您肯定一直在焦急地等待 S.–R.[1] 的手稿。我必须承认，它的延迟我负有一定责任。

我与 S.–R. 就他的研究对象进行了交谈，我希望，这些讨论对他的文章有益，但我知道，不管怎样，讨论延缓了它的进度。虽然我没有能力去评估其研究展开的整个跨度，但对于它的重要性，我有了更清晰的了解。这也证实了您的乐观预期。

顺便说一下，今天这封信并不旨在让您大致了解我们的讨论，或者更确切地说，我们的争论所围绕的问题；这只能与您面谈。眼下我只想就如何将这篇文章引荐给 M. H.[2] 的问题，征求您的意见。如我们所知，这个程序问题至关重要；首先是因为这篇文章的主要内容性质棘手；其次是因为 S.–R. 的个人境况也不乐观。（至于后者，我从他那里得知，他太太和女儿在瑞士的居留许可五月底到期，这让他忧心忡忡。）

讲到重点，不瞒您说，他的文章只有在有人热烈响应的情况下，

1　索恩-雷瑟尔（Sohn-Rethel）的缩写。

2　马克斯·霍克海默（Max Horkheimer）的缩写。

才有望被采纳——响应首先包括作者本人的自荐，其次是您的推荐，最后——在我能胜任的领域——我也可以引荐。

至于我是否过于谨慎，您读完手稿后可以自作评断。您那里有必要的材料；更何况您比我更了解 M. 的逻辑和认识论立场，这在此处是关键。实不相瞒，这篇文章所采取的"哲理"和"逻辑"理论推导我认为有问题，尽管其背后的意图是正确的。

我与 S.-R. 的争论还暴露出其他复杂问题。这种复杂性在如此大跨度的研究中是不可避免的。这一点让我怀疑：在没有积极推荐的情况下，该不该决定研究是否继续（特别是考虑到它还牵扯到赤裸裸的生存问题）。而且它还触及各个领域的专业知识，特别是 P.[1] 在经济方面的专业能力，所以更需要各方的支持。

我的建议是：您可以尝试向研究所为 S.-R. 争取几个月的临时资助[2]——可以一直资助到 M. 来欧洲，但资助不应影响未来任何对这项研究的批准。这一企图虽然有些冒险，但我觉得总比对 S.-R. 的稿件进行鉴定——而作者本人却无法亲自协助鉴定——更有希望。我在这里强调一下，问题不是出在 S.-R. 对主题的处理方式上，而更多的是来自其庞大的主题本身。

我很感激 S.-R. 帮我在打字机上打这封信；我把它寄往 O.[3]，希望您在那里还能收到。您确定回 F.[4] 的时候不在巴黎停留几日吗？您知道我会有多遗憾！这封信给您一个多余的证明。

我很期待您对《爱德华·福克斯》的看法。

1　弗里德里希·波洛克（Friedrich Pollock）的缩写。
2　社会研究所 4 月份为索恩-雷瑟尔的《巴黎提纲》提供了 1000 法郎的资助，后来在阿多诺的提议下，5 月份又提供了相同金额的资助。
3　牛津的缩写。
4　法兰克福的缩写。

最后我还有一个请求：因为下一篇综合书评[1]，我能先借用一下瓦莱里的《文艺杂谈》吗？您可能注意到，这本书我已经钻研过了。

一如既往的诚挚问候！ S.–R. 也问候您。

您的瓦尔特

1　参见《社会研究杂志》（1937年），第6期，第3册，第711—715页；现收录在《本雅明文集》，卷3，第511—517页。这篇综合书评没有谈及瓦莱里的书。

69 格蕾特·卡普鲁斯和阿多诺共同致本雅明

1937 年 3 月 31 日

维尔茨堡

亲爱的瓦尔特：

我已经安全到达，这张明信片给您带去我们的旅行问候，我们正在穿越弗兰肯地区，起码还会去班贝格和纽伦堡。很高兴您的文章大获成功[1]；希望它的研究对象[2]也有同感。

我多么渴望再陪您爬一次那栋郊区楼房的狭窄楼梯啊！作为补偿，请您收下这张更加城市化的楼房外景[3]。

来自您诚挚的盟友

泰迪

亲爱的德特勒夫：

感谢你的复活节来信。我回柏林以后再认真回复。今天先祝你一切顺利！

你的费莉西塔斯

1　霍克海默向本雅明和阿多诺表达了对《福克斯》一文的极大肯定。

2　阿多诺 3 月 18 日至大约 22 日在巴黎期间，同本雅明一道去爱德华·福克斯的住处拜访了他。

3　明信片上的照片是维尔茨堡的"猎鹰之家"（Haus zum Falken）。

70　本雅明致阿多诺

1937 年 4 月 13 日

巴黎

亲爱的泰迪：

这封短信向您转达弗里德里希[1]的一个请求。（他这次来我还没见到他本人；他给我来了电话。）

他希望我能通知您，他来不了伦敦了，并希望您对这个消息不要误会。他的日程安排非常紧张，一场病拖延了他的行程。他何时离开巴黎尚不确定，可能本周末就走。

他让我告诉您，他这边没有紧急事务需要跟您谈。虽然他很希望能见到您——他让我特别强调这一点，但他更不想因为他的原因而让您提前结束假期旅行。他之所以这样决定，是因为他知道很快能有足够的时间再见到您。

非常感谢您和费莉西塔斯从弗兰肯寄来的问候。虽然我们刚见过面，但我又有很多话想跟您说。见面的频率越频繁，我们就愈加感到见面的必要性。

很可惜考利什周五就会结束他的巴黎之行。他周五之前无法跟我见面。他的电话我也是刚刚接到的。我只能去听他的最后一场音乐会，这

1　指弗里德里希·波洛克。

让我比任何人都感到遗憾。音乐会结束后我才能见到他——我担心届时他会被众人包围，这既不符合您的心愿，恐怕也不是他希望的，诚然更不是我期待的。不过他说很快会再来巴黎演出。

衷心问候您和费莉西塔斯！

瓦尔特

71　阿多诺致本雅明

1937 年 4 月 15 日

法兰克福

亲爱的瓦尔特：

非常感谢您的来信。我原本的计划是周六来巴黎，从布里尔的信里我也没有看出丝毫反对意见。但是根据您的来信，我的巴黎之行恐怕与弗利茨 [1] 的计划有冲突。仅此一点——而不是我的假期，因为我的假期已经结束了——让我现在放弃了这个计划。所以请您帮我向弗利茨问好；并且告诉他，我很遗憾他的时间不合适；请转告他，我希望能很快跟他见面。但最重要的是我想让他知道，假如他的计划有变，我仍然会听从他的安排；我之所以不来巴黎，仅仅是出于对他的考虑。另外，我希望他早日康复。

所以现在我会在这里一直待到下周。很遗憾您与考利什只能短暂地会面，但这次会面——还有音乐会——也许能超出预期令您受益良多。请您也向考利什问好。

我得到了充分的休整，希望能以良好的状态重新投入工作。在这之前，我会先学弹《露露》[2]，阅读赫胥黎和《危险的关系》。两个礼拜

1　阿多诺对弗里德里希·波洛克的昵称。

2　这里指贝尔格同名歌剧里的钢琴演奏选段。

的假期让格蕾特也得到了良好的休整，她已经回到柏林了。

我今天需要去看牙医——这让我想起您的牙齿问题。我不会忘记跟弗利茨谈此事的。

您有弗里德尔 [1] 的消息吗？

不能去巴黎我有多遗憾，无须向您赘言。但是没有邀请函我实在去不了，而在目前的条件下邀请函是无法强求的。

祝您一切顺利！

一如既往

您的泰迪

1　对齐格弗里德·克拉考尔的昵称。

72 阿多诺致本雅明

1937 年 4 月 20 日

牛津

亲爱的瓦尔特：

由于我的好友奥皮[1]周五就来法兰克福了，而他又不想周日以后动身，所以经过两天非常愉快的自驾，我已于昨晚抵达牛津；不过我现在计划去伦敦几日，处理一些较为重要的事务[2]。我能麻烦您帮我把留在巴黎的物品全部以最快的速度——挂号加特快——寄到我伦敦的地址吗？特别是我的地址簿，我实在急需。我在伦敦的地址还是：Albemarle Court Hotel，18 Leinster Gardens，London W. 2。

只有那本我让您特别保管的绿皮英语登记簿，请您还是按照我们原定的方式，只挂号，不需要特快，寄到牛津来：47 Banbury Road。麻烦您了，先提前感谢您！

这次在德国还是一切顺利。出入境时都没有行李检查。

我在这里收到两封马克斯的来信，令我格外高兴的是，他非常喜欢您的《福克斯》。我是不会让这个机会溜掉的。至于"荣格"，他信中有所顾虑，他更希望您能先写"波德莱尔"。但是出于各种原因——考

1　这里指英国经济学家奥皮（Redvers Opie，1900—1984），他当时负责牛津大学莫德林学院的财务。

2　阿多诺计划在伦敦办理 6 月份去美国（见下文）的访问签证，以及法国的长期签证。

虑到研究所，当然也首先考虑到拱廊街研究本身，我不想轻易放弃"荣格"。我为此会再给他写信，当然我会向您汇报事情的进展。

克拉考尔从马克斯那里收到几行信，这让他再也不可能在我面前拿所谓马克斯授予他的"全权"说事儿。——我很想知道阿尔弗雷德·索恩的进展。可惜我还是没有收到他的提纲。

我去美国的日期定在了 6 月中旬，我想之前一定来巴黎一趟，或许跟格蕾特一起。[1] 她之前会先到我这里来。将近两周的休养对她很有益。我们这趟旅行——比如去参观纽伦堡党代会的集会地——有的可聊。

我能拜托您代我感谢布里尔的来信吗？请您转告他，由于共同的时间安排我无法来巴黎；请您让他把最新一期杂志的校样——特别是马尔库塞那篇[2]——寄到牛津来。

希望您一切安好、工作顺利。我自己的写作计划做了一些调整：我现在还是得先写英文版的博士论文[3]。德语恐怕只写最后一章[4]或者与之内容相当的最终版，我们想以《超验主观性批评》为标题，在研究所杂志上发表（如果可能，希望在本年度第三期上）。

马克斯对绝大多数知识分子——即使是那些所谓具有同情心的知识分子——如此失望，而对您却如此肯定，这让我相信在不久的将来它会带来外在的结果。无须赘言，我会尽我所能成全此事。

祝一切顺利！

您的老友

泰迪

---

1 阿多诺 6 月初一个人去了巴黎。

2 参见赫伯特·马尔库塞：《论文化的肯定属性》，载于《社会研究杂志》（1937 年），第 6 期，第 1 册，第 54—92 页。

3 阿多诺最终并没有完成英文版的博士论文，其标题原定为"意向性与范畴直观原理——论胡塞尔的现象学"。

4 "最后一章"经过多次修改后于 1938 年完成，它最终没能在《社会研究杂志》上发表；关于 1938 年版本，参见阿多诺的《胡塞尔哲学》（《阿多诺文集》，卷 20［1］，第 46—118 页）。

73　本雅明致阿多诺

1937 年 4 月 23 日

巴黎（第 14 区），Bénard 路 23 号

亲爱的泰迪：

您来信的内容和承诺令我十分欣喜——特别是可以跟费莉西塔斯一起三人见面；无论如何，至少您自己肯定会来（我从波洛克那里也收到了通知）。另外，听说您在德国的假期过得无忧无虑，这让我每每都感到欣慰。您要是下次再去，千万别错过北威州的莱姆戈（Lemgo）。

我们最期待的事情似乎即将实现：您的曼海姆批评和我的福克斯研究将会在同一期杂志上刊登。马克斯对这篇文章毫无保留的认可，无疑很令我欣慰。而且福克斯本人也给我来了一封非常友好的信。

波洛克主动安排了见面机会以了解我的经济情况。在他的建议下，我给他列了一份详细、节俭的生活预算 [1]，他从中了解到，我每月还缺400 法郎生活费——主要（但不仅仅）是物价上涨的原因。他首先同意一次性给我发放 1000 法郎的补助。至于将来的决定，我还在等消息。

波洛克与我会面时还重点讨论了我下一篇文章的主题。他们对咱俩设想的课题似乎有强烈的反对意见。我感觉目前在马克斯和弗洛姆之间，就与波洛克相关的问题领域存在着严重的分歧。我在上一封信里向马克

1　本雅明每月的最低预算为 1390 法郎。

斯提了三个建议[1]，他几天前回信采纳了第三项建议，即首先完成《波德莱尔》。无疑，您的建议与我的想法最一致，而且对拱廊街计划也是最迫切的。但是另一方面，拱廊街的核心主题环环相扣，所以单个主题之间不存在非此即彼的关系。

马克斯对约赫曼一文[2]的反应正如我们所愿。他委托我为这篇文章写一篇导言。我最近又找到一些与该作者有关的资料。

虽然我和考利什只是短暂地见了面——中场休息时我在他的休息室里见到了他，但他的确是一颗友善的明星。我很期待再见到他，机会肯定是有的。

索恩-雷瑟尔的手稿[3]写完了。我还没能读到。希望他一切顺利！

我读了布伦塔诺的《没有法官的审判》[4]——一本虽然文笔极好，但可惜非常杂乱无章的作品。我眼下正在研读切斯特顿的《狄更斯》[5]，它对我的《拱廊街》非常有帮助：令人折服的人类理性的音乐，一本非同寻常的著作。

---

1 本雅明在 3 月 28 日致霍克海默的信中写道："公式化地讲：既然现在材料准备工作除了几个有限的领域外均已结束，我想这本书［即拱廊街研究］的最终计划将从两项基本方法论的研究中产生。其中一项研究一方面与实用历史学批判有关，另一方面与唯物主义文化史批评有关；另一项研究则涉及精神分析对唯物史学之主体的意义。如果在我们面谈之前您对第二个研究对象有所顾虑，我可以考虑将第一个主题，即资产阶级与唯物史学的对立，作为本书的前言来写。但我认为不妥的是，在全书的结构尚未完全确定之前就动手写某一具体章节。如果您不能完全认同我在这里传达的操作方式，那么我将建议折中——先写'波德莱尔'一章。"（参见《本雅明文集》，卷 5［2］，第 1158 页）
2 参见约赫曼（Carl Gustav Jochmann，1789—1830）的《诗歌的倒退》。本雅明 3 月 28 日给霍克海默寄去了一份手抄删节本。
3 这里指他的《巴黎提纲》，该文于 1971 年才得以出版，其标题为《对先验论的批判性清算：一项唯物主义研究（瓦尔特·本雅明旁注）》；同时参见《体力与脑力劳动：西方历史认识论》（魏因海姆：1989 年），第 153—220 页。
4 布伦塔诺（Bernard von Brentano，1901—1964），德国作家、散文家、记者。他的长篇小说《没有法官的审判》当时刚刚出版。
5 参见切斯特顿（Gilbert Keith Chesterton）：《查尔斯·狄更斯》（巴黎：1927 年）。

祝愿我们的写作一切顺利！

最诚挚的问候

您的瓦尔特

74 阿多诺致本雅明

1937 年 4 月 25 日

牛津

亲爱的瓦尔特：

非常感谢您的来信以及邮寄到这里和伦敦的物品。我想先提一下后者——日常性事务：我是不是把爵士乐研究的手抄本（一个单独的版本）也给您了？我眼下对这个版本很感兴趣，因为里面有一些补遗[1]我终于想整理一下。先谢谢您！

我给马克斯详细地写了一封信[2]，建议他从根本上改善您的经济状况。看来弗利茨已经做出了第一步。至于我的建议是否有下文，让我们拭目以待。另外，我再次向他详细地阐明，为什么我想看到您先完成荣格研究，而不是现在就动手写庞大的《拱廊街》。马克斯肯定会告诉我他的想法。至于弗洛姆，马克斯在信里赞同我对他上一篇文章[3]的反对意见（我从巴黎写的）。与此同时，我还读了马尔库塞的《论文化》[4]。

---

1 这里指的是《论爵士乐》的"牛津补遗"，阿多诺后来将其收录到 1964 年的文集《音乐时刻》中。参见《阿多诺文集》，卷 17，第 100—108 页。

2 这封信的日期是 4 月 23 日；与本雅明有关的段落，参见《本雅明文集》，卷 7（2），第 867—868 页。

3 参见埃里希·弗洛姆：《论无力感》，载于《社会研究杂志》（1937 年），第 6 期，第 1 册，第 95—117 页。

4 参见信 72 及其注释。

我认为这篇文章平庸无奇；从马克斯那里盗用的衍生思想，堆砌了一堆魏玛的教育题材；它更像是一名皈依的、尽管非常勤奋的中学教师写的东西。此外，在研究对象的维度上严重失误。如果他至少能对意识形态的文化概念集中展开批评也好。但他没有这样做，反而掺杂了一堆文化内容进来，仅此而已。特别是对艺术的评论，一文不值；还有它的美化效应，等等。我感觉这群年轻人自从上了高年级，开始厌恶他们的德语老师以后，就再也没有过任何美学体验。所以他们自然会比我们更容易去对艺术进行清理。您怎么看这篇文章？我很难向马克斯开口表达我的看法，自从他知道我对洛文塔尔[1]的看法和对弗洛姆的反对意见以后——更不用提我对纽拉特[2]和拉扎斯菲尔德[3]的立场了，他肯定认为我是个爱发牢骚、喜欢吹毛求疵的人。尽管如此，我还是忍不住这样做。像洛文塔尔这种追随者，现在还有马尔库塞，他们的危险性很大。去抵抗这些效仿我们的人有多难，我在斯滕贝尔格[4]和哈塞尔贝格[5]那里有过亲身体会。我承认，您一直默默地坚守这项要求是非常正确的——我一年前还没有完全认清这一点。

对索恩-雷瑟尔的文章我非常期待，我猜您能比我更早读到它。如果马克斯反对[6]——这是可以想象的，尽管与那些平庸的同龄年轻人相比，阿尔弗雷德天赋异禀，光凭这一点就足以为他的论文辩护——我会

1　参见利奥·洛文塔尔：《论极权主义意识形态的来历》，载于《社会研究杂志》（1937 年），第 6 期，第 2 册，第 295—343 页。

2　这里指奥托·纽拉特（Otto Neurath，1882—1945）的《生活水平汇总》，载于《社会研究杂志》（1937 年），第 6 期，第 1 册，第 140—150 页。

3　这里指保罗·拉扎斯菲尔德（Paul F. Lazarsfeld，1901—1976）的《对社会研究类型学方法的一些评论》，载于《社会研究杂志》（1937 年），第 6 期，第 1 册，第 119—138 页。

4　参见信 23 及其注释。译者注。

5　哈塞尔贝格（Peter von Haselberg，1908—1994）在 1931—1933 年间师从阿多诺。

6　霍克海默在 1937 年 5 月 24 日的信里表达了他的批评意见。参见《阿多诺、索恩-雷瑟尔通信集》，第 61—62 页。

尝试为阿尔弗雷德争取其他方面的机会[1]，但请您先不要告诉他。

明天我恢复工作。我会先把英语论文的具体章节挑选出来进行统筹。与此同时，我还会以期刊文章的形式（标题为：超验主观性批评）动手写论文的最后一章。另外，我还得给恩斯特写书评[2]，去啃他这个酸溜溜的红苹果。

假如福克斯与您发生争执，我为您想到了一个关键词："列宁式的自我批评"。我相信这个关键词能让您轻松摆脱他的纠缠。我多想读他的信啊。

从格蕾特那里不停传来好消息。我在伦敦不仅办理了赴美的访问签证，而且还办下来长达两年的法国长期签证——考虑到我们目前的见面频率，这让我特别开心。我肯定六月份就能用上它。

克热内克出了一本新书[3]，他在书中极其友好地援引了我的思想，论音乐技巧的部分也相当出色。不过，他的美学思想让我感到有些不适，特别是他用自己的方式擅自借用了我们的一些东西。

最后，请让我秘密地祈求上帝，保佑我们免遭朋友的伤害。至于敌人，我眼下指望"兜帽"[4]。

十分诚挚的问候！

　　　　　　　　　　　　　　　　　　　　　　　　　　您的泰迪

1　阿多诺随后努力在英国"学术援助委员会"总秘书长沃尔特·亚当斯那里为索恩-雷瑟尔争取到获得助学金的机会（参见信 83 及其注释）。

2　阿多诺最终没有写《这个时代的遗产》的书评。

3　参见恩斯特·克热内克：《论新音乐》（维也纳：1937 年）。阿多诺为这本书写的书评，参见《社会研究杂志》（1938 年），第 7 期，第 3 册，第 294—296 页；现收录在《阿多诺文集》，卷 19，第 366—368 页。

4　这里影射 1932 年成立的"秘密革命行动委员会"，这是一个右翼激进主义的法国秘密组织，自称"兜帽"（Cagoule，相当于英语的 Hood），其成员自称"兜帽党"（参见信 94），对左派分子实施暗杀行动。该组织于 1937 年被莱昂·布鲁姆政府粉碎。

75　本雅明致阿多诺

1937 年 5 月 1 日

巴黎（第 14 区），Bénard 路 23 号

亲爱的泰迪：

首先恭贺您获得了两年的法国签证。在您赴美之前，我们肯定要见上一面！而且费莉西塔斯终于也要来了！

我想用道歉和感谢开始今天这封短信。道歉，是因为我忘记把爵士乐研究的手稿还给您了，今天随挂号信附上。感谢，是因为您为我的事情给马克斯写的信。自从波洛克回去以后，我还没有收到纽约的回音；所以也还没有收到关于将来问题的回复，不过他答应过我会体谅斟酌的。

至于马克斯不太愿意让我先研究荣格和克拉格斯，以及这背后的原因与纽约圈子的内部争斗有关，波洛克之前已经跟我提过了，而且现在马克斯的来信[1]也证实了这一点。我早就向马克斯说明过我为什么非常赞同您的建议[2]，但同时也向他表明过，只要他认为适宜，我愿意马上动手写《波德莱尔》。

我为"约赫曼导言"找到了新材料。

1　霍克海默致信本雅明的日期是 1937 年 4 月 13 日，其节选参见《本雅明文集》，卷 1（3），第 1067 页。

2　本雅明致信霍克海默的日期是 1937 年 2 月 28 日，其节选参见《本雅明文集》，卷 7（2），第 866 页。

我推测这封信寄到以前，您应该能收到索恩-雷瑟尔的稿子。他没办法给我也留一份，所以我到现在还没有读到。不过我现在手上不缺阅读物，首先是克拉考尔的新书[1]。虽然未读过半，但我曾经就它向您提起过的最初印象仍挥之不去。

马尔库塞的文章我就瞟了一眼。我还用跟您多讲吗？用不着正式鉴定，我的偏见早就肯定了您的看法。

最后，祝您的英语论文写作顺利！一如既往的问候！

您的瓦尔特

---

1 参见齐格弗里德·克拉考尔：《雅克·奥芬巴赫和他那个时代的巴黎》（阿姆斯特丹：1937 年）。阿多诺的书评，参见《社会研究杂志》（1937 年），第 6 期，第 3 册，第 697—698 页，现收录在《阿多诺文集》，卷 19，第 363—365 页。

76　阿多诺致本雅明

1937 年 5 月 4 日

牛津，莫顿学院

亲爱的瓦尔特：

　　这封短信除了感谢您的来信和您寄来的手稿以外，还要表达我无地自容的尴尬——给您寄去的《奥芬巴赫》置我于这一窘境。它远远超出了我最坏的预期。算他走运，这本书现在不在我手上，不然我会忍不住从一堆与曼海姆水平相当的表述中给您援引几句，这些表述让读者都觉得脸红——而且作者自己越不觉得尴尬，读者就越会脸红。涉及音乐的那一丁点内容处处是错。整体结构在不知廉耻的愚蠢前言中被宣告成了"社会传记"，这倒是能配得上其尴尬的细节。书中的社会观察简直就是老太婆的八卦，其愚蠢和狭隘性只能对应眯缝着眼的小市民，既羡慕又嫉妒地斜眼盯着上流乃至风流社会——克拉考尔赋予了后者阴性冠词。不，假如克拉考尔当真认同这本书，那么他绝对把自己从至少还能被当回事儿的作者名单中一笔划掉了；我非常郑重地考虑是否与他绝交。因为如果继续维持关系，伤害恐怕会更大：这将会意味着，我对他做的一切都会无动于衷。总之需要行动。我本打算给他写封信，但是又改变了主意；我现在的考虑是，跟您和恩斯特一起联合行动，也许能感化到他。还是等我来巴黎以后再商量？不过克拉考尔对研究所的依赖关系让我更加为难。一想到马克斯对这本书会有何种反应，我就不寒而栗。当然这本书如此糟糕透顶，以至于极有可能成为畅销书；假如果真如此，倒也能化解我们的所有担忧。与此同时，我恳求您帮忙拿主意。

一如既往的诚挚问候！

您的泰迪

77　本雅明致阿多诺

1937 年 5 月 9 日

巴黎（第 14 区），Bénard 路 23 号

亲爱的泰迪：

我徒劳地等了好几天，希望能找到个机会口授这封不短的信。可现在我还是不得不决定用手写。我本希望能给您寄去比手写更易读的书信。

收到您关于《奥芬巴赫》的来信前不到一个小时，我才向索恩-雷瑟尔首次透露了读完整本书后我的感受。在详细谈论这个感受之前，我想先通过您信中重点提出的一个问题来概括我的整体印象：该如何考量我们的感受？

假如我对您的问题有答案，那么这封信将会简短很多。而它却很长，目的是让您理解我束手无策的原因与您给我写信时的心情是一样的。为了至少在主要问题上做到简明扼要，我想用反问的形式回应您的问题。您问：该做什么？——我问：需要做什么吗？

假如我与克拉考尔的关系是封闭、孤立的，那么我对这个问题——我的问题——的答案肯定是明确的"不需要"。原因很简单，因为我对这本书内容方面的思考让步给了对作者心理方面的考察：克拉考尔在这本书里屈服了。这本书恐怕就在几年前都还找不到比他自己更冷酷无情的批判者。但是晚了十年，他终究还是加入到了那些"传记作家"

的队伍，这些人曾经打着圣人路德维希[1]的旗号出征，马尔库斯[2]、莱因哈特[3]和弗里绍尔[4]是他们的将领。——事实显而易见。假如我能独自、一个人面对他，那么我肯定不会忽略另外一个环境因素：在这样一个千疮百孔的年代，克拉考尔以为必须通过这种方式进入市场。没有人比我更真切地希望书中能有一丝玩世不恭乃至幽默的元素，因为这样不仅能让他自己，更能让他的朋友们好受一些。可惜从一开始就指望不上他会这样做。

　　出于以上考虑，我恐怕会决定暂时默许他这种有条件的失语，在不让他堕落的情况下，静观事态的发展——当然前提仍然是我一个人与他打交道。

　　只可惜这一前提不符合实际。我并不是一个人面对克拉考尔——不仅在个人层面上，客观层面上亦如此：克拉考尔背弃的立场不是他自己的，而是我们这些人共同的立场。这是整件事最严重的地方。现在回想起来我才真正意识到，是什么能迫使克拉考尔在写这本书的那些年里远离我们的讨论。

　　接下来我想谈谈我对这本书的内容考察，当然只是浅谈。这本书是个教训：它证明，若对音乐本身视而不见，则不可能客观或者理论地对奥芬巴赫的作品作任何实质性的表述。但从主观和实践方面却是可能的，卡尔·克劳斯就做到了这一点。克劳斯以他特有的方式对待奥芬巴赫的

1　这里指的是埃米尔·路德维希（Emil Ludwig, 1881—1948），他除了为歌德、拿破仑和俾斯麦写过传记以外，还写过一本《人子：一个先知的故事》（1928）。

2　这里指路德维希·马尔库斯（Ludwig Marcuse, 1894—1971）。

3　莱因哈特（Emil Alphons Rheinhardt, 1889—1945）于二战结束前夕在达豪集中营被害。他曾写过传记《埃莱奥诺拉·杜塞的一生》（柏林：1928 年）、《拿破仑三世与欧仁妮》（柏林：1930 年）和《海因里希四世的伟大秋天》（维也纳：1935 年）。

4　奥地利作家、记者弗里绍尔（Paul Frischauer, 1898—1977）曾为《柏林日报》和《霍氏日报》工作过，1934 年移民英国，为欧powers亲王（维也纳：1933 年）、加里波第（苏黎世：1934 年）和博马舍（伦敦：1935 年）等人写过传记。

轻歌剧[1]：他准备好了——并且下定决心——让它出丑。克拉考尔则想要拯救这个堕落的姑娘。然而事与愿违，他的做法证明，不进行音乐分析是不可能"拯救"奥芬巴赫的轻歌剧的。

　　由于拯救失败，它便以扭曲的形象即辩解现身。我认为这本书的致命点实际上正是它的辩解风格。特别在与奥芬巴赫的犹太背景相关的地方，表现尤为明显。然而在克拉考尔这里，犹太性仅停留在了出身上，他并没有想到从作品中去挖掘它。——即使从他不厌其烦、毫无变化、不断重复的轻歌剧理论中，我看到的仍然只是辩解。围绕这一理论的"麻醉"（Rausch）概念，以它在这里的呈现来看，也只不过像一盒黏糊糊的美丽糖果而已。

　　另外，很难找到一个任何辩解的尝试都更加徒劳的时代。第二帝国显现出来的一切都是庸俗和令人作呕的。克拉考尔当然也觉察到了这一点。但是由于他把注意力只停留在显现的表象上，因此没能避免与之为伍。这是他为辩护所付出的代价。尽管有些原始材料似乎很赏心悦目，但是在他的文本里却显得如此狭隘和苍白，而且对一堆逸事的转述也几乎没有一个是成功的。

　　所以我相信，我们对这本书的评价不会有太大分歧。特别是他对德语语言的众多冒犯，让我有些气恼。它们可能并不总是无意的，因为我无法想象，像克拉考尔这种作家能毫无缘故地写出"捞取印象"这种话。我不无刻薄地怀疑，他把流亡者的怨恨偶尔发泄在德语上。这我是无法容忍的。

　　布洛赫在上一封信里[2]简短地提到了这本书；他在信里告诉我，他很想知道您如何评价书中对《霍夫曼的故事》的阐述；他并没有透露他

1　参见本雅明在《卡尔·克劳斯》一文中的相关段落（《本雅明文集》，卷 2［1］，第 356—357 页）。

2　这封信的日期是 1937 年 4 月 26 日，参见《布洛赫通信集：1903—1975》，卷 2，第 667—668 页。

自己的评价。（顺便说一句，我认为对奥芬巴赫生命最后几周的描述是这本书为数不多的精彩段落。）

　　尽管如此，最后我还是想回到之前提出的问题：需要做什么吗？我不知道在我们面谈之前是否有能力至少尝试作出决定。在这期间我个人的态度是，先不提前决定。

　　至于来巴黎的行程[1]，您有进一步打算了吗？请将时间计划得越充足越好。除去其他各种事务，我们还需要讨论出版社的问题，因为马克斯随笔集的翻译这几天就能结束。

　　您能向我介绍一下柏辽兹吗？这个名字在《奥芬巴赫》里出现，我一直想知道他到底是何许人物。

　　诚挚的问候！

您的瓦尔特

1　阿多诺 6 月 2 日抵达巴黎，并从那里直接去了纽约。

78　阿多诺致本雅明

1937 年 5 月 12 日

牛津，Banbury 路 47 号

亲爱的瓦尔特：

我前两天收到一封马克斯的来信[1]，信中提到的一些事务与您有关。

首先是关于他的唯物主义哲学论文集。马克斯认为首先需要对科洛索夫斯基的翻译进行校对和修改（翻译现在应该已经完成了）。他问起，您或者科洛索夫斯基，或者您和他一起，是否列表记录过重复内容以及那些对法国读者来说相对难懂的内容；可能还需要为那些在法国不为人知的作者和著作加注。他终于提到了导言问题。马克斯希望由法国人来写；我非常不赞同，特别是因为我不知道谁合适（您有人选吗？）；而且我推测最后恐怕还是得马克斯自己来写。他希望您六月份能跟我在巴黎商议这些问题，然后我再在纽约跟他一起解决。您能把您认为重要的事记录下来吗？还有他想要的那份列表？

信里的另一段话我给您整段引述："我从本雅明那里收到一封信，他同意先写《波德莱尔》。如果您（即泰迪）仍持反对意见，坚持先写意象主题，那么我也没什么异议。但我希望能尽快就此收到一份提纲概括其基本思想。我让你俩最后决定先着手哪项研究，但我个人仍然坚持

1　这封信的日期是 1937 年 5 月 4 日。

先写《波德莱尔》。"

我随后再一次向他阐明我为何赞成"远古意象"主题，并告诉他，我会跟您详细讨论此事的；至于我们的决定是否能一直拖到我去纽约以后，我无法预知，因为我不知道您目前的写作计划有什么。我不想强求；但您知道我为什么更希望先看到"远古意象"，而且读完马克斯的信以后，我相信他是不会为难我们的。当然这也意味着，我们更有义务将这项研究真正转化成具有决定意义的方法论成果。如果您仍然坚持我们最初的想法，并且同时也认为这篇文章在内容上不比《波德莱尔》逊色，那么，请您尽快给马克斯写一篇简短的提纲，同时告知我他反对这么做的详情，我一直都不知道他的具体理由到底是什么。

我的行程大致定下来了。格蕾特将受奥皮的邀请两个礼拜以后来英国[1]。我们先在伦敦待几天，之后——大概 6 月 2 号前后——一起去巴黎。我不回德国了，而是 9 号直接坐"诺曼底号"去纽约。我将在那里逗留14 天，6 月 30 号乘"诺曼底号"返回；也许回德国之前我会在巴黎待一两天。

至于克拉考尔，我现在还是决定就他的恶行写一封坦诚、原则性的信[2]。但我还是想先等您的态度——特别是您对咱俩与布洛赫共同行动的态度。总而言之，慎重起见——这是由如此的不慎重造成的——我会给您寄去一份信的复本。关于马尔库塞的文章，我向马克斯明确表了态。

我今天下午还会给索恩–雷瑟尔写信。[3]

很快就见面了。一如既往的衷心问候！

您的泰迪

1　格蕾特·卡普鲁斯 5 月的英国之行最终未能实现；她三个月以后才离开德国，于 8 月 20 日抵达伦敦。

2　阿多诺第二天，即 1937 年 5 月 13 日，给克拉考尔写了信。参见信 79。

3　这封信已遗失（参见《阿多诺、索恩–雷瑟尔通信集》，第 59 页）。

79 阿多诺致本雅明

1937 年 5 月 13 日

牛津

亲爱的瓦尔特：

　　这里给您寄去我写给克拉考尔的信的复本。我在给他起草这封信时，还没有收到您的来信。看来我们对这本书的想法完全一致。我无法忍受继续沉默。我没有提前决定共同行动的计划，但我认为，为了克拉考尔着想，我们需要做点什么。沉默地或者礼貌性地接受这本书，就等于放弃克拉考尔。——请您对这封信保密，特别是不要告诉恩斯特您知道我的信，不然他逢时便会肆无忌惮地提起它。——有意思的是，您也怀疑克拉考尔在对语言进行报复。这一怀疑不断地出现在我眼前。

　　至于您问起的柏辽兹，这个问题回答起来并不那么简单。我自己也不知道该如何评价这个人。一个足够神奇的人物。他是一位在技术上有所成就的音乐家：他发现音色具有自身固有的价值。在他之前，音色或多或少只是创作结构的对位：到了他这里，音色则占据了中心地位。他视乐器为色调，等同于绘画中的色调；他为瓦格纳、李斯特和施特劳斯的管弦乐类型开创了先河，而且他还创立了管弦乐配器学[1]。但奇怪的是，他自己的作曲能力却不强，经常跟半吊子作曲家不

1　参见柏辽兹（Hector Berlioz）：《管弦乐配器论》（理查德·施特劳斯增补本）。

分上下，有时甚至比他们还差。他有世界上最糟糕的音乐风格：瓦格纳式音乐里的噪音和虚伪的光芒可以追溯到他这里，而且他的音乐里还具有浓厚的庸俗性，令人惊讶的是，这个庸俗的底色在整个流派中一直延续到施特劳斯那里。至于音乐形式，他引入了"意外"（Imprévu）原则，即出其不意，拱廊街意义上"新奇"的新。为了创造惊喜，他随时甘愿牺牲乐曲结构的逻辑（这是他自己的术语）。他的音乐始终在"庸俗"和"意外"两极之间摇摆：他首次将"轰动"（Sensation）概念引入艺术领域，似乎比文学领域的还早（如果我没记错的话，他的《幻想交响曲》[1] 是在贝多芬去世前后问世的）。他是音乐领域唯一的"癫狂"代表。他与爱伦·坡有过交集（而不是波德莱尔；他与诗坛没有任何联系）。神奇的是，不管他的音乐多么庸俗，不管它多接近温泉疗养地的管弦乐，不管它听起来多么跳跃，仿佛创作时就已经四分五裂了，但是，他的每一个节拍却都有着非常明显的辨识度。有些地方，比如《幻想交响曲》里的慢板乐章，非常奇特，非常优美。他的晚期作品我不熟，但也许值得仔细研究。另外，他写过一本很值得阅读的自传[2]。他前无古人地创造了历史，在一定程度上，比瓦格纳还具有划时代的意义；但他的作品却几乎没有一部完整地流传下来。也许我在这里的胡言乱语能激发您对他的兴趣。

　　一如既往的诚挚问候！

您的泰迪

　　恩斯特·布洛赫可以知道我对《奥芬巴赫》的激烈反对。我在 Edmund B. D'Auvergne 的《巴黎夜景》中（伦敦出版，年份不详，大概 1910 年前后，第 56 页）发现了一处注释写道："老黑猫夜总会（Victor-

---

1　柏辽兹的第 14 号交响曲写于 1830 年。

2　柏辽兹（1803—1869）的《回忆录》写于 1864 年，他过世后（1870 年）才出版。

Massé路）的大门上方刻着一行字：过路人，现代起来吧！（Passant, sois moderne!）"也许您能用上这句话。

80 本雅明致阿多诺

巴黎，1937 年 5 月 17 日

亲爱的泰迪：

我面前摆着您 12 号和 13 号的两封来信。我从中读取到的首要信息是，期待您 6 月初的到来。从您提到的日期来看，您为巴黎预留了八天左右的时间。我现在就请求您——我想应该还来得及——无论您之后的行程安排如何，请不要缩短在巴黎的时间。这些天——我可以肯定——一晃就过去了。

科洛索夫斯基的翻译应该在您来的时候就完成了；我会列清单的。

至于我下一篇文章的主题，需要等到您来以后再做最后商榷。这个问题过于复杂，所以很难在信里讲清楚。今天我只想向您保证，"辩证意向"与"远古意向"的争论——理所当然地——依旧是《拱廊街》最具决定意义的哲学任务之一。然而这也意味着，要谈论这一主题的论点，临时拼凑起来的短提纲是做不到的。而且更重要的是，在没有认真研究完远古意向理论家的观点之前，我无法表达我自己的论点。可惜法国国家图书馆里没有这方面的书籍，这个情况我也是刚刚才了解到。马克斯建议我暂且先不用去管文献方面的问题。我当然不打算把这些障碍当作关键因素。不过它们确实能把明快的正面决定拖延成好几个星期的问题。

　　我们另一方面还需要讨论的是，波德莱尔研究本身能在多大程度上推进拱廊街计划的关键性方法论探索。如果允许我在我们的讨论之前抢先用简明的方式回答这个问题，那么它将会是：从整体研究的长远性来看，我认为"远古意象"的主题具有首要意义。但倘若想在可预见的时间内完成一篇可发表的文章，波德莱尔研究恐怕更合适，当然它也应该有它自身的分量。

　　现在来谈谈您寄来的文字。我刚收到"补遗"[1]，所以只读了其中的几篇，然后就中断了，因为匆忙的阅读不会带给我愉悦感。不过我读过的内容足以让我有把握地告诉您，您在这些"补遗"中做到了最高级的直观性。您的思想姿态不是去笨拙地"撕掉对方的面具"，而是向对方投去可以揭发其伪装性的一瞥。您非常精彩地描述了《荆棘中的犹太人》中的远古意象[2]；您将德彪西音乐的结尾描绘成发光体的熄灭[3]，这也毫不逊色。您谈到"爵士乐的主体从沙龙转向行军"[4]，这在我看来是对爵士乐的政治症候进行的完美总结：如果您将爵士乐的主体设定为小酒馆老板，那么，他通过扑向冲锋队的制服，顺应了时势。您向《小乖乖》敞开怀抱时的那种深刻理解[5]，在巴黎时就已经启发我了——您应该还能记得。诸如此类，我们有机会还会详谈的。

　　非常感谢您对柏辽兹的介绍！我会想办法先弄到他的自传。您对黑猫夜总会铭文的提示，我已经做了笔记[6]。Merci！[7]

1　参见信 74 及其注释。

2　《荆棘中的犹太人》是《格林童话》中的一篇。参见阿多诺《牛津补遗》中的第三篇，其中有一句话后来被删掉了，这句话是："爵士乐的神话范式应该是'荆棘中的犹太人'，他被魔法固定在一个地方，必须一直跳舞，直到倒地身亡。"

3　参见《阿多诺文集》，卷 17，第 101 页。

4　同前，第 102 页。

5　阿多诺对这首歌的解析参见同前，第 103—104 页。《小乖乖》（*Das Puppchen*）是 1912 年左右的一首德语流行歌曲。

6　参见《本雅明文集》，卷 5（2），第 687 页。

7　法语，"谢谢"。译者注。

　　最后我想让您知道，我不仅完全赞同您信中对《奥芬巴赫》的评价，而且也非常欣赏您向克拉考尔传达这一评价时的态度。我显然做不到，但我看得出来，您是可以的。于是，我自己对克拉考尔的立场也变得明确和正当起来，这在之前是无法想象的（我不会让他知道我读过您的信）。不过他可以并且应当知道，我了解您的态度。自从读完他的书，我就再也没见过他，不过估计下周能见面。——再过几日就能见到您了。

　　再见！最诚挚的问候！

您的瓦尔特

81　本雅明致阿多诺

1937 年 6 月 15 日

巴黎（第 14 区），Bénard 路 23 号

亲爱的泰迪：

我写下这封信的时候，应该是您到纽约的第一天。我希望这次海上航行能给您留下美好的回忆，也希望您接下来在纽约的日子同样美好。

这封信送到您手上的时候，您应该已经与马克斯谈起过我了。所以附件里这封信[1] 的内容您应该也已经知道了。

我从这封信里获取的首要信息是：考虑到研究所准备委派给我的任务——这当然是我的荣幸，马克斯和波洛克知道 1500 法郎的最低生活费是不够的。这个显而易见的经济实情——他们在信中也承认了这一点——让我心怀感激地接受任何经济补贴。

另外，不容忽视的是，与法国法郎挂钩来调整我的经济状况这一做法，我认为眼下不太可取。您离开巴黎以后能明显感觉到人们对法郎的不安情绪。即使法郎本身能保持稳定，但物价看来却不能。

您还记得我在 Littré 酒店的大厅里对您说过的话吗？亲爱的泰迪，您不需要证明对我的团结一心。我们知道这一点，而且我们也知道对方知道这一点，这才是现在最有价值的，因为事实表明，您的话在我的事

1　这里指波洛克写给本雅明的信，已遗失。

情上有何等特殊的分量。

　　波洛克的信是在您能出面帮我说话之前写的，这为我留出了一定的空间，让我也许能有机会与您的话达成更深层的回应。

　　请让我带着这个希望结束今天的信，并送上我对您最衷心的祝福！

您的瓦尔特

82　阿多诺致本雅明

1937 年 6 月 17 日

纽约，101 west 58th street 中央公园南，Barbizon Plaza 酒店

亲爱的瓦尔特：

我只想通知您，您的事情进展顺利。我还不能给您最终的决定，但事情的发展不出我所料。它特别涉及三位相关成员[1]的等级问题，另外两位的希望很渺茫，这就让大家对您更加认可。

我自己的事情也很令我满意。我会继续留在欧洲一两年，以接管研究所在欧洲的事务。（请保密！）这一安排应该对大家都有利。

旅途很惬意，这里更是。当然也很疲劳。有一大堆工作，所以这封信很简短。

我 30 号乘诺曼底号返回。可能没时间回德国了。[2]

十分诚挚的问候！

您的泰迪

1　指本雅明、克拉考尔和索恩-雷瑟尔，参见下一封信。

2　阿多诺返回欧洲以后没有回德国。

83 阿多诺致本雅明

1937 年 7 月 2 日

诺曼底号邮轮上

亲爱的瓦尔特：

请让我今天在返程的路上向您简短汇报一下。

首先是财务方面。大家的意向很坚决，一定会尽力解决您的经济问题。但同时总体的趋势是削减预算，因为研究所的负担实在过重。考虑到您额外收到的 2000 法郎补贴，所以我没能说服波洛克立即将您的工资提高到我希望的水平[1]，尽管霍克海默对我的提议持肯定态度，而且其他人也都同样支持我（我想特别强调一下，洛文塔尔在所有与您和我有关的事情上都表现出了极大的忠诚）。波洛克其实没有恶意，只不过作为一家之长在为研究所担忧而已——这一担忧就连我都体会到了。虽然保密且未经授权，但我有足够的理由可以向您保证，从 1 月 1 日起[2]，您的事情将会在一定程度上——甚至完全地——按照我的意愿得到调整。特别是我成功地说服了研究所，"一次性"补助的方式——这是波洛克预算中的软肋——从长远看是不可取的：它无法保证您写作时必需的安全感，而且研究所从中省下来的资金从长远来看其实也是微不

1　根据信 92 推算，阿多诺希望达到的水平大概是 120 美元。本雅明从 1937 年 11 月开始每个月收到研究所 80 美元的资助，他在信 92 里称这个金额"大概是您原本计划的四分之三"。
2　其实财务调整从 1937 年 11 月便开始生效。参见信 92 的注释。

足道的。所以事情相当令人满意，现在就是再坚持几个月的问题。也许我们能让爱尔莎·H参与进来。我和马克斯策划了一个密谋。

最终的解决方案当然与研究所的要求联系在一起。首先，大家对波德莱尔的兴趣比对荣格和克拉格斯的高很多，所以我考虑到您的利益就没有再继续坚持。如果《波德莱尔》能在短时间内有力地完成，它将会为各方面带来极大的好处。其次是杂志的书评板块。法语书评区的重组问题我回到巴黎以后才能着手进行，在这件事情上，我非常需要您的帮助（请保密！！！）；我们的方针[1]大致都被采纳了。眼下更为重要的，是您亲自深入参与书评板块的工作。首先，大家非常希望您能写更多书评——甚至不用考虑出版日期；至于材料问题，德语还是法语，您可以自由选择。但是另一方面，大家也希望您能为每期杂志提供一至两篇篇幅较长的"示范书评"（类似马克斯即将发表的雅斯贝尔斯书评[2]）——他们对我也提出了同样的要求；最终的目的是，将德语书评的质量提升到与德语期刊论文相当的水平。这具有特殊的重要性。除此以外，我还想请您帮忙留意高水平的法语撰稿人。择人时我们自然不能忘了阿隆，不过他越来越成问题，所以我们不能把这件事留给他一个人去办。我推荐了卡约瓦[3]和巴塔耶[4]；至于科洛索夫斯基很久以前承诺过的《从萨德侯爵到傅利叶》[5]，我们还需要提醒他写（如果马克斯决定

1　参见《本雅明文集》，卷3，第601—602页。

2　参见马克斯·霍克海默：《评雅斯贝尔斯的〈尼采〉》，《社会研究杂志》（1937年），第6期，第407—414页，现收录在《霍克海默文集》，卷4，第226—235页。

3　罗杰·卡约瓦（Roger Caillois，1913—1978），毕业于巴黎高师，1937年与乔治·巴塔耶和米歇尔·莱里斯（Michel Leiris）一起，共同创建了"社会学院"，本雅明偶尔作为听众参加他们的活动。

4　乔治·巴塔耶（Georges Bataille，1897—1962）在本雅明1940年5月逃离巴黎以后，将他的一部分文稿，包括拱廊街研究的《笔记与材料》，藏在了本雅明曾经做研究的法国国家图书馆里。

5　科洛索夫斯基没有在《社会研究杂志》上发表过任何文章，他后来于1974年发表了一篇题为《萨德侯爵与傅利叶》的文章。

不亲自来写这篇论萨德侯爵的长文[1]）。我还结识了埃蒂博，他给我留下了非常出色的印象（特别是政治方面），马克斯也这样认为：除了格罗瑟森，我们是否也应该考虑让他加入？请您考虑一下这些问题，但先不要行动，等我 7 月底到巴黎再说。

现在进入这封信私心的环节。我将会非常正式地代表研究所参加巴黎的逻辑实证主义会议[2]和随后的哲学大会[3]，并向研究所详细汇报会议情况。若您也能参加，对我将会是莫大的解脱；马克斯也希望您能来协助我。这会麻烦到您吗？具体日期我还不清楚；您可以去问布里尔。万分感谢！我想费莉西塔斯也会来的。

《福克斯》的发表还要继续延后，其缘由不容易驳回。福克斯本人正在为交付他的收藏一事进行重要谈判，而我们不想影响到它（这是波洛克的主意）。不过，倘若您能给他写信说几句好话，也许会有用处。在圣雷莫（我希望您在那里）他肯定一竿子打不着您。

至于《垄断资本主义的大众艺术》[4]：我可以组织这项工作，但前提是，它不会造成巨大的额外成本，也不会给研究所本来就紧缺的人手

1　霍克海默没有写这篇文章，但是与之相关的内容可以参见《启蒙辩证法》中的《朱莉埃特或启蒙与道德》一章。

2　这里指"国际学术统一大会"，于 7 月 29 日至 31 日在巴黎召开。阿多诺和本雅明共同参加了会议，并与大会成员展开了激烈的讨论，他们给霍克海默的报告是共同起草的。

3　第九届国际哲学大会的主题是纪念笛卡尔的《谈谈方法》问世 300 周年。——本雅明与阿多诺在写给霍克海默的报告开头描述了大会的气氛："笛卡尔大会是个大型会议。与会者达八百多人（演讲者和听众的总和）。总共有 280 多场演讲：每人只能讲一场。会议的组织方式如下：每天上午平均有三场较有代表性的全会演讲；下午是主题演讲，八九场同时进行。在这种情况下，汇报演讲内容是不可能的，同时也是多余的，因为所有演讲内容都事先打印成稿了，只是照本宣科地念稿子而已（这也让整届大会锐气大减。[……]会议讨论相应虚伪，巴别塔式的语言混乱与普遍的结兄拜弟互为补充。"（参见阿多诺遗著中的打字稿复本）

4　阿多诺计划在这个标题下出一本合集，对文化工业进行批判，除去本雅明的《机械复制时代的艺术作品》和阿多诺的《论爵士乐》，还会委派其他作者撰写文章收录其中。阿多诺1937 年 1 月建议克拉考尔写一篇关于建筑的长文。霍克海默答应写导言。但是由于研究所的经济状况恶化，该计划最终未果。

增添额外的工作负担。您也许大概可以接手侦探小说的部分，但前提是，它不会影响到拱廊街和波德莱尔的进度；马克斯恐怕写不了电影部分了。今天我想就以下主题征求您的意见：

> 侦探小说
>
> 新客观主义
>
> 工艺美术
>
> 无线电广播
>
> 画报（国际）
>
> 狭义的电影

作为可能的人选，我目前只能想到布洛赫和吉迪翁[1]：在《宣传》一文完成之前，我不想去打扰克拉考尔[2]。这一计划的操作将会是具体的论文预订形式，而不是发放研究资助的形式；写作计划都需要先提交到我这里；齐清定的稿件交上来以后才付款。这些文本必须既能在杂志上又有可能以书的形式发表。朔恩在这件事情以及在与研究所相关的一切事务上，均不被考虑在内（请保密，特别是在他面前）。我迫切地希望这项计划能成功。

　　我自己的事情还算令人满意。未来的两年，研究所在欧洲的事务实际上将由我负责；但是为了避免各种敏感问题，最好是不对外宣称，以免出现等级问题。我还是住在伦敦，但会更频繁地往来于巴黎和日内瓦。正如上面提到的，我自己也受到了财政紧缩的影响，但希望能通过格蕾特渡过难关。两年以后恐怕还是得去纽约。关于这座城市，我没什么可

1　吉迪翁（Siegfried Giedion，1888—1968），瑞士艺术史家，1928 年担任 CIAM（国际现代建筑大会）秘书长，从 1938 年起，任美国哈佛大学教授；他的著作《法国建筑：钢筋、钢筋混凝土》已于 1928 出版。

2　参见信 57 及其注释。

汇报的：您曾经阐述过的"一次不算"（Einmal ist keinmal）[1] 对它再合适不过了。研究所的气氛格外舒服。对我们（特别是马克斯和我）而言，唯一真正的难题是弗洛姆的修正主义和他创立派系的倾向。马克斯写了一篇关于理论之地位的重要论文[2]，首次将阵线转向了东边；洛文塔尔的《汉姆生》[3] 迈出了重要的一步；由于我自己提出的顾虑，《曼海姆》能否出版又成了问题。

　　至于索恩-雷瑟尔，我只为他争取到一点帮助[4]。是否让克拉考尔参与杂志的工作，仍不确定：任何更密切的或者长期的合作关系，均已被排除在外。他的《奥芬巴赫》也给那边造成了巨大的破坏。

　　您最好往我伦敦的地址（Albemarle Court Hotel，18 Leinster Gardens，London W. 2）回信，我在那里至少会待几天。——希望很快能收到您的回音。希望您能好好休养[5]。唯一能让我恢复写作能力的，是这悠闲的海上航行。请向朵拉·索菲夫人问好！

　　祝一切顺利！很快就见面了！

您永远的

泰迪

　　考利什准时抵达纽约。您能把我的《乐团》[6] 寄给马克斯，并让他寄回吗？

1　参见本雅明1934年发表的随笔集《思想意象》，《本雅明文集》，卷4（1），第433—434页。

2　参见马克斯·霍克海默：《传统理论与批判理论》，《社会研究杂志》（1937年），第6期，第2册，第245—292页；现收录在《霍克海默文集》，卷4，第162—216页。

3　参见信74及其注释。

4　社会研究所参与了一年由"英国学术援助委员会"出面为索恩-雷瑟尔提供的助学金，研究所资助的金额为60英镑（参见《阿多诺、索恩-雷瑟尔通信集》，第65页）。

5　本雅明此时在圣雷莫。

6　参见 Hektor Rottweiler（阿多诺的化名）：《乐团》，首载于维也纳音乐杂志《23》（1937年9月15日），第31/33期，第15—21页；现收录在《阿多诺文集》，卷16，第275—280页，以及卷18，第39—40页。——该文的第一版是献给本雅明的："为 Detlef Holz 而写"。

84　本雅明致阿多诺

1937 年 7 月 10 日

圣雷莫，费德别墅

亲爱的泰迪：

　　得知您会先继续留在欧洲，我无比高兴。希望这一决定不会让费莉西塔斯为难。从实际情况考虑，这个安排非常宝贵，您知道我对此深信不疑。由此可见，通往欧洲的桥梁不仅没有中断，反而得到了巩固！

　　这一决定对我个人而言也是可喜可贺的。我相信，在接下来的两年内，《拱廊街》的认识论基础也能被建立起来。您知道，在这个问题上，我有多么重视与您保持思想交流。

　　一些阴影笼罩着您的报告。我希望这些阴影不涉及您应得的酬劳，而且我也希望费莉西塔斯能够不骄不躁地与您共同展望未来。不，我指的阴影不是这些，而是"荣格批评"让位给了"波德莱尔"。咱俩打算尽快着手《拱廊街》认识论基础的重要计划因此又要被延后了。您的信件寄到的时候，我正在深入研究荣格，并且颇有成果。您来巴黎的时候，尤其可以在我这儿阅览"爱诺思年鉴"——它是荣格圈子的出版喉舌，很有启发性。《波德莱尔》也有待我们商议。

　　我并不惊讶您报告中有关经费的部分被阴影笼罩。您从我上一封信里附上的那几行文字便能看出。但我不想放弃您报告中较为光明的三点。第一点涉及将来如何解决的问题。我只能使出浑身解数，希望它别拖到年后。目前的情况毫无稳定性可言；随着物价飞涨和法郎贬值，我这几个月来的经济状况——如果只看固定收入[1]的话——比半年多前恶化了很多。一次性的补助确实帮我恢复了收支平衡——但仅此而已。我期望看到的状况是，既然最终解决方案现在又要往后拖，那么我希望拖延能让它有机会与法国法郎脱钩，如果到解决之日法郎仍不能恢复稳定的话。最后，第三点，考虑到冬天接下来的这几个月，我愿意寄希望于您的"密谋"。事实上，如果没有兄弟般的秘密帮助，我是生活不下去的！

现在谈谈您提到的有关参与书评板块工作的事——没有什么能比有机会更加深入地研读各种书籍更让我兴奋的了。洛文塔尔一直向我示意这没有必要，但另一方面，您是知道的，这是最适合我的工作方式。作为初次尝试，我准备为布鲁诺的《革命时代的法语》写一篇书评[2]。如果我没记错的话，下一期杂志将会刊登我为莫布朗的《傅利叶论集》写的书评[3]，它几乎超出了杂志书评区迄今为止允许的最大篇幅。这里出现的问题我们见面时很容易澄清。不容易解决的是法语撰稿人的问题。我们在这里一方面要面对由于俄国事件而丧失活动能力的正统知识分子，另一方面又要面对自由知识分子经常无意识地拥护法西斯主义的问题。

类似问题也在法国以外的其他地方出现。只需想想吉迪翁——您推荐他为《垄断资本主义时代的大众艺术》的可能人选。他的著作《法国的建筑》证明他是有能力的。但是在与他合作之前，我们必须要对他当下的立场做进一步了解才行。——组织这本书的写作恐怕不是件易事。

1　本雅明每月收到 1500 法郎的研究资助金。

2　本雅明为布鲁诺（Ferdinand Brunot）的《从起源到 1900 年的法语历史》（卷 9，第 2 部分）撰写的书评，参见《社会研究杂志》（1939 年），第 8 期，第 1/2 册，第 290—292 页；现收录在《本雅明文集》，卷 3，第 561—564 页。

3　参见阿尔芒（Felix Armand）和莫布朗（René Maublanc）共同撰写的《傅利叶》，两卷本，巴黎：1937 年。本雅明的书评，参见《社会研究杂志》（1937 年），第 6 期，第 3 册，第 699—700 页；现收录在《本雅明文集》，卷 3，第 509—511 页。

至于"画报"这个主题，格蕾特·德·弗朗西斯科[1]能为我们带来不少相关经验。我们可以等她的新书《江湖骗子》出版以后，再看她的能力如何。

您信中写道，与埃蒂博的交谈给您留下了较好的印象。他给我的印象也不错。我也知道他政治上的独立性，这对我们是有利的。我认为，他参与书评板块的写作是没有障碍的。尽管如此，与他这种法国年轻人的交往经验告诉我，对他们还是需要保持一定的谨慎。至于阿隆的问题，您应该会亲口告诉我吧。

接下来谈谈我们即将见面的事情。如果这次我不能从一开始就陪着您，希望不会妨碍到您的计划安排。斯特凡暑期前最后一场考试的日期是 7 月 26 日，所以他 28 号才能回来。能至少跟他度过几日的时光对我来说非常重要。至于咱俩，我当然希望这次也能一起在巴黎待上至少一周的时间。科洛索夫斯基将会帮我向布里尔询问会议的日期。

至于《福克斯》，我不抱乐观态度。您提到的"重要谈判"已经持续四年了，现在看来它不可能在第三帝国灭亡前结束。众所周知，不作最后决定是他们的计策。我不知道撤回我的文章是波洛克自己的意见，还是为了顺从福克斯才这样做的。在弄清楚这一点之前，我很难给他写信；如果是前者，我是不会写的。因为那样的话，我就成了向他传达坏消息的使者。——现在咱俩的文章不但不能同时发表，反而都不能发表了，这很令人失望。

您在纽约见过赖达[2]吗？我猜您恐怕没时间。

1　奥地利女作家、记者格蕾特·德·弗朗西斯科（Grete de Francesco）曾为《法兰克福报》工作过；她的著作《江湖骗子的力量》于 1937 年在巴塞尔发行。

2　美国先锋导演和电影学家赖达（Jay Leyda, 1910—1988）毕业于莫斯科电影学院爱森斯坦班，自 1936 年起，担任艺术博物馆刚成立的电影馆助理馆长。他曾于 1936 年 12 月去纽约的社会研究所打听本雅明的《机械复制时代的艺术作品》，并表达了想把该文翻译成英语的意愿（参见《本雅明文集》，卷 1［3］，第 1029—1030 页）。1937 年 5 月 17 日，本雅明写信给赖达，表示愿意为他的翻译提供文章的德语和法语版。该翻译计划最终未能实现。

　　马克斯已经读《约赫曼导言》了吗？[1]——《乐团》一文我回到巴黎以后才能给他寄去。

　　我前妻也向您表示衷心的问候。

　　真诚地与您握手，欢迎回欧洲！

您的瓦尔特

1　霍克海默对《约赫曼导言》的态度，参见《霍克海默文集》，卷 2（3），第 1395 页。

85　本雅明致阿多诺

约 1937 年 7 月中旬

圣雷莫

亲爱的泰迪：

您也许收到了一封我发给您的有些费解的电报 [1]。电报发到了您在巴黎研究所的地址，内容是请求您往圣雷莫来一通电话。

这封电报的起因是布里尔 7 月 13 日写给我的信，信上他说会议 [2] 将于那个星期举行。据此，我以为您已经到巴黎了，所以才给您发了那封电报。

更令我困惑的是，我离开巴黎之前碰见过赫尔曼·莱欣巴赫 [3]，他告诉我会议将于月底举行。

我们刚收到斯特凡写来的一封信，说他 8 月 4 号才能回来。这让我回巴黎之前见到他的希望化为泡影。但另一方面，我又不能舍弃与他谈话的机会。所以除了会后再回来一趟以外，我别无他法。来回跑动自然是个负担，但是另一方面，这样我们就会有充足的时间在巴黎谈工作了。

1　已遗失。

2　这里指信 83 中提到的逻辑实证主义会议。

3　音乐理论家赫尔曼·莱欣巴赫（Herman Reichenbach，1898—1958）是哲学家汉斯·莱欣巴赫（Hans Reichenbach，1891—1953）的弟弟，后者与鲁道夫·卡尔纳普（Rudolf Carnap）和奥托·纽拉特（Otto Neurath）一道参加了前述会议。

我最迟 28 号到巴黎，希望在这之前能收到您的消息。如果我不能去火车站接您，那我们肯定在 Littré 酒店见。请尽快写信告诉我您抵达巴黎的日期和地址——假如您不在 Littré 住宿的话。信请寄到我在贝尔纳路的住址。另外，您最好先预订一个房间，因为最近巴黎有一大堆会议要召开。

　　真高兴很快就能见到您了！最诚挚的问候！

您的瓦尔特

86　本雅明致阿多诺

1937 年 8 月 21 日

圣雷莫，费德别墅

亲爱的泰迪：

　　我刚从布里尔的信里得知，马克斯将于 8 月 31 日至 9 月 6 日来巴黎。所以我下周就会回去。我恐怕不会考虑去日内瓦会面，除非在巴黎见面的计划无法实现，但我希望它会。

　　与此同时，冬季这几个告急的月份即将到来，而我为此所做的筹划[1] 也泡了汤。肖勒姆的太太在她的家乡波兰重病，所以他自己正动身前往她那里。这让我不知所措。

　　我回来以后做的第一件事情，就是拜读您的《贝尔格》[2]。它带给我的关键性感受，不难言表：我以前就有过预感，《沃采克》在那个柏林之夜[3] 带给我的震撼所传递的，是一种无意识的却又能具体言表的感同身受，您的阐述让我明白了这一点。

　　在贯穿于您研究的众多母题中，我特别能抓住的是贝尔格与传统的关系，它不仅体现在您将马勒阐释与它联系在一起的地方。这里的基本立意是：正如勋伯格的弟子们打着大师旗号的、毫无特色的技术性雷同

1　本雅明本打算去巴勒斯坦拜访肖勒姆。

2　这里指信 44 中首次提到的贝尔格专著。

3　参见信 41 及其注释。

作曲中止了 19 世纪的传统，令其发出了最后的哀歌一样，贝尔格自己的音乐给我的感受亦如此，尽管我缺乏进入它的途径。

我的表述已经尽力了，但我相信，这种笨拙的零星表述所显露出来的无力感，也许比精辟的牵强附会更能说明问题，因为后者不会暴露出我在穿越这个不容许我滞留的地带时特有的匆忙。而您却能通过展开一个陌生人生命轨迹的主线，挺进他作品迷宫的中心，这是逝者给您的任务。赖希的文章[1]不过是暗道而已，迷宫缺了它们也不行。

尽管只是暂别您的作品，但我仍要告诉您，我是何等清晰地从您的《沃采克》短评[2]中（第 48 页）不断辨识出令我激动的母题。如果下次有机会，我想特别跟您聊聊这个，还有"陷落时间"。您也得给我解释一下"最小过渡"这个概念，我有兴趣借用这个作曲学（对吗？）的概念。另外，仅凭您对咏叹调《酒》的阐释[3]，便足以让我们经常回过头来讨论本书——透过杯壁，我认为它是您写过的最优美的作品之一。

随信除了附上《贝尔格》样书外，应格蕾特·德·弗朗西斯科的请求，我还给您寄去她关于江湖骗子的新书印张。我欣赏这本书罕见的素材，以及作者处理该素材时的细腻与洞察力。可惜这本书在其他方面是令人失望的。其缺陷在于，它从根本上执意欲将"江湖骗子"这个形象展现成与当今的掌权者志趣相投的人物，所以批评前者时鞭挞后者。以这种方式为导向的论断在政治上毫无意义，而且还阻碍了对这个人物原则上最有趣的方面的论述。如果我没猜错的话，委任她写这本书的出版社应该也不愿意看到，她在处理这个主题时将"江湖骗子"形象的某些正面因素发扬光大。于是，这本书便有了些阴郁的说教底色，没有任何历史点缀再能与之抗衡——即使这个任务被尝试过。表现最明显的，是

1　威利·赖希评论了贝尔格的《沃采克》《露露》和小提琴音乐会。

2　参见《阿多诺文集》，卷 13，第 409 页。

3　参见信 49 及其注释。

处理自动贩卖机一章时的不足。假如布洛赫果真写过《高贵的夫妇》[1]，我们恐怕能读到更加敏锐的有关江湖骗子的文字。——毋庸赘言，这本书完全没有减少我对弗朗西斯科的好感。但在艰巨的任务面前我们能否指望上她，那我就说不准了。

至于斯特凡，我不安地等待他作出抉择——他过段时间将决定是否尝试参加高中会考。至于高中会考对他的巨大困难是由于他更专注于"实践"活动，还是因为他不努力、精力不集中，这我就不清楚了。但是问题终究存在。尽管高中会考没什么直接用处，但是将来倘若不能出示文凭，恐怕还是会带来不小的弊端。斯特凡的健康状况，还有他的精神状况，看来都有了起色。

费莉西塔斯应该已经到您那儿了。我希望婚礼以前[2]我们三人能在巴黎见上一面。请向她转达我最诚挚的问候！

您的瓦尔特

1　参见布洛赫的《希望的原则》，里面有几页与"高贵的夫妇"有关。
2　阿多诺与格蕾特·卡普鲁斯的婚礼于 9 月 8 日举行，婚礼证婚人是霍克海默和奥皮。参见下一封信。

87　阿多诺夫妇共同致本雅明

1937 年 9 月 13 日

伦敦，Palace Court 21 号，海德公园 W.2. BAYSWATER 3738

亲爱的瓦尔特：

您的沉默像雷雨前的黑云一样笼罩着我们，而这张信纸除了充当避雷针以外，毫无其他野心。虽然用信纸避雷这个比喻不成立，但我希望，它确实有可能让您息怒。

您完全有理由生气。首先，您上次就《贝尔格》一书的来信，我还欠您一个回应。我的沉默既不是因为对您的评论不感兴趣，也不是因为不知感恩。这一罪过的原因完全与下面这个理由有关：我们的婚礼，以及它牵扯到的一系列事情，一直拖到现在——我们大概十月中旬才能搬进新房。今天我只想说，音乐领域里的"最小过渡"概念不完全属于我——当然也不属于学院派音乐理论。反而是瓦格纳将音乐定义成了"过渡的艺术"，而贝尔格音乐处理方式中的那些特征无疑可以追溯到瓦格纳那里。诚然，只有"无限缩小过渡"（die infinitesimale Verkleinerung des Übergangs）：这是贝尔格所特有的。

至于何时收到属于您自己的样书，还望您能耐心等待。我每天都在期待这本书在德国发行；能在德国安排购买送给朋友们的样书，对我将会是莫大的解脱。另外，我既没有收到借给您的样书，也没有收到弗朗西斯科的新书印张。这可能跟我更换地址有关。我会去邮局查询，如有必要，请您也这样做。

我们的婚礼已于 8 号秘密地举行了：在牛津，我的好友奥皮请我们在莫德林学院吃了顿午饭。除了奥皮、格蕾特的母亲和我的父母以外，只有马克斯和迈冬（Maidon）在场；再没有其他任何人知道此事。我们不可能在不引起更多敏感度的情况下通知您，而婚礼对我们的意义仅仅是一个合法程序而已。我衷心地希望您就事论事，不要多想，不然会对我们不公平。我俩对您是全心全意的；我们也没有让马克斯怀疑这一点，而且我相信，在对您的感情上，我也可以把他包括在内。

您现在应该有足够的机会与他深入交谈。至于先写波德莱尔还是先写荣格的问题，他向我说明，还是想先看到《波德莱尔》；但我坚信，如果您能向他展开《荣格》的观点，并阐明它对拱廊街的方法论意义，《荣格》应该有可能成为下一篇文章。我的《曼海姆》恐怕将会按照《雅斯贝尔斯评论》的形式发表，格蕾特非常反对以现在的形式出版这篇文章。可惜马克斯还没有读《胡塞尔》[1]。我这段时间只写了一些评论[2]，其中有一个篇幅较长的《卡西尔纪念文集》评论；当然还有不少瓦格纳笔记[3]。

虽然仍不确定，但我很有可能在接下来的十天内来巴黎一趟，目的很明确，就是为了能与您和马克斯一起进行三人会晤[4]。能否成行，完全取决于马克斯和他的时间安排。如果能成我会有多高兴，恐怕不需要

1　这篇文章 7 月底就完成了，参见信 72 的注释。

2　评论对象包括克热内克的著作（参见信 74 的注释）、克拉考尔的《奥芬巴赫》（参见信 75 的注释），以及《卡西尔纪念文集》（参见《哲学与历史：纪念恩斯特·卡西尔文集》，伦敦：1936 年），阿多诺的评论参见《社会研究杂志》（1937 年），第 6 期，第 3 册，第 657—661 页；现收录在《阿多诺文集》，卷 20（1），第 221—228 页。

3　霍克海默在伦敦期间与阿多诺商定了一部论瓦格纳的著作；参见阿多诺的《浅谈瓦格纳》，其中部分章节以 "瓦格纳断篇" 为标题在《社会研究杂志》上发表，现收录在《阿多诺文集》，卷 13，第 7—148 页。

4　最终未能成行。

跟您多讲。

我已经向他提起过莫尼耶小姐了；[1] 您也别忘了再提醒他一下。至于购书的问题，有一个难题是，购置的图书是不是已经有了。马克斯会先给您提供1000法郎的购书基金，购置的图书将归研究所图书馆所有，马克斯认为这些书最好能与拱廊街研究有关。这项基金用完以后再说。

至于研究所杂志的校样，方便起见，马克斯提出了以下建议：作为欧洲负责人，所有杂志校样均寄到我这里。然后我再把我认为对您重要的内容全部寄给您，您把您的意见给我以后，我再将它们同我自己的评注一并交送给纽约。这既省去了校对的工作——而且有些文章也用不着麻烦您读，比方说纽拉特和拉扎斯菲尔德的英语文章[2]。我相信您会同意我们这个解决方案的。它将确保像《汉姆生》那种延误不会再发生。送利奥[3]去巴黎跟着您学习的计划，马克斯不赞成。也许您可以跟他谈谈。我想这不算泄密，如果我今天向您透露，马克斯不同意的原因与你我无关。

我还跟他谈了很久我们的法律代言人一事。马克斯完全了解情况，但似乎仍然抱有充分的理由想继续保留他。也许他能做点什么，好为将来的沟通铺平道路。他向我解释说：首先，布里尔在他和波洛克面前与在咱俩面前一样，也同样使用"我确定"这种腔调；但另一方面，布里尔在每封信里都极其热忱地支持您的工作。马克斯认为，他本质上被一种过于强烈的依赖冲动所支配，傲慢是他得以平衡的方式。我觉得您最好跟我一样开诚布公地与马克斯好好聊聊这件事。另外，在我看来，一旦您的外在处境如我们所设想的那样得到扭转，事情也就

---

1 应本雅明的建议，霍克海默计划在研究所和法国女作家、书商莫尼耶（Adrienne Monnier）之间建立更紧密的合作关系，特别是为了能提高《社会研究杂志》在巴黎的知名度，以及解决法语撰稿人的问题。

2 参见信74的注释。

3 指利奥·洛文塔尔。

不会这么尖锐了。

我们本打算去度几个礼拜的假。但是由于这愚蠢的装修，还有它牵扯到的一系列事情，所以现在门儿都没有——与其去德文郡（Devonshire）挨冻，还不如在这儿，我们现在已经没少挨冻了。我现在就好像一头驴子，行走在草垛之间：眼下的工作多到不知从何处开始。我的首要工作计划之一，是系统地研读《资本论》。除了写英语博士论文——长篇胡塞尔研究——和瓦格纳研究外，我还计划写一篇关于决定论的文章[1]。值得庆幸的是，关于资产阶级特征那本书[2]，马克斯决定由他自己来写，而不是让弗洛姆去写。

最后有一个小小的请求：您能友好地提醒他一下《胡塞尔》吗？从未有过一篇文章像这篇一样让我如此惦记在心。

今天就写这些——希望再见于拱廊街，在一个宁静的酒馆里，有雅文邑白兰地为伴。

一如既往

您的好友
泰迪

亲爱的德特勒夫：

画谜是你的强项，不是我的。你用沉默交给我的谜语把我给难住了，它的含义如此众多，就像你的理论——寓言——一样。难道你不想帮我解开这些画谜吗？我会为此感激你的，若能有你的信就更好了。祝一切顺利！

你的费莉西塔斯

1　阿多诺没有写这篇文章。

2　这本书未能写成。

88　阿多诺致本雅明

1937 年 9 月 22 日

伦敦，Palace Court 21 号，海德公园 W.2.

亲爱的瓦尔特：

您的来信[1]让我们十分欣慰。您之前的沉默让我们很不安，知道这背后不存在任何负面原因，我们更加感激不尽。与此同时，贝尔格样书和弗朗西斯科的新书印张均已寄到——尽管邮局耽搁的时间出奇地长，而且邮票也被撕掉了——为此十分感谢您。至于《贝尔格》，尽管德国不允许刊登这本书的广告或者评论此书，但它还是可以销售的；所以我希望不久能收到几本样书，毋庸置疑，我会把第一本献给您。弗朗西斯科的书我大概读了三分之一。尽管能看得出来她在这部著作里的勤奋和努力，但我同意您的意见，她恐怕不会成为著书计划的人选。特别是考虑到她在历史哲学方面的天真幼稚，把江湖骗子一而再再而三地变成了普通人。正因此，将该形象与希特勒的类比也是漏洞百出、苍白无力。

我给杜多[2]写了一封长信；也许他会拿给您看。我把它同他的文章一并寄给了马克斯，马克斯今天通知我，他已将二者寄去了纽约。也许我们还能在巴黎见面。在著书计划上我对杜多也不抱太大希望，但在信

1　已遗失。

2　保加利亚导演兹拉坦·杜多（Slatan Dudow, 1903—1963），自 1922 年起便在柏林从事戏剧和电影工作，期间与布莱希特合作过；1933 年移居巴黎。

里我没有做决定。

　　与此同时，我俩都非常认真地阅读了卡约瓦的《螳螂》[1]。这本书正面地触动了我——之所以正面，是因为卡约瓦没有将神话消解在意识的内在性中，也没有通过"象征符号"将神话肤浅化，而是追求其现实性，尽管他用近乎普林茨霍恩[2]式的轻率蔑视精神分析。诚然，这是一种与荣格——当然还有克拉格斯——一致的唯物主义。可惜不仅如此：他反历史的、与社会分析敌对的、其实属于加密法西斯主义（kryptofaschistisch）的自然信仰，最终导向了一种基于生物学和想象的民族共同体（Volksgemeinschaft）。当然，打破生物与历史、社会等领域的物化，同样也符合我们的初衷。但我担心，大家忽视了这种物化恰恰在卡约瓦那里被天真地保留了下来，因为他虽然将历史活力纳入了生物学领域，却没有将后者纳入前者。我甚至想继续问下去，在一个人类作为"政治动物"（ζῷον πολιτικόν）与生物动物相疏离的真实世界里，将这两个领域进行分离是否具有良好的辩证意义，还是过早消除这种分离将更具有和谐的意义。简言之，这一切于我而言都太玄虚，如果吃掉配偶的螳螂（Köpfe fressende Mante）果真与人类差别微小，但想象力却深入宇宙，那么，我只能用另外一位更理性的法国人的话来反驳卡约瓦：小差别万岁！（Vive la petite différence）。他的思想看上去最原创的部分，即对人类的想象与动物行为之间关系的阐明，经过进一步推敲以后，其实只是对弗洛伊德最不起眼的一项理论即"升华"理论的时髦装点，而他评论精神分析"自我出丑"的言论应该也与此有关。

1　参见罗杰·卡约瓦（Roger Caillois）：《螳螂：关于神话的本质与意义研究》（巴黎：1937 年）。阿多诺的书评刊登在《社会研究杂志》（1938 年），第 7 期，第 3 册，第410—411 页；现收录于《阿多诺文集》，卷 20（1），第 229—230 页。

2　阿多诺指的是汉斯·普林茨霍恩（Hans Prinzhorn）的《当下的性格学》（柏林：1931 年）一书中的片段；阿多诺曾在 1933 年《社会研究杂志》的书评中评论过它："肤浅，有时严重歪曲弗洛伊德（丝毫没有严肃地介绍弗洛伊德的性格学理论，仅仅是乱骂一通）。"（参见《阿多诺文集》，卷 20［1］，第 217 页）

总而言之，一旦把他的学术套路搁置一边，剩下的便只有平庸而已，它把相互之间的讨论变成了不同话语之间的礼貌性交流问题。如果需要我从政治上对他进行抨击，那么我不会如他所愿去指摘他的自然形而上学，而是他那种披着博学外衣却最落伍的庸俗唯物主义。您看到了，我只能用我自己的粗鲁来支持您深思熟虑的判断，他与我们不是同路人。

至于我如何看待卡约瓦触及的某些个别问题和禁忌的辩证法，您可以去参考我写的一篇6页半打字纸长的音乐哲学论文，标题为《第二夜曲》[1]——我今天刚把它寄给了马克斯，并请他把文章与您分享。关于这篇文章本身，我不想多说什么，但不可否认，我让它担负了很多。我希望您已经收到了《乐团》的印刷版。经过大量笔记和与马克斯的交谈，《瓦格纳》终于成形，它将以"进步"与"反应"概念为核心（顺便提一下：如果我没记错的话，《第二夜曲》结尾部分的某些内容可能会对您的进步理论有用）。

我今天还有一个请求：我模糊地但因此而更可靠地觉察到，洛文塔尔在纽约那边抵制我的《胡塞尔》[2]；马克斯还没有读它。我能恳求您在不提及这一抵制的前提下，为这篇文章代言并尽量帮它宣传吗？您这样会帮我一个大忙：从未有过一篇文章的命运像这篇一样让我如此牵挂，而且，我也不想让它遭受像《曼海姆》那样的程序，尽管后者我并不担心。我现在需要删减并仔细改写《曼海姆》。

接下来是格蕾特的请求：您的"复制理论"她只读了法语翻译。她不无道理地认为，您的写作必须读原文。所以您能寄一份给她吗？非常感谢您。

我们今天收到一封恩斯特·布洛赫的长信[3]，这是很久以来他寄给

1　该文没有在阿多诺生前发表；参见《阿多诺文集》，卷18，第45—53页；关于"禁忌的辩证法"，参见第48—49页。

2　参见信90。

3　布洛赫的信写于9月18日，布拉格。

我们的第一封信。信里有些重要信息：他有了孩子，名叫约翰·罗伯特[1]；还有两本新书手稿，一本 900 页，另一本 700 页厚；一本叫《物质的理论实践》[2]，另一本叫《启蒙与红色秘密》。出版社他好像也已经找好了，据说 Malik 出版社打算出一套全集。另外，这封信写得非常和气。

至于我是否以及何时来巴黎，[3] 尚不确定。眼下有两种可能性：或者马克斯叫我在接下来的八天内来两天，或者我 10 月份的第二个星期再去，克热内克也会在同一时间去巴黎。不管怎样，希望我们很快能安宁地见面。不过眼下一想到克拉考尔的文章[4]，我就得不到安宁。我恐怕还得为此操很多心。

今天就写到这儿。希望很快能收到您更详尽的回信。我对两件事［尤其］[5] 关心：您今年剩下来的时间有何安排？《波德莱尔》和《拱廊街》的进展［如何］？您已经与马克斯［谈过］外在［事宜了吗］？

我俩祝您一切［顺利］！

一如既往

您的泰迪

另：洛文塔尔［……］不是从胡塞尔那里，而是从我们的［……][6]

1　布洛赫的儿子其实叫扬·罗伯特·布洛赫（Jan Robert Bloch），于 1937 年 9 月 10 日出生。

2　后改名为《唯物主义问题：历史与本质》。

3　阿多诺 1937 年秋季没能去巴黎。

4　这里指信 57 中首次提到的《大众与宣传》。

5　这封信的最后一页被撕去一小部分，方括号里的内容是德语编辑加进去的。

6　结尾的内容因信纸受损无法推断。

89　本雅明致阿多诺夫妇

1937 年 9 月 23 日

巴黎（第 16 区），Nicolo 别墅，Nicolo 路 3 号

亲爱的泰迪：

　　非常感谢您 9 月 13 日的来信。收到这封信时，我包里揣着一封我自己写给您的信[1]，它已经写好几天了，可我一直无法决定是否把它寄给您。

　　我回巴黎以后，受到了就目前的情况看极其严重的打击。出于他人的不守信用——但已经无法挽回——我丢掉了贝尔纳路的公寓，他们把我的房间转租给了另外一个更受欢迎的房客，我很难跟他竞争，因为他收到了驱逐令，所以不惜一切代价找没有登记的房子。

　　没有什么比现在发生这种事情更糟糕了，因为世界博览会[2]，巴黎的酒店房价——就连下等旅馆都不例外——上涨了一半以上。仅靠我手头现有的银子，就连稍微能过得去的住处都找不到，这让我决定接受新房客提出的几百块法郎的现金赔偿建议，好让我有勇气找到一个稍微体面一点的住处。接下来发生的事情不出所料：他答应的 600 法郎赔偿金我拿不到。毫无结果的要债，还有跟各种酒店讨价还价，有时更像是乞

1　已遗失。

2　巴黎世界博览会于 7 月底开幕。

讨，占用了我的全部时间。

我在这一处境下很难决定寄出给您写的信，这您是可想而知的。不过前两天爱尔莎·赫兹伯格主动向我建议，她去美国期间，我可以住在她女仆的房间。（这个房间与爱尔莎·H的居所不在一起，而是在庭院里，单独一间。）目前住在那里的女仆一旦收拾好搬出去，我的地址将会是：布洛涅（塞纳河畔），Château 路 1 号。

昨天我有机会与马克斯谈了这一切。我不愿意在经济方面主动采取行动的坚定与决绝，没有人比您更清楚。但是，这次意外让我没有选择的余地。

我告诉马克斯，我希望他能帮我租一个独立的工作室或者单间公寓，以确保将来免遭类似境遇，越快越好，即使条件非常简陋也无所谓。家具能搞得到。马克斯对我描述的境况表现出极大的理解，并答应我，一回纽约就处理此事。而且他还主动向我透露，不管法郎是否贬值，研究所有意在年底重新调整对我的安排。倘若我的经济情况在此之前就已经崩溃，我可以谨慎地保证，我能靠我自己度过这个异常艰难的九月份，不需要向马克斯立即求助。

这种遭遇的一个直接后果是，我在接下来的几个星期内只能有非常分散的时间用于写作。我这就开始找房子，这恐怕不是易事。听说您和费莉西塔斯将搬进新房，请接受我最诚挚的祝福。这便涉及您上一封来信的内容。您应该也已经看出来了，我沉默的原因不是敏感，而是与更加措不及防的情况有关。仅此而已！

非常感谢您在伦敦与马克斯详细谈了我的事情。我们自此在巴黎仅见过一晚，但正是由于这一晚我们格外开心，气氛格外融洽，所以我们没有一一谈到具体事务，虽然我们本应该这样做的。所以，我是从您的信里才得知拱廊街购书基金通过的消息，为此我非常开心。至于莫尼耶小姐，我会尽全力在接下来的几天引荐她与马克斯认识。总之，这个问题按照我们的意愿解决了。至于您建议的将杂志校样继续通过您转寄给我，我强烈欢迎。

如前所述，马克斯跟我见面时——我们一直谈到深夜——顶多略微聊到了类似的具体问题。这次谈话对我的重要意义在于，他头一次向我介绍了创办研究所的重要经济和法律基础。这个话题本身就足够吸引人了，更何况我很少见到马克斯如此开心。之前我们还去了修女院长广场的一家小餐馆，您和费莉西塔斯下次来的时候我们一定要去。只可惜我们恐怕还得耐心等待。不过希望机会来临时，我可以在我自己的住处接待你俩。

至于《贝尔格》，我立即写信让我前妻去圣雷莫邮局查询了。我还没有收到回音，但希望您现在已经收到书了。

在这种日子里若能尽快收到您的消息，我将会无比开心。请写信到Nicolo 路——如有必要它会被转到布洛涅。

最诚挚的问候

您的本雅明

亲爱的费莉西塔斯：

我在信的结尾处写给泰迪的请求，也同样郑重地向你提出。请尽快来信，越详尽越好。

你已经看到了谜底有多简单。为了避免将来类似的厄运——我希望很快能从中解脱——带来类似的沉寂，请尽你所能让我们的通信往来比你在柏林时还要频繁活跃。我保证不会让你等我的回音。

祝一切顺心如意！

来自德特勒夫

90 本雅明致阿多诺夫妇

1937 年 10 月 2 日

布洛涅（塞纳河畔），Château 路 1 号

亲爱的费莉西塔斯：

如果将来我有时给你们其中一人写信，有时给另一人写信，那么其实我的信大都是写给你们两个人的。鉴于我不愿意放弃传统的信头格式，所以请允许我保留称呼的更替。

我写信频率的反常，就连书信格式都不遵守，再加上更换地址，这一切足以让你猜到我的近况很不好。马克斯知道我的情况，我期待他这个月能出面解决。

正如我在上一封信里提到的，我暂时住在 E. H.[1] 女仆的房间。经济问题一旦通过马克斯得到解决，我就会去找一间单人公寓。

鉴于过去几个星期发生的事情，你们恐怕听不到关于《波德莱尔》和《拱廊街》的进展了。不过幸运的是，一项新工作被提上了日程。马克斯把我和奥普雷希特[2]凑到了一起，我们计划共同为《标准与价值》

---

1 指爱尔莎·赫兹伯格。
2 这里指苏黎世出版商奥普雷希特（Emil Oprecht，1895—1952），《社会研究杂志》由其出版社发行。

杂志写一篇长文[1]，介绍研究所的影响。我们没有低估编辑的难度，但是我想，奥普雷希特的声望足以解决这些难题。

令我备感抱歉的是，我不光没有新写的东西，现在就连旧文稿也没法作为补偿寄给你了。"复制理论"一文的最终版本只有一份，所以恐怕只有等你来巴黎才能读到。——泰迪给了我 10 月第二周能见到你们的希望。希望这次能够实现！

我上次信里给你们写过，我和马克斯畅谈了一整晚。之后我们又短暂地见了一下午，一起去拜访了莫尼耶小姐。泰迪成功发起的事情现在有了最圆满的结果。如果你们 10 月份来，我们也一定要去奥登街[2]。

现在谈谈《胡塞尔》。（亲爱的泰迪，请允许我在信内更换称呼。）在我没有主动问起的情况下，马克斯告知我，纽约那边确实有人反对这篇论文。我不知道反对意见是否来自洛文塔尔，不过马克斯向我暗示了这个方向。您对唯心主义认识论发起的总攻击——尽管它本身似乎以现象学的形式得到了最终清算——显然因其影响力而掀起了波澜。毫无疑问，马克斯立即向我保证尽快以最关切的态度阅读您的文章。可能因为您在纽约的会谈，他完全记得您的基本意图。但请您不要太在意我的这些初步印象，您应该很快就能从纽约听到更确凿的消息。

至于《第二夜曲》，我没能从马克斯那里借到。我希望很快能收到一份影印件。另外，再次衷心感谢您的《乐团》一文。

您的信让杜多很高兴。我本希望能将他引荐给马克斯，但时间不允许。就大众艺术出一本随笔集的想法让他也同样铭记在心。要是我知道该如何继续就好了，不管有没有他的参与！

索恩-雷瑟尔很久没露面了。克拉考尔也很难见着。由于我现在没有电话，所以只能指望他们主动了。

1　参见本雅明：《一家自由的德国研究所》，原载于《标准与价值》（1937/1938），第 818—822 页，现收录于《本雅明文集》，卷 3，第 518—526 页。

2　莫尼耶的书店坐落在巴黎奥登街（rue de l'Odéon）。

——正如泰迪意识到的，我同意他对卡约瓦的批评，特别是针对其政治功能局限性方面的批评。至于卡约瓦的研究是否该被称为"庸俗唯物主义"，我并不确定。无论与他的"相互"交谈将会带来多高的外交成本，我还是建议保留原计划。

你搬进新家收拾妥当以后，请尽快给我写信，我很想知道你对伦敦的进一步印象，还有你是否会偶尔回德国。

下次写信的时候还烦请告诉我，我寄存在你那里的法语书[1]你是如何处理的。我很希望你把它们带到伦敦了。假如这些书不在伦敦，你有可能托人把它们打成挂号邮包寄给我吗？

对生活在巴黎的人来说，目前的政治气氛相当阴郁。走在大街上，随处可见美国军团[2]的各色人等，感觉完全被法西斯主义包围了。我希望很快能通过写作来屏蔽这些印象。

请尽快回信，并接受我最诚挚的问候。

本雅明

---

1 本雅明指的是格蕾特·卡普鲁斯 6 月 15 日写给他的信，信中格蕾特通知本雅明："我这里保存的书还包括：巴尔扎克的《都兰趣话》《驴皮记》，福楼拜的《包法利夫人》，阿斯里诺的《浪漫图书馆》。"
2 1919 年在巴黎成立的美国退役老兵组织。

91　阿多诺致本雅明

1937 年 10 月 22 日

伦敦

亲爱的瓦尔特:

今天给您寄去《曼海姆》的最新最终版本[1],这个版本稍作修改后即将出版。我很好奇,您是否跟纽约那边和格蕾特一样,更喜欢这个版本,我自己依然忠于老版本。如果您有相关的修改意见——在不需要再次进行大规模修改的前提下——还希望您能立刻通知我,并和复本一同寄还于我。当然前提是您认为这些修改确实有必要。我不想为此给您添麻烦。

我的贝多芬笔记[2]和《第二夜曲》希望您也已经收到了。

索恩-雷瑟尔告诉我,您依然被房子的事情缠身,因此相当抑郁。如果我在此种情形下向您分享马克斯上一封信[3]里的几句话,也许对您是有益的:"最美好的时光是与本雅明在一起度过的几个小时。在所有人当中,他离我们最近。我会尽我所能,帮助他走出经济困境。"这几句话非常有分量,特别是考虑到研究所也受到了经济衰退的沉重打击,

---

1　阿多诺 9 月下旬对《新客观社会学》一文做了修改和删减。这个"最终版本"稍加修改后送去付印,但最终却没能发表。参见《阿多诺文集》,卷 20(1),第 13—45 页。

2　这里指阿多诺的《贝多芬的晚期风格》,参见信 17 及其注释。

3　霍克海默致阿多诺的信写于 10 月 13 日。

我们所有人都必须做好继续下滑而不是上涨的准备。

　　"瓦格纳"的准备工作进展很快。《胡塞尔》以现有的形式暂时无法发表。主要反对意见与您和格蕾特各自提出来的一致，即在不熟悉胡塞尔原文本的情况下，这篇文章的大部分内容是很难理解的，而我们不能假定杂志的读者完全了解胡塞尔。我会尝试着做一些补救，但目前还不是很清楚是否能成功。

　　我们还收到了恩斯特·布洛赫的来信[1]，他在信里通知我，他会把他的唯物主义研究手稿寄给我，值得一提的是，他的措辞异乎寻常地温和。他在信里对卢卡奇进行了严厉的抨击，这能让我们做出一些推断。

　　我和格蕾特衷心祝您一切顺利！

您的老友

泰迪

1　这封信已遗失。

92　本雅明致阿多诺

1937 年 11 月 2 日

布洛涅（塞纳河畔），Château 路 1 号

亲爱的泰迪：

假如让我列出所有阻碍我给您写信的理由，那么它将会比我现在写的这封信长得多。其中的部分缘由您应该已经从索恩-雷瑟尔那里听说了[1]。

事实上，虽说赠马不看牙，但真要让我对爱尔莎·赫兹伯格的赠马（她女仆的房间）挑三拣四的话，我会看到自己在里面早上六点就醒来，听着比海浪的节拍更高深莫测的车水马龙声，从我床前狭窄的柏油马路上呼啸而过。我床前！——因为我的床就在窗户下面。如果我把卷帘拉上去，街道就是我写作的见证；如果我把卷帘放下来，则要忍受（无法调节的）中央供暖在这个暖洋洋的 10 月带来的可怕温度。

我多么希望受到这几个星期影响的仅仅是我们的通信。我当然一大清早就会逃去国家图书馆，但一整天都待在那里也很难忍受。所以我的生活非常不稳定，不过这倒是让我了解了巴黎的租房市场。尽管如此，我仍然一无所获。我想找的那种户型最近已经快没有了。布鲁姆[2] 虚情

1　索恩-雷瑟尔 10 月初从巴黎搬到了伦敦。

2　莱昂·布鲁姆（Léon Blum，1872—1950），法国政治家、作家、社会党领导人，1936—1937 年出任人民阵线政府总理。

假意的社会主义政府除了其他问题以外，还让城建持续停滞。而且这里的小公寓房也是不久前才开始兴建的。

当我收到纽约的决定[1]时——他们保证向我提供的金额大概是您原本考虑的四分之三——这些困苦都退到了一边，因为又有光照进来了。所以我没有耽搁，立刻开始投入工作。我刚刚完成了巴黎文学书信的第一封[2]，这是马克斯在巴黎时我答应他写的。这些书信并不以出版为目的。其中您可能最感兴趣的，应该是我给让·科克托的新剧本《圆桌骑士》[3]写的评论。这是一件非常可悲的事情，科克托的堕落似乎已经无法挽回了。下次见面时再细说。

这个机会也许并不遥远。费莉西塔斯让我去伦敦的邀请[4]在我耳旁幸福地响起。对我来说，在这里找到房子以前先去伦敦看看也不失是个有效的办法。我的计划是，爱尔莎·赫兹伯格一回来，我就离开巴黎。我可能先去布莱希特那里，[5]在那里过圣诞，并同时安排把我寄存在那里的藏书[6]运回巴黎的事宜。然后我估计一月份去伦敦。[7]请告知你们的想法。请注意，我出国的机会只能到明年年中——之后我的护照就过期了。另一方面，在住房的必需品置办完以前——如果我能有幸找到房子的话——我也不想离开巴黎。

这些计划仍会有变。因为在我递交入籍申请[8]以前，我是不会离开巴黎的。我前天拿到了瓦莱里的签名支持，这是我迄今为止拿到的最重

1　社会研究所决定将发放给本雅明的资助从法郎改成美元，这一变动于1月1日前就开始生效。

2　本雅明不定期地以书信的形式向霍克海默和研究所其他成员介绍法国的文学动态。第一封信的日期是1937年11月3日。

3　参见让·科克托：《圆桌骑士》（巴黎：1937年）。

4　格蕾特·阿多诺的"邀请"出自她9月29日写给本雅明的信。

5　本雅明并没有去丹麦布莱希特那里，而是12月底去了圣雷莫。参见下一封信。

6　本雅明挽救下来的个人藏书先存放在了布莱希特那里。

7　本雅明最终没有去伦敦。

8　本雅明最终没能申请到法国国籍，参见《本雅明文集》，卷6，第775—776页。

要的签名。不过在正式申请以前，我想先铺平司法部门的道路。

瓦莱里的签名需要一定的交涉。把贝尔纳路公寓里的东西搬出来也是一大难题。再加上布莱希特、利布和马塞尔·布里昂的来访。[1]简言之，上几个礼拜事情安排得满满当当。格罗瑟森当然也要在这种时候出现。我不能理解为什么马克斯硬要把文集[2]交给他去做。等待我的是更加精明的新式刁难。他现在的表述是："《新法兰西评论》受邀的书从来都不预设出版日期。"我猜，这是忠于路线的阿丽克丝·吉兰[3]的伎俩。幸运的是，与格罗瑟森谈判的官方负责人不是我，而是阿隆。

不过我还记得您让我去打听克拉考尔稿件[4]的事情，如果我和他见面的话。但坦率地讲，我已经一个半月没见到他了。上次我还是跟马克斯一起见他的。我提议与他再约，他的答复却是，他接下来的两个礼拜都没空。我何时得罪他了，不得而知。不过他也有些过分。所以我现在非常耐心地等待他的回音。请向索恩-雷瑟尔带去我最美好的问候。希望您与他度过了愉快的时光。我从他女儿那里听说，他比我幸运，已经找到房子了。请祝他好运！

在过去这段相当长的时间里，我陆续收到您的三篇文章。从《夜曲》中我看到了非常重要的主题：既从您对勋伯格表达方式的阐述上，也从禁忌与媚俗的关系中。后者我们将来肯定还会谈到的。我希望我们将来也能聊聊您最后的反思：我能看出这里意图的重要性，但是，隐藏在音乐素材里的思考我却无法完全理解。《贝多芬》对我而言非常透彻，而且表述也非常精彩。

---

1 为了新剧《卡拉尔大娘的枪》的首演，布莱希特10月上旬在巴黎指导演出排练。弗利茨·利布（Fritz Lieb, 1892—1970），瑞士神学家，曾任《东方与西方》杂志主编，本雅明的《讲故事的人》一文于1936年10月在该杂志上刊登。马塞尔·布里昂（Marcel Brion, 1895—1984），本职是律师，后来投身文学、艺术和音乐领域，是《南方手册》杂志的成员。

2 这里指之前提到的法语版霍克海默文集。

3 阿丽克丝·吉兰（Alix Guillain, 1876—1951）是格罗瑟森的女友，与法国共产党走得很近。

4 这里指克拉考尔的《大众与宣传》。

至于新版《曼海姆》，其本质的东西依旧影响不减。如果我没记错，新添的一些表述非常精辟。我格外欣赏您对大户资本家家长这一人物的表述[1]；还有结尾部分。——我认为新版的优点在于，它比老版更正式、更具代表性，而老版则偶尔有些个人意气用事。不过老版本向新版本的过渡一开始没有很到位。我在这儿有条删减建议，为了省时，我擅自在您的影印件上做了标注，希望您能谅解；影印件已经给您寄回。就我所见，这一删减不会破坏任何内容，但却能缓和您处理方式中的暴力性，同时又不失尖锐性。——除此以外，我还有两个用词方面的修改意见：我建议将第3页第15行的第二个词从"光"改成"黑暗"，第10页倒数第8行从"安心的"改成"美化的"。您发现没有，对于"少数组织者"[2]的影响，范泽兰[3]目前是多好的例证——即使辩证主义者有时也承认例证！

最后：我何时能等来《阿尔班·贝尔格》的样书？——我很想从费莉西塔斯那里知道我的法语插图藏书[4]的去向（我9月份就问过她）。您知道它们在柏林还是在您伦敦的家里？

最后我还想声明，波洛克要求我在我自己的事情上[5]对研究所严格保密。这当然不包括对您和费莉西塔斯，但是您需要知道此事。在此，我想再次衷心地感谢您为我所做的一切！——另外，您给我分享的马克斯原话也让我很欣慰。

虽然没有享受其中，但我这两天还是尽我所能为格蕾特·德·弗朗

1　参见《阿多诺文集》，卷20（1），第41—42页。

2　参见同前，卷20（1），第38—39页；卷10（1），第42页。

3　保罗·范泽兰（Paul van Zeeland，1893—1973），比利时经济学家、政治家，1935—1937年出任比利时首相，1935—1936年兼任外长，1937年10月因被指控贪污受贿，被迫辞职。

4　参见信90及其注释。

5　本雅明从1937年11月起每月从纽约社会研究所收到80美元的资助，以确保不受法郎贬值的影响。此外，他11月还从日内瓦分所收到1500法郎的搬家救济金。

西斯科的新书写了一篇相当友善的书评[1]。以后有机会再详谈。

请不要责怪我这么久没有写信，现在您知道原因了。所以请尽快回信，并向费莉西塔斯问好！

您的瓦尔特

1　这里指在信 84 中首次提到的《江湖骗子的力量》。本雅明的书评参见《社会研究杂志》（1938 年），第 7 期，第 296—298 页，现收录在《本雅明文集》，卷 3，第 544—546 页。

93　本雅明致阿多诺夫妇

1937 年 11 月 17 日

布洛涅（塞纳河畔），Château 路 1 号

亲爱的泰迪：

我前天签下了租房合同，[1] 所以今年年底就有可能搬进新公寓，最迟明年 1 月 15 号。由此，我的计划也有变更：由于时间仓促，所以恐怕不值得跑丹麦一趟了。

我去伦敦的计划不一定会变。不管怎样，我都需要在本月底、下月初之前把现在的住处腾出来。爱尔莎·H 已经把她回程的日期通知我了。要不是这里从早到晚的可怕噪音严重限制了我的工作能力，我会很不情愿搬走的。所以我只能依赖国家图书馆，这倒是让我的波德莱尔文献工作多少有了些进展。

你俩 12 月份有何安排？一旦有计划，烦请通知我。

克拉考尔那里依然：杳无音讯。

索恩–雷瑟尔最近在做什么？

格蕾特·德·弗朗西斯科告诉我，她收到您的信 [2] 非常开心。

祝您和费莉西塔斯一切顺心如意！

您的瓦尔特

1　位于 Dombasle 街 10 号的公寓是本雅明逃离巴黎前的最后一个住处。

2　阿多诺的信写于 1937 年 11 月 10 日。

94　阿多诺致本雅明

1937 年 11 月 27 日

伦敦

亲爱的瓦尔特：

　　我之所以等了这么久才给您回信，是因为有一件事情我不想向您隐瞒，而这件事在没有完全有把握之前，我是无法通知您的：出乎预料的是，我们将提前移民美国。研究所和普林斯顿大学之间达成了一项协议，[1] 这将意味着可以与马克斯直接合作，也能为研究所减轻一些经济负担，同时还能为我们提供一定的保障。请您相信我，这里有非常迫切且实际的理由推动马克斯提出这个建议，并令我接受他的提议。我非常清楚放弃欧洲的职位和职责将意味着什么。您知道我首先想到的是您；为了强调这一决定的严肃性，我再补充一点：如果去了美国，也许我就再也见不到我母亲了。您能想象我的感受。唯一值得欣慰的是，我和马克斯终于能有机会合作进行辩证唯物主义的研究 [2]——但愿它能带来决定性的

1　这项协议是由保罗·拉扎斯菲尔德促成的，他从普林斯顿大学获得了一项高额经费用于无线电广播研究，并有意聘请阿多诺主持音乐方面的研究工作。研究所随后与拉扎斯菲尔德达成协议，将阿多诺的工作时间分为两半，一半用于"无线电广播研究项目"，一半用于研究所的工作。奥地利社会学家保罗·拉扎斯菲尔德（Paul Lazarsfeld，1901—1976）于 1933 年移民美国，并获得纽约哥伦比亚大学社会学系教授的职位。

2　霍克海默与阿多诺的深入探讨与合作，再加上二人在该领域各自撰写的文章，最终汇编成合著《启蒙辩证法》。

意义，而且考虑到格蕾特越来越无法忍受英国这边的生活条件，所以我希望美国能让她的身体好起来。

眼下一切仍悬而未决。我们没能入住新房，家具的搬运也暂停了；我们仍住在这两间陋室里，长久下去很不舒适。与美国领事的重要会面定在了 12 月 13 日，尽管结果很难预测。所以动身赴美的日期[1]不会在一月份以前。

我相信我们在此之前肯定会见面的。至于在哪里，是伦敦还是巴黎，眼下很难讲。这在一定程度上也取决于纽约那边的安排。毋庸置疑，事情一旦稍有眉目，我就立刻通知您。但我无论如何想知道的是，研究所对您经济情况的调整[2]是否进展到能完全解决问题的程度，以及您的收入是否以美元计算。如果我在这里问您与研究所商定的具体收入是多少，这并不是好奇鲁莽之举，而是因为您上一封长信里的某些内容让我对您的事情实在放心不下。我希望这个问题不会给您造成任何心理压力，也希望波洛克没有绝对要求您保密，而他对我是完全保密的。在满足以上前提的条件下，请尽可能详细地告诉我此事该如何继续处理。以目前的情况看，索恩-雷瑟尔的事情、克拉考尔的事情、大众艺术合集及其相关项目恐怕都会了不了之。这让我更加坚信您的事情能得到解决，因为它确实是我目前唯一能顽固坚持的。不过同时，我也在考虑尽快把您也调到美国去。让我有此想法的原因是，我们确实有必要近距离一起工作，在这一必要性上，马克斯也包括在内；而且我相信，战争不可避免，不久就会爆发。"兜帽党"事件[3]与哈利法克斯计划显而易见的失败[4]，只是大链条上的两个链节。在我看来，欧洲的纠葛其实除了灾难以外没有其他出路，而与永久性的灾难相比，我倒是宁愿把战争的灾难视为出路。

---

1 阿多诺夫妇于 1938 年 2 月离开了欧洲。

2 参见信 92 及其注释。

3 这里可能指布鲁姆政府对该右翼激进秘密组织的粉碎。

4 受英国首相张伯伦的委托，哈利法克斯伯爵 11 月赴德，与希特勒进行了试探性会晤。

这些考虑甚至压过了您提出的紧要问题：关于捍卫失去的欧洲岗位的问题。对我们具有讽刺意味的是，我们恐怕在任何地方、任何情况下终将会失去这个我们视为己任的岗位。不可理喻的施瓦茨柴尔德在《新日记》上对俄罗斯的谴责[1]，以及同样令人无语的格奥尔格先生——还有恩斯特·布洛赫——在《世界舞台》上以能够与施瓦茨柴尔德相提并论的方式对俄罗斯的辩护，[2]只需瞧瞧他们的文章，便能惟妙惟肖地想象出我们被困其中的绝境。至于我们与欧洲的关系，严肃地讲，我眼下只能把它想象成爱伦堡式的旅行社[3]，在废墟上翻来找去。但这并不意味着我对美国完全持乐观态度，毕竟那里危机浪潮的间隔显然已经缩短到令人恐慌的程度。这场蔓延几十年的灾难是人类迄今为止造就的最完美的地狱幻影。我的《瓦格纳》进展顺利，它唯独具有的是属于这灾难本身的田园式意义。它的前期工作即将结束，将笔记转化成行文只是形式问题而已，这就像英国人先充分熟悉情况、充分演练，然后再视猎获老虎为形式问题一样。这项研究越来越围绕"乞丐"这个中心人物展开；也许这是个好兆头，因为我十年来一直关注的有关"乞丐奔向大门"这句歌词[4]的理论研究，似乎终于得以实现。这里涉及我做过的一个梦，下次有机会我想给您朗读这场梦的记录。另外，这项研究但愿还能满足您一直渴望了解的一个领域，即有关配器的理论[5]，在该理论下，对乐器的阐释本身具有决定性发言权。总之，请允许我至少在这里乐观地预言，

1　参见施瓦茨柴尔德（Leopold Schwarzschild）：《潘多拉的盒子》，载于《新日记》杂志（1937年），第 5 期，第 46 册，第 1089—1094 页。

2　参见格奥尔格（Manfred Georg［或 George］）：《人民阵线的知识分子》，载于《新世界舞台》（1937 年），第 33 期，第 46 册，第 1449—1454 页；恩斯特·布洛赫：《叛徒的庆典》，同前，第 1437—1443 页。

3　参见伊利亚·爱伦堡（Ilja Ehrenburg）的小说《朱利欧·朱雷尼托和门徒的不寻常之旅》（柏林：1923 年），以及《相信 D. E.：欧洲灭亡史》（柏林：1925 年）。

4　参见《浅谈瓦格纳》的第 9 章《上帝与乞丐》（现收录在《阿多诺文集》，卷 13，第 123—133 页，特别是第 127—128 页）。——关于这句歌词的出处，参见信 5 及其注释。译者注。

5　参见同前，第 5 章《色调》（《阿多诺文集》，卷 13，第 68—81 页）。

您会对这一尝试感兴趣的。至于之前提到的《胡塞尔》，其命运仍然十分渺茫，但我相信，这篇文章无论以何种形式总归会有机会的。

格蕾特的身体状况欠佳.她身心极不适应英国这里的生活条件，特别是我们当下不稳定的生存状态。所以现在最简单的办法是，拆掉这里的帐篷，去更安宁的地方安顿下来；不过这一切仍取决于跟美国领事馆谈判的情况，而且与纽约电报形式的通讯也增加了出发的困难。无论如何，我依然不放弃去蔚蓝海岸度两个礼拜假[1]的希望，而这也意味着，我们也许能在巴黎见面。

索恩-雷瑟尔在这儿，不过我对他很失望，因为他让我感觉，他努力寻找机会虚构理由只是为了打发时间，而对他而言，利用工作之由无限期地拖延时间，似乎比在计划时间之内完成研究项目更为重要。再加上不幸的是，把他带到英国并对他负有监护责任的那位英国教授[2]，跟他一样懒惰。总之，他至今只字未写，所以到头来还是跟洛文塔尔[3]、哈塞尔贝格之徒属于同类，与我们不同路。我们"后继无人"这个事实与眼下的灾难正相符。我在这方面遇到的最"了不起"的一篇文章，当属林费尔特先生对"堕落艺术展"的评论[4]，他把这场运动意识形态化，盗用的或多或少却是咱们的思想武器。我现在对他和斯滕贝尔格的立场非常坚决：我要与他们一刀两断。您要是还没读过这篇胡言乱语，我可以给您寄去。其中最令人作呕的是，他竟然还借口自己是"隐藏的反对派"。到处都是兜帽党。

《曼海姆》已经排完版了，排版时做了大量改动，我很不喜欢。所

1　阿多诺夫妇 12 月中旬去圣雷莫度了将近三个星期的假期，他们在那里与本雅明碰了面。

2　指 John Macmurray，他在伦敦大学任逻辑学和认识论教授。

3　这里指德国经济、政治和社会学家里查德·洛文塔尔（Richard Löwenthal, 1908—1991）。

4　参见林费尔特：《"堕落的艺术"回顾》，载于 1937 年 11 月 14 日的《法兰克福报》。艺术史家、政治评论家卡尔·林费尔特（Carl Linfert, 1900—1981）是《法兰克福报》的记者兼编辑，战后负责德国西北广播电台的晚间节目。

以我立即提出了反对意见，但不知道是否会成功。

　　最后，我希望您很快能搬进安静的新居，在里面想住多久就住多久；而爱尔莎，这个恶魔般的施主，就让她去忍受赛车道和世界大战的痛苦与折磨吧。关于她的纽约之行，爱尔莎对我们只字未提，而且她显然也没有跟马克斯联系。我的推测是，她担心马克斯不会像她希望的那样不接待她，而假如她不去跟他联系，接待则肯定不会发生。不过这其中或许也有一丝羞耻的成分。我把她"慷慨施舍"女仆房的行径告诉了我父母，我想效果达到了。

　　我俩祝您一切顺心！请尽快给我们写信。

　　一如既往

您的老友

泰迪

95　阿多诺致本雅明

1937 年 12 月 1 日

伦敦

亲爱的瓦尔特：

请让我接着格蕾特的信[1]再补充几句公事。您可能过两天会收到一封古斯塔夫·迈耶的信，他是恩格斯的传记作者，[2]以前是柏林的副教授。为了恩格斯传记的法语版，他跟伽利玛出版社签了合同——是他的好友格罗瑟森推荐的。格罗瑟森向他保证帮他找法语翻译，考虑的好像是一个叫亚历山大的人。不过不用多说您也能猜到，翻译和出版没有一件事情被搞定。所以迈耶现在来找我，问我能不能在翻译问题上帮他忙。我建议他来找您，因为您比我更了解人事关系。我的考虑是，让咱们的最佳人选——科洛索夫斯基或者埃蒂博接手这项工作，前提是，他们眼下没有与研究所直接相关的翻译任务在身。假如选择了他俩当中的任何一人，则无法避免要将此事告知咱们亲爱的格罗瑟森，因为无论是该翻译计划，还是这两个顶梁柱的最初推荐，都来自他本人，而在马克斯文集的出版问题得到成功解决之前，我不想让他有被背后插刀的感觉。尽管

1　这两封信的日期相同。格蕾特·阿多诺在信中写道："我们极有可能从 12 月中旬一直到 1 月份都待在圣雷莫费德别墅。［……］有可能在那儿见面吗？"

2　参见古斯塔夫·迈耶（Gustav Mayer）：《弗里德里希·恩格斯：生平传记》。第二卷于 1934 年在海牙的奈霍夫出版社发行。

我感到很抱歉，但是如果迈耶给您写信——这是前提，还烦请您就此事先与格罗瑟森联系，然后再回复迈耶。如果我苛求您再次去跟格罗瑟森打交道，那么，我至少有必要向您简要描述一下他这位受他自己刁难的朋友的性格。迈耶是个非常可怕的人，与福克斯是同类，但却没有后者攻击性里的和解品质，后者至少有时还针对实际情况，而在迈耶这里却根本就指望不上。如果我告诉您，迈耶不仅与格罗瑟森是好友，而且还跟活生生的福克斯本人关系不错，那么，这幅和谐完美的画面便终于完整了，而且您应该也不会否认，我们就缺他这个锦上添花的人了。事实上，我们与他的关系有着致命的必要性。出于各种原因——有些甚至是很久以前的瓜葛——迈耶对研究所抱有异常强烈的怨恨情绪，[1]四处造谣。所以安抚他的情绪对我们非常重要，特别是考虑到一旦招惹了他，他便会没完没了。所以，如果我们能帮他搞定翻译，让他欠我们一个人情，将会对我们大有帮助。所以我这才会麻烦您。

另外，他对您的《福克斯》一文反应相当激烈。但是鉴于我已经让您成为格罗瑟森的牺牲品了，所以不想再对您进行不必要的伤害。

希望能在圣雷莫见！最诚挚的问候！

您的泰迪

1　1922 年，古斯塔夫·迈耶通过与投资人费利克斯·韦尔（Felix Weil）的谈话，自以为有望获得法兰克福社会研究所所长的职务，然而第一任所长实际上却由卡尔·格吕伯格（Carl Grünberg）担任。

96　本雅明致阿多诺

1937 年 12 月 4 日

布洛涅（塞纳河畔），Château 路 1 号

亲爱的泰迪：

您的来信简直就像晴天霹雳，带给我的是残酷的消息。

尽管您的抉择背后是同样残酷的迫不得已，但这仍然无法缓和它。

毕竟这个决定有望解决不少问题，所以我们也只能接受它留在您身后的问题。

但是同心协力：您出发前我们一定要再见一面。毋庸赘言，自然是咱们三人见面。

我刚给我前妻去了一封信，只要她一回复，我就立即通知您。无论如何，我希望您为巴黎也能预留几日。马克斯肯定也希望您能多看欧洲大陆一眼。

我多么希望能带您和费莉西塔斯来看看我将来的小窝啊！可惜我 1 月 10 号才能入住。这也将会影响到我能离开巴黎的时间。还好它与你们的时间安排不冲突。

简言之，我想过不了几日，我们就能见面了。所以下文只是为了不让您上一封信里的一个重要段落没有得到——即使是暂时的——答复。

波洛克在给我的通知上附了以下补充："至于这份通知的具体内容，我们请求您对任何人（包括日内瓦分所）都严格保密，因为考虑到我们

眼下不得不处处缩减开支,而唯独您这里相反,所以我们不想引起争议。"出于不止一个原因,我无法想象波洛克这里想到的是您。至于我自己:倘若不能在您和费莉西塔斯面前开诚布公,这对我才是"心理负担"。如上所述,我不能想象波洛克是这个意思。除了波洛克的来信,请让我今天再向您援引马克斯信里的一段话[1]:"我们在这里与赫兹伯格小姐谈过了。也许她现在终于愿意相信,让您入住女仆房是不可能解决您的经济问题的,其实就连我们眼下出的力都办不到。"马克斯还补充了一句:"但我对她深表怀疑。"

与此前的情况相比,研究所的新调整明显减轻了我的经济负担,我的上一封感谢信正是要向您表明这一点。您的来信告诉我,您对此事仍念念不忘。假如还需要我郑重地向您宣告这对我意味着什么,那么,就让费莉西塔斯成为它的使者吧。

请您转告她,我多么期待终于又可以跟她闲聊。另外,我也希望她的健康在出发前有所起色。环绕在索恩-雷瑟尔周围的迷雾还是这么浓烈吗,以至(我听说)他都没有从一个房间移步到另一个房间去?

我非常期待拜读您的《瓦格纳》和"乞丐"形象。很快就见面了,希望见面的时间不要太短暂!

您的瓦尔特

1　霍克海默致本雅明的信写于 1937 年 11 月 5 日。

97　阿多诺致本雅明

1938 年 2 月 1 日

伦敦

亲爱的瓦尔特：

拉扎斯菲尔德——就是邀请我去做无线电广播研究的那位人士，给我寄来了一份研究项目的备忘录。他要求我对备忘录发表意见，并给他列一个广播"问题"的清单。我不想拿他的备忘录和我给他的回信来烦您。不过这个"问题清单"倒是逐渐壮大成了提纲[1]的规模，类似于我曾经为爵士乐研究写的那个，再加上"索谜团"[2]兴致勃勃地把这个提纲誊写了一遍，所以我今天把它寄给您，并请您保留这个复本。毋庸赘言，我很好奇您的看法。假如您想把它拿给克拉考尔看，我也是同意的。我唯一想补充的是：出于可理解的原因，针对我个人最关注的一个问题，即那些没有人听的、多余的音乐将何去何从的问题，[3]我只作了轻描淡写。我在提纲的框架下谈论的主要是背景式的音乐，而不是那些完全不被感知的音乐，这种音乐才是关键。但我不想在此不必要地加速冲进疯人院。更何况我对提纲的效果也不完全明了。但我想至少向您透露一下我的主要观点，即没有人聆听的音乐，其结果是灾难。我目前的理论依

1　从阿多诺的遗稿中保留下来的提纲版本标题是：《问题与论点》。

2　这是阿多诺为索恩-雷瑟尔起的外号。

3　参见《阿多诺、索恩-雷瑟尔通信集》，第 79 页。

据尚不充足，但我相信，它将涉及音乐与时代的关系。

另外，我已经完成了《瓦格纳》的第一章，第二章这几天也能写完。我很少在写作的过程中感到如此快乐。顺便提一句，我在这个文本中试图尽量远离一本正经的哲学腔。

由于我没有收到纽约方面关于巴黎之行的电报，所以我们恐怕来不了了。这让我更加期待您的回音。

祝一切顺利！

您的泰迪

亲爱的德特勒夫：

谢谢你寄来的明信片[1]和弗里克手稿。阿尔弗雷德·索恩有一个理论，他认为广播与电影是社会化的感觉器官[2]，这是对弗里克思想的一定的补充。此外，他仍然像往常一样神秘、耀眼，不过我们当然还是看不到他的任何研究成果。祝顺心如意！

你一如既往的
费莉西塔斯

1　未能保留下来。

2　参见《阿多诺、索恩-雷瑟尔通信集》，第 73—78 页。

98 本雅明致阿多诺

1938 年 2 月 11 日

巴黎，Dombasle 路 10 号

亲爱的泰迪：

非常感谢您的短信和长手稿。《瓦格纳》[1]昨天早上寄到了。

假如我有一分钟的空闲时间，光凭广播研究提纲[2]就足以让我早些给您回信了。但是，今天的信仍不能如我所愿写得更详尽些，尽管我今天——如您所见——不同寻常地倚仗起了技术进步[3]。

简言之：广播研究提纲让我有充分的理由分享"索谜团"的高昂兴致。我认为它是您写过的最具启发性的文字之一。而且，它那着实令人振奋的低音也得到了彰显；伴随着"不必害怕"（bange machen gilt nicht）[4]的微弱但却倔强的哼唱。我出奇地喜欢您对广播听众的"姿态"的描述（它之所以令我着迷，可能是因为作为烟民的我，终于在理论上

---

1 阿多诺显然给本雅明寄了一份《浅谈瓦格纳》第一章的打字稿复本，这一章主要讨论瓦格纳的社会特征，于 1938 年 1 月 28 日完成。

2 该打字稿复本总共 13 页，在本雅明的遗物中保存了下来。

3 这封信是在打字机上写的。

4 这是阿多诺最喜欢的一句谚语；参见《最低限度的道德》中以这句谚语为标题的警句格言（《阿多诺文集》，卷 4，第 76—77 页）。

获得了我的权利 ）[1]。另外，这一段没有遮盖您对"静止的"和"多余的"音乐[2]的更为深刻的表述。整篇文章有一种美好、透彻的荒诞性，假如它果真把您送进疯人院，您完全有理由要求与保罗·克利为邻。

我之所以在这里首先想到他的名字，是因为巴黎刚刚举办了克利画展，展出了不少他的最新画作。他现在似乎更注重油画，可我还是最喜欢他的水彩画。

这两三天我四处看了看。倒不是说我的新公寓已经布置好了。出于显而易见的原因，我把装修的活儿交给了一位业余修补匠——一个很讨人喜欢的小伙子，非犹太移民，一有空他就来打理我的小房间，为了能在里面不受干扰地度过他的闲暇时光。

我没敢在您面前表白，我有多么希望您能再迟些离开欧洲[3]；若果真如此，您——和费莉西塔斯——一定要来看我一次。

尽管我还没有机会读您的《瓦格纳》第一章，但是在打开它的时候，我欣喜地看到了您援引我的"厌恶"理论[4]（Theorie des Ekels）的段落。您不打算参考一下托马斯·曼在最近一期的《标准与价值》上对瓦格纳

1　在保留下来的打字稿里有对"烟民"的以下描述："吸烟的姿态与听音乐会的姿态截然相反：前者与艺术作品的灵晕针锋相对，它把烟吹向了声音。吸烟是一种分心的姿态，或者至少是对事情的祛魅：吸烟的人在感受自己。但是同时，吸烟也能促进注意力集中。总之，我感到吸烟与听广播之间存在着深层的联系。吸烟者孤立自己，但同时又善于交际。"

2　对此提纲中有以下表述："如果说电影通过无限切割技术将连接到一起的图像变成了一种连续运动，那么，收音机里播放的音乐正相反。不停滚动的音带相当于静止的银幕。然而，与音带可被感知的运动相比，音乐本身似乎却是静止的。在这里，音乐分解成了'图像'；每一刻都在面对真实物理时间的流逝，音乐失去了掌控后者的能力，停顿了下来。在其美学表象与时空的对峙中，音乐对时间掌控的失去实际上是其——本雅明《机械复制时代》一文意义上的——'灵晕'消失的技术公式。"

3　阿多诺夫妇于 1938 年 2 月 16 日乘坐尚普兰号邮轮驶往纽约。

4　参见《单向街》中《手套》章节里的第一句："厌恶动物时，最主要的感受是惧怕通过与它们接触而被它们辨认出来。"（《本雅明文集》，卷 4 [1]，第 90 页）阿多诺在《浅谈瓦格纳》中的相关段落，参见《阿多诺文集》，卷 13，第 22 页。

的评论[1]吗？我打算找机会读读这篇文章。

马克斯早在去年十二月份写给我的一封信[2]被寄丢了，我现在才收到其复本。据信，我为利昂撰写的文章[3]现在被提上了议程。

我见过克拉考尔，下次有机会，我会给他看您的无线电广播研究提纲。他对提纲肯定备感兴趣，因为他正在（受 Albert de Lange 出版社之邀）写一部关于电影的书[4]。不过您可能早就知道此事了。——我已经拜读了您在上一期杂志上为他写的书评[5]；它是婉伤的，而克拉考尔的书却让人愤怒。

我在马克斯的批判理论评论[6]中发现了几处与我特别相关的段落，其结论非常精彩。

今晚我将怀着不小的激动去火车站迎接肖勒姆。[7]

在激动人心的日子即将到来之际，我还想完成以下祝福：愿您与费莉西塔斯一切顺心如意！并向雾堡里的经济学大祭司[8]致敬！

一如既往

您的瓦尔特

1　托马斯·曼的演讲稿《理查德·瓦格纳与〈尼伯龙根的指环〉》刊登在第三期《标准与价值》杂志上（1938 年 1/2 月刊）。

2　这封信的日期是 1937 年 12 月 17 日。

3　这里指本雅明在霍克海默的建议下，为《标准与价值》杂志撰写的文章《一家自由的德国研究所》，在信 90 中首次提到，费迪南德·利昂（Ferdinand Lion，1883—1965）是该杂志的时任主编。

4　这本书最终未能完成。

5　参见信 75 的注释。

6　这里指信 83 中首次提到的文章《传统理论与批判理论》。

7　参见肖勒姆在《本雅明：一个友谊的故事》中对此次拜访的描述。

8　这里指阿尔弗雷德·索恩-雷瑟尔，参见信 96 的结尾。

辑 六
1938—1939

99　阿多诺夫妇致本雅明

1938 年 3 月 7 日

纽约 [1]

亲爱的瓦尔特：

我开始几周都在忙广播研究项目的事情，我今天只是想在您无法想象的忙乱中给您去个信儿，告诉您我们旅途顺利，已经安全到达，并暂时在一个很可爱的房子里住了下来。我发现这个项目有着无限的可能性和极大的知名度。音乐方面的研究全部由我负责，而且整个理论部分其实也是由我负责，因为项目的官方负责人——把我带到这里的拉扎斯菲尔德——主要负责组织方面的工作。

今天我想请您写一篇两三页打字纸的报告，署您的名字，介绍一下您曾经为德国广播电台做的"样板广播剧"[2]尝试。我想把它归到研究档案里，并在我的备忘录里对它进行讨论。我不排除从中为您争取到实际好处的可能性。

至于研究所的工作，我今天只想汇报以下几点：由于广播项目和编辑类的大量工作，我不得不先搁置《瓦格纳》几个礼拜；马克斯的《蒙

1　这封信寄自纽约，但使用的是普林斯顿大学的信纸，信纸上的信息为：普林斯顿大学，普林斯顿，新泽西州，公共与国际关系学院，广播研究办公室 203 ENO HALL。

2　参见《本雅明文集》，卷 4（2），第 627—720 页，以及文集编辑的注释，第 1053—1054 页。第 628 页的《样板广播剧》一文可能是本雅明 1938 年应阿多诺的请求写的。

田》[1]与我们的想法完全一致，关注点不以蒙田批评为主，而更多的是"怀疑"的功能变化；我认为这篇文章非常成功，它同时还为政治评论创造了机会。眼下我和格蕾特拿到了克拉考尔的手稿，但对我们而言，这似乎并非幸事。这篇文章到底有没有可取之处，还很难讲，但无疑的是，倘若要试图挽救这篇文章，那么就只能先把它完全打破，然后再把最细小的碎片重新整合到一起。为了他的社会心理学智慧，克拉考尔完全无视广告这一大研究对象，尽管在他引证的材料上却有明显体现。另外，他的理论框架非常随意，毫无约束力；使用的净是二手材料。——我的《曼海姆》恐怕被完全埋葬了，现在仅能以打字稿和修改校样的形式传播一点；而《胡塞尔》似乎却能以任何一种形式出版，当然前提是做大量删减。难题是——这也是我考虑到《波德莱尔》想事先通知您的地方：研究所杂志重新缩减回以前的出版篇幅，所有超过两页半印刷页面的文章，一概得不到排印。

正如我和费莉西塔斯的预期，这边的生活环境不难适应。说实话，这里比伦敦还像欧洲。离我们住处不远的第七大道，像极了巴黎的蒙帕纳斯大道，我们住的格林威治村，则让人想起圣女日南斐法山（Mont St. Geneviève）。假如您也在，我们会满足于当下这个世界的生活——尽管它一半被张伯伦的希特勒政策、一半被斯大林的司法思想统治。把信件寄到我们的住址是目前最快、最安全的联系方式：Christopher 街 45 号，11G，纽约市，纽约州，美国。请您不要被变化无常的信头所迷惑，并尽快给我们写信；另外，请告知肖勒姆大概何时抵达纽约，以及我们应当以何种卡巴拉的迹象去预测他在曼哈顿的停留。我俩祝您一切顺心！

您的老友

泰迪

1　参见马克斯·霍克海默：《蒙田与怀疑的功能》，原载于《社会研究杂志》（1938 年），第 7 期，第 1—52 页，现收录在《霍克海默文集》，卷 4，第 236—294 页。

亲爱的德特勒夫：

　　比起伦敦，我更喜欢这里，而且我相信，你应该也会有同感。而最令我惊讶的是，这里并不像人们想象的那样，一切都是那么崭新、那么先进，正相反，这里到处都是现代与破旧的鲜明反差。在这里，人们不需要去寻找，而是随处可见超现实性。傍晚的时候，高楼大厦格外壮观，但是一到晚上写字楼关门以后，灯光昏暗，让人联想起欧洲那些照明不足的背街房屋。你能想象得到吗，这里也能看到星星，一眉水平的弯月，还有夏日般的美丽日落。——E.[1] 周末来过，他的状态非常好，我只是好奇，这种相对安宁的生活他能坚持多久。——你完全想象不到，我有多么希望你也在这儿。我只是担心，你太享受拱廊街了，所以根本就不想离开这个雄伟建筑，以至只有等你把这扇门锁上以后，才会有可能对其他事情感兴趣。你可别嘲笑我！让我尽快听到你的回音。

你的老友，在异域

费莉西塔斯

1　这里指埃贡·维辛。

100　本雅明致阿多诺夫妇

1938 年 3 月 27 日

巴黎（第 15 区），Dombasle 路 10 号

亲爱的泰迪！

终于收到您的消息，而且还是好消息，这让我心花怒放。咱俩在过去的日子里可没怎么被好消息宠幸过。

您能想象，我有多庆幸至少看到我儿子从奥地利及时脱险。除非迫不得已，不然我不敢去想象在维也纳所发生的一切。

希望我从克热内克那里听到的消息[1]是真的：他放弃了自己在奥地利的几乎所有职务，已经到美国了。

肖勒姆也早就在那边了，但我至今还没有收到他的任何消息，所以我也不知道他在纽约、芝加哥还是藏在其他什么地方。如果您跟纽约的犹太圈子有联系，也许更容易得知他的下落。

您应该能够想象，最近发生的事件促使我更加努力地申请入法国籍[2]。但是这种事情通常会让人遭遇到意想不到的难题，我眼下的难题是如何搞到一大堆文件，而且，这类事情还让人耗费一大把时间。

尽管入籍的前景十分渺茫，但我依然认为现在该是加紧申请的时候

1　克热内克早就有移民的打算，同年 8 月 31 日才成功抵达美国。

2　参见信 92 的注释。

了，即使只是给司法档案部门再添一本卷宗。

马克斯可能已经告诉您了，我从《标准与价值》杂志社收到了《研究所》一文的校样，这一成果是好不容易从利昂这个危险的破坏者那里争取到的。

您在新研究项目里展开的重要前景——在您的提纲中有所呈现——很有意义。而费莉西塔斯对你们居住环境的描述则以另外一种方式让我感到既亲切又感动。愿意被引诱到其他城市去已经是我的老习惯了，而你们似乎正走在这条路上。

令我意想不到的是，我居然刚又收到了十几、二十册留在柏林的藏书。这让我更想把留在丹麦的藏书[1]也尽快弄到这里来。

费莉西塔斯，如果你在开箱的时候发现我的法语藏书，还烦请你让研究所把它们尽快寄给我。

我听说很多人正在逃离布拉格。我不知道恩斯特[2]留在那里安不安全。不过他也许会去罗兹？！

我离开德国的时候遗失了一部分手稿，"样板广播剧"也在其中。我尽量通过回忆把这些广播剧的结构重新拼凑到了一起。提纲随信附上。[3]

请尽快详细回信。

向朋友们问好！并祝你们一切顺利！

您的瓦尔特

另：以下两本关于瓦格纳的书也许您会感兴趣：

瓦尔特·朗格（Walter Lange）：《理查德·瓦格纳氏族》，莱比锡：

---

1 这里指本雅明寄存在布莱希特那里的藏书；关于这些藏书的转运，参见信109。

2 这里指恩斯特·布洛赫。

3 格蕾特·阿多诺在1938年4月10日致本雅明的信里向他确认已收到后者关于"样板广播剧"的信件。

1938 年

尤金·施密茨（Eugen Schmitz）：《理查德·瓦格纳：我们今天如何看待他》，德累斯顿：1938 年

101　阿多诺致本雅明

1938 年 4 月 8 日

纽约

亲爱的瓦尔特：

　　这张明信片[1]够不正式的吧？我们很快就变成亲戚了，[2]您怎么看这件事？祝您顺心如意！

您的并不遥远的好友

泰迪

1　明信片上印有三张照片，分别是纽约"加斯敦好汤"法式餐厅的入口、用餐大厅和酒吧与鸡尾酒酒廊。

2　本雅明的表弟埃贡·维辛打算与格蕾特·阿多诺的妹妹里斯洛特·卡普鲁斯结为夫妻。

102   本雅明致阿多诺夫妇

1938 年 4 月 16 日

巴黎（第 15 区），Dombasle 路 10 号

亲爱的泰迪：

您的加斯敦餐厅复活节问候卡昨天寄到了。

实不相瞒，您暗示的这层似乎众所周知的关系，我是从您的暗示中才得知的。所以咱俩，您和我，很快就变成家族谱上的两片叶子，互相点头示意；既然咱们在和风细雨的日子里就已经交流顺畅，那么老天保佑，在接下来的暴风骤雨中咱们更能取得成就。

这件事令我更加欣慰的是看到埃贡得到两位助手的加持，他们不像 K. 的帮手那样反复无常，却同他们一样足智多谋，并且据说或多或少了解"城堡"里的最新动态。请您尽管告诉埃贡我对此事的坚定信念；它可以取代一封长贺电。

我回想了一下，您收到我这封长信的起因只不过是您提到的这层新关系；因为我还没有收到您对我上一封信的详细回复。但我还是想聊两句《瓦格纳》，它的前四章我都已经收到了。我在里面发现了不少吸引我的重要母题。当然，若要对它做出合理的回应，我还得先收到并研读完所有章节。如您所知，它的主题对我本来就有一定的难度，而遗憾的是，您寄来的文本影印件还增加了我的阅读难度。因为油墨的颜色太浅，所以读起来相当费劲；倘若您能选一份质量好一点的影印件寄给我，就

再好不过了。

我非常赞同您对瓦格纳音乐里的"伴随"特征的评论[1]。特别吸引我的还有您对瓦格纳的语言与舒伯特的"森林与洞窟"语言——看得出，这是对《浮士德》的援引！——之间的对比考察[2]。毫无疑问，您关于他主题中隐藏的"寓言性"的结论[3]对我尤其重要。——我期待有机会能在您的文本里畅游，并在里面四处寻觅我自己的思想痕迹。

亲爱的费莉西塔斯，以下文字是属于你的，祝你复活节快乐；同时也感谢你 4 月 1 号的来信，我很高兴收到这封信。你愿意帮我誊清《机械复制时代的艺术》一文，这对我非常珍贵。我非常乐意接受你的提议。只要我一有时间把手稿再通读一遍，就会立即给你寄过去。在你的干预下，一颗幸运之星似乎在我的作品上空冉冉升起。就在昨天，列维-金斯伯格刚把《柏林童年》的手稿带回去誊清，而我现在竟然还有望拿到他当时从你那里弄到的罗沃尔特样书[4]。

不难向你解释，伊丽莎白[5]是个出众迷人的姑娘。可惜她很快就从这里飘走了，可能不知什么时候又会飘回来。

下面这则消息应该很适合在眼下书写的这封信与暂时中断的《拱廊街》文稿之间搭起桥梁。

道尔夫·斯滕贝尔格的《全景画——19 世纪的景观》[6]出版了。这

1　参见《阿多诺文集》，卷 13，第 57 和 118 页。

2　同前，第 56—57 页。

3　同前，第 43—44 页。

4　参见信 15。

5　伊丽莎白·维纳（Elisabeth Wiener）是格蕾特·阿多诺的朋友，格蕾特在同年 4 月 1 日写给本雅明的信里问起过前者。

6　参见道尔夫·斯滕贝尔格（Dolf Sternberger）：《全景画——19 世纪的景观》（汉堡：1938 年）。

个书名供认了他对我的剽窃，这本书的基本思想全部建立在对我的剽窃
之上，而他抄袭的唯一成功之处也仅限于这个标题而已。"拱廊街"的
思想在这里受到了双重过滤：首先要经过斯滕贝尔格的脑袋（滤网一），
然后还要经过帝国作家协会（滤网二）的过滤。剩下来的东西，不难想
象。而他在《格言式序言》里的纲领性宣言更能帮助您想象："条件与
行为，束缚与自由，物质与精神，无罪与有罪，这一切在过去是不可割
裂的，其无法改变的历史见证虽然分散不完整，但却摆在我们的面前。
而这一切始终交织在一起［……］这是历史自身偶然性的问题，它只能
在引文的偶然性选择和其偶然、杂乱无章，但同时却能组合成文字的不
同面貌中被抓住和保存下来。"

斯滕贝尔格寒碜之极的概念框架是对布洛赫、您和我的盗用拼凑。
表现极其赤裸的，是他对我的"寓言"概念的盗用，每隔三五页就能发
现一处。关于"同情"的两处无耻的题外话明显证明，他还剽窃了我的
《论〈亲和力〉》。

至于这里至关重要的法语原始材料，他大概考虑到帝国作家协会，
所以完全没敢触碰。只需想想他在套用上述概念工具时讨论的却是
Bölsche、Haeckel、Scheffel 和 Marlitt 之流，您就能非常精准地想象出
这个连白纸黑字摆在面前都无法想象的东西了。

这个孩子在写这部"杰作"之前，先是在报道希特勒的"堕落的艺
术"的演说[1]中练了练手，我觉得这再正常不过了。

我认为您有必要看看这本书。也许您还可以跟马克斯商量一下，是
否需要我写一篇书评——或者更直白地说，是否需要我去公开揭发它。

我目前正在专心思考《波德莱尔》的构架问题，为此我向马克斯做
了简短的汇报。在阅读了成堆的书籍、做了成堆的摘录以后，我现在开

---

[1] 参见道尔夫·斯滕贝尔格：《艺术的殿堂：希特勒为"德意志艺术之家"美术馆揭幕》，
载于 1937 年 7 月 19 日的《法兰克福报》（《晨报》），第 1—2 页，以及第 3 页上的《节日
之城：热烈庆祝"德意志艺术之家"美术馆开幕》。

始做大量思考[1]，以为一目了然的结构奠定基础。我希望它不会比《论〈亲和力〉》一文中的辩证严谨性逊色。

最后是积攒了一个季度的各种杂事：

首先是几个请求。对费莉西塔斯，我想请她帮我把法语插图藏书——尽快，可能最好投保——寄还给我。对您，我想重复对《克尔恺郭尔》的请求。另外同样重要的是，我很想听您讲讲您与肖勒姆可能已经进行过多次的会面。——我最近与让·瓦尔聊过天，他当时刚从柏格森那里来。据说后者开始幻想中国人进军巴黎了——那还是在日本人占上风的时候。瓦尔还说，柏格森认为铁路是一切的罪魁祸首。（另一个问题是，有朝一日我们能从耄耋之年的让·瓦尔那里学到什么。）——格蕾特·德·弗朗西斯科途经巴黎。我跟她只通过电话。她伤心至极，因为她父母连同一大笔财产陷入了奥地利的圈套。

希望很快能收到您详尽的消息。衷心地问候您、费莉西塔斯和周围的朋友！

您的瓦尔特

1　可能是《本雅明文集》，卷7（2），第744—763页上的笔记。

103　阿多诺致本雅明

1938 年 5 月 4 日

纽约

亲爱的瓦尔特：

《瓦格纳》写完了，拉扎斯菲尔德去了俄亥俄州的哥伦比亚，所以我现在终于有时间给您回信。

首先聊聊肖勒姆。您恐怕不会相信，我们第一次见到他时，是在蒂利希家里，当时在座的还有戈德斯坦[1]和他的新任妻子。这个气氛不太适合介绍《光明篇》（Zohar），特别是考虑到蒂利希太太对卡巴拉的态度就好似羞怯的少女看到色情照片时一样。肖勒姆这位反律法的巡回布道者开始时非常谨慎，很明显地视我为勾引您的主要危险人物：我诡异地感觉自己似乎变成了布莱希特。无须赘言，他对此闭口不谈，而且还优雅傲慢地虚构道，他只知道我有一本书在神圣的 Siebeck 出版社发行过，[2]除此之外对我一无所知。但我还是设法成功打破了魔咒，他开始对我产生了信任，而且我感觉这种信任还在不断增长。我们又见了两次面，您可能已经感到耳根发烫了：第一个晚上我们单独见面聊天，讨论的话题一部分涉及咱俩上次在圣雷莫有关神学的交谈，另

1　心理学家、神经病学专家库尔特·戈德斯坦（Kurt Goldstein, 1878—1965）早在法兰克福时期就与阿多诺和本雅明认识。

2　这里指阿多诺的《克尔恺郭尔》。参见信 10 的注释。

一部分关于我的《胡塞尔》，肖勒姆仔细读过这篇文章，仿佛是对我的智力测验。第二个晚上马克斯也在，肖勒姆非常精彩地向我们介绍了与沙巴泰（sabbatianisch）和弗兰克（frankistisch）神秘主义[1]相关的惊人事情，其中有些内容让人清晰地联想到罗森堡[2]对咱们种族的某些想象，以致马克斯非常担心这种思想会通过出版物而得到壮大。于我而言，很难向您描述我对肖勒姆的个人印象。这是责任与好感之间冲突的典型案例。我对他的好感最明显地体现在他为您的哲学思想——或许也可以把我自己的哲学思想算上——中的神学母题做辩护的地方，您应该也能发现，他反对放弃神学母题的一系列理由，特别是他认为神学母题事实上在您那里如同在我这里一样没有被方法论抹杀掉，与我在圣雷莫的讨论一致；更不用提他对丹麦那个魔法绊脚石[3]的态度了。但是，责任也立即发挥作用，它要求我承认，您的"吸墨纸"（Löschblatt）比喻[4]和您的意图，即通过隐姓埋名的方式在世俗中调动神学经验的力量，于我而言比肖勒姆式的救赎更具有关键性说服力。所以我坚守了咱俩在圣雷莫达成的总路线，也就是说，我虽然向他承认"异质"的契机，但却主张异质入侵的必然性。这里的一部分责任可以归咎到肖勒姆自身所接受的神学形式本身。首先，他的神学救赎极具直线性与浪漫性，比如当他一味强调"内容"与其起源的对立，并且指责马克思主义只顾后者而不关注内容本身时，我感觉在这里看到了克拉考尔抑或西奥多·海克（Theodor Haecker）的影子。然而，只要去考察一下他自己展现的东西——至少我没有办法像他讲的那样把他的神秘主

---

1 它们分别由土耳其的犹太领袖沙巴泰·泽维（Schabbtai Zwi, 1626—1676）和波兰的犹太领袖雅各布·弗兰克（Jakob Frank, 1726—1791）创立。译者注。

2 阿尔弗雷德·罗森堡（Alfred Rosenberg, 1893—1946），二战期间纳粹德国的重要政治人物，是纳粹党党内的"思想领袖"。译者注。

3 指布莱希特。

4 参见《本雅明文集》，卷5（1），第588页："我的思想与神学的关系，就如同吸墨纸与墨汁的关系。它被神学完全浸透。若从吸墨纸的角度看，则写下的一切一概不会留有残余。"

义内容与其历史命运分开对待，就会发现它们最本质的特点是"爆炸"。而他自己恰恰坚信一种放射性的衰变会推动神秘主义在其一切历史形态中同样、无定向地走向启蒙。他认为在咱俩这里，神话进入世俗是一种堕落，而他自己极力主张的神话概念，从历史哲学的角度看却恰恰表现为这种进入世俗，这在我看来是极其深刻的讽刺。即使不是他的想法本身，至少他的叙述恰恰为您思想中那些他所反对的变质提供了严肃的申辩。——他有非常强大的思想激情和精神力量，无疑是值得与之讨论严肃话题的极少数人之一。奇怪的是，他的力量在某些地方却突然消失，拱手让给了偏见和平庸的思想观念。这里也包括他阐释历史的方式，比如他完全在神学内部推导沙巴泰·泽维和弗兰克那里的犹太神秘主义"大爆炸"，而对其不可否认的社会关联却正因此而强烈驳回。就好像用最了不起的技艺放开了一艘救生船，而这项技艺的主要部分却是往救生船里装水，好让它沉没。我个人更赞同您的态度，假如全船沉没，那么，即使船员无法幸免，至少留下些货物也是好的。尽管如此，他还是很吸引我，对费莉西塔斯也不例外，我们之间甚至建立起了真正的联系，这种联系偶尔发展成一种信任，类似鱼龙去雷龙家里做客时的信任，或者换言之，好比利维坦去探访比蒙巨兽时的信任。简言之，都是自己人。我还想补充的是，肖勒姆显然对您怀有难以想象的感情，所以不管您周围出现什么人，布洛赫也好，布莱希特也好，或者其他任何什么人物，他都会先视其为敌。我觉得他对我的态度倒是温和的；至于他对马克斯的态度如何，我没法说。不过马克斯的反应倒是很积极，我愿意相信这次会面——在纽约的一个酒吧里——具有正面的意义，因为它让马克斯对您以前的一些思想有了全新的了解。然而，肖勒姆却非常固执地拒绝来研究所，而且还拒绝了我们让他来研究所做报告的邀请，拒绝的原因有可能与他知道洛文塔尔和弗洛姆的犹太复国主义历史[1]有关。

　　今天给您寄去《瓦格纳》的剩余部分，可惜我手上没有质量更好的复本。我接下来的写作计划尚未完全确定。马克斯和我考虑首次合作一部大书；有两个想法[2]可供选择，可我比较迷信，所以不想今天就告诉您。"广播研究"的备忘录[3]我最近也写完了，有一本小册子的厚度，而且他们已经决定，将我对广播音乐问题的研究成果以独立图书的形式，由非常有声望的普林斯顿大学出版社单独发行[4]。在这方面，我首先想到的是用德语写一篇论听觉的退化和音乐领域中的拜物特征的小文章[5]，作为与《论爵士乐》的某种对应。至于能否很快就动工，还是个时间问题，因为我不仅要从《瓦格纳》中切出一篇完整的期刊文章（我考虑的是第五至第七章），同时《胡塞尔》的出版问题由于他的逝世又被重新提上了日程，而且，将克拉考尔长达 170 页打字纸的《宣传》一文[6]删减成只有两个印刷页面的期刊文章的任务，也落到了我的头上。在这个任务上您不必羡慕我，因为您能想象克拉考尔的书会是什么样。我的意思是说，如何从书中找出足够多的可取之处好去挽救它；不过

1　洛文塔尔和弗洛姆 20 世纪 20 年代曾在法兰克福的"犹太学院"工作过。

2　参见下一封信。

3　可能指长达 170 页的未能出版的打字稿，标题是"广播音乐"。

4　这本书原计划的标题是"音乐潮流"，最终未能实现。

5　参见阿多诺同年夏末完成的论文《论音乐中的拜物特性与听觉的退化》，原载于《社会研究杂志》（1938 年），第 7 期，第 3 册，第 321—355 页；现收录在《阿多诺文集》，卷 14，第 14—50 页。

6　阿多诺早在 1938 年 3 月 5 日对《德国和意大利的极权政治煽动》第一部分的鉴定里——这份鉴定书未公开，但在阿多诺的遗稿中保留下来了一份打字稿复本——建议把它删减成期刊文章的篇幅，并在《社会研究杂志》上发表："由于它值得肯定的部分夹杂着天真幼稚、随意不严谨的理论，而且即使抽去开头的三四十页，文章也大大超过了杂志允许的篇幅，所以我的建议是，审阅文本可取的部分，将它们以关键词的形式记录下来；如果克拉考尔的原语境过于随意，则脱离这些语境。另一方面，应当保留克拉考尔可取的结构设计。然后从这些材料中重新提炼出不超过两个印刷页面的期刊文章。我会自告奋勇执行这个任务。"在收到阿多诺的删节本以后，克拉考尔没有允许发表这个版本。

这个态度让我非常孤立，以至我都不知道它最终能否有好结果。这一切当然请您严格保密。

我从波洛克那里听说您最近的情况不错，《波德莱尔》的写作进展顺利，这个消息让我非常振奋，我渴望听到更多好消息。至于斯滕贝尔格，我已经建议研究所购书了，而且也不反对公开揭发它。我只是想告诉您，据我最近听说的一个非常可靠的消息，他在《法兰克福报》的地位已经不保，所以我不晓得我们是否需要在这件事情上提前行动。

至于我们能从耄耋之年的让·瓦尔那里学到什么的问题，只需看看他那本论克尔恺郭尔的 745 页的长篇大论[1]，就足以找到答案。这本书虽然学识丰厚，但却无聊透顶。只不过是各种阐释、阐述和与存在主义的牵线搭桥，有专门讨论克尔恺郭尔与雅斯贝尔斯以及克尔恺郭尔与海德格尔的章节；他完全没有尝试对存在主义哲学进行批评，或者对它进行理论渗透，更多的却是力求通过一种典型作品或者教科书的方式去支撑它。我会就它写两篇书评：一篇给一份美国杂志，一篇在咱们这儿。但我恐怕无法强迫自己对他太友好。无论如何，如果您能指点我应该如何策略性地对待他，我会不胜感激。顺便提一下，就像我不喜欢他的巨人歌利亚一样，我猜他恐怕也同样不喜欢我的大卫。

至于现代艺术博物馆，您一定要与夏皮罗[2]取得联系，他非常熟悉您的著作，而且见识广，洞察力强——尽管有些棘手，因为他曾经试图向我们证明您的"机械复制"一文契合逻辑实证主义方法。我告诉您这些，只是想让您知道，与巴黎一样，这里先锋圈子里的树也长不到天上去。不过，这边的物质资源应该还是更丰富，所以我认为，让研究所与

1　参见让·瓦尔（Jean Wahl）：《克尔恺郭尔研究》（巴黎：1938 年）；阿多诺对它的书评，参见《社会研究杂志》（1939/1940 年），第 8 期，第 232—233 页，现收录在《阿多诺文集》，卷 20（1），第 232—233 页。至于他为"一份美国杂志"写的书评，不详。
2　迈耶·夏皮罗（Meyer Schapiro，1904—1996），立陶宛裔美籍艺术史家，从 1928 年直至 1975 年在纽约哥伦比亚大学任教。

夏皮罗合伙或者通过类似的途径把您调过来的想法，也并非天方夜谭。这当然只是我的个人想法；出于充分的理由，在没有征得您同意的情况下，我还没有跟马克斯讨论过这件事。政治上夏皮罗是个积极的托派分子。他的地址是：迈耶·夏皮罗教授，第4大道，西街279号，纽约（他能自如地阅读德语）。为此我还想提醒您，最近发生的事件并没有增加巴黎的安全性。尽管按照我们的理论战争不会发生，但是假如理论错误，它并不会让战争显得更无害。

　　我经常见艾斯勒，有一次还跟他进行了长谈。他变得非常友好，很容易相处，这可能归功于研究所或者广播研究项目。他现在对我的新姿态就像是一位年长、饱经风霜的唯物主义政治家，在残酷的时代面前，父亲般地庇护着年少轻狂、毫无阅历的理想主义青年，向他传授新认识。而这个新认识是：即使政治，也需要按照人类本来的面目去对待他们，即使工人也不是天使。我耐心地听完了他对莫斯科审判的无力辩护；而他对布哈林遇害开的玩笑，却令我作呕。他声称自己在莫斯科期间认识了布哈林本人，可后者的良心当时就已经败坏了，所以不敢直视他——艾斯勒的——忠诚的双眼。这不是我编造的故事。另外，我从托洛茨基的《被背叛的革命》[1]中获得了真正的启迪；尽管您反感接触这一套，但我认为您还是应该读一读这本书。

　　格蕾特和我都很好，就在我口授这封信的时候，透过窗户，我们能看到诺曼底号驶出海湾，驶向法国。

　　我们祝您一切顺心如意！

您的老友
泰迪

1　参见列夫·托洛茨基：《被背叛的革命》，阿多诺阅读的是由 Victor Serge 翻译的法语版（巴黎：1936 年）。

请原谅我提一个鲁莽的问题：肖勒姆自己是不是弗兰克派？他相信自己讲的一切吗？

祝一切顺心

你的费莉西塔斯

104 阿多诺致本雅明

1938 年 6 月 8 日

纽约

亲爱的瓦尔特：

很久没有您的消息了。我今天给您写信的目的，是向您提出一个请求，一个显而易见的请求：请您尽快完成《波德莱尔》，好让它能赶在下一期杂志上刊登，这也就意味着，稿子需要最迟九月上旬寄到这里来。这个请求的原因是：如果下一期杂志能按照我们现在的想象发行，那么将会有三篇论文被录入，一篇格罗斯曼讨论马克思经济学创新，即交换价值与消费价值概念的文章，您的《波德莱尔》，还有我的《胡塞尔》删节版。我自己的文章在表述上将会有重大改动，改动将主要体现在尽可能避免近距离地接近胡塞尔的文本，就连引证都尽量脱离他，以此来凸显批判的意图。这个修改任务是我假期前打算完成的最后一项工作。假如这三篇文章果真能在同一期杂志上刊登，[1] 那么，我们也算完成了一件值得骄傲的事情。当然这也增添了一些难度，特别是对篇幅的要求。我给我自己定下的目标是，不超过两个印刷页面的长度；至于《波德莱尔》，若要确保它在下一期杂志上发表，唯一的办法就是最多不超过两

---

1 该计划最终未能实现。

个半印刷页面。Dira necessitas。[1] 毋庸赘言，倘若您能满足我的这个请求，我将会对您感激不尽。我想可以这样讲，修改《胡塞尔》给我出的难题，不比《波德莱尔》对您在时间和篇幅上的限制更人性。

另外，马克斯和我的写作计划也开始逐渐明确。我们大概定下来先共同起草一篇关于辩证法新形式，即其开放形式的长篇论文。我俩对这一计划满怀期待，只要我们的预设能大致实现，那么我相信您应该会高兴地看到自己的理论兴趣在里面得到呈现。这篇论文会向我们计划的唯物主义逻辑研究的方向发展，并且已经有了出书计划；另外一本关于社会学批评的书[2]也在计划之列，让我感到痛快的是，这本书将会通过更宽泛的研究对象庆祝我的《曼海姆》起死回生。目前这些都严格保密。马克斯今天动身去西部，9月份才回来。

与此同时，我还把克拉考尔原本176页的手稿删减成了我认为可以发表的30页打字纸的文章，并在内容上对它进行了大量补充和拓展。它现在有一个章节是关于元首的，我认为相当成功，其他各方面亦如此。除了几句希特勒引语，几乎没有一句话出自克拉考尔的原文。对此他还一无所知，所以在这件事情上，也请您保密。

我就像索尔维格等待培尔·金特那样等待您对《瓦格纳》的评价。

还有最后一件事。此前，我不得已为一家美国的移民机构就一本题为《乐观主义》的书写了一份鉴定[3]，这本书的作者是一个名叫格瑞德[4]的人，他自称马克思主义者，其实却是个白痴。我如实地写了鉴定。经我的同意，鉴定书向格瑞德先生公开了，可他随后却给我来了一封厚颜

1　拉丁语，"残酷的必要性"。出自贺拉斯的《颂歌集》，第三部。译者注。

2　这本书未能写成。

3　这份鉴定是阿多诺1938年1月为"德国文化自由美国协会"写的。

4　赫尔曼·格瑞德（Hermann Greid，1892—1975），德国演员、导演，移民瑞典，与布莱希特有过合作。

无耻的信 [1]。这一切本来对我是无所谓的，可他在信里却偏偏大肆宣扬他跟布莱希特的关系，同时又声称他从未从朋友圈子里听说过我的半点信息以及我的马克思主义资历。这令我非常恼火；在不让您感到为难的前提下，如果您能帮忙确认一下事情的真假，我将会不胜感激。Mille grazie！ [2]

我们祝您一切顺心！

您的老友
泰迪

我刚才听马克斯说，他今天也给您写信了 [3]，内容大致相仿。但我们的信件是在不知情的情况下单独写的。

---

1 已遗失。

2 意大利语：非常感谢！

3 在霍克海默的遗稿中保留下来一份复本，日期是 6 月 7 日。这封信附有霍克海默应本雅明的请求（参见本雅明于 5 月 28 日写给霍克海默的信，《本雅明文集》，卷 6，第 775 页）为后者入法籍的申请所提供的"工作证明"。

105　本雅明致阿多诺夫妇

1938 年 6 月 19 日

巴黎（第 15 区），Dombasle 路 10 号

亲爱的泰迪：

我准备好了，今天坐下来写这封关于《瓦格纳》的书信；我将采用"拦腰法"（in medias res），因为我猜您更急于了解的，不是这封信姗姗来迟的原因，而是它对您文本本身的解读。

我对《瓦格纳》的研读终于到了对它略有熟悉感的程度。我多么希望您能让我的阅读体验跟未来其他读者的一样轻松；可现在的情况却是，我只能一再轻声叹气：影印件的确无法给手稿爱好者提供阅读乐趣，而且也不利于细读。

《瓦格纳》本身——开门见山地讲——内容丰富，清晰透彻。作为外行读者，我在面对它时的不利先决条件，其实是对它最好的试金石。完全令我意想不到的是，读完第一遍，我就能应付这篇论文深入细节的技术考察，并且还能清晰地通观其他方面的内容。不言而喻，这是您写作能力的有力证明。

据我拙见，您从未写过如此精准的面相学论文。您笔下的瓦格纳肖像从头至尾都极具说服力。您精彩地抓住了信念与姿态如何在瓦格纳那里相辅相成。

我这次不能像往常那样一一列举我认为从观点到表述都极其成功的

地方。（但我仍想顺便提几个让我无法抗拒的段落，比如沃坦形象[1]与乞丐母题的交叠，[2]瓦格纳姿态里的"德意志社会主义"元素，[3]指环母题的政治解析，[4]还有视马克国王[5]为国际联盟先父的语句[6]——这句话具有《晚报》著名漫画的鲜明性。）

至于中心问题，您在展现贯穿于瓦格纳作品中的特殊"无形式性"（Formlosigkeit）[7]时的坚定语气格外吸引我。"伴随的音乐"（geleitende Musik）概念[8]——它来自您，对吧？——是个宝藏。对我同样具有启发性的，是您对色调层次的指涉，它让瓦格纳作品中的人物，比如沃坦和齐格弗里德[9]，交融到了一起。简言之，毫无疑问，瓦格纳批评的各个元素均来自同一个总体构思，它的说服力则归功于您思想中的真实历史标志。

然而，徘徊在我们之间的疑问——它源自我们在奥斯佩达莱蒂露台上的一次谈话[10]——却没有被您安葬。请允许我用发问的方式来唤起我自己对这个问题的回忆：是不是您的瓦格纳童年经历让您在洞察他的作品时有种回家的熟悉感？我想用一块草坪和一个人打比方，这个人年少时在草坪上的玩耍经历让他对它非常熟悉，突然有一天，他在不经意间

1　沃坦（Wotan）是瓦格纳著名大型歌剧《尼伯龙根的指环》里的人物。译者注。

2　参见《阿多诺文集》，卷13，第127—128页。

3　同前，第126—127页。

4　同前，第134—142页以及第111—114页。

5　马克国王（Marke）是瓦格纳歌剧《特里斯坦与伊索尔德》里的人物。译者注。

6　参见阿多诺：《瓦格纳断篇》，载于《社会研究杂志》（1939/1940年），第8期，第1—48页，这句话的原文是："马克国王是国际联盟的先父。"（参见第40页）后来在《浅谈瓦格纳》中，这句话被改成了："马克国王是绥靖主义的先父。"（参见《阿多诺文集》，卷13，第137页）

7　参见《阿多诺文集》，卷13，第38—40页。

8　同前，第118页。——这个概念不是阿多诺原创。

9　齐格弗里德（Siegfried）是《尼伯龙根的指环》里的人物。译者注。

10　这里指阿多诺夫妇于1937年底1938年初在圣雷莫与本雅明见面的时候。奥斯佩达莱蒂（Ospedaletti）距离圣雷莫只有几公里。

认出了这块草坪，而这时的草坪已经变成了决斗场，而他自己正是被对手要求决斗的那个人。这种情状所固有的张力，似乎存留在您的《瓦格纳》里。难道不应该正是这些张力质疑"救赎"——我们的谈话正是围绕着这一主题展开——的成败吗？您把那些可以预示这种救赎的母题既清晰又谨慎地展现了出来。我眼前浮现的是您对"虚无是金"（goldenes Nichts）和"稍等是银"（silbernes Wart-ein-Weilchen）的最美妙表述。[1]诚然，这些段落肯定不会剥夺精准的瓦格纳唯物主义解读所能引起的共鸣，但它们却让这些共鸣有所折损。为什么呢？如果我这样回答：因为它们没有在您构思的摇篮里就被哼唱。您认为不对吗？《瓦格纳》这种著作其实不乏沟壑与洞穴，构思好的母题可以从那里随回声回归。可它们为什么并没有呢？为什么这些回响着母题的美妙片段（比如您援引"春天女神从山里浮现"[2]的奇妙段落），既因它们的孤立，又因其优美，而显得格外突兀呢？

如果我决定要而言之，那么将是：《瓦格纳》的基本立意——上天知道它有多不简单——是一种论战式（polemisch）的立意。如果这是唯一适合并允许我们去充分利用的方法，就像您所做的那样，我并不感到惊讶。我认为，您对瓦格纳音乐技巧的充满激情的分析也恰恰在这个立意下找到了自己的归属。对瓦格纳的论战式把握，与对其作品中的革新性（progressiv）元素的解析，正如您所呈现的那样，并不背道而驰，特别是考虑到它们与复古（regressiv）元素的区别就像公羊与母羊的区别一样小。

然而——在这里，亲爱的泰迪，请允许我出其不意地掏出战斧（这本是您最钟爱的印第安游戏）——我却认为，救赎的历史哲学视角无法

---

1 阿多诺的原文是："银闪闪的等一等属于金灿灿的虚无。"这句话在《瓦格纳断篇》的手稿送去排印之前被阿多诺自己删掉了。

2 参见瓦格纳的歌剧《唐豪瑟与瓦特堡歌咏大赛》，第1幕，第3场；关于阿多诺援引的段落，参见《阿多诺文集》，卷13，第88页。

与革新和复古的批判主义视角兼容。或者更准确地说，它们只有在特定的哲学语境下，即我们有时在"进步"的概念下讨论的哲学语境，才能兼容。而您对革新和复古范畴的全盘接受——我不是要去削弱它们在您文本中心部分的意义，却让拯救瓦格纳的企图（我此刻同样也不是一定硬要坚持这一拯救，特别是读完您的文本及其具有毁灭性的分析以后）变得很成问题。

如果我这样讲，作为哲学倾向的救赎以一种——生硬地讲（因为我找不到更好的表述）——与音乐形式特别相近的写作形式为前提，您肯定不愿意反驳我。救赎是一种循环的形式，而论战则是革新的形式。《瓦格纳》的全部十个章节呈现给我的，不是循环，而是革新。正是在这一语境下，您的社会批判与技术性考察才得以自主绽放，然而，这个语境同时也割裂了您先前的其他重要音乐理论母题——比如您视歌剧为慰藉，或者视音乐为反抗[1]；它在幻象的功能背景下捕捉"永恒"的主题[2]，同时却不得不绕过它与"幸福"母题之间的关联。

如上所述，这一切作为问题已经隐约出现在咱俩最后几次的交谈[3]中了。我的意思并不是说，您在这个问题上不比我懂行。或许对瓦格纳的救赎恰恰为您最老的一个母题——"堕落"和您最钟爱的特拉克尔引

---

[1]　"歌剧的真正观念，慰藉的观念，地狱之门在它面前敞开，在这里丢失了。"（参见《阿多诺文集》，卷 13，第 118 页）在本雅明可能收到的版本里，阿多诺的表述是："歌剧的原初力量，慰藉的力量，在瓦格纳这里消失了。"（参见阿多诺档案）《浅谈瓦格纳》中的表述是："如果谁能从瓦格纳管弦乐震耳欲聋的巨浪中抓住这种金属性，那么，其变化的音色能帮助他获得慰藉，尽管它——即使有迷醉和幻象的作用——始终拒绝给予这种安慰。瓦格纳的管弦乐通过表达出无助者的恐惧，因此对这些无助者可能意味着帮助——不管它有多么微弱和虚伪，而且可能重新向他们许诺音乐的原始反抗曾经的承诺：没有恐惧的生活。"（参见《阿多诺文集》，卷 13，第 145 页）

[2]　参见《阿多诺文集》，卷 13，第 84 页。

[3]　这里指二人 1937 年底 1938 年初在圣雷莫的谈话。

文的母题[1]——创造了空间。救赎的决定性因素（不是吗？）从来都不是进步；它可能看起来更像是倒退，正如被卡尔·克劳斯称为起源的终点[2]。

《波德莱尔》的难题恐怕正相反。即使从表面看，更不用说从问题本身，它都没有任何论战的空间；这里几乎没有过时或者不体面的东西，所以对这个对象的救赎形式本身都有可能成问题。我希望过一段时间对此会有更清楚的认识。

现在来谈谈您的来信和我的沉寂。我面前摆着你们4月10日（费莉西塔斯写给我的）、5月4日和6月8日的来信。如果我不能假定你俩在此期间已经从别人口中间接地听说了我的消息——因为我在这段时间内给马克斯写过一封长信[3]，还给肖勒姆详细地写了信[4]，我会更感到难为情的。与此同时，由于我终于计划寄一份《柏林童年》的复本给你们，所以突然又重新面对起这个文本来，而且还对它进行了大量修改[5]。其中的几篇你们可以在上一期的《标准与价值》上读到[6]。

实不相瞒，阻碍我给你们回信的理由不止这些。我害了六个星期的严重的慢性偏头痛。所以最后我决定挨个儿看大夫。第一个医生怀疑是疟疾复发，但并没有这种迹象。正当我开始接受全面的眼科检查时，症

1　1936年夏，阿多诺计划为《社会研究杂志》写一篇关于堕落的文章；他为此做过以下笔记："'堕落'一文的引文：'一切新生事物看起来却都如此病态。'——格奥尔格·特拉克尔（Georg Trakl）。"这句诗出自特拉克尔的《欢快的春天》。

2　参见卡尔·克劳斯：《诗行的语言（一）》（莱比锡：1916年），第69页（《死亡的人》）。

3　本雅明致信霍克海默的日期是1938年5月28日，其中的节选参见《本雅明文集》，卷1（3），第1076页。

4　本雅明致信肖勒姆的日期是1938年6月12日，参见《本雅明、肖勒姆通信集》，第266—275页。

5　参见《本雅明文集》，卷7（1），第385—433页；其注释参见卷7（2），第691—699页。

6　其中的七篇补遗不是在"上一期"，而是在下一期《标准与价值》杂志上刊登，参见《标准与价值》（1938年），第6期，第857—867页；关于这七篇补遗，还可以参见《本雅明文集》，卷4（2），第972页。

状骤然消失。也是时候了，因为我感到心力交瘁。这种情况自然对写作不利；我会尽力在丹麦把时间补上。后天我就出发。

最近，入法籍需要的申请材料成倍增加。我在上一封5月28号写给马克斯的信里向他详细汇报了这个情况。[1] 我几乎可以断定，他在动身去西部之前已经收到了这封信[2]，并且应该在出发前就通知了波洛克，我的入籍申请需要研究所出示一份工作证明。随信附上我致信马克斯的相关段落的影印件；假如我猜测失误，还烦请您把它交给波洛克。他大致知道我的计划。这边的审批过程漫长得可怕，所以能越早收到证明越好。

为了回报你们寄来的《法兰克福报文学副刊》，我给你们寄去一篇克洛岱尔的散文[3]，它是不久前在《费加罗报》上刊登的，精彩地证明了他这个人的宏观视角和无人企及的能力。

另外——你们可能会感到奇怪——我还有一个跟纽约有关的小建议。巴黎最近正在举办一个美国艺术回顾展。多亏这个展览，我见识了十几二十幅1800至1840年间的绘画，原始质朴，画家不详。我从未想到过这种类型的绘画竟让我印象如此深刻。除去小约翰·洛克菲勒夫人私藏的部分，其他展品大多来自"美国民间艺术博物馆"。这些展品运回去以后，你们一定要去看看。——既然提到了美国：你们知道梅尔维尔吗？这边发行了几本他的主要作品。

简单聊两句我最近的文学活动。你们应该已经从肖勒姆那里听说了

1　这封信的相关节选，参见《本雅明文集》，卷6，第775页。

2　霍克海默在6月7日致本雅明的回信里确认，他在离开纽约之前收到了后者的来信。参见信104的注释。

3　可能是保罗·克洛岱尔（Paul Claudel，1868—1955）在1938年3月26日的《费加罗报》上发表的散文《瓦格纳的毒》。

一些消息，特别是我对布罗德撰写的卡夫卡传记的研究[1]。我利用这个机会自己也做了一些关于卡夫卡的笔记[2]，出发点与我之前的随笔不同。为此，我又重新带着浓厚的兴趣研读了泰迪 1934 年 12 月 17 日写给我的《卡夫卡》评论。它是如此无懈可击，相比之下，我在文件堆里同时找到的哈塞尔贝格写的卡夫卡文章却是如此软弱无力[3]。——我第一次读了龙萨，并从他那里为《波德莱尔》找到了引文[4]。我还读了普里斯特利的小说《愚昧》[5]的翻译。有人把这部小说改编成了一部耐人寻味的电影，叫《鬼屋魅影》。如果你们还有机会追看这部电影，一定不要错过。

　　亲爱的泰迪，您的"利维坦去比蒙巨兽家做客"的比喻[6]让我忍俊不禁，它会得到应有的收藏待遇。相比之下，我更加感到自己这封信的寒酸，因为我无法回答费莉西塔斯提出的问题：肖勒姆到底是不是弗兰克派？如果我说不是——即使我有资格这样说——她应该也不会买账。别忘了，你们是在他巡回造访的时候认识他的。仅凭这一点——更不用提其他方面的因素了——你们从他嘴里探出究竟的机会就能比我多十

1　参见马克斯·布罗德（Max Brod）：《弗朗兹·卡夫卡传记（回忆与档案）》（布拉格：1937 年）。应肖勒姆的建议（参见《本雅明、肖勒姆通信集》，第 264 页），本雅明在 1938 年 6 月 12 日写给他的信里，表述了自己对这本传记的看法（同前，第 266—273 页）；本雅明后来试图将与布罗德有关的部分作为书评在《标准与价值》杂志上发表，未果（参见《本雅明文集》，卷 3，第 526—529 页和第 686—691 页）。

2　参见《本雅明、肖勒姆通信集》，第 269—273 页。

3　哈塞尔贝格曾在 1935 年夏给本雅明寄去过自己为《法兰克福报副刊》撰写的《卡夫卡笔记》，这篇文章最终没能发表。

4　指法国著名诗人比埃尔·德·龙萨（Pierre de Ronsard, 1524—1585）；本雅明为《夏尔·波德莱尔：发达资本主义时代的抒情诗人》收集的引文，参见《本雅明文集》，卷 5（1），第 301 页。

5　英国作家约翰·博因顿·普里斯特利（John Boynton Priestley, 1894—1984）的小说《愚昧》（Benighted）于 1927 年在英国出版；这部小说在美国以《鬼屋魅影》（The Old Dark House）为书名发行；1932 年的同名电影由英国导演詹姆斯·惠尔（James Whale）执导。

6　参见信 103。

倍。但我希望还有机会在巴黎见到他[1]，不过我并不确定。

布洛赫还在布拉格，正在做移民美国的准备。[2]他在《世界舞台》上有一篇非常精彩的文章是关于布莱希特的，还有一篇令人作呕的文章评论布哈林的临终遗言。[3]趁这个机会我想告诉您，诸如艾斯勒和布哈林之类的消息[4]，我非常爱听。

爱尔莎·赫兹伯格的美国之行没有为我带来任何益处。自从她回来以后，我只跟她有过几次电话联系，谈话的主要内容是她遭受的经济损失，除此以外我也没打探出什么来。你们能想象，我感到很抱歉；但我实在看不到这里有任何行动的空间。

至于您的研究项目，我当然对辩证法的新形式最感兴趣。但是从时间方面考虑，"电台音乐"研究[5]应该优先，对吧？

假如果真能遇到您信里提到的格瑞德，我自然会去打听情况。不过庆幸的是，根据您的来信，我推断这种可能性不大。除非他人在丹麦？

所以应该考虑给斯滕贝尔格缓刑？[6]——好了，今天已经写了足够多的好事，最后请收下我最诚挚的问候！

您的瓦尔特

1　本雅明与肖勒姆没有再在巴黎见面，因为本雅明去了丹麦布莱希特那里，并一直在那里待到 10 月份。

2　布洛赫全家于 1938 年 7 月中旬抵达纽约。

3　参见恩斯特·布洛赫：《舞台上的列宁主义者》，载于《世界舞台》（1938 年），第 34 期，第 20 册，第 624—627 页；以及恩斯特·布洛赫：《布哈林的临终遗言》，载于《世界舞台》（1938 年），第 34 期，第 18 册，第 558—563 页。

4　参见信 103。

5　参见信 103 及其注释。

6　本雅明显然把阿多诺在信 103 里的表述误解为，他建议的斯滕贝尔格书评当时不合时宜。尽管本雅明后来还是被委托写这篇书评，但文章未能在他生前得到发表，参见《本雅明文集》，卷 3，第 572—579 页和第 700—702 页。

106　阿多诺夫妇致本雅明

1938 年 8 月 2 日

巴尔港，缅因州

8 月 15 日以后的地址：

Riverside Drive 路 290 号，13D

纽约市，纽约州

亲爱的瓦尔特：

　　请让我最衷心地感谢您 6 月 19 号的来信以及您在信里对《瓦格纳》的评论。首先，我很抱歉给您寄去的影印版质量不好。可惜字迹更清晰的版本只有我自己的原稿，而我因为要不断在上面做修改更正，所以现在还想留着它。

　　至于您的评论，我非常高兴看到您在其中对我的认可。至于您的反对意见，事实迫使我只能不拖泥带水地说，我不得不同意您的看法。诚然，我的理由肯定与您指出的不尽相同。我想原因很简单，您认为文章里缺少的那种经验——顺带一提，马克斯的看法与您的完全一致——我并不曾有过。瓦格纳不是我的童年明星 [1]，就连在今天，除去我在某些

---

[1]　阿多诺是在师从阿尔班·贝尔格并受其影响以后，才开始研究瓦格纳的。他在 1925 年 11 月 23 日致贝尔格的信里写道："我开始认真考虑接受瓦格纳（除了您，世界上没有什么能再让我有这种能力了！）。"

段落里的尝试，比如指涉罗伯特·莱尼克的地方[1]，我还是无法更完整地召唤出他的灵晕。我至少想说明情有可原的一点：我并没有将瓦格纳的救赎母题全盘投射到在他的革新性上，而是处处强调其先进与倒退因素的交融。我相信，假如您再仔细读一遍最后一章，应该也会赞同我的。这一章或许可以在您的意义上证明，文章里的循环形式比您认同的要多。最后一章与第一章的母题恰当地衔接了起来。[2]

　　这篇论文的命运[3]仍悬而未决。我猜删节版的难度无论如何将会异常巨大，以至我宁愿放弃对它的删减，而是先着手对《胡塞尔》[4]进行全面修改和删节。我很喜欢这项工作，而且相信结果也会令您满意的，尽管修改过程本身并没有因此而更加惬意。这个新版本肯定能在 9 月 10 号以前完成，所以我肯定也希望它能在下一期杂志上发表。如果届时《波德莱尔》也能完成，那就再好不过了。另外，我之所以先着手《胡塞尔》而搁置《瓦格纳》，也是出于对《波德莱尔》的考虑。波德莱尔倘若与瓦格纳出现在同一期杂志上，其效果恐怕不佳。

　　我们现在所处的地方对于美国来说算是相当宜人了：它在一个海岛上，感觉介于南法、吕根岛和科隆贝格（Kronberg）之间。埃贡和洛特[5]在这里待了一个星期，他俩的座驾对我们的地志经验如同他俩的来访对我们的人际经验一样有益。除此之外，我重新拾起了黑格尔的《小逻辑》，一部真正的巨著，如今再读，句句说到我的心坎里。您会在《胡塞尔》

1　参见《阿多诺文集》，卷 13，第 141—142 页。——罗伯特·莱尼克（Robert Reinick，1805—1852），德国画家、诗人。译者注。

2　阿多诺在这一段话的页边手写道："请原谅打字机的又一次错误！I am so sorry！"阿多诺在信纸的背面打字时，复写纸不小心歪了，导致背面的文字反印到信纸的正面。

3　该论文的第一章、第六章、第九章和第十章以《瓦格纳断篇》为标题，在《社会研究杂志》（1939 年，第 8 期，第 1—48 页）上发表。该版本对删减的章节进行了概括过渡。

4　这里指《胡塞尔哲学》一文，参见信 72 的注释。

5　指埃贡·维辛和里斯洛特·卡普鲁斯。

中找到它的缩影。另外，我还读了欣德米特的《作曲指南》[1]，非常令人反感，我很想跟他算账，不管是在研究所杂志上还是在《23》上都行。既然谈到了令人反感的文字：卡约瓦在 *Mesures* 杂志上发表了一篇文章，名为《荒芜》[2]，他在这篇文章里一方面以硬汉自居，另一方面却向往被思想管制，至于谁有权来管制思想，他却没有明说。不过答案当然再清楚不过了。然而，文章第一页上有关高山景观的美学理论，却又彰显了他过人的禀赋。很少有人能像他这样让人感到惋惜。在同一期杂志上，巴塔耶再一次向亲爱的上帝发起了猛烈的攻击[3]。只是，能有用就好了。

我们非常期待很快能收到《柏林童年》的复本[4]。我们还没有拿到您提到的那期《标准与价值》。如果您能寄来一份，就再好不过了。我希望您已经完全赶走了偏头疼病魔。关于入籍申请一事，我立即通知了波洛克，希望一切顺利。

至于您提到的美国画展，我会同夏皮罗一起去看，他本来就答应过要带我到处看看。非常神奇的一个人。我建议您一定要跟他取得联系，可以不用去管赖达。[5]。夏皮罗可能因为腼腆，所以还没给您写信。至于他对您的思想研究的深入程度，从他向我提出过的一个问题便能略知一二。他的问题是：您对灵晕的批评与您个人写作本身的灵晕特征之间有何关系。如果有人值得拥有《单向街》的荣誉样书，那么这个人肯定是夏皮罗。还有，他对格兰维尔也抱有特殊的兴趣。

1　参见欣德米特（Paul Hindemith）：《作曲指南（理论部分）》（美因茨：1937 年）；阿多诺的书评本计划在 1939 年秋季的《社会研究杂志》上发表，但由于战争爆发，整期杂志都未能发行。书评现收录在《阿多诺文集》，卷 17，第 229—235 页。

2　本雅明匿名在《社会研究杂志》（1938 年，第 7 期，第 3 册，第 463—464 页）上对它作了评论；本雅明的书评现收录在《本雅明文集》，卷 3，第 549—550 页。

3　参见信 108 的注释。

4　本雅明直到 1940 年 4 月才将《1900 年前后的柏林童年》手稿寄给阿多诺夫妇，参见《本雅明文集》，卷 4（2），第 968 页。

5　参见信 84 的注释。

我与肖勒姆建立起了真正的联系，而且他与研究所的关系也进入到更令人欣慰的阶段。我们最近一次见面时，他向我朗读了您写给他的关于卡夫卡的精彩书信[1]，还跟我谈起了他最中意的计划——您打算就卡夫卡写点东西的计划。这一计划令我非常激动，更是让洛文塔尔欣喜若狂。我完全相信可以在研究所杂志上发表一篇较长的卡夫卡评论。唯一的问题是，您和肖勒姆似乎考虑写书，而出书的困难您是了解的。我今天只是把这个球抛给您，希望您接住它。研究所杂志非常欢迎您能就布罗德的传记写一篇毁灭性的批评。另外，为了消除误会：我同样也不反对您针对斯滕贝尔格这样做，因为他如今的地位似乎变得前所未有的巩固。他竟然开始宣扬起达克[2]来了。而《法兰克福报》最近连波德莱尔的名字都拼写错了，ne ulla virtus pereat[3]。

布洛赫已经抵达美洲大陆。他恐怕是乘着八帆的海盗船[4]来的。总之，他一来，就跟艾斯勒一起肩并肩地挑战起他的世纪来了，除非后者的民间讲座[5]变得令他无法忍受，从而让他抛弃曾经的红旗。不过即便如此，他在研究所杂志的机会恐怕也不会太大。马克斯读完他的《布哈林》[6]以后，跟我和您一样愤怒。像布洛赫这种人，一旦开始耍起小聪明，就会不可避免地招来麻烦。尽管如此，当艾斯勒跟我说，布洛赫比以前好多了，脑子清晰多了，也没有以前那么神秘主义的时候，我还是会为他这个印第安人[7]心动，即使我相信肖勒姆的报告，他声称印第安-犹太神

1　本雅明 1938 年 6 月 12 日致肖勒姆的信，参见《本雅明、肖勒姆通信集》，第 266—273 页。

2　参见道尔夫·斯滕贝尔格：《变形：庆祝埃德加·达克六十大寿》，载于 1938 年 7 月 8 日的《法兰克福报》，第 10 页。——埃德加·达克（Edgar Dacqué，1878—1945），德国古生物学家、地质学家和自然哲学家。他改造了唯心主义的生物形态学。译者注。

3　拉丁语：免得让美德灭亡。

4　这里是对布莱希特的《三毛钱歌剧》中的插曲《海盗珍妮》的戏指。译者注。

5　指艾斯勒在纽约"社会研究新学院"讲授的作曲课程。

6　参见信 105 的注释。

7　这里可能暗指布洛赫对德国探险故事作家卡尔·麦（Karl May）的崇拜与捍卫。译者注。

秘主义的主要源泉来自布布·德·蒙特萨尔瓦奇[1]的德语。

我向肖勒姆推荐了 Littré 酒店，一想到您可以和他坐在凡尔赛咖啡馆里畅聊，就让我既羡慕肖勒姆，又羡慕您和凡尔赛咖啡馆。请为我喝一小口石榴酒。

请尽快回信。

您的老友

泰迪

亲爱的德特勒夫：

院子里的风很大，所以这封信的字打得很不好，为此抱歉。——我们在这里还有大概十天的时间，之后回到恐怕仍像温室一样热的纽约，我就得开始布置我们的新居了：它是一个位于 13 层的三居室公寓，能看得见哈德逊河。尽管家具不是我们自己挑选的——为了省下法兰克福和柏林老家具的高额搬运费——但我还是希望新居能让我们自己和小范围的朋友们感到舒适，它不适合大型聚会。虽然暂时还没有研究所的任何文件，但我估计世界博览会在这里举行期间能见到你。届时我就可以带着你在城里到处转转了，或许都有可能开车带你去兜兜风。（尽管在纽约开车有一大难题：很难找到停车位，周日更是车满为患，根本就动弹不得，税费和保险费也是极高，而且我其实只喜欢带专职司机的高档轿车。）

洛特和 E 尚未完婚[2]，他们想等工作的事情安顿下来以后再说。E 在波士顿马萨诸塞纪念医院的工作即将期满，想要重新受聘，恐怕还得先通过国家医学考试。至于细节，他肯定会自己写信告诉你的。他们 20 号离开巴尔港以后，我除了一则问候，没有收到他们的其他音讯，

1　可能暗指马丁·布伯。

2　本雅明曾在 7 月 20 日的信里向格蕾特·阿多诺问起过，埃贡·维辛和里斯洛特·卡普鲁斯是否已经完婚。

不过反正我们应该也会途经波士顿返回的。至于我对 E 的顾虑，坦白地讲，我其实更喜欢吸食吗啡时期的他；尽管他浑身优点，但我现在实在忍受不了他太久。等你认识了小洛特，并且亲眼见到 E 现在的状态以后，咱们再好好聊聊此事。祝你万事顺心！像过去的美好时光一样，献上我的吻。

你一如既往的

费莉西塔斯

107   阿多诺夫妇致本雅明

［巴尔港，缅因州，大概写于 1938 年 8 月 12 日］[1]

附：迈耶·夏皮罗致阿多诺的书信[2]

1938 年 8 月 10 日

South Londonderry，佛蒙特州

亲爱的维森贡德-阿多诺先生：

　　我在纽约待了两个星期，刚从那里回来。大家都不在，可图书馆里却依然挤满了人。我本希望能在纽约见到你——但是很庆幸你们不必忍受那里可怕的高温和潮湿……

　　我冒昧地向布鲁克林学院推荐你去做讲座[3]，可还没有事先问清楚你究竟愿不愿意。出于一些奇怪的误会，我的推荐信被寄到罗德岛博物馆去了，因为纽约现代艺术博物馆的工作人员误将你的名字当成 A.

――――――――――

1　关于这封信的日期：阿多诺夫妇的信是亲手写在迈耶·夏皮罗的信件上的，夏皮罗的信写于 8 月 10 日，寄到阿多诺夫妇手上的日期最早是 11 日，更有可能是 12 日，而阿多诺夫妇回纽约的返程日期是 8 月 13 日，所以这封信的日期极有可能是 8 月 12 日，或者也有可能是 13 日他们出发之前写的。

2　夏皮罗的信是用英文写的。译者注。

3　迈耶·夏皮罗在纽约布鲁克林学院主持一个系列讲座，1939 年 1 月阿多诺应邀在那里做了一个题为 "论无线电广播的美学方面" 的报告。

Dorner 了（通过电话！你瞧机器接收对声音信息做了什么，特别是在名字的细小差别上）。我还向他们推荐克热内克做有关现代音乐的讲座。[1]但是由于我们联系不到他，无从得知他何时能到纽约以及他的英语口语是否过关，所以我们不得已放弃了这个想法。我非常喜欢他的书，只是无法苟同他的社会阐释与煽情。

　　布洛赫会在纽约一直待到 10 月份吗？如果错过他，我会非常遗憾的。我可能 9 月中旬才回纽约。或许你可以下个月驾车带他来新英格兰转转，顺便在我这里住一两天。悉尼·胡克[2]离我不远，欧内斯特·内格尔[3]（他在哥伦比亚大学教哲学）和塞里希·海希特[4]（他是生物物理学家，研究色彩视觉）也是我们的邻居。我读了一些有关表现主义的论争[5]，尽管我赞同布洛赫的多数言论，但是整个论战本身却似乎掩盖了其他具有政治性的问题（比如明显体现在对待托马斯·曼的态度上，以及卢卡奇不可思议地撤回了他自己以往的辩证法）。

　　我没听说过史蒂文森写过关于煤气灯的文章[6]。如果本雅明指的是罗伯特·路易斯·史蒂文森（Robert Louis Stevenson），我可以向他推荐后者在诗集《儿童诗园》中的一首可爱的小诗，名叫《点灯人》。R. L.

1　阿多诺曾经送给过迈耶·夏皮罗一本克热内克的著作《论新音乐》，随后，夏皮罗试图邀请克热内克去布鲁克林学院做这方面的讲座，最终未果（参见《阿多诺、克热内克通信集》，第 130 页）。

2　悉尼·胡克（Sidney Hook，1902—1989），美国实用主义哲学家。译者注。

3　欧内斯特·内格尔（Ernest Nagel，1901—1985），美国哲学家，从 1931 年起在纽约哥伦比亚大学哲学系任教。

4　塞里希·海希特（Selig Hecht，1892—1947），奥地利出生的美国生物物理学家，从 1926 年起在哥伦比亚大学教生物物理。

5　参见由 Hans-Jürgen Schmitt 编写的《表现主义论争——马克思主义现实主义概念材料汇编》（法兰克福：1973 年）。

6　为了《波德莱尔》一文，本雅明在 1938 年 7 月 20 日致格蕾特·阿多诺的信里请她帮忙找这篇文章。——本雅明后来在他的《波德莱尔笔下的第二帝国的巴黎》中有关"游荡者"的章节里提到了史蒂文森，参见《本雅明文集》，卷 1（2），第 553 页。

S. 的文集很容易找到，也许里面有关于煤气灯的随笔。你也许知道 R. L. S. 的故事，学生时代的他被冒险和神秘的想法激发，经常在斗篷下面藏一盏灯，夜里上街游荡。本雅明也许知道，70 年代的时候有评论家将印象派的出现归因于煤气灯的作用！而且波德莱尔还曾经讨论过煤气灯光对品味的影响（参见他的《美学珍玩》）。

　　另外，在你认识的纽约德国人里面，有人需要专业的英语翻译服务吗？我有一个朋友曾经为 Simon & Schuster 出版社做过多年翻译，他的翻译水平一流，可以翻译德语和法语（还有西班牙语），现在为牛津大学出版社工作。他是个很有能力的文人，也可以帮人修改英语稿件的文法。我的这位朋友最近生活困难。不知研究所有聘用他的可能吗？他有翻译社会学和经济学文献、历史、传记、小说，以及自然科学的经验。但是还没有翻译过哲学学术著作。

　　向你俩致以问候。

　　此致

　　　　　　　　　　　　　　　　　　　　　　　迈耶·夏皮罗

亲爱的瓦尔特：

　　我把以上这封信寄给您，一是因为里面涉及有关煤气灯的信息，再者因为这封信能让您对它的发信人迈耶·夏皮罗有一些了解，或许能促使您给他写信。这样您会帮我一个大忙，因为我无时无刻不在考虑拓展您在美国这边的机会。而且夏皮罗也确实很符合我们的气场。九月中旬以前他的地址是：迈耶·夏皮罗教授，South Londonderry（佛蒙特州），美国。

　　明天我们将返回纽约，入住新居。我最近写了一篇抨击《西贝柳斯》

的书评[1]，以及对三首著名沙龙音乐的分析[2]。

祝一切顺利！

您的老友

泰迪

夏皮罗的德语非常好，他既能读又能说德语。索恩-雷瑟尔又有了一本新书稿[3]，我在里面被刻画成了大魔头——这虽然令我受宠若惊，却与事实不符。[4]

亲爱的德特勒夫：

我希望随你的书一起寄一本《勾引者手记》[5]给你。伊丽莎白·霍普特曼[6]是不是也在纽约？她的地址是什么？还有：布莱希特知道巴特勒的《埃瑞璜》[7]吗？这本小说有不少诡异的想法，比如不容许人们把思想思考到最后，或者没钱的人会遭到惩罚。今天就写这些。祝你顺顺利利！

你一如既往的

费莉西塔斯

1　阿多诺给 B. de Törne 的《西贝柳斯：一个特写》（伦敦：1937 年）撰写的书评，原载于《社会研究杂志》（1938 年），第 7 期，第 3 册，第 460—463 页；后收录在《西贝柳斯短评》中（参见《阿多诺文集》，卷 17，第 247—252 页）。——西贝柳斯（Jean Sibelius，1865—1957），芬兰著名作曲家。译者注。

2　它们分别是《古诺的〈圣母颂〉》《拉赫玛尼诺夫的〈升 C 小调前奏曲〉》和《德沃夏克的〈幽默曲〉》，参见《阿多诺文集》，卷 16，第 284—288 页。

3　索恩-雷瑟尔 1938 年 7 月 8 日随信寄给阿多诺的打字稿是他未能出版的书稿《哲学唯心主义的批判清算：历史唯物主义方法论研究》的前两章（参见《阿多诺、索恩-雷瑟尔通信集》，第 87—93 页）。

4　这段话是阿多诺在信纸第二页的页边亲手写上去的。

5　该书是克尔恺郭尔 1843 年的作品。译者注。

6　伊丽莎白·霍普特曼（Elisabeth Hauptmann，1897—1973），德国女作家、戏剧家，自 1924 年起与布莱希特合作，后来担任柏林剧社的编剧，并且是《布莱希特全集》的主编。

7　《埃瑞璜》（*Erewhon*）是英国作家塞缪尔·巴特勒（Samuel Butler，1835—1902）的长篇小说。

108 本雅明致阿多诺夫妇

1938 年 8 月 28 日

SKOVSBOSTRAND，丹麦，斯文堡，布莱希特代收

亲爱的们：

我为你们新居新添的非但不是新鲜的绿植，反倒是这白纸黑字！有些水仙也有类似的效果。

最近收到你们写来的两封信，我非常高兴。只是费莉西塔斯总喜欢低估她的来信对我的重要性，所以如果她将来能给我写长点儿，我就更开心了。读她的来信，是极少数能让我愿意停下写作的事情！

我今天的信将会比较简短——请从中看出我除了必须吝惜每分每秒以外，别无它意。随信附上我写给波洛克的某些重要段落的影印件[1]——我写给他的信件将与这封给你们的信一起寄出——它会告诉你们原因。我给波洛克去信的起因是，我 8 月 3 日写给马克斯的一封汇报《波德莱尔》进度的长信，在转寄时寄丢了[2]。

我实在经不住诱惑，所以跟你俩聊几句《波德莱尔》——我想聊的并不是这近在眼前的第二部分，而是它的第一和第三部分，因为这两部分才是甲胄：第一部分将展现波德莱尔笔下的寓言问题，第三部分则会对这个问题进行社会解析。而这也是让我的进度如此滞后的原因——除

---

1 本雅明 8 月 28 日写给波洛克的信件，参见《本雅明文集》，卷 1（3），第 1085—1087 页。

2 本雅明致霍克海默的信件其实并没有像他担心的那样被寄丢，参见同前，第 1082—1084 页。

去在巴黎时的偏头疼以外，我无论如何也不想在具体清晰地规划好整体轮廓之前，就开始动笔写作。我在丹麦这边经过了两个月的一系列材料笔记的整理工作[1]以后，终于实现了这个目标。

但这枚硬币的另一面却是，我现在的压力转移到了第二部分的写作上；而我甚至似乎没有完全意识到它的分量，因为我几乎不敢去想象这第二部分的总容量将会扩大到何种程度！

雪上加霜的是，我又得搬家；邻居小孩的吵闹声让我在现在的住处完全无法工作。我会跟一个精神病患者换房子。或许费莉西塔斯还记得我对这类病人自始至终抱有的深恶痛绝！——事实上，这里没有什么适合写作的居住条件。

十分感谢您寄来的夏皮罗书信！只要一写完《波德莱尔》，我就立即给他去信。这篇文章一旦完成，我就又能自由地跟人打交道了；在此之前恐怕不行。

这让我更想拜托你们代我向他致以最诚挚的谢意。我问起的那篇文章的确能在史蒂文森全集中找到，我已经找着了。他对印象派的评论非常有意思，我还没听说过。

我很高兴读到泰迪对卡约瓦的评论。对此请参考我今年 5 月 28 日写给马克斯的一段话[2]。马克斯可能会考虑把它和同一封信里的其他一

1　可能是指"《中央公园》残篇"，参见《本雅明文集》，卷 1（2），第 655—690 页。

2　本雅明在 1938 年 5 月 28 日到霍克海默的信里写道："我听说 *Mesures* 杂志的四月刊直接寄到您那里去了。我自己也在这边借了一本。卡约瓦在本期杂志上的标题文章证实了维森贡德对他《螳螂》一文的保留意见有多么正当。卡约瓦对自愿的思想奴役的辩证解释可怕地证明了某些错综复杂的思想，拉斯蒂涅的身影在其中游来荡去，但他指望的不是纽沁根家族，而是戈培尔集团。卡约瓦的卓越才华在面对这篇文章的对象时，除了厚颜无耻以外，没有其他任何方式可以去描述它。令人作呕的是，当今资产阶级具有历史特殊性的性格特征——您在对该人群的人类学研究中有过推导——在卡约瓦这里通过形而上的客体化，文笔优雅地被挤到了时代边缘的脚注。这一图案的密集线条无不承载着病态的惨无人道的全部特征。现在，它为开辟垄断资本主义实践中固有的'更高思想'提供了不可或缺的基础，它'宁愿将其资本用于破坏，也不愿把它转化成有用之物或者幸福'。（第 9 页）当卡约瓦写下（转下页）

些段落拿出来发表[1]。寄丢的信里有我的同意声明。你们若能在他回来之后将此事转告给他，我将不胜感激。（我只是不想看到我对巴塔耶的评论[2]被公开，我在信里阐明了理由。）

我没有忘记《柏林童年》，也没有忘记布莱希特的诗[3]。可惜由于它们赶不上与这封信一并寄出了，所以作为补偿，随信附上一张照片，是我站在布莱希特花园的门口；他儿子[4]帮忙拍的。我想你们能找到一

（接上页）'我们努力解放的是我们想要奴役以及我们希望看到只顺从我们的人'（第12页）这句话时，他所描绘的明显是法西斯主义实践。——看到高山清泉汇入如此宏大的浊流中，很令人难过。"

1　本雅明在这封信里向霍克海默汇报的法国文学动态，经过《社会研究杂志》纽约编辑部的稍微调整，在该杂志上刊登（1938年，第7期，第3册，第463—466页），它以姓氏字序颠倒的形式署名J. E. Mabinn，包含了本雅明对卡约瓦、乔治·贝尔纳诺斯和朱利安·班达等作家作品的评论。参见《本雅明文集》，卷3，第549—552页和第695—696页。

2　本雅明的评论如下："在同一期 Mesures 杂志上对协和广场做出无伤大雅阐释的乔治·巴塔耶，是法国国家图书馆的馆员。我在图书馆写作的时候经常见到他。就我所知，您已经通过《头颅》一文对他有了初步印象。在上述文章中，他以一种或多或少滑稽的方式将自己的固有思想排列成了一组连环画，通过协和广场的风景描绘了'人类秘密历史'的不同阶段。这个秘密历史充斥着兼具破坏性和解放性的时间进程中的君主制、静态、埃及式的原则与无政府、动态、当前有效原则之间的争斗，巴塔耶一会儿使用无尽陷落的意象，一会儿使用爆炸的意象去触碰它。巴塔耶和卡约瓦共同创建了一个'神圣社会学学院'，公开为其秘密组织招募新人——该组织的秘密性也就体现在把这两位创始人实际联系到一起的地方而已。"（参见本雅明1938年5月28日致霍克海默的书信）在1938年8月3日致霍克海默的信里，本雅明说明了不想公开发表以上言论的理由："我［……］当然非常乐意接受您的建议，将今年5月28日信件中的部分内容在研究所杂志上公开发表。另外，我很高兴这类书信形式的报告似乎证明对您有用。［……］至于考虑的文学评论内容，我想请求您删除与乔治·巴塔耶相关的段落。这样做，上下文的思想关联不会因此而受到影响，而我与巴塔耶的关系也同样不会受到影响。考虑到他在图书馆使用上为我提供的便利，以及在入籍申请上对我的帮助，我想继续维持和他的关系。鉴于研究所杂志摆放的位置正好是他的工作区，所以我的评论肯定不会逃出他的双眼；而他不是那种可以从容接受批评的人。"

3　格蕾特·阿多诺在1938年8月3日致本雅明的信里（其节选参见《本雅明文集》，卷1［3］，第1084—1085页），曾请求本雅明寄一份布莱希特《色情诗》的复本给她，她应该是从本雅明那里听说了这些诗。——这些诗的节选于1982年才得以面世。参见布莱希特：《关于情爱的诗行》（法兰克福：1982年）。

4　这里指斯特凡·布莱希特。

个摆放它的位置，好让投向它的目光不比至今投向照片本人作品的更多。

　　千万别忘记帮我向布洛赫问好。从坍塌的地球这边，献上我诚挚、伤感的问候。

你们的本雅明

　　另：经过深思熟虑，我还想解释一下我在附信里给出的《波德莱尔》第二部分的标题[1]。我昨晚尝试对第二部分的总篇幅做一个尽可能准确的预估。结果却是，光这一部分就会远远超出下期杂志可能为我预留的页数。所以，我只能尽量把重点放在这部分的两个关键章节上：一是"游荡"（die Flanerie）理论，二是"现代"（die Moderne）理论。因此，最终手稿的标题[2]可能会跟我给波洛克信中写的标题略有不同。

　　假如泰迪还没听说——洛维特在他的《尼采的永恒轮回哲学》中的一个关键地方，引用了泰迪的《克尔恺郭尔》。[3]

1　本雅明写给波洛克的标题是：《波德莱尔文学创作中的第二帝国》。参见《本雅明文集》，卷1（3），第1086页。

2　手稿的标题是：《波德莱尔笔下的第二帝国的巴黎》。

3　参见卡尔·洛维特（Karl Löwith）：《尼采的永恒轮回哲学》（柏林：1935年），第166页，注释30。

109　本雅明致阿多诺

1938 年 10 月 4 日

SKOVSBOSTRAND，丹麦，斯文堡

亲爱的泰迪：

八天前我刚结束《波德莱尔》第二部分 [1] 的写作；两天以后，欧洲的局势就转入一场暂时的结局 [2]。历史事件与编辑部的交稿日期重合在一起，让我在过去几周的精神格外紧张。所以这封信也被耽搁了。

昨天我把寄存在这里的上百本书收好了，准备运回巴黎。不过我现在愈加感到，巴黎这个目的地对这些书籍和我个人来说，最终只会成为一个中转站。至于欧洲的空气还能呼吸多久，我也不知道；但是从精神上，近几个星期发生的事件已经让它变得不可能。我很不愿意接受这个事实，但它已经无法再回避。

至少有一点已经变得无可争议：俄罗斯已经在欧洲截了肢。至于希特勒答应的条件——他在欧洲的领土要求已经得到了满足，所以他的殖民要求绝对不会引发战争——我的解读则是，对墨索里尼而言，殖民要求必将意味着战争。我预料，有大量意大利人居住的突尼斯（甚至多数居民是意大利人）将会成为下一个"谈判"对象。

1　这里指《波德莱尔笔下的第二帝国的巴黎》手稿，其中有三个章节："波希米亚人""游荡者"和"现代主义"；参见《本雅明文集》，卷 1（2），第 511—604 页。

2　这里指的是 9 月 29 日《慕尼黑协定》的签订，以及德军开始进军苏台德地区。

　　前几个星期我前妻和斯特凡的安危让我有多担心，你们可想而知。还好我刚刚得知，他们的处境不必太操心。斯特凡已经在英国了。我前妻试图在没有特大经济损失的前提下把企业转让出去。[1]为了赢取时间，她暂时的考虑是先进行形式上的转让。

　　为了能专心写《波德莱尔》，我去哥本哈根待了十日。那是可以想象的最美丽的夏末。可惜这次除了往返于写字台和"公共休息室"的收音机外，我没有见到这座我特别钟爱的城市的任何一角。现在，这里的秋天开始了，伴随着暴风骤雨。如果不出意外的话，我将于下周六回巴黎。我与布莱希特在过去这个夏天相处得越自然，越放松，我就越放心不下这次把他一个人丢在这里。因为我有理由从我与他的交流中——这次比以往容易很多——看出他越来越孤立的征兆。至于大家对这个情况的迂腐解读——与世隔绝的状态让他不再像从前那样享受他在对话时习惯的那种挑衅方式，我不想完全排除；但我认为更可信的解释却应该是：这种日益孤立其实是他忠于我们的结果。考虑到他现在的生活状态，斯文堡这里孤寂的冬天对他将是一场需要直面的挑战。

　　我还没怎么读他的新作《恺撒》[2]，因为我在写作期间无法阅读其他任何文字。

　　我猜这封信寄到的时候，您已经读完了《波德莱尔》的第二部分。它是与战争的赛跑。尽管恐惧令人窒息，但当我在世界末日来临之前完成了十五年来我一直想完成的《游荡者》的时候，我感到了胜利的喜悦。

　　我在写给马克斯的随寄信件[3]里，详细说明了《波德莱尔》与《拱

1　即出售她在圣雷莫"费德别墅旅店"的经营份额。1939年初，朵拉和斯特凡·本雅明从意大利的圣雷莫逃到了伦敦。

2　这里指布莱希特未完成的小说《尤利乌斯·恺撒先生的业务》，本雅明在7月20日的信里向格蕾特·阿多诺提起过这本书："另一方面，布莱希特理解我与世隔绝的必要性，他的通情达理让我感到很舒服。［……］这让我可以专注于写作，以至连他的新作——已经写完一半了——我都没有读。"

3　这封信写于1938年9月28日。

廊街计划》的关系，他应该会告诉您的。我在信中向他表达的关键点是，虽然《波德莱尔》这篇文章没有否认它之于《拱廊街》的问题从属关系，但它却只能朝着著书的方向，即作为"波德莱尔论著"的一部分去写。我们在圣雷莫有关著书计划的谈话[1]，可以让您从反方向清楚地勾画出这第二部分的功能。您会看到，那些至关重要的母题，比如新的和总是一样、时尚、永恒的轮回、星群、青春艺术派，等等，虽然有被触及，却没有得到详尽的论述。证明这些基本思想与《拱廊街计划》的显而易见的交汇，是第三部分的任务。

自从您搬进新居[2]，我还没怎么收到过您自己写的文字。我非常期待您读完《波德莱尔》以后能对它做出详细的回应。借此机会，我还很想了解您在广播研究项目上的进展，特别是它的研究形式。对此我还一无所知。

非常感谢您寄来的关于飞艇的书：眼下它跟您的包裹一起静候在运往巴黎的箱子里。我很期待回到巴黎以后读它。请代我感谢费莉西塔斯寄来这个包裹。我最迟会从巴黎给她写信。[3]——感谢您寄来的《克尔恺郭尔》[4]，法维兹小姐[5]会把它同洛维特的书[6]一并寄还给您。考虑到《波德莱尔》的第三部分[7]需要用到洛维特那本书，所以我让研究所订购了。请您读完以后立即寄回。

我从伊丽莎白·维纳那里没有收到任何消息，费莉西塔斯问起过

1　参见信 105 及其注释。

2　格蕾特·阿多诺在 1938 年 8 月 24 日的信里告诉本雅明，他们已搬入位于 Riverside Drive 的纽约新居，从那里可以看到"哈德逊河迷人的景色"。本雅明在这封信的最后提到了它。

3　本雅明 1938 年 11 月 1 日从巴黎给格蕾特·阿多诺写了信。

4　参见信 102。

5　这里指社会研究所日内瓦分所的秘书法维兹（Juliane Favez）。

6　参见上一封信。

7　这里指本雅明计划撰写的波德莱尔论著的第三部分，最终未能完成。

她[1]。不过让我更在意的是，自从肖勒姆离开美国以后，我还没有收到他的任何音讯[2]。他没能在巴黎见到我这件事似乎伤害到了他。但是于我而言，为了写作，必须做出一些牺牲，因为如果没有我在这里严格实行的隐居生活，文章恐怕永远也写不完。肖勒姆给你们去过信吗？

　　我热切期盼你们能给我讲讲恩斯特·布洛赫的近况[3]。与此同时，布莱希特儿子的房间里挂着一张纽约市地图，我时不时地会去看它一眼，漫步在你们新居所在的沿河大街上。

你们的本雅明

1　格蕾特·阿多诺在 9 月 12 日的信里向本雅明问起过她女友的近况；参见信 102 及其注释。

2　参见《本雅明、肖勒姆通信集》，第 280 页；肖勒姆的回信参见第 281—287 页。

3　参见信 106 及其注释，以及信 110。

110　阿多诺致本雅明

1938 年 11 月 10 日

纽约

亲爱的瓦尔特：

这封姗姗来迟的回信让您完全有理由谴责我和我们所有人 [1]。但是谴责本身或许也与几分辩解为伴。因为显而易见，我对《波德莱尔》长达一个月的迟复，不可能与懈怠有关。

拖延完全出于客观原因，与我们所有人对您手稿的态度有关，考虑到我个人对"拱廊街研究"的积极推动，我甚至可以毫不客气地讲：特别与我自己对它的意见有关。我迫不及待地期盼着《波德莱尔》的到来，简直就是一口气把它给读完了。我非常赞叹您能在约定的时间内完成这篇文章。但正是这种赞叹，让我在谈论横亘在我的热情期待与文本本身之间的落差时，颇感为难。

您将《波德莱尔》视为拱廊街计划微缩模型的想法很让我头痛；我走近这个撒旦现场的方式，就好像浮士德临近布罗肯山幻象时一样，本以为许多谜团终于可以了然。但是，请恕我不得不借用梅菲斯特的话来回应："可是又有许多谜团结成。"您能理解我在读这篇其中一章叫"游荡者"，还有一章干脆就叫"现代主义"的论文时的失望吗？

1　这里指《社会研究杂志》编委会成员，特别是霍克海默和洛文塔尔二人。

导致这种失望的根本原因在于，我现在读到的这部分内容[1]与其说是"拱廊街"的微观模型，毋宁说是它的序曲。各种母题被集结到了一起，却未得到展开。您在给马克斯的附信里写道，这是您的明确意图；我理解您对自己强加的克制原则，以通篇保留对问题的关键理论解答，甚至连问题本身都只有内行读者才能读懂。尽管如此，我还是怀疑在内在要求如此咄咄逼人的语境下，这种克制原则能否有助于您驾驭主题。作为熟知您作品的忠实读者，我非常清楚，您的著作中不乏这种处理方式的先例。比如我还记得您在《文学世界》上评论普鲁斯特和超现实主义的文章[2]。然而，这种方法可以被移植到错综复杂的拱廊街研究上吗？全景画与痕迹，游荡者与拱廊街，现代与总是一样 (immer Gleiches)，这一切都没有得到理论阐释——它们难道是可以耐心等待解读、不会被自身灵晕消耗殆尽的"材料"吗？这些主题的具体内容一旦被孤立出来，它们难道不会以近乎邪恶的方式阻碍解读的可能吗？您在令人难忘的柯尼斯坦谈话[3]中曾经说过，"拱廊街"的每一个观念必应从被疯癫统治的空间里夺取[4]。我想知道，这些密不透风的材料围墙是否如您的克制原则所愿，有助于这些观念的夺取。您目前的文本是通过指涉狭窄的人行道——因为它阻碍了人们在大街上游荡——而引出拱廊街的[5]。我认为这种实用性引入方式不仅预设了幻象的客观性——我早在赫恩伯格通信[6]时就顽固地坚持这一观点，而且幻象在第一章里还被简化成了波希米亚文人的行为方式。您不必担心我是想说服您幻象应该在您的文

1　阿多诺收到的打字稿是本雅明计划撰写的波德莱尔论著的第二部分。该论著本计划由三部分组成，其他两部分只完成了部分前期工作（参见《本雅明文集》，卷7［2］，第735—770页）。
2　本雅明的《普鲁斯特的形象》一文分三期，分别于1929年6月21日、6月28日和7月5日在《文学世界》周刊上连载；关于他的《超现实主义》，参见信31的注释。
3　参见信7及其注释。
4　参见信39及其注释。
5　参见《本雅明文集》，卷1（2），第538—539页。
6　参见信39。

章里无中介地直接存活，或者您的文章本身应当自带幻象特征。但是，只有当幻象被当作客观历史哲学范畴，而不是社会人物"观"时，才能从根本上消灭它。正是在这一点上，您的主旨与其他敢于接近 19 世纪的一切方法区别开来。但是，您总不能一直等到太阳打西边出来（ad Kalendas Graecas）才去兑现您的构想，也总不能用无关痛痒的事件陈述为兑现做"准备"吧。这就是我的异议所在。如果在第三部分"19世纪中的史前史"（借用以前的措辞），取代了"19世纪的史前史"——体现最明显的是您对佩吉的维克多·雨果评论的援引[1]，那么这只是换汤不换药而已。

然而，我的异议绝不仅仅停留在我对"保留"原则的质疑上，在我看来，克制解读的态度恰恰令被"保留"的对象陷入与克制相对立的领域——历史与魔幻交错的领域。同时我更认为，您的文本退到它自身先验性背后的地方，与它同辩证唯物主义的关系有关——在这一点上，我不仅为我自己，同时还为马克斯表态，我们就这个问题有过非常深入的讨论。请让我尽量用黑格尔式的简单明了来表达。如果我没有完全思考错误的话，您的辩证法缺少一样东西：中介。您的文本倾向于将波德莱尔作品中的实际内容与他所在时代的社会历史相关特征，特别是与经济有关的特征，直接联系在一起。比如有关酒税的段落[2]，关于收税关卡的某些表述[3]，以及上面已经提及的拱廊街段落，后者我认为格外成问题，因为正是在此处，生理学的原则性理论思考向游荡者的"具体"描述的过渡显得很脆弱。

每当文本用隐喻的方式取代具有约束力的论断时，这种牵强附会的感觉便会油然而生。特别是描述城市对于游荡者而言摇身变成了"室内"

1　参见《本雅明文集》，卷 1（2），第 587 页。

2　参见同前，第 519—520 页。

3　同前，第 516—517 页。

那一段[1]，我认为在这里，您作品中最强有力的一个观念仅仅表现成了一种"似乎"而已。与这种唯物主义的题外讨论（人们很难摆脱对它的顾虑，就像看到浑身起着鸡皮疙瘩扎进冰水里游泳的人时一样）联系在一起的，是对具体行为方式的诉求，比如游荡者的行为方式，或者后面关于城市视觉与听觉关系的段落，您在那里援引齐美尔[2]绝非偶然。这一切均让我感到不适。您不必担心我会利用这个机会老调重弹，能在这里试试音我就已经心满意足了。接下来，我将尝试向您说明我之所以厌恶这种具体性及其行为主义特征的理论依据。我的理由不外乎，您将上层建筑领域中的个别显著特征直接、甚至因果式地与下层基础的相关特征联系到一起，以对它进行"唯物主义"转向，我认为这种方法是不成功的。对文化特征的唯物主义界定只有通过社会总过程的中介才可行。

波德莱尔以酒为题材的诗作或许是被酒税和税收关卡所激发的，但是，这些母题在他作品中的重复出现却只能通过他所处时代的社会经济总趋势来解释，也就是说，在文章论题的意义上，严格分析波德莱尔所处年代的商品形式。没有人比我更清楚此中的困难：《瓦格纳》的"幻象"一章[3]无疑也没有解决好这个问题。但是《拱廊街》的最终稿是无法逃避这项使命的。您将酒税现象直接导向了《酒魂》这首诗，于是便赋予了这个社会现象一种自发性、明确性和厚度，而这些特质在资本主义时代实际上已经丧失了。在这种无中介的唯物主义——我差点又想说人类学唯物主义——的背后，隐藏着极深的浪漫主义元素；您越直接、越生硬地将波德莱尔的形式世界与他的困苦生活进行对照，我的这种感受就越强烈。我认为在您的论文中缺失并且被唯物主义编年史研究的咒语所遮蔽的"中介"，正是您避而不谈的理论本身。然而，对理论的回避却影响到了实证。它一方面赋予了实证一种具有欺骗性的叙事特征，

---

1 同前，第 538—539 页。

2 同前，第 539—540 页。

3 参见《阿多诺文集》，卷 13，第 82—91 页。

另一方面剥夺了那些只能作为主观经验的社会现象本身所具有的历史哲学分量。也可以这样表达：为事物命名的神学母题转变成了对单纯事实的惊人描述。如果允许我形容得更赤裸一些，这篇论文被钉在了魔幻和实证主义的交叉口。然而这是一个受到诅咒的地方。只有理论才能解咒：您自己的理论，毫无保留、充满思辨的理论。对这一理论的诉求是我在此反对您的唯一原因。

请原谅我接下来谈论一个因为《瓦格纳》而格外令我关注的对象："拾荒者"（Lumpensammler）。您把它定义为贫穷的底层人群[1]，我认为这样做并没有实现这个词出现在您的文本里时应当承载的深意。您只字未提这个形象的卑躬屈膝，只字未提披在他身上的麻袋，只字未提他的声音，就像在夏庞蒂埃的《路易丝》[2]中那样，他的声音为整部歌剧发出了黑暗的光源；只字未提彗尾般跟在老人身后叫嚣的孩子们。如果我斗胆涉足拱廊街的领地：在拾荒者这个形象身上，阴沟和地下洞穴的出现本应得到理论的解读。如果我认为这一缺失是因为拾荒者的资本主义功能尚未得到表述，也就是说连破烂儿都屈从于交换价值，难道我的看法过于牵强吗？在这里，论文的克制堪比萨佛纳罗拉[3]的苦行。因为拾荒者在第三章的波德莱尔引文[4]中重现，它与这一关联简直近在咫尺。您费了多大气力才忍住没伸手去抓住它！

我认为这触碰到了问题的核心。整篇文章给人的感受是——不只是我和我的拱廊街正统思想有这种感受：您让自己受到了牵制。您愿意与研究所团结一致——对此没有人比我更欣慰了，这让您感到有义务向马

1　参见《本雅明文集》，卷1（2），第520—521页。

2　古斯塔夫·夏庞蒂埃（Gustave Charpentier，1860—1956）师从儒勒·马斯奈（Jules Massenet），其歌剧《路易丝》创作于1900年。

3　吉洛拉谟·萨佛纳罗拉（Girolamo Savonarola，1452—1498），意大利文艺复兴时期多明我会修士、著名布道者。译者注。

4　参见《本雅明文集》，卷1（2），第582—583页。

克思主义致敬，但这对它对您都没有好处。之所以对马克思主义没有好处，是因为您的论文缺少社会总过程的中介，并迷信般地赋予了材料列举一种近乎启明的力量，但这种启明从来都不会来自实用指涉，而只能来自理论建构。之所以对您独特的思想核心没有好处，是因为您通过对自己做出的唯物主义预审（而这里的唯物主义范畴与马克思主义思想的范畴并不是一回事儿），将您自己最大胆、最富创造性的思想拒之门外，即使它只是上文提到的延后形式而已。如果我在这里告诉您，我们大家坚信，如果您能抛开这些顾虑实施研究计划的话（我非常重视您在圣雷莫对我的异议提出的反对意见），不仅对"您自己的"写作非常有益，而且如果您能听任自己的独到见解与推论，不掺杂任何令您自己难以下咽、对我也毫无说服力的佐料，也将对辩证唯物主义和研究所的理论诉求非常有帮助——这不仅是不才之拙见，同时也代表了霍克海默和其他人的看法。以上帝之名只有一个真理，如果您的思想力能抓住这个真理，即使借助的范畴不符合您对正统唯物主义的想象，那么比起套上令您放不开手脚的思想甲胄来，它仍会让您获得更多真谛。毕竟尼采的《道德的谱系》比布哈林的《共产主义 ABC》[1]更能揭示这个唯一真理。我相信这个观点，由我把它讲出来，不会有漫不经心和折中主义之嫌。比起酒税和对专栏作家行为的幻象演绎，您的《论〈亲和力〉》和《巴洛克》两部著作更具有马克思主义性质。您可以对我们抱有信心，我们愿意将您最激进的理论尝试转化成我们自己的理论尝试。但我们同样也有信心您确实能做出这些尝试。格蕾特有一次开玩笑地说[2]，您住在拱廊街的洞穴深处，生怕完成这项研究，因为您害怕届时必须离开那里。请让我们给您勇气，为我们打开进入您至圣所的通道。我想，您既不用担心它的稳固性，也无须害怕它会被亵渎。

1　参见尼·布哈林、叶·普列奥布拉任斯基：《共产主义 ABC：俄国（布尔什维克）共产党党纲的通俗解释》（汉堡：1921 年）。

2　参见信 99。

　　至于这篇文章的命运，目前的情况很特殊，我的态度就像那首歌谣唱的一样："伴随着低沉的鼓声"[1]。文章已经不可能在当前这期杂志上发表了，因为长达几个星期的讨论会会令排印日期一拖再拖。眼下的计划是，先出版第二章的全部内容和第三章的部分内容。利奥·洛文塔尔尤其支持这个计划。但我自己是明确反对的，原因当然不是编辑层面的顾虑，而是为了您本人和《波德莱尔》。这篇文章呈现出来的不是您的文章应该呈现出来的样子。但是由于我深信不疑您能写出一部极具冲击力的波德莱尔研究，所以我恳请您放弃发表目前的版本，撰写另一个版本。至于新版本是否需要采用新形式结构，还是与您计划的波德莱尔论著的结尾部分基本一致，我无法臆测。这只能由您自己决定。我想明确申明的是，以上仅是我的个人请求，绝非编辑部的决定或者驳回。

　　还需要向您解释清楚的是，为什么是我，而不是马克斯，这位《波德莱尔》的负责人，给您写这封回信。马克斯打算搬到 Scarsdale 去，与之相关的事务几乎占用了他的全部时间。他想从一切行政事务中抽身，以便能在今后几年内专注于辩证法论著的写作。这也意味着他必须把手上的一切工作"处理"完。我都两个星期没看见他了。他拜托我——算是《波德莱尔》的发起人——给您写信。他的请求与我的本意不谋而合。

　　至于我自己的写作，我想在下一封信里再给您详细汇报。《胡塞尔》再一次推迟出版。马克斯 9 月中旬一回来，就要求我先着手筹划已久的计划——撰写《论音乐中的拜物特性与听觉的退化》。就在您的手稿寄到三天前，我刚完成了这篇论文的写作。它现在已经送去排印了，我通知布里尔让他给您寄去一份校样，还有我的《西贝柳斯》论战的校样。您肯定能觉察出我写作的仓促，不过这或许并非坏事。特别是我很好奇您对"当今的交换价值也被消费"之理论[2]的看法。这个理论与您的"商

1　这句歌词出自阿德尔贝特·冯·沙米索（Adelbert von Chamisso）的歌谣《士兵》（1832）。
2　参见《阿多诺文集》，卷 14，第 25—26 页。

品灵魂移情于买主"理论[1]之间的张力，应该能结出果实。顺便补充一句，我希望我这篇无关痛痒的文章能让您在阅读它的时候比我读您的文章时更手下留情。

我们见过恩斯特·布洛赫几回。他给我们的印象很糟糕。从他身上能比从任何人身上更明显地看出人民阵线从堕落向卖蠢的转化。有两次我们差点吵起来，但最终作罢。我们每次去见他的时候心里都会默念：地球上最美好的地方，是父母坟前的长椅。[2]

请允许我通过对《波德莱尔》做一些后记，来结束今天的书信。先让我引用雨果的《马捷帕》第二首诗中的一段（看清楚这一切的，正是被绑在马背上的马捷帕）：

> 赫歇耳那六颗卫星，那古老土星的光环，
>
> 那使北极的面容围上一圈
>
> 夜间的弧光的极地，
>
> 他都看在眼里，你永不疲倦的飞驰
>
> 每时每刻都在为他转移
>
> 这无边世界的理想的天际。[3]

另外：出乎意料的是，您观察到的"对凭空臆断的偏爱"——为此您引用了巴尔扎克和爱伦·坡在《人群中的人》中对普通职员的描写，[4]也同样适用于萨德。瑞斯丁娜的第一个迫害者，一个银行家，在萨德的笔下被描写成"又矮，又胖，又粗鲁，跟所有银行家一样"[5]。

1　参见《本雅明文集》，卷1（2），第558页。

2　出自 Marie Eichenberg 的歌谣《在父母的坟前》（1874年）。

3　译文摘自维克多·雨果的《东方集》，张秋红译，译林出版社。译者注。

4　参见《本雅明文集》，卷1（2），第541页。

5　参见萨德侯爵：《瑞斯丁娜，或喻美德的不幸》（1797年），第13页。

　　"陌生的情人"母题的雏形曾出现在赫贝尔[1]的诗里,他在《致一个陌生女人》这首诗里有两句诡异的诗行:

> 我不能把形象和样子给你,
> 于是,你也不会被它拽入坟墓。

　　终于轮到让·保罗[2]的《秋日花神》了,其中有几句是真正可喜的发现:

> 白天只有一个太阳,而夜晚却有上千个,蔚蓝色无边海洋的苍穹,宛如光的细雨,向我们沉落。有多少路灯没有沿着长长的银河上下闪烁?而且它们还在亮着,无论在夏夜,还是月光照人。然而,夜晚不仅用满天繁星的斗篷装点自己——古人把繁星印在斗篷上,我会高雅地称其为教士的法衣,而不是公爵的礼袍——而且,它还将装点继续推进,模仿起西班牙贵妇来了。夜幕一降临,这些西班牙贵妇便用萤火虫来取代头饰上的珠宝;一如她们,夜晚也用类似的小生灵来点缀没有星光的斗篷下摆,孩子们经常拿着它们。

　　下面几句话出自让·保罗同一本文集的另外一篇文章,我认为它属于同样的语境:

> 同样,我不仅发现,意大利之所以对我们这些生活在冰天雪地的可怜人来说是月光普照的伊甸园,是因为我们在那里每

1　弗里德里希·赫贝尔(Friedrich Hebbel,1813—1863),德国剧作家、诗人。译者注。
2　让·保罗(Jean Paul,1763—1825),德国作家,浪漫主义文学先驱。译者注。

日每夜都能感受到整夜唱游的青春梦想得到生机勃勃的实现，而且，我也不禁要问，夜晚这里的人们为什么总像厌烦的守夜人一样只在街上游荡和欢唱，而不是整个夜晚和清晨的队伍聚合到一起，组成一支五彩缤纷的队列（因为每一个灵魂都陷入了爱河），欢快地漫游在美丽的阔叶林和月光下的花丛间，为这和谐的喜悦还能奏起两首笛乐：日出日落和拂晓黄昏，分别从两端延长了短夜。

对意大利的憧憬是对不需要睡眠的国度的憧憬，这个观念与后来有穹顶覆盖的城市意象之间具有深刻的关联。洒落在这两种意象上的光是一样的，它们不外乎是煤气灯的光，而这是让·保罗所不知的。

您全心全意的
泰迪

111　本雅明致阿多诺

1938 年 12 月 9 日

巴黎（第 15 区），Dombasle 路 10 号

亲爱的泰迪：

　　我没有立即回复您 11 月 10 日的来信，您应该不会感到惊讶。尽管它的姗姗来迟让我预感到了信里的内容，但不可否认，您的来信对我仍是个打击。另外，我想先等到您信里预告的校样[1]寄到以后再给您回信，可是校样我 12 月 6 号才收到。由此赢得的时间让我有机会慎重适度地斟酌您的批评。我完全不认为您的批评徒劳无益，更不用说令人费解了。下面我想尝试对它进行原则性的表态。

　　您信中第一页上的一句话可以为我的表态提供主线。您写道："全景画与痕迹，游荡者与拱廊街，现代与总是一样，这一切都没有得到理论阐释——它们难道是可以耐心等待解读的材料吗？"我能理解您审视我手稿时的急不可耐，想从中搜寻到某个特定信号；但是，这也让您在某些重要段落偏离了问题本身。特别是当您发现第三章[2]没有一处将"现代"引证为"总是一样"——当前的文本实际上根本就没有用到这个关键概念，您便自然而然地得出了对它感到失望的结论。

1　这里指阿多诺的《论音乐中的拜物特性与听觉的退化》。

2　本章的标题是"现代主义"。

由于上面这句话大致概括了您的指摘与质疑，所以下面我将对它进行逐字解释。首先是"全景画"。我在文本里对它的讨论是随意的。事实上，全景的观念并不适合波德莱尔作品的语境。鉴于与之相关的段落在第一部分和第三部分中[1]均没有必然的对应，所以也许最好把它删掉。您列举的第二点是"痕迹"。我在附信里解释过，波德莱尔论著的哲学基础无法从这第二部分中领会。若要对"痕迹"这种概念做出有力的解读，则必须在实证的层面上不偏不倚地对它进行引入。这本可以做到更令人信服。其实，我回到巴黎以后做的第一件事，就是在爱伦·坡那里找到了一处非常重要的段落，用以支撑我从大城市人群中个人痕迹的抹去及固着出发，来建构侦探小说批评的做法。然而，第二部分对痕迹的讨论恰恰应当停留在这个层面上，特别是考虑到它在后面的关键性语境中将会得到闪电般的启明。这一启明是预先设计好的。"痕迹"概念的哲学定义与"灵晕"的概念正相对。

循着上面那句话，接下来的词语是"游荡者"。尽管我很清楚，您指摘的背后是对我的深切关怀——不管是学术层面的还是个人层面的，但是，在面对您的误解时，我还是感到脚下的大地在陷落。谢天谢地有一根树枝能让我抓住，况且它似乎还是根良木。它正是您在别处指出的、存在于您的交换价值消费理论与我的商品灵魂共情理论之间的张力。我同样也认为这里涉及最严格意义上的理论，对游荡者的讨论在这一理论下将达到顶峰。这里是理论在本章中毫不掩饰地得到应有考察的唯一之处。它就像一束光，照进了人为变暗的房间里。尽管是唯一一束光，但它却足以依靠光线的特性，折射出一个概念，其焦点将落在论著的第三部分。因此，这里的游荡者理论——我在下文还会逐一说明对它的改进意见——从本质上实现了我多年来一直渴望呈现的游荡者写照。

1　本雅明这里指的是他计划撰写的波德莱尔论著，而不是他提交的期刊文章的第一和第三部分。

下一个名词是"拱廊街"。我不想对它做过多解释，因为对这个概念淳朴实在的用法肯定逃不过您的注意。为何反对它呢？如果我没考虑错的话，"拱廊街"的概念实际上注定只能以这种俏皮的形式进入《波德莱尔》的语境。它在这里就像水杯上印的岩泉图。正因如此，《波德莱尔》将无法安放您提醒我的让·保罗的珍贵引文。

最后终于轮到"现代"概念了，它在文本中呈现出来的是波德莱尔自己的术语，于是，以它为标题的章节便不能超出波德莱尔使用该词时所指称的范畴。不过您应该还记得，我在圣雷莫说起过，这种界定只是暂时的而已。对"现代性"的哲学考察将在第三部分进行，它将始于"青春艺术风格"概念，终于"新生"与"总是一样"的辩证关系。

既然回忆起咱俩在圣雷莫的讨论，那么我想接着您信里提到的谈话内容继续聊。如果我当时拒绝以个人的创作趣味为名，发展一套神秘主义思想，并略过研究所和辩证唯物主义的研究兴趣直入主题，那么，这其中的缘由不只是出于与研究所的团结或者对辩证唯物主义的忠诚，而它同时也是对我们所有人过去十五年的经历的声援。所以，这里同样也有我最个人的写作意向；不可否认，它有可能在不经意间让我最初的写作意图受到了牵制。这里存在着一种对抗，我连做梦都无法想象从中逃离。如何应对它，是论文的难题，而这个难题则主要体现在结构上。我认为，若想让思辨能够成功大胆地展翅飞翔，则只能在结构中去寻觅其力量的源泉，而不是让它披上神秘主义的蜡黄翅膀。结构决定了这第二部分必须以语文文献材料为主。所以这里并不是您指责的"克制原则"，而更是一种方法上的预备。另外，语文文献材料是唯一可以单独拿出来发表的内容部分——这也是我必须顾及的一点。

当您谈到"对单纯事实的惊人描述"时，您实际上刻画出了语文学（Philologie）的真实立场。它需要扎根于结构，不仅为其结果，同时也为其自身。魔幻与实证主义之间的无差别性——您的表述非常恰当——的确需要得到肃清。换言之，对作者的语言文献阐释必须在辩证唯物主义者那里得到黑格尔式的扬弃。语文学是一种在细节上推进的文本审视方式，并因此而具有令读者着迷的魔力。浮士德"白纸黑字带回家"的，与格林兄弟对"芝麻小事"的挚爱[1]一脉相通。二者的共通点是魔幻元素，驱除它是哲学即第三部分的任务。您在《克尔恺郭尔》中曾经写道，"惊愕"宣告了"辩证法、神话和意象之间关系的最深刻洞见"[2]。或许我本应有理由引用这句话。但相反，我更想对它提一个修改建议（我在别处对辩证意象的定义也有此打算）。我认为这句话应该是：惊愕是这种洞见的显著对象。语文文献研究所固有的那种令学者着迷的完整事实表象，随着研究对象的历史建构而逐渐褪去。该建构的基线在我们各自的历史经验中交汇。由此，对象便构成了单子（Monade）。在单子中，神话凝视下的一切文本发掘变得鲜活起来。因此，您认为我的文本"将酒税现象直接导向了《酒魂》这首诗"，在我看来却是您对主题的误解。这一关联更多是在语文学的语境下合理建立起来的——与我们通常对古代作家的训诂阐释没有区别。它赋予了这首诗一种真正阅读过程中的特殊分量，而这在波德莱尔的作品中却极少得到实践。只有当这种特殊分量起作用时，作品才能遇到解读，甚至被解读颠覆。就以上提到的这首诗而言，其解读与酒税问题无关，而是与醉酒对波德莱尔的意义有关。

回顾我以前的写作您会发现，对语文学学者立场的批评——它与神话批评内在统一——是我一向关心的问题。它每每激发了语文学的成就本身。用我在《论〈亲和力〉》中的话来讲，它要求强调对真理内容进行历史披露的材料内容。我理解这不是您最关心的问题角度。然而，我有几处重要的阐释却与之相关。我想到的不只是对诗歌——比如《致一

1　本雅明想到的可能是他在《德意志人》中援引的雅各布·格林的话："我们需要发掘、阐释和提炼我们的词汇，因为只搜集不理解相当于白费，依靠他人的德语词源研究毫无用处，如果一个人视文字的纯研究为芝麻小事，那么他肯定也不会热爱和认识语言之伟大的。"（参见《本雅明文集》，卷4 [1]，第217页）

2　参见《阿多诺文集》，卷2，第80页。

位交臂而过的女子》，或者对短篇小说——比如《人群中的人》的阐释，而更是对"现代性"概念的解锁，于我而言，把它拴在语文学范畴之内是这里的关键。

顺便解释一下，您所反对的唤起 19 世纪史前史的佩吉引文，是在为以下认识做准备，即波德莱尔阐释不应诉诸任何冥界（chthonisch）元素。（尽管我在拱廊街提纲里还曾尝试过这样做。）因此我认为，同阴沟一样，地下洞穴同样不适于这里的阐释。不过我对夏庞蒂埃的歌剧倒是期望颇高；只要一有机会，我就会跟进您的建议。"拾荒者"这个形象来自地狱。它在第三部分将作为雨果的地下乞丐形象的鲜明对比，再次出现。

您能想象，您的回复每晚到一天，我的内心就多一份忐忑。就在您的回信到来前的某一天，我偶然瞥见了雷吉乌斯书里的一章[1]。在章节《等待》的下面有这样一句话："大多数人每天早晨都在等待一封信。信不来或者被回绝这种事，通常只发生在那些本来就悲伤的人身上。"看到这句话时，我的内心悲痛之极，足以把它视为您回信的暗示和征兆。如果信里有什么内容是令我宽慰的（我不是在讲它不变的态度），那么它便是，您的指摘——无论朋友们的反对意见与您的有多么一致——并没有拒绝之意。

坦白地讲，假如目前的文本——它源于一种与我往常的文学评论完全不同的张力——没有任何一部分内容能在研究所杂志上发表，我认为将会对《波德莱尔》有害无利。首先，印刷的形式能让作者与自己的文本之间产生一种距离，因此具有无可比拟的价值。其次，以印刷形式出现的文本能引发讨论——无论本地的讨论伙伴有多么稀缺，但它至少能在某种程度上弥补我写作时的孤立。倘若能发表，我认为文本的重点应

1　这里指马克斯·霍克海默用化名 Heinrich Regius 发表的《曙暮光：德国笔记》（参见信 25 的注释）。

放在"游荡者"理论上，它是《波德莱尔》不可或缺的组成部分。但我想到的绝非未修改版。修改后的版本必将比当前的版本更加突出现代都市所凸显的"大众"概念批评的核心地位。我在讨论雨果[1]开辟的这种批评方式，可以被当作解读重要文学文献的工具。浮现在我眼前的范式是有关《人群中的人》的段落[2]。对"大众"的委婉阐释，即面相学阐释，将通过分析文中提到的霍夫曼小说[3]得以形象说明。至于雨果，我仍需要找到一个更深刻的澄清点。这些"大众观"的理论发展是关键；当前的文本虽然暗示了这层递进关系，却没有完全展开。它的末端应该是雨果，而不是波德莱尔。雨果才是与当代大众经验距离最近的作家。蛊惑人心是他天才的一部分。

您看到了，您批评里的有些观点是令我信服的。我只是担心，遵循以上暗示直接修改文本会很冒险。您正确指出的理论不清晰的问题，并不是支配本章的语文文献阐释方法的必然后果。我认为，它更是该方法本身没有得到清晰界定的结果。这个不足在一定程度上源于我略过第一部分先写第二部分的冒险尝试。因此也才有了"幻象"是被描述，而不是被融入总体结构中的假象。——只有当第二部分从各方面都扎根于整体语境以后，上面提到的修改意见才能行之有效。因此，重新审视整体结构将是我接下来的首要任务。

就上述悲痛而言，除了上文提到的预感以外，还有其他充分的理由。首先是犹太人在德国的处境，我们当中没有人能屏蔽它。然后是舍妹[4]的重病。她37岁那年患上了遗传性动脉硬化，几乎丧失了一切活动能力，因此也丧失了工作能力。（目前她手上还有一点儿财产。）在她这个年

1　参见《本雅明文集》，卷1（2），第562—569页。

2　参见同前，第550—551页。

3　本雅明在《游荡者》章节中提到了霍夫曼的短篇小说《街角窗里的兄弟》，参见同前，第551页。

4　指本雅明的妹妹朵拉·本雅明（Dora Benjamin，1901—1946）。

纪预测几乎是无望的。即便抛开以上这一切，在巴黎生活也不可能总没有焦虑。我自然会尽全力推进入籍申请，可它既费时，又费钱——所以眼下从我这边看地平线，也照样是乌云密布。

附件是我 1938 年 11 月 17 日致信马克斯的节选 [1] 和布里尔给我的通知。信中涉及的情况将有可能决定我入籍申请的成败，所以事关重大。我能恳求您接手此事，让马克斯立即——最好电报——通知布里尔，批准他在下一期杂志上用我的笔名 Hans Fellner 取代我的本名吗？

现在来谈谈您的新作品，并以此进入这封信的亮部。从内容上讲，您的文章在两层关系上涉及我——这两层关系您都暗示过了。首先是您将当代爵士乐听觉感知上的某些特征 [2] 与我曾经描述过的电影的视觉感知联系到了一起。我突然无法决定，光与影在我们各自尝试中的不同分配，是否源于理论分歧。或许它们只是视角的表面差异而已，事实上却等效地触碰到了不同的对象。但这并不意味着听觉与视觉的感知对变革是同等开放的。这或许能够解释，为何您文章结尾处的"跳跃式听觉" [3] 视角至少对于我这种对马勒似懂非懂的读者而言不够清晰。

我在我的文章里 [4] 试图清晰地表达积极因素，正如您在您的文章中清晰地表述消极因素一样。因此，您的实力所在正是我的不足之处。您对行业生产的心理类型分析 [5]，以及对其生产方式的描述，是绝对成功

---

1 这段话是："另一方面，该计划［指本雅明恢复入籍申请一事］迫使我重新审视我的卡约瓦书评，它的校样就摆在我面前。我前两天偶然惊喜地得知，卡约瓦与罗兰·德·雷内维尔（Roland de Renéville）关系密切，称兄道弟。这个雷内维尔是司法部入籍办公室的秘书，我的申请迄今为止都是经他手办理的。特别是在申请从地方上交到司法部以后，他更能决定其成败。鉴于此，假如卡约瓦书评在杂志上以我的本名刊登，则确实有可能影响到我的入籍申请。出于此原因，我想请求您用笔名 Hans Fellner 刊登我的'卡约瓦、本达联合书评'。"（参见《本雅明文集》，卷 3，第 695 页）

2 参见《阿多诺文集》，卷 14，第 37—38 页。

3 同前，第 49 页。

4 指《机械复制时代的艺术作品》。

5 参见《阿多诺文集》，卷 14，第 41—44 页。

的。假如我对这方面的问题能投入更多的关注，那么我自己的文章则会
更具备历史可塑性。我越来越认为，有声电影的推广应当被视为电影行
业的行业操作，其目的是打破无声电影的革命首要性，因为无声电影所
滋长的反应较难控制，因此具有政治危险性。或许有声电影分析能为我
们提供一种辩证地调和你我观点的当代艺术批评。

您的结论特别能引起我的共鸣，因为我在那里聆听到了您对"进步"
概念的保留态度[1]。您将自己的保留态度暂且归咎于这个词的历史。我
很想接近它的根与源[2]。但我不否认这里的难度。

最后谈谈您提出的问题：从您的文章中发展出来的理论，与我在《游
荡者》中阐述的观点之间，可能会产生何种关联。对于内省或者内心体
验而言，对商品的共情其实表现为对无机物的共情：除了波德莱尔，福
楼拜凭借他的《圣安东尼的诱惑》也是这里的主要证人。移情于商品，
其实原则上也是移情于交换价值本身。实际上人们很难不把交换价值的
"消费"理解为对它的共情。您写道："消费者崇拜的，实际上是他自
己花在托斯卡尼尼音乐会门票上的钱。"[3]对门票交换价值的共情还能
让音乐经典成为比黄油更令人愉悦的消费品。如果俗话说某人"身价
五百万马克"，那么，这也就是说当时的国民社会自我感觉值几千亿马
克。它共情于这几千亿。这样表达也许更能触及这种行为方式背后的法
则。我想到的是赌博的法则。玩家直接移情于他向银行或者合伙人赌下

1　同前，第 50 页。

2　参见本雅明《拱廊街计划》之卷宗 N：《知识论，进步论》（《本雅明文集》，卷 5［1］，
第 570—611 页）。另外参见本雅明于 1939 年 1 月 24 日致霍克海默的书信："为了追寻进步
概念的历史，我研究了杜阁和其他几位理论家。我从认识论的角度重新审视了《波德莱尔》
的总体结构，并在上一封信里与泰迪·维森贡德就修改一事达成了共识。如此这般，历史概
念问题与进步在历史进程中扮演的角色之问题便变得重要起来。打破文化连续体的观念——
我在《福克斯》一文中曾经提出过此要求——必然会对认识论产生影响，在我看来，其中最
重要的一个影响是对在历史中使用的进步概念的界定。"

3　参见《阿多诺文集》，卷 14，第 24—25 页。

的金额。赌博，作为交易所的投机游戏，对于移情交换价值的作用，与世界博览会一样具有划时代性。[1]（世界博览会是那些被消费排挤在外的普罗大众学习如何对交换价值产生共情的高等学府。）

还有一个特别重要的问题我想留到以后写信或者面谈时再讨论。音乐和抒情诗变滑稽[2]的特征是什么？我很难想象您在此指的是纯负面现象。还是您认为"宗教和解的衰退"[3]含有正面因素？我承认我不太能找出这里的答案。也许您有机会能稍作解释。

无论如何，请尽快让我收到您的回音。您能转告费莉西塔斯，请她有机会把《威廉·豪夫童话》[4]寄给我吗？因为有桑德兰的插图，所以我很珍爱这套书。我会很快给她写信，也希望能从她那里尽快收到回音。

一如既往的最诚挚问候！

您的瓦尔特

1　参见《本雅明文集》，卷1（3），第1173—1174页。

2　参见《阿多诺文集》，卷14，第48—49页。

3　同前，第49页。

4　格蕾特·阿多诺在9月12日致本雅明的信里写道："我希望你的书已经寄到了。收拾书架的时候，我还发现了《豪夫童话》和《包法利夫人》。我猜这两本书也是你的。"《威廉·豪夫童话》是配有桑德兰（Johann Baptist Sonderland）插图的1853年版。

112　阿多诺致本雅明

1939 年 2 月 1 日

纽约

亲爱的瓦尔特：

这封信的拖延与理论问题无关，而是由于最近在德国发生的事件 [1]。我不知道您是否听说了我父母最近的遭遇。虽然我们已经设法把我父亲从监狱里成功解救了出来，但是在这次大洗劫中，他原本就有疾的眼睛再一次受了伤；他的办公场所被洗劫一空，此后不久，他还被剥夺了一切财产使用权。就连我 73 岁高龄的母亲也被监禁了两天。他们刚有机会从这些可怕的经历中喘口气，我父亲又不幸患上了严重的肺炎。虽然他好像已经度过了危险期，但病情却迫使他不得不在德国至少再待上数周乃至数月之久，尽管在这期间我们通过美国友人的帮助成功为我父母争取到了古巴的入境许可 [2]。毋庸赘言，只要他们在那个恐怖的国度继续待上一天，我们就无法安心；设法帮助他们逃难占去了我这几周的全部精力，这您是可想而知的。

毫无疑问，一场新的危机正在逼近欧洲，我现在不再像去年秋天那样笃定战争不会爆发了。但我依旧认为，德国人这次仍然极有可能得到

1　这里指 1938 年 11 月 9 日纳粹德国对犹太人的大规模迫害。

2　阿多诺的父母于 1939 年春成功逃到了古巴。

他们想要得到的一切，尽管他们也许还根本不清楚自己究竟想要什么。尽管我比以往还要坚信德国不能发动战争，但是决定因素却似乎在于，英国统治阶级出于害怕在希特勒之后可能会发生的事情，所以不愿意冒任何哪怕会伤害希特勒一点名声的风险。法国失去了主动出击的最后一个机会——不然无法解释西班牙事件[1]。法国人肯定要为此付出代价，在一定程度上重蹈捷克斯洛伐克的覆辙，尽管目前还很难看出法国是否会继续留在英国的势力范围内，还是会通过直接纳粹化加入德国的势力范围。总之，和平的前景并不比战争更令人心安，而且就连对这一前景我都不如去年秋天时那样笃定了。一是因为德国这次提出的要求与大英帝国的利益有冲突，资本家们即使再不情愿，也不太可能不顾及这些利益；二是因为对德国内部局势的判断有可能让他们产生反抗情绪，这会让虚张声势一不小心弄假成真。以上揣测仅是我的个人见解；研究所的人倒是依旧不惜任何代价相信战争不会爆发，尽管马克斯也认为，这个代价将会是整个欧洲的秩序。我不想让您陷入恐慌，但另一方面又不能不告诉您我对局势的看法。

至于《波德莱尔》：如果我没理解错的话，您的建议是，抽取您提交给我们的手稿的第二部分（以"游荡者"为标题的章节），经修改后发表，即全面调整其形式以回应我提出的理论需求。对于您的建议，我们基本同意，唯一的条件是它不能超过现有的长度。假如有些段落有必要补充，那么您也许可以考虑在其他地方精简一些难以在该文本的局限下展开的内容（我想到的主要是结尾部分）。

我认为，如果我对您的文本进一步提一些详细的建议以说明我对修改的大致想法，也许对它有益无弊。我认为这一章的第一句话[2]特别能

1　1939年1月，加泰罗尼亚的首府巴塞罗那被佛朗哥军队攻陷，西班牙第二共和国的大批拥护者不得不经由比利牛斯山逃向法国；而与此同时，法国政府却开始与西班牙纳粹政府就承认佛朗哥专制政权一事进行谈判，并于1月30日决定阻止符合入伍条件的男丁过境。

2　参见《本雅明文集》，卷1（2），第537页。

唤来幻象主观化的危险，所以，若能在这里补充一些对幻象的历史哲学
特征的深思熟虑，将会对它非常有益。从游荡者的生理学描写向习性描
写的过渡（第 2 页）[1]，我认为有些牵强，首先因为"在柏油马路上拾
拣花草"的隐喻风格似乎不完全符合历史哲学范畴在您的文本中应当具
备的现实要求；其次是因为通过对狭窄的人行道的技术性指涉来论证拱
廊街的出现，我认为并未达到您在这里想要达到的高度。我的意思是说，
您在这里无法回避那些促使房主们联合修建拱廊街的特定利益。另外，
这一缺失恰好与另外一个不足有关，即拱廊街没有被客观地引入，而是
经由浪荡文人的"行为方式"登场。拱廊街段落的结尾处（第 3 页中间）[2]
再次陷入了隐喻的危险：这里的俏皮对照非但无助于严格的界定，反而
还会阻碍它。下一段的起始句（"值得怀疑"［nicht geheuer］）我不
太理解。"生理研究"难道不是过于和气吗？至于接下来与西美尔引文
有关的演绎推论，我已经提出过异议了[3]。我的顾虑不外乎，那些只有
通过社会中介才能被理解的现象，在这里被无条件地归为人们的直接反
应方式，即对看得见却听不见的不安。假如从反应力分散的角度论证生
理学研究对您而言过于笼统，这我完全理解，那么也许可以说明，在这
个阶段人类本身也具有了生理学研究展开的那种商品式的展示对象的特
征，而且还可以考虑把它放在时尚——作为可全方位观赏的理念——的
语境下引入，以通过这种方式使论证变得具体化。我无法自拔地认为，
在"拱廊街研究"的宝藏里藏着比西美尔引文更锋利的匕首。至于接下
来那句极其诡异的福考的引文[4]，我只想告诉您，您援引这句话时的语
境很容易让人误解您只是想嘲讽它，而我却认为恰恰应当从这种假象中
攫取一丝真理，即正确地认识无产阶级对"休息"的"厌恶"，以及资

---

1 同前，第 538 页。

2 同前，第 539 页。

3 参见信 110 及其注释。

4 参见《本雅明文集》，卷 1（2），第 540—541 页。

产阶级的"自然"概念只是剥削的互补而已。讲到下一段，我想特别强调"真正的经验主义"这个概念[1]带给我的特殊反感，我相信您也会赞同我。只需想想克拉考尔对这个词的赞美，我就能足够确信，您会把它列入禁词表的。

　　至于下一部分，从巴尔扎克引文开始一直到第 10 页[2]，我想阐发一些思考，它们是我在阅读您的文本、萨德的著作和重新阅读巴尔扎克时形成的。不过我想先提前说明一下，在我看来，与"类型"的语境相关的深层问题，即在幻象中同一类人群实际上相互趋同的问题，虽然在您的文本里被触及，但却绝对没有得到解决。但是，我的罗盘告诉我，正是在这里，比如爱伦·坡描述小职员的地方，当下的文本与《拱廊街》的隐秘意图进行着真正的交流。——我想从卢卡奇[3]的巴尔扎克、堂吉诃德对比批评出发。巴尔扎克本身也属于堂吉诃德类型。这一套用归根结底在于，资本主义的异化在巴尔扎克这里，以类似于堂吉诃德对待理发师铜盆的方式，摇身变出了"意义"。在这里，巴尔扎克"对凭空臆断的偏爱"[4]是有原因的。它源于面对资产阶级服饰雷同化时的不安。当他写下"天才在路上一眼就能被路人认出来"时，他其实是在试图不顾服饰的雷同性，在臆想的探险中再次为自己确认非中介性的存在。这种冒险，以及巴尔扎克对物界所施的魔法，却与买主的姿态具有深层的关联。买主隔着玻璃窗，打量着橱窗里展示的商品，以此估量它是否物有所值，货真价实；正像买主一样，巴尔扎克以同样的方式对待周围的人，他根据他们的标价研究这些人，并同时撕掉了资产阶级的整齐划一为他们戴上的面具。二者均带有投机的特征。正如金融投机时代可能

1　同前，第 541 页。

2　同前，第 541—545 页。

3　参见格奥尔格·卢卡奇：《小说理论：试从历史哲学论伟大史诗的诸形式》（柏林：1920年），第 100—113 页。

4　参见《本雅明文集》，卷 1（2），第 541 页。

会出现价格波动，对买主来说购买橱窗内的商品或者是醉人的获利，或者是上当受骗，而生理学家的情况亦如此。巴尔扎克的"凭空臆断"所承担的风险率，与证券投机商们承担的风险率不相上下。所以，我在萨德那里发现的类似于巴尔扎克式的凭空臆断[1]恰好指涉金融投机商，这绝非偶然。巴尔扎克笔下的面具舞会恐怕与他那个时代的牛市日非常接近。堂吉诃德元素论也许可以以杜米埃[2]为中介，正如您在《福克斯》中指出的那样，他画中的人物类型总让人联想到巴尔扎克笔下的人物，就像堂吉诃德在他的油画主题宝库中占据中心地位一样。所以我认为，杜米埃的"类型"极有可能与巴尔扎克的凭空臆断有直接关系，是的，我甚至想说，它们是一回事。杜米埃的讽刺漫画是一种投机冒险，与巴尔扎克识别人物时的大胆偷袭类似。它们是冲破同一性外壳的面相学尝试。面相学视角的意义——面对整齐划一，它无限夸大将个体区分开来的细节——无非是拯救普遍性中的特殊性。为了能凭空宣称日益千篇一律的世界充满着荒诞离奇的冒险，就像堂吉诃德在资本主义原始阶段感受到的那样，杜米埃必须画讽刺漫画，并向我们展示"类型"。"类型"的概念在这里被赋予了特殊的地位，因为在勾勒每一个特殊形象时，比如大鼻子或者尖肩膀，普遍性的意象也必须同时被捕捉到，正如巴尔扎克在描写纽沁根时倾向于将他的乖僻性情归为银行家类型一样。我认为这其中隐藏着一种动机，即类型描写不只是意在从千篇一律中突出个体，同时它还通过对大众类型的分类，在一定程度上将其视作自然历史的物种与变种，旨在令芸芸众生本身与投机商的陌生目光相匹配。我还想说，爱伦·坡那里也有与该倾向相当的元素，它隐藏在那个令《金甲虫》[3]得以诞生的命题里，并且——顺口提一句——还让坡取得了他人生

1　参见信 110 及其注释。

2　奥诺雷·杜米埃（Honoré Daumier, 1808—1879），法国著名画家、讽刺漫画家，19 世纪最伟大的讽刺画大师。译者注。

3　爱伦·坡的同名短篇小说。

中唯一一次市场成功，这个命题就是：不管有多么复杂，每一部密文都有被破解的可能。密文在这里显然是大众的意象，其密码则恰恰对应巴尔扎克和杜米埃笔下的人物"类型"。这个将人群视为密文的观点有多么符合波德莱尔的寓言意图，几乎无须赘言。另外，坡的确履行了他的诺言——破解每一部摆在他面前的密文。而人们却很难想象波德莱尔或者巴尔扎克能做到这一点，这或许能在一定程度上解释您的理论，即为什么侦探小说只有在坡那里，而没有在波德莱尔这里出现[1]。视人类为密码的观点在克尔恺郭尔那里也起过一定作用，只需想想他的"密探"概念[2]。

第8页令我激动不已，您对出版社宣传册的援引[3]，特别是它的结尾处，读起来仿佛是您自己的阐释，这是对您文章的一个有力证明。在这里，材料内容与真理内容的关系做到了真正的一目了然。——您用瓦莱里的话（第9页）去总结坡的作品元素[4]，我认为用德语——未经过阐释——读起来有些生硬。您在第10页上通过提及"秉性"[5]来解释波德莱尔为何不写侦探小说，我认为这样做没有说服力。我相信，若能尝试从客观范畴的角度进行划分，则更会有效。关于"交臂而过的女子"和"痕迹"的段落[6]，我认为非常成功。第13页的结尾[7]，在进入讨论《人群中的人》之前，也非常精彩。

至于《人群中的人》，我已经在"类型"那里讨论过了。我只想借第14页[8]补充一点：在19世纪，咖啡馆恰恰出现在柏林，而不是伦敦，

1　参见《本雅明文集》，卷1（2），第545页。

2　参见《阿多诺文集》，卷2，第20—21页。

3　参见《本雅明文集》，卷1（2），第544页。

4　参见同前，第545页。

5　同前。

6　同前，第546—548页。

7　同前，第550页。

8　同前，第551页。

而且那里至今都没有咖啡馆，美国也是极少有。（众所周知，坡从未去过伦敦。）

对类型同一性的阐释最好能在第 17 页引入，因为您在那里谈到了被夸大的千篇一律[1]，也就是说，正是这种夸张性和它与讽刺漫画的关系，可以成为阐释的对象。您对塞纳菲尔德石版画的描述[2]非常优美，但它也同样需要阐释。我自然格外喜欢您讨论"反射行为"的段落[3]，它是我在撰写音乐的拜物特征论文时还完全不知晓的。由于它涉及一个极其关键的历史哲学和政治母题，所以可以在这里讨论，与故事开头就已经暗示其结局的侦探小说类似，这里也有一种可以透过法西斯主义的掩饰直击其集中营刑讯室的目光。

（在这一语境下：没有什么比在巴塞罗那发生的事件更具有时代征候了，它重蹈了一年前维也纳的覆辙：今天为法西斯侵略者摇旗呐喊的大众，其实就是昨天还在为其反对者欢呼的同一群人。）

剩下的内容我不想作具体评论：在商品理论问题上，由于我带有一定的倾向性，所以不便提任何建议。但我依旧认为，与无机体共情的概念并未触及实质性问题。当然，这是一个非常棘手的问题，特别是在研究所杂志这里，因为它对每一个观点都不无道理地假定了一种马克思主义思想的绝对权威。就连我自己关于交换价值替代理论的观点，都不得不在马克斯的帮助下，针对第一稿的鲁莽措辞，花了很大功夫进行修改。如果空间上的距离作为干扰因素对学术有过任何影响，那么您的商品灵魂理论便是其体现。今天我只想恳请您重新认真思考该理论，并特别参考马克思第一卷中有关商品拜物教的章节[4]。不然，第 21 页第一段的结

1　同前，第 554 页。

2　同前，第 555 页。

3　同前，第 556 页。

4　这里指马克思的《资本论》第一卷中的相关章节。

尾和第二段的开头[1]恐怕会有问题。至于第 22 页上的波德莱尔引文[2]，我只想补充一点，"出乎意料"（imprévu）是柏辽兹音乐美学的中心概念（它主宰了整个柏辽兹流派，特别是理查·施特劳斯）。第 23 页的恩格斯引文[3]于我而言并不是什么新发现，所以，如果删减的话，可以先考虑删节这一段。（洛文塔尔建议删减引文的前半部分，我认为最好割舍整段。）至于作为商品的生产力的段落[4]，还是我上文说的：这里要当心！您将波德莱尔划分为小资产阶级，我认为并不妥。在我看来，关于"人群"的段落总体而言不如前一段有厚度，假如您能再给它添些砖加些瓦，则会对这一段有益无弊。至于雨果前面的最后一段（第 25 页）[5]，我有一丝疑虑：布莱希特的伟大诗行真的能归功于雪莱吗？[6]因为直接与坚硬并不是雪莱的特色。这里一定要对照一下原文。

　　面对结尾（从第 26 页开始）[7]我有些不知所措。如果我告诉您，关于雨果的整个部分尽管被我有意识地重复阅读了多遍，我仍然认为它不够直观，而且在整体结构中也没太找到自己的价值，希望您别见怪。我不怀疑这里隐藏着极其重要的主题。如果我上面说过，有些主题在这篇文章的框架下很难展开，那么我想到的首先就是雨果部分。或许它可以放到一篇以大众意象为中心范畴的文章中去讨论。但是，如果我们决定出版第二章的修订版，那么，从主题考虑，大众意象的历史哲学无论如何都不能占据中心位置，以承载有关雨果的题外讨论。这里恐怕不容忽视的一个基本考量是，在一篇篇幅有限的波德莱尔评论文章里，不应留给另外一位作者过大的空间。所以我的建议是，充实已经说明的段落，

1　参见《本雅明文集》，卷 1（2），第 558 页。

2　同前，第 559 页。

3　同前，第 560 页。

4　同前，第 561 页。

5　同前，第 562 页。

6　同前。布莱希特的德语翻译几乎是英语原文的逐字直译。

7　参见《本雅明文集》，卷 1（2），第 562—569 页。

升华有关人群的部分，并让它成为无懈可击的结论，至于雨果，则最好把他留给"波德莱尔论著"或者《拱廊街》本身。

最后简单聊几句您对我的"音乐拜物"论文的反馈。我同意您的观点，电影与爵士乐的重心差异主要源于材料的不同；但同时需要注意的是，从原则上讲电影属于新材料，爵士乐则不然。对于这篇文章的弱点，我再清楚不过了。粗略地讲，它主要表现在无病呻吟和漫天谩骂的倾向。我对当今形势的痛斥——您在这里说得对——是如此徒劳，甚至都可以这样说，历史哲学的角度在今天阻碍了其"救赎"。所以我认为如今真正可能提出的问题是实验尝试的问题：如果把他们暴露在垄断资本主义的条件下，人类及其美学统觉会变成什么样？但是，在写这篇文章的时候，我的神经还没有能力应对这样一个恶魔般的行为主义问题。它从本质上体现了美国带给我的经验，这些经验也许总有一天能促使我重新拾起咱俩至今未能完成的垄断资本主义时代下的大众艺术研究[1]。我同意您对有声电影的看法，在爵士乐那里也能观察到非常相似的情况，只是我认为，它并非电影产业的阴谋，而是客观的主流趋势。至于音乐变得滑稽：事实上，我从中以及在"宗教和解的衰退"中确实看到了正面因素，这里无疑是我的文章与您的机械复制一文交流最深入的地方。如果这一点在文本中表现得模棱两可，我会把它视作严重的不足。至于关键理论点，即美学感知与商品特征之间的关系，请您多一些耐心。

请原谅这封信荒唐的冗长，但这也许至少能弥补它的姗姗来迟。

祝您一切顺利！我们看着窗外的哈德逊河，惊奇地发现河面上漂着浮冰。

您永远的
泰迪

1　参见信 83 及其注释。

　　请允许我再做两点补充提示。第一个提示得感谢夏皮罗：维利耶·德·利尔-阿达姆[1]，一位了不起的 19 世纪法国代表，佩拉丹（Péladan）曾经受过他的影响。我敢打赌，您从他那里会有不小的收获。

　　另外一个提示既显而易见，又偏离主题中心。您读过奥古斯特·孔德[2]吗？特别是他晚期的"人道教"（Menschheitsreligion）思想？我读了一本美国人写的书（作者是 Hawkins）[3]，讲的是 1853—1861 年间的美国（孔德式！）实证主义史，它是我很久以来遇到的最诡异的一本书。坡显然受过孔德的影响，他对文学创作的科学诉求或许就是从孔德那里来的。孔德与圣西门主义有何关系？波德莱尔与这两者又有何关系？此外，孔德本打算将"拜物教"注入他的"人道教"中去。假如您感兴趣，我可以把 Hawkins 这本书寄给您。书中还特别涵盖了孔德与其美国信徒埃杰之间的通信，后者基于明显的反动政治动机，从傅利叶主义那里向孔德的集权实证主义"人道教"皈依。这一切仿佛我们虚构出来的！

　　非常诚挚的问候！

1　维利耶·德·利尔-阿达姆伯爵（Jean-Marie Matthias Philippe Auguste, Comte de Villiers de L'Isle-Adam, 1839—1889），特别以《恐怖故事》和小说《未来的夏娃》闻名。

2　奥古斯特·孔德（Auguste Comte, 1798—1857）在 1852 年的《实证主义问答手册》中发展了"人道教"（religion de l'humanité）的思想。

3　参见 Richmond Laurin Hawkins：《美国 1853—1861 年的实证主义》（剑桥，马萨诸塞州：1938 年）。阿多诺为这本书写的书评在他生前未能发表，现收录在《阿多诺文集》，卷 20（1），第 242—243 页。

113　本雅明致阿多诺

1939 年 2 月 23 日

巴黎（第 15 区），Dombasle 路 10 号

亲爱的泰迪：

　　On est philologue ou on ne l'est pas.[1] 研读完您的来信以后，我做的第一件事情，就是去翻找那捆收藏有您对《拱廊街》意见的重要卷宗[2]。阅读这些年代有些久远的信件，对我是很大的鼓舞：我重新意识到，我们的根基没有腐蚀或者坍塌。您以前的这些意见让我对您的上一封来信——特别是有关"类型"的思考——有所感悟。

　　"所有猎人看起来都一样。"——1935 年 6 月 5 日您在提到莫泊桑时如此写道。这句话指向了一个问题要素，只要我确定编委会希望看到这篇论文以"游荡者"为主题，我就能把它架构起来。您为我这个取向的信件做出了最恰当的解释。既然更显而易见的社会学材料有了保障，我现在终于可以在不透露本章在波德莱尔论著中应有地位的前提下，转向以惯常的专著形式在《拱廊街》的整体语境下对"游荡者"进行界定。下面试举两个例子，以供参考。

　　同一性（Gleichheit）是认知（Erkennen）的范畴，从严格意义上讲，

1　法语，意为：一个人要么是语文学家，要么不是。译者注。

2　主要参见信 31、33 和 39。

它不存在于清醒的感知（Wahrnehmung）中。严格意义上清醒的、不受任何偏见约束的感知，即使在最极端的情况下，触碰到的也只能是相似性（Ähnliches）。这种内在于感知的偏见通常是无害的，但是在特殊情况下，却会让人冲动。它可以为感知者戴上不理智的帽子。比如堂吉诃德就是个例子，骑士小说让他上了头。他可以遇到形形色色的事情，但是从中他却只感知到一件事——等待流浪骑士的冒险。接下来谈谈杜米埃：您的暗示不无道理，他在堂吉诃德身上画的是他自己。杜米埃也总是发现千篇一律；他在所有政府首脑、官员和律师那里感知到一模一样的东西，即资产阶级的卑鄙与平庸。但是有一点在这里非常重要：不管在杜米埃那里，还是对塞万提斯而言，同一性的幻觉（它被讽刺漫画打破，只是为了能够立即重现；因为怪异的鼻子越偏离常规，它作为鼻子就越能表现出长鼻子的人的典型特征）是荒诞的。与那些单调、千篇一律地展现骑士世界的骑士小说相比，在《堂吉诃德》那里，读者的发笑拯救了资产阶级世界的尊严。而杜米埃的笑却指向了资产阶层本身，他看透了后者所标榜的同一性，即在路易·菲利普的绰号中吹嘘的那种虚无缥缈的平等主义。不管是塞万提斯，还是杜米埃，他们在笑声中消除了被他们捕捉到的作为历史表象的同一性。而坡的同一性却完全不同，更不用提波德莱尔了。如果说《人群中的人》至少还闪现出一丝荒诞驱魔的可能性，那么它在波德莱尔那里则完全不存在。后者反而人为助长了在商品经济下扎根的同一性历史幻觉。在这一语境下，大麻在他那里所反映出来的意象可以得到破译。

商品经济强化了同一性的幻象（Phantasmagorie），它作为迷醉（Rausch）的特征，同时也被认证为表象（Schein）的中心意象。"有这种灵药在体内，就把任何女子都看得如海伦般俊俏。"[1]价格使商品

---

1 这句引文出自歌德的《浮士德》（第一部）。中译文引自周学普《浮士德》，商务印书馆，1935 年。译者注。

等同于一切可以以相同价格购买的商品。商品不仅仅移情于买主，而且还特别移情于自己的价格——这是对去年夏天版本的主要更正。正是在这一点上，闲逛者与商品保持了一致；他模仿商品；市场需求，即市场价格的缺席，让他在可以买卖的世界里自由自在。他在此处胜过了妓女，仿佛带着妓女的抽象概念散步。只有在他的终极化身那里，他才能实现它：我的意思是说，作为"三明治人"[1]。

从波德莱尔研究[2]的角度看，结构的重组将大致如下：着重将游荡（Flanerie）界定为迷醉状态（Rauschzustand）；由此介入它与波德莱尔吸食麻醉品经验的关联。"总是一样"的概念将首先作为总是一样的"现象"（Erscheinung）在第二部分中就被引入，而它作为"事件"（Geschehen）的终极特征，则将继续保留到第三部分去讨论。

您看到了，我十分感激您在"类型"问题上提出的建议。如果我有逾越它的地方，那也是出于《拱廊街》的初衷。巴尔扎克在此离我远去了。他在这里只起到了逸事的作用，因为不管类型的荒诞面还是恐怖面，在他那里都没有得到展现。（就小说而言，我认为这两者一直到卡夫卡才被同时兑现；在他的作品中，巴尔扎克式的人物类型驻扎了表象里：他们变成了"助手""公务员""村民"和"律师"，K作为唯一的人，作为一个普通但却非典型的存在，与他们相对。）

第二点，简要地讲，就是接受您的建议，不把拱廊街仅仅介绍成适合游荡者闲逛的环境。我可以回报您对我的信任，从我收集的文献中找出那些诡异的梦想，并让它们自己发言，因为是它们把上世纪中期的巴黎城变成了温室般的玻璃长廊。柏林卡巴莱（Berliner Cabaret）——我会去查清楚这个词始于哪个年代——能让人了解这个梦幻城市的生活会是什么样子。所以，关于游荡者的章节将更类似于之前围绕收藏家、骗

---

1 参见《本雅明文集》，卷5（1），第562和565页。

2 本雅明指的是他计划撰写的《波德莱尔》论著。

子和玩家等形象展开的面相学研究。

我今天不想逐一深究您的具体评论。我认为合理的地方，包括您对福考引文提出的意见。我无法苟同的地方，包括您对波德莱尔的小资产阶级社会地位的质疑。波德莱尔依靠在讷伊（Neuilly）的一点地租过活，他与一位继兄平分这些地租。他的父亲是个读书人和艺术爱好者，复辟时期担任过卢森堡的行政长官。关键是，波德莱尔终生断绝了一切与金融界和大资产阶级的关系。

至于您投向西美尔的轻蔑目光：难道不是该拜他为文化布尔什维克主义之祖的时候吗？（我这样说并不是要为这条引文辩护，虽然我并不情愿舍弃这句引文，但是它在这个位置上顶的压力确实过大。）我最近读了西美尔的《货币哲学》。他将这部著作献给 Reinhold Lepsius 和 Sabine Lepsius[1] 不无道理；而且，它的谋篇处于西美尔被允许"接近"格奥尔格圈子的时期，也绝非偶然。只要不去理睬这本书的主导思想，我们还是能够从中找到有意思的地方。他对马克思价值理论的批判令我震惊。

马克斯在上一期杂志上对绝对集中哲学的思考[2]对我是真正的阅读享受。思念德国有它的问题面，怀念魏玛共和国（这种哲学还能是什么呢？）则简直是野蛮。文本对法国的暗示切中了我最个人的经验和反思。我在上一封给马克斯的文学书信[3]里有机会对此畅谈了一番。有一件琐事或许能让您了解到这里的风向：本地纳粹党分支的报纸最近都发放到 Littré 酒店去了。我是去拜访考利什时无意间看到的。我去听了他的四重奏之夜，而且在他离开前还与他度过了一个钟头的美好时光。我再度

1　这对画家夫妇是格奥尔格圈子的成员。

2　参见马克斯·霍克海默的《绝对集中哲学》，原载于《社会研究杂志》（1938 年），第 7 期，第 3 册，第 376—387 页；现收录在《霍克海默文集》，卷 4，第 295—307 页。这篇文章是对 Siegfried Marck 的《作为政治哲学的新人文主义》一书的批评。

3　这封信的日期是 1939 年 1 月 24 日。

感觉他的女友十分讨人喜欢。我在同一个场合还见到了索玛·摩根斯坦，他在最后的时刻成功逃离了维也纳。

　　如果可以的话，我很想借阅 Hawkins 那本书。探究坡与孔德的关系肯定是件诱人的事。就我所知，波德莱尔与孔德没有任何关系，波德莱尔与圣西门也无太大关联。不过，孔德倒是在二十岁出头的时候曾有一阵儿是圣西门的信徒。而且他还吸收了圣西门主义对"母亲"的空想，不过还给他们的却是实证主义的图章——他大肆宣扬，大自然最终会造出一个以"圣母"（Vierge-mère）为原型的、可以自我繁殖的女性存在。您也许会感兴趣，孔德在 9 月 2 日政变中屈服的速度不逊于巴黎的文人墨客。不过他至少在此前为他创办的人道教拟定了一个纪念日，以隆重地诅咒拿破仑一世。

　　既然聊到了书，您曾经向我推荐过莫泊桑的《夜晚，一个噩梦》，我翻遍了 12 卷本的莫泊桑小说集，却偏偏找不到这一篇。您能告诉我它的出处吗？还有一个同样迫切的请求：如果您手上还有多余的《克尔恺郭尔》样书，还烦请您寄一本给我。如果也能借阅《小说理论》，我将不胜感激。

　　我非常难过地从考利什那里听说了您父母的遭遇。希望他们已经从劫难中成功脱险。

　　《豪夫童话》已经收到，非常感谢！我下周会给费莉西塔斯写信。

　　向你们呈上我最诚挚的问候！

您的瓦尔特

辑　七

1939—1940

114 阿多诺夫妇致本雅明

1939 年 7 月 15 日

纽约

我亲爱的瓦尔特：

在您的生日之际，马克斯给了我们最好的礼物：您有望即将赴美[1]，以及我们有望即将收到您的《波德莱尔》[2]。欣喜之情溢于言表：我们第一次沿用了本地的习俗，欣喜若狂地跳起了印第安舞，马克斯也同我们一样高兴。我今天只想仓促地提几件与计划有关的事宜：您的《巴黎风光》法语提纲[3]昨天才寄到我这里，等我安心研读完以后再具体给您回应。

首先关于《波德莱尔》，它若能在今年的首期杂志上（合刊）刊登[4]，将会完成我们的一大心愿。因为这期杂志除了您的《波德莱尔》，还将刊登马克斯的一篇极其重要的文章[5]，题目暂定为《犹太人与欧洲》，

1 本雅明 6 月 24 日写信通知霍克海默，美国领事馆不反对为他签发访美签证。纽约访问计划的目的是讨论理论事宜和本雅明移民美国的可行性。

2 本雅明电报通知霍克海默，他的《论波德莱尔的几个母题》手稿将于 7 月底寄出。

3 这里指本雅明于 1939 年 5 月在 Pontigny 的讲座《波德莱尔的〈巴黎风光〉札记》（参见《本雅明文集》，卷 1 [2]，第 740—748 页）。

4 《论波德莱尔的几个母题》发表于《社会研究杂志》（1939 年），第 8 期，第 50—89 页；现收录在《本雅明文集》，卷 1（2），第 605—653 页。

5 霍克海默的文章《犹太人与欧洲》发表于上述杂志的第 115—136 页，现收录在《霍克海默文集》，卷 4，第 308—331 页。

但它实际上是一篇关于法西斯主义的初步理论纲要——我也深入参与了这篇文章的写作。除此之外，还会刊登《瓦格纳》的四个章节[1]（第1、6、9和10章，通过简短的过渡文字串连起来）。假如这期杂志果真能以这种形式面世，那么，它实际上将非常接近我对杂志的设想，我相信，它也将非常接近马克斯对杂志的设想。

至于来访的事宜：我们建议把来访时间定在9月底、10月初。原因如下。首先，研究所的学术活动届时将会重新全面展开。我们希望能让您有机会在研究所的正式活动上讨论"拱廊街研究"的主导思想，届时能请到的名人越多越好。也许我们还可以在哥伦比亚大学哲学系为您安排一场有关美学理论的讲座。几个月前，我自己刚在那里做了一场关于——无法回避的——胡塞尔的报告[2]，非常成功。其次，迈耶·夏皮罗恐怕在8月25号以前不会到巴黎。我们所有人都高度重视你俩的会面[3]，不仅因为他密切关注咱们的研究，或者因为咱们不光需要给他建议，而且还需要接收他的建议。更为关键的是：我们对他寄予厚望，认为他有能力帮您完全移民过来，或者为您从美国谋取一份在法国工作的研究项目。我认为您务必需要安排至少四周的时间跟他在一起。在写这封信的同时，我也会为您给在伦敦的他去信。他对托派的强烈好感您是知道的，所以您在为他斟酌会面人选时，需要慎重一些，因为他很容易与忠于路线的人发生冲突。

马克斯告诉我，您在申请签证的时候可能需要出示财产证明；他让我通知您，研究所可以帮您证明，当然只是形式上的手续而已。如果我没理解错马克斯的话，旅费将由您个人承担，一旦到了纽约，您便是研

1　这些章节以《瓦格纳断篇》为标题在上述杂志的第1—48页刊登。

2　阿多诺1939年5月在哥伦比亚大学哲学系做了一场题为《胡塞尔与唯心主义问题》的讲座，其演讲稿参见《阿多诺文集》，卷20（1），第119—134页。

3　本雅明9月底在给格蕾特·阿多诺的信里用法语写道："夏皮罗应该已经回去了，我猜。我们度过了一整个晚上，志同道合。"

究所的客人。

我们 8 月份可能会像去年一样去巴尔港度假，所以希望出发前能收到您的回音。——我饶有兴趣地读了格奥尔格与霍夫曼斯塔尔的通信[1]，并计划写一篇长书评[2]。

请原谅这封信的仓促，也许不久后的重逢能弥补这一过失。

祝一切顺心！

您的老友
泰迪

亲爱的德特勒夫：

我简直欣喜若狂，现在就开始思前想后该以什么顺序带你去参观纽约的景点，好让你喜欢上这个野蛮之地。想想看，还有两个半月咱们就能见面了！我从未像现在这样期待过码头。祝你顺顺利利，度过愉快的夏天，与夏皮罗玩得开心！

你一如既往的
费莉西塔斯

---

1 参见《格奥尔格、霍夫曼斯塔尔通信集》（柏林：1938 年）。
2 阿多诺没有写"长书评"，而是在社会研究所 1942 年发行的《纪念瓦尔特·本雅明》油印本上，发表了长篇论文《格奥尔格与霍夫曼斯塔尔——论通信：1891—1906》；参见《阿多诺文集》，卷 10（1），第 195—237 页。

115　本雅明致阿多诺夫妇

1939 年 8 月 6 日

巴黎（第 15 区），Dombasle 路 10 号

亲爱的泰迪：

　　我想您和费莉西塔斯已经去度假了。估计这封信迟一些才能寄到您手上，这会为我一周前给马克斯寄去的《波德莱尔》手稿留出时间，赶上这封信。

　　如果下面的文字不像正常的书信，而更像是一个关键词索引，希望您能谅解。几周严格的闭关——它是完成《波德莱尔》的必要条件——和这可怕的天气，让我异常疲惫。但这不应妨碍我告诉您和费莉西塔斯，我也同样期盼着我们的重逢。（但是喜悦不应冲昏我的头脑，因为在愿景与实现之间还有重重困难需要克服。就卖克利的画一事，我已经给摩根罗特写过信了 [1]；你们要是下次见到他，别忘了问他此事。）

　　尽管新版《波德莱尔》并不能让您熟悉的老章节"改头换面"，我想您从中还是能觉察到咱们对去年夏天那个版本的通信讨论结果。首先，无须重复我也懂得，为了理论框架得到更精准的表达，您有多愿意去牺

1　为了筹措纽约之行的旅费，本雅明考虑把他珍藏的保罗·克利的画《新天使》卖给当时已经移民美国的恩斯特·蒙根罗特（Ernst Morgenroth），本雅明与其子 Ernest Gustave Morgenroth——他后来改名为 Stephan Lackner——是好友。这笔交易最终没有成交。

牲研究材料的全景概览；而且，您有多愿意去攀山越岭，只为了能看到这一框架的更高处。

至于上面提到的关键词索引，它主要列举了在新文本中（与去年夏天的《游荡者》章节相比）缺席的众多复杂母题。这些母题当然不应被驱赶出《波德莱尔》的总体框架；它们只是需要在适当的语境下得到更透彻的阐释。

拱廊街、夜行症、报纸专栏等母题和幻象概念的理论介绍，将保留到论著第二部分的第一章去写。痕迹、类型和移情商品灵魂等母题将会留到第三章。现在提交的新版本是论著第二部分的第二章，它只有同第一章和第三章一起，才能展示出"游荡者"形象的全貌。

您在 2 月 1 日的来信里对恩格斯和西美尔引文所表达的顾虑，我在新版本中有所顾及，但并不是通过删除它们。我这次加注了恩格斯引文对我如此重要的原因。您对西美尔引文的质疑我从一开始就认为是有说服力的。我在当前的版本中改变了它的作用，不再让它承担重要的理论功能。

我非常期待这篇文章能在下一期杂志上刊登。我写信告诉马克斯，我已经努力从文本中删除了一切内容残缺的部分，同时严格遵守了约定的篇幅限制。希望他不要再有重大的修改意见了（简言之：不要再删减了）。

我让一群犹太天使护送我的基督徒波德莱尔上天。但是已经部署好了，等到升天只剩下三分之一的时候，即在进入天国之前，天使们将会让他在不经意间坠落。

最后，亲爱的泰迪，十分感谢您邀请我的"约赫曼"[1]参与即将发行的周年特刊。

1　指卡尔·古斯塔夫·约赫曼（Carl Gustav Jochmann）的《诗歌的倒退》，本雅明为此写过一篇《导论》，在信 75 中首次提到。

祝您和费莉西塔斯假期愉快，返程惬意！

您的瓦尔特

　　亲爱的费莉西塔斯，特别感谢你寄来的德雷福斯 [1]，还有你随书附上的几行文字。我很想念你们。

1　格蕾特·阿多诺应本雅明的请求，送给了他一本罗伯特·德雷福斯（Robert Dreyfus）的《从梯也尔先生到马塞尔·普鲁斯特》（巴黎：1939 年）。

116　阿多诺夫妇致本雅明

1939 年 11 月 21 日 [1]

纽约

我亲爱的德特勒夫：

就在这一刻，我们收到了你回到巴黎的消息 [2]。知道你安全了，喜悦之情无法言表。——我同时还收到了你的第二封信和信上的美梦，非常感谢！——倘若你能帮忙寄一份《克劳斯》[3] 的复本过来，我将不胜感激。我的身体状况欠佳，所以不得不找了一位新大夫，名叫Brenheim，是内分泌学专家，因为 E[4] 觉得我的突发性偏头痛可能与"垂体"有关，它的功能我也不懂。不过三四个月以后我便能知晓这位大夫是否有能力医治我的病了。不然，我就只能听天由命，做个痛苦的小老太婆了。希望早日收到你的音讯。

你亲爱的

费莉西塔斯

1　这封信是用英语写的。译者注。

2　本雅明在法国讷韦尔（Nevers）拘留营里被关押了三个月，这里指他从拘留营被释放，并安全回到巴黎的消息。

3　参见信 26 的注释。

4　指埃贡·维辛。

很高兴您终于回到家了——喜悦之情溢于言表！而且我对《波德莱尔》的热情也与日俱增！我为它写了德语摘要，并把摘要翻译成了英语[1]——我对摘要的法语翻译仍不太满意，还烦请您校对一下。祝您好运！再见！

您一如既往的

泰迪

1　《社会研究杂志》上的德语文章均附有英文和法文摘要；阿多诺显然先用德语写了一篇摘要，然后再把它翻译成了英语和法语。

117 阿多诺致本雅明

1940 年 2 月 29 日

纽约

我亲爱的瓦尔特:

过了这么久,今天才给您写信,原因很简单。我感到用外语给您写信是个无法逾越的障碍。尽管这个障碍从经验的角度看也许毫无道理,但是从理性的角度它还是情有可原的。我希望并且坚信您能原谅我。

我最大的心愿是能在纽约获得您本人的宽恕。拉佐夫斯基小姐的移民担保书[1]是一大成果,马克斯当然完全同意您提及 1933 年前在研究所的工作——至于您目前在研究所的工作,所有文件中都有明确的声明。请您随时通知我们事态的进展。我还想建议您务必现在就为此事给迈耶·夏皮罗写信,特别是请他帮您在这边安排一些授课或者类似的工作,以改善您的经济状况。我相信,假如事成,它会对整件事情的发展有利无弊,而授课也只会占用您工作的一丁点时间而已。

我如何兴致勃勃地读完了《波德莱尔》,您已经知道了。寄到您手上的任何电报或者其他简化形式的措辞,都不为过。马克斯同我的感受一样。我认为可以毫不夸张地讲,这篇文章是您继《巴洛克》和《克劳

---

1 通过美国"难民援助组织"（National Refugee Service）的工作人员塞西莉亚·拉佐夫斯基（Cecilia Razovsky, 1886—1968）的斡旋,本雅明于 1940 年 1 月收到了来自美国田纳西州纳什维尔的 Milton Starr 先生为他提供的移民担保书。

斯》之后最完美的一篇。如果我先前有时会因为我的吹毛求疵而感到内
疚，那么，现在内疚则转化成了沾沾自喜，这是您的责任——咱们的写
作成果现在就是如此辩证。我很难个别突出某一点去讲，因为文章的每
一处都如此点题，结构如此成功。不过您应该能猜得到，文章的第 8 和
第 9 节是我格外喜欢的。请允许我打个比方，"赌徒"理论[1]是"拱廊街"
这棵图腾树上结出来的第一个成熟果实。论"光环"的段落[2]是多么可
喜的发现啊，我自然无须向您多言。您的"遗忘"与"震惊"理论与我
自己的一些音乐理论非常接近，比如对流行歌曲的感知：您肯定不记得
这个关联了，但是作为心有灵犀的证明，这倒是令我更加开心。我想到
的是《音乐拜物》论文中涉及"遗忘""回忆"和"广告"的理论[3]。在"反
射机制"与"经验"的对比[4]那里，我也有同感。可以这么说，自从来
美国以后，我对唯物主义人类学的一切思考都围绕着"反射特征"的概
念，而我们的意图在这里又再次高度内在一致：您的《波德莱尔》可以
被视为反射特征的史前史。我感觉您似乎不是很喜欢我的《音乐拜物》
论文——它是我用德语写的唯一一篇讨论这些问题的文章，不管是因为
它很容易引起文化救赎的误解，还是因为它的构架不太成功。但是如果
您能看在我的面子上从这个角度再读它一遍，而且如果它能在您的眼前
分解成它该分解成的碎片，那么，或许您能与文章中的某些观点和解。
请原谅我对《波德莱尔》的自私反应，但它并非反射性的，相反，它恰
恰证明了您这种文章所展现出来的客观真理，因为它能引起每一位读者
最独特的关注。

　　如果我对《波德莱尔》仍有批评意见，那么它们也只不过是些无足
轻重的细枝末节而已。我只是为了内部记录，在此略谈一二：您对弗洛

1　参见《本雅明文集》，卷 1（2），第 632—637 页。

2　同前，第 651—652 页。

3　参见阿多诺的《论音乐中的拜物特性与听觉的退化》，《阿多诺文集》，卷 14，第 35—36 页。

4　参见《本雅明文集》，卷 1（2），第 632—633 页。

伊德视记忆（Gedächtnis）为刺激防御（Reizschutz）之理论的引入，以及将它在普鲁斯特和波德莱尔身上的套用[1]，我认为仍不够清晰。这个难题关键在于基本感官印象的无意识性问题，因为它使得基本感官印象必然属于非意愿记忆（mémoire involontaire），而不是意识的范畴。但是，它确实可以被视为一种无意识吗？唤起普鲁斯特非意愿记忆的玛德莱纳小点心瞬间确实是无意识的吗？在我看来，该理论遗漏了一个辩证环节，即"遗忘"。遗忘在某种程度上是二者的前提——它既是"经验"抑或非意愿记忆领域的基础，又是反射机制的基础，猛然想起这一反射机制的前提本身就是遗忘。一个人是否能取得经验，最终取决于他是如何遗忘的。您在脚注里[2]指出弗洛伊德没有对回忆（Erinnerung）和记忆（Gedächtnis）作出明确的区分（我将该脚注解读为您的批评），实际上暗示的正是这个问题。但是，真正的任务难道不应是将体验（Erlebnis）与经验（Erfahrung）的整个对立同遗忘的辩证理论挂钩吗？换言之，与物化（Verdinglichung）的理论挂钩。因为一切物化皆为遗忘：事物被保存下来的那一刻便是它物化的瞬间，但并不是它的所有方面都在场，也就是说，事物的其中一部分被遗忘了。然而问题在于，这种遗忘在多大程度上是建构经验的遗忘——我想称其为史诗性遗忘，又在多大程度上是反射性遗忘呢？我今天并不打算尝试回答这个问题，而只是想尽量准确地提出这个问题来。其理由是因为我相信，只有在物化问题的语境下，您文章里的基本区分才能获得普遍的社会意义。毋庸置疑，对我们而言，这并不意味着再次重复黑格尔对物化的判决，而更应当是一种物化批评，也就是说，进一步展开遗忘本身所固有的矛盾瞬间。也可以这样表达：区分良性与恶性的物化。您编写的书信集里的某些片段，比如

1　同前，第 612—615 页。

2　同前，第 612 页。

您为康德兄弟的书信写的导言[1]，在我看来指向的正是这个关系。您看，我试图在《约赫曼》和《波德莱尔》之间穿针引线。

另外一点涉及论"灵晕"的章节[2]。我坚信，我们最好的思想永远都是那些我们无法彻底想透的思想[3]。在这个意义上，我认为"灵晕"的概念尚未完全思考透。尽管这个概念是否有必要被思考透是个有争议的问题，但我仍想向您指出一种处理方式，它再次涉及我自己的一篇文章，这次是《瓦格纳》，特别是其中未发表的第5章。您在《波德莱尔》中写道："去感知某一现象的灵晕，也就意味着授予它回眸的能力。"[4]这个表述与您先前的表述[5]之间的区别在于"授予"（Belehnen）这个概念。它难道不正暗示了我在《瓦格纳》中以构建幻象为基础的时刻，即人工的时刻[6]吗？灵晕不正是人类留在事物上的被遗忘的痕迹吗？难道它不正是通过这种遗忘与您称之为经验的东西相关吗？人们甚至可以将保留这种痕迹的企图——正是通过异化了的事物去保留这种印记——视为唯心主义思辨之基础的经验理由。也许整个唯心主义，不管它表面如何冠冕堂皇，本身只不过是那些您在《波德莱尔》中示范性地发展而成的"上演"（Veranstaltungen）之一。

与此同时，您应该已经收到了我为《格奥尔格、霍夫曼斯塔尔通信集》所撰写的文章手稿。我从未像现在这样热切地期盼着您的回应——为了这篇文章，我花费了不少精力。我只想告诉您，在这篇文章中，我首次尝试摆脱专业术语的包袱，即摆脱那种譬如索恩-雷瑟尔的、被您

1　这里指本雅明编写的《德意志人：书信一束》（参见信61的注释）；"导言"参见《本雅明文集》，卷4（1），第156—157页。

2　参见《本雅明文集》，卷1（2），第644—650页。

3　参见阿多诺《最低限度的道德》中的格言："只有那些不懂自己的思想才是真实的。"（《阿多诺文集》，卷4，第216页）

4　参见《本雅明文集》，卷1（2），第646—647页。

5　参见《本雅明文集》，卷2（1），第378—379页，卷1（2），第477—480页。

6　参见《阿多诺文集》，卷13，第80—81页。

称为皮条客式语言的包袱。希望我没有因此而开了一家烟草店，就像有时发生在退休人员身上那样。这一联想将我引向了莫泊桑，并让我想问您，您已经读过他的《夜晚》了吗？您的阅读体验如何？

　　我至少暂时从广播研究项目中解脱了出来，去年年底我还为它写了三篇文章[1]，包括一篇篇幅很长的论文（其中一篇讨论广播对交响乐形式的实质性改变，它是严格的技术性分析；假如您能有机会读到它就好了）。这种解脱给了我很大的动力：除了《格奥尔格》，我还就里克特的遗著写了一篇长书评[2]；将一系列流行歌曲的音乐分析[3]同一些理论评论汇编成了一本由残篇组成的书；并先用德语、后用英语写了一篇关于克尔恺郭尔宗教讲话的演讲稿[4]，它继续探究了我在《克尔恺郭尔》书中没能处理到的一个研究材料。大概一周前，我在美国电台上有了首秀：我向听众介绍了一场由考利什和斯图尔曼参与的现代音乐会[5]。您看，我没怎么闲着。但这一切都只是我和马克斯共同写作计划的序曲。我非常高兴您喜欢《犹太人》这篇文章[6]。如果我说，在您的《波德莱尔》

1　可能是指《电台声音》（未发表）、《NBC 音乐鉴赏时间分析研究》（这篇文章后来被编入《忠实的伴奏者》中《被赏识的音乐》章节，参见《阿多诺文集》，卷 15，第 163—187 页）以及《电台交响乐》（载于由保罗·拉扎斯菲尔德编辑的《广播研究》，纽约：1941 年，第 110—139 页）。

2　参见海因里希·里克特（Heinrich Rickert）的《无中介性与解读》；阿多诺的英语书评收录在《哲学与社会科学研究》杂志（1941 年），第 9 期，第 479—482 页；德语书评参见《阿多诺文集》，卷 20（1），第 244—250 页。

3　这些《新流行歌曲分析》包括《特别为了你》《在一个 18 世纪的接待室里》和《便士小夜曲》，参见《阿多诺文集》，卷 16，第 289—294 页。

4　阿多诺于 1940 年 2 月 23 日在纽约哥伦比亚大学就克尔恺郭尔的《生活与爱的法则》做了一场讲座，其英语演讲稿的标题为《论克尔恺郭尔的爱之教义》，载于《社会研究杂志》（1939 年），第 8 期，第 413—429 页，现收录在《阿多诺文集》，卷 2，第 217—236 页。

5　阿多诺于 1940 年 2 月 22 日就一场由斯图尔曼（Eduard Steuermann）和考利什四重奏参与的音乐会做了介绍性讲座，音乐会的曲目包括勋伯格、策姆林斯基、艾斯勒和克热内克的乐曲。

6　参见信 114 及其注释。

和马克斯的《犹太人》面前，我的《瓦格纳》简直就是班门弄斧，这并非客套话。但我只能借用马克斯的话说："Attendons patiemment la réorganisation des tramways."[1]

至于您1月17号的来信[2]：您的健康状况仍不见起色，这让我很担心。在此期间，您应该已经从格蕾特那里收到了一些实用的建议。多亏了垂体治疗，她身体现在确实好多了，希望这次不会再像以往的疗法那样只是在开始时奏效。——至于您最好先着手写"纪德"论文，还是先完成《波德莱尔》论著的问题[3]，我从远方很难作出判断。从杂志的角度看，只要没有外在顾虑，"纪德"肯定会更实际一些。您最好直接跟马克斯商议此事。——假如您果真能完成一篇论《新美露辛娜》的文章[4]，我会格外高兴。它无疑会是咱们的一大重要交叉口，将"水妖"的问题与幻象和微型化联系在一起，这将会是一幅真正的星象图。

我父母已经移民到美国了，他们整个冬季都待在佛罗里达。——我能最后拜托您一件事吗？您信里说，索玛·摩根斯坦不久会来美国，而且您偶尔能见到他。他早年对格蕾特不怎么友善，其动机不仅有损他的声誉，还更有损他太太的颜面。我都不知道他太太是否还跟他在一起。根据恩斯特·布洛赫的暗示，他好像还针对我散发过愚蠢、恶意的谣言，但是由于他指涉的事情如此荒谬（据说索玛曾经声称，我关于卡夫卡的理论全是抄袭他的，可是我至今从未发表过任何关于卡夫卡的言论），所以我压根儿也没把它放在心上，更何况恩斯特的小道消息确实也总是怀有恶意且不可靠。但是，如果考虑到格蕾特，我的态度则是：假如我

1　法语：让我们耐心等待电车的重组吧。译者注。

2　这封信是写给格蕾特·阿多诺的。

3　本雅明曾告知霍克海默，他计划写一篇比较卢梭的《忏悔录》和纪德的《游记》的研究论文，但同时又表达了想要完成《波德莱尔》论著的愿望。参见《本雅明文集》，卷1（3），第1127—1130页，以及第1133—1135页。

4　本雅明筹划已久的计划最终未能实现。《新美露辛娜》是歌德根据欧洲的"水妖"民间传说改写而成的童话故事，出自他的长篇小说《威廉·迈斯特的漫游年代》。译者注。

不能保证他对格蕾特的态度有彻底转变，我将会很不情愿与他见面。您在这件事情上可以轻而易举地帮我忙：在对前嫌不作任何暗示的前提下，您可以找机会顺便向他澄清一些格蕾特的事情——特别是考虑到他在格蕾特面前总是非常不合时宜地展示他乞丐般的傲慢。我相信这对各方都有好处。索玛其实有很多才华可以派上用场，但遗憾的是，他倾向于平庸，连对自己都如此。我很想知道您现在如何评价他——包括他的文学创作。他从未让我看过他的小说[1]。大家对它的评价却是褒贬不一。这里面的分歧应该比作家之间单纯的神经过敏层次更深。总而言之，我会打心底感激您对索玛的评价。最后，请允许我用一个愿望结束今天的书信：愿您的英语课[2]无论如何都取得巨大成功。

您一如既往的

永远的泰迪

1　这里指索玛·摩根斯坦的小说《浪子之子》（柏林：1935 年）。

2　本雅明在 1 月 17 日致格蕾特·阿多诺的信里用法语写道："我的英语课将从下周开始。"

118　本雅明致阿多诺

1940 年 5 月 7 日

巴黎（第 15 区），7. V. 40，Dombasle 路 10 号

我亲爱的泰迪：

　　感谢您 2 月 29 日的来信。现在我们必须得习惯写信与收信之间的时间间隔。另外，您应该很容易能看出来，这封信[1]不是一天写成的，就像罗马不是一天建成的一样。

　　您对《波德莱尔》的态度当然令我非常高兴。您也许知道，我在拘留营里才收到您与费莉西塔斯和马克斯共同给我发来的电报[2]。您能想象，它为我在那里的几个月提供了怎样的精神支撑。

　　我把您暗示的关于听觉退化的段落又重新读了一遍，并从中确定了咱俩研究方向的一致。没有什么比为流行歌词谱曲更能例证经验的毁灭了。（它在这里表明，个人对待潜在经验内容的方式就像行政机构对待潜在的社会元素一样，并以此为荣。）不瞒您说，"经验理论"的根基来自我的童年记忆。每年夏天去度假的时候，我父母总是很自然地带着我们去周围的小镇散步。我们兄妹几个有时两人，有时三人一

1　本雅明的信是用打字机写的，共 15 页，另有专人非常仔细地转录过；除此之外，本雅明在信中还对阿多诺上一封书信的主题及其有关格奥尔格和霍夫曼斯塔尔的新文章做出了详尽的评论。

2　已遗失。

起。我在这里想到的是舍弟[1]。每次我们从 Freudenstadt、Wengen 或者 Schreiberhau 出发游玩过某个必去景点以后，他总是习惯说："我们现在去过了。"这句话在我心里烙上了不可磨灭的印记。（顺便提一句，我很怀疑您印象中我对您《音乐拜物》一文的看法[2]是否准确。您是不是把它跟论爵士乐的那篇文章混淆了？针对后者我的确向您提出过异议[3]。但是对于前者，我毫无保留地持赞成态度。其实最近我经常想起它，特别是您就"音乐的进步"——比如在论马勒时——提出的一些观点[4]。）

毫无疑问，您向"灵晕"投去的"遗忘"概念意义深远。我会去留意史诗性遗忘与反射性遗忘之间的区分可能。如果我今天止步于此，请不要以为我是在回避这个问题。您信中提及的《瓦格纳》第五章的内容[5]，我记忆犹新。然而，即使灵晕的确是"被遗忘的人类时刻"，那它也不一定必然存在于"人工"中。被授予回眸能力的树和灌木并非人造。所以，在事物身上肯定也存在与劳动无关的人的成分。我想就此打住，因为我在写作过程中难免会再次遇到您提出的这个问题。（至于是否将紧随《波德莱尔》，我还不确定。）但是我会先去梳理遗忘理论的经典语句，如您所知，我认为它出自《金发艾克贝尔特》[6]。

我认为，为了"遗忘"能得到应有的思考，大可不必去质疑"非意愿记忆"概念。普鲁斯特不经意间回忆起来的玛德莱纳小蛋糕的味道给他带来的儿时体验，的确是无意识的。这种无意识并不是第一次吃玛德

1　指格奥尔格·本雅明（Georg Benjamin，1895—1942）。

2　参见信 117。

3　1936 年 10 月二人在巴黎见面时，本雅明口头向阿多诺表达过异议；阿多诺后来写的《牛津补遗》部分地体现了他对这些反对意见的回应。

4　参见《阿多诺文集》，卷 14，第 50 页。

5　参见信 117 及其注释。

6　《金发艾克贝尔特》是德国作家路德维希·蒂克（Ludwig Tieck，1773—1853）的一则童话小说，本雅明对其评价很高。

莱纳蛋糕时咬下的第一口。（尝味是一种意识行为。）但是随着味道变得越来越熟悉，味觉也就变成了无意识。成年以后的"再次品尝"当然又是有意识的。

既然您问起了莫泊桑的《夜晚》：我认真研读了这篇杰作，并在一则《波德莱尔》断篇里讨论到它[1]。有朝一日您会读到它的。（通过巴黎办事处随信给您寄回从您那儿借来的这本集子。非常感谢！）

至于在《纪德》与《波德莱尔》之间二择一的问题，马克斯好意让我自由选择[2]。我选择了《波德莱尔》，这个主题在我眼前始终挥之不去，满足它的要求是我当下最紧迫的任务。实不相瞒，我还没能如我所愿密集地投入这项工作中去。其中的一个主要原因是《论纲》[3]的写作，您这两天应该能收到它的几则断篇。诚然，这些论纲在一定程度上体现了我对《波德莱尔》将如何继续的阶段性思考。我希望接下来的日子能专心继续《波德莱尔》，并为此开启一段但愿能持久的写作期。[4]

接下来谈谈"格奥尔格、霍夫曼斯塔尔通信"。老天爷不会让树长到天上去：终于有机会能在我自己擅长的领域遇见您，结果我现在却连最卑微的愿望——读到您评论的这本书——都实现不了。由于我不具备从音乐领域获取直观感受的能力，所以您不必全然接受我对您这篇文章的评论。不管怎样，依我拙见，它是您迄今写过的最出色的一篇。以下是我的一些具体评论。在评论之前我想事先告诉您，于我而言，这篇文章的决定性因素在于您无比自信、有力和令人意想不到的历史视角剖

1　参见《本雅明文集》，卷 5（2），第 707 页。

2　参见霍克海默于 1939 年 12 月 22 日写给本雅明的信（《本雅明文集》，卷 1［3］，第 1127—1128 页）。

3　参见本雅明的《论历史概念》，首次刊登在社会研究所 1942 年发行的《纪念瓦尔特·本雅明》油印本上，现收录在《本雅明文集》，卷 1（2），第 691—704 页。

4　可惜未能实现。尽管通过法国外交官亨利·奥普诺（Henri Hoppenot）的斡旋，本雅明成功躲过了再次入拘留营的劫难，但是面对步步逼近的德军，他不得不从巴黎逃亡到法国与西班牙的边境城市卢尔德。

析：就像在恩斯特·马赫（Ernst Mach）与詹斯·彼得·雅各布森（Jens Peter Jacobsen）之间跳跃的火花[1]为历史风景提供了可塑性一样，它在通俗的意义上赋予了历史风景一道夜空中的闪电。

从您的描述中可以看出，在通信集里，格奥尔格的形象比霍夫曼斯塔尔的更鲜明。看来与对方争夺文学地位是这本通信集的基本动机，而攻击方似乎始终是格奥尔格。我认为您在文章中呈现了一幅近乎完整的格奥尔格肖像画，而霍夫曼斯塔尔却经常只是背景衬托。从一些段落中可以明显看出，是否照亮这个背景的某些局部，完全取决于您。您对"演员"的评论[2]，还有对霍夫曼斯塔尔内心的"孩童"的评述，在《阿里阿德涅》的精彩引文[3]中达到了顶峰，您在文本里援引它的方式有着凄美动人的效果——这一切均通向了思想的深处。我很想知道您如何看待这个孩童世界在格奥尔格那里的共鸣，这些共鸣失落地出现在他的诗行《小矮人之歌》[4]和《诱拐》[5]中。

关于霍夫曼斯塔尔，有一个我非常关注的视角您在文章里没有触及。我很怀疑我对此将要谈到的提示（也许不是第一次？）于您而言是不是什么新观点。不管我的表述将如何不连贯，我还是把它们和盘托出。其实有两个文本，把它们放到一起便可以概括我想要说的内容。其中一个文本您自己也提到了，它就是您援引的霍夫曼斯塔尔的书信体散文《钱多斯勋爵书信》[6]。在我脑海里萦绕的是下面这段话："我不晓得这个克拉苏和他的宠物海鳝鱼有多少次作为我自己的镜像，从几个世纪的深渊里被抛出，出现在我的脑海里。……克拉苏……和他为海鳝流下的眼

1　参见《阿多诺文集》，卷10（1），第198—199页。

2　同前，第210—213页。

3　同前，第213页。

4　参见《斯特凡·格奥尔格全集》，卷3（柏林：1930年），第79—81页。

5　同前，卷4（柏林：1928年），第64页。

6　参见《阿多诺文集》，卷10（1），第212—213页（脚注16）。

泪。而关于这个人物，他的荒谬可鄙在掌管世界、议谋严肃事务的长老院面前显得如此刺眼，关于这个人物，有一种不可名状的东西迫使我去思考他，而当我试图用语言把它表达出来时，它却显得愚蠢透顶。"[1]（霍夫曼斯塔尔的剧作《塔》[2]里出现了相同的母题，即王子孩提时不得不去看被宰杀的猪的内脏。）我想到的第二个文本段落刚好出自《塔 II》[3]，是大夫与朱利安之间的对话。朱利安，这个只差一点点意志力、一点点献身精神便能进入最高境界的人，是霍夫曼斯塔尔的自画像[4]。朱利安背叛了王子，霍夫曼斯塔尔背弃了自己在《钱多斯勋爵书信》中提出的任务。他的"失语"是一种惩罚。霍夫曼斯塔尔规避的语言，应该正是卡夫卡同时期被赐予的语言。因为卡夫卡承担起了这个任务，而霍夫曼斯塔尔却从道义上辜负了它，因此在文学创作上也是失败的。（您指出的软弱可疑的受害者理论[5]包含了这一失败的所有印记。）

我相信霍夫曼斯塔尔一生对待自己的天赋的态度，就好似救世主对待自己的王国的态度，假如它是靠与撒旦签下契约而获取的。在我看来，他奇特的反复无常与他意识到辜负了自己的好天赋水乳交融。因此，与流氓无赖成为知己也惊吓不到他。

尽管如此，我依然坚定地认为，不能因为您把卡罗萨[6]划分到所谓以霍夫曼斯塔尔为首的"学派"，就视该学派——霍夫曼斯塔尔本人——

1　参见胡戈·冯·霍夫曼斯塔尔（Hugo von Hofmannsthal）：《钱多斯勋爵书信》，《霍夫曼斯塔尔文集》，卷2（柏林：1924年），第187页。

2　参见胡戈·冯·霍夫曼斯塔尔：《塔：一个五幕悲剧》（慕尼黑：1925年）。本雅明为该剧作写过两篇书评，分别参见《本雅明文集》，卷3，第29—33页和第98—101页。

3　参见胡戈·冯·霍夫曼斯塔尔：《塔：一个悲剧，II》，修订版（柏林：1927年），第26—29页。

4　参见本雅明1926年就《塔》撰写的书评（《本雅明文集》，卷3，第32页）。

5　参见《阿多诺文集》，卷10（1），第233—234页。

6　汉斯·卡罗萨（Hans Carossa，1878—1956），德国医生、作家，曾有一段时间亲近过纳粹文化政治；阿多诺书评中的相关段落，参见《阿多诺文集》，卷10（1），第206页。

为德语作家投靠纳粹的标志[1]。霍夫曼斯塔尔死于 1929 年。您指控他的罪行，即使没有其他办法可以澄清，但他的死至少能帮他换来一个"真伪不明"的判决。我建议您再三思考这一段；这几乎是我对您的请求。

您当然有理由联想到普鲁斯特[2]。我最近也在思索他的著作；我的思考再一次与您的产生交集。您精彩地谈到了"不是这样"（das ist es nicht）[3]的经验——它是让时间流逝的经验。在我看来，这种基本经验在普鲁斯特那里有一个深藏（但并不因此而无意识）的范式，即法国犹太人同化的"不是这样"。您应该知道《所多玛和蛾摩拉》中的著名片段[4]，在那里，普鲁斯特将同性性取向的复杂性比喻成了支配犹太人彼此之间行为方式的特定组合。正因为普鲁斯特是半个犹太人，这才让他有能力识破同化的脆弱结构；这是德雷福斯事件从外部带给他的认识。

关于格奥尔格，没有任何一篇文章能与您的比肩。我对您的文章没有任何异议；不瞒您说，它对我来说简直是个惊喜。尽管现如今很难想象不去谈论格奥尔格的《圣约之星》，很难不视他为勾勒出席卷被玷污的德国大地的舞蹈病之舞姿的诗人——但是从您的笔下读到它，我还真没有料到。还有那个不合时宜、吃力不讨好的任务——"拯救"格奥尔格；但您却尽可能果断、尽可能委婉地完成了它。您由于认识到倔强是格奥尔格的文学和政治资本[5]，从而既点评性地（翻译的重要性）[6]又批判性地（市场垄断与排挤）[7]阐明了他的基本特征。一切都是如此天衣

1　阿多诺在他的原稿中写道："格奥尔格学派没有这么情愿投靠纳粹。"后来，他听取了本雅明的建议，将这句话改成了："格奥尔格学派没有那么世故，做出了更多反抗。"（参见《阿多诺文集》，卷 10［1］，第 206 页）

2　参见《阿多诺文集》，卷 10（1），第 204 页。

3　参见同前。

4　参见马塞尔·普鲁斯特：《追忆似水年华》，卷 2（巴黎：1954 年），第 614—618 页。

5　参见《阿多诺文集》，卷 10（1），第 216 和 236 页。

6　参见同前，第 236 页，脚注 27。

7　同前，第 220—222 页。

无缝、言之有理；仅凭其中的某些段落本身就能证明，您在这篇文章上花的工夫——无论有多大——没有白费。我想到的是您对《绅士》的精彩短评[1]，还有像"已经变迟了"[2]这种意义深远的引文。您的文章令此前无法想象之事变得可以想象，于是，格奥尔格作品的后世生命可以开始了：编辑格奥尔格诗选。他的某些诗行在您的文章里比在其原出处还要精彩。

还有一个重要问题我们需要（并且可以）沟通。它涉及您在"姿态"（Haltung）词条下的论述[3]。我认为将它与吸烟对照不是很合理。因为这会让人误以为姿态总是用来"向人展示"或者是"后天"的。然而人们肯定也能遇到一些无意识的姿态，它们并不因此就少了些态度。您应该也是这样看待它的，不然您也不会将"恩典"（Anmut）——它很少被有意识地展示出来——放在这个概念下讨论。（谈到"恩典"，我只想简要地聊聊孩提，我这样做并不是要把自然现象从呈现它的社会中孤立出来，也就是说，不是要糟糕地抽象对待它。儿童的恩典是存在的，而且它主要作为对社会的矫正存在；它是赋予我们"散漫的幸福"［das nicht disziplinierte Glück］[4]的一种指引。坚持童真——就像人们过于苛刻地指责霍夫曼斯塔尔一样［正是这种童真让他可以对萨顿[5]专栏的欣赏几乎不亚于对我的巴洛克论著］，并非让我们有权利抛弃那些可以令我们去热爱它的东西。）我对您的狭义"姿态"概念的保留意见，可以通过借用您自己文章中的措辞来表达，即您在谈论我的波德莱尔论文时

1　同前，第 207 页。

2　同前，第 216 页。

3　同前，第 200—204 页。

4　本雅明在这里涉及的书评段落，后来被阿多诺删除了："社会契约宣告了幸福的终止。于是便有其他人批判社会。但是他们依然忠于社会本身对幸福的想象：一种健康、井井有条、理性生活的幸福。这种有组织性的幸福（das disziplinierte Glück）以阶级社会为前提，一个'行动不能携手梦想的'世界。"

5　这里指奥地利小说家、戏剧家、散文家费利克斯·萨顿（Felix Salten，1869—1947）。

的那句精彩表述：孤独者是所有同他一样孤独的人的独裁者。[1] 可以不过分地讲，当一个人的本质孤独进入我们视野的时候，我们便触摸到了"姿态"。然而孤独不一定是这个人个性饱满的体现，相反，它很有可能是历史决定的空白处，作为他不走运的个人体现。对于姿态是饱满的展示于人的观点（格奥尔格实际上正是这样理解它的），我理解并保留一切意见。但不可剥夺的空白姿态（正如波德莱尔的晚期特征）也同样存在。简言之，我所理解的"姿态"概念与您谴责的"姿态"存在分歧，就像烙印区别于纹身一样。

文章的最后两页就像是一场生日宴席，"散漫的幸福"段落则是宴席桌上的生日蜡烛。其实整篇文章都像是生日礼品桌，它的思想很少附带术语标签，就像生日礼物上很少贴有价格标签一样。

最后请允许我沿用您的好习惯，用批注的形式提一些意见。"最后一班列车正开进山里"[2] 这句话既符合施瓦宾[3]的氛围，又适合库宾的梦幻城市——"珍珠城"[4]。"珍珠城"才是潮湿的围墙背后藏有"第七环"的"神庙"所在。

如果您能将克劳斯对格奥尔格的莎士比亚十四行诗翻译的批评[5]联系进来，那么您对克劳斯的引述[6]可能会更有分量，特别是考虑到您自己也同样需要处理翻译的问题。

---

1 参见《阿多诺文集》，卷10（1），第220—221页，脚注21。

2 参见同前，第207页。

3 这里指德国慕尼黑的施瓦宾区（Schwabing），它在20世纪初是一个著名的波希米亚社区，格奥尔格曾经活动于此。译者注。

4 参见阿尔弗雷德·库宾（Alfred Kubin, 1877—1959）：《另一边》（慕尼黑：1909年）。

5 参见卡尔·克劳斯：《亵渎格奥尔格还是为莎士比亚赎罪》，载于《火炬》杂志（1932年12月刊），第45—64页。

6 阿多诺后来删除的这段话是："卡尔·克劳斯对报纸上有些人的浮夸德语进行了抨击，比如他们写道，有一对情侣虽然尚未正式却半官方地订婚了。格奥尔格出入的咖啡馆作为一个中立的场所，也有点这种调调。《空中花园》里的诗行'其他君子的辉煌领地'将这个腔调升华到了格奥尔格的诗歌中。"

格奥尔格对霍夫曼斯塔尔的肯定性评价[1]与雨果对波德莱尔的著名评价如出一辙："你创造了新的刺激。"[2]当格奥尔格称霍夫曼斯塔尔的作品具有坚不可摧的日耳曼性时[3]，根据其语气和主题，他脑海里浮现的可能是荷尔德林于1801年12月4日写给博伦多夫（Böhlendorf）信中的一段话。

也许值得顺便提一个问题，格奥尔格与霍夫曼斯塔尔之间的通信是否受到了歌德与席勒通信的影响——后两者的通信，作为文学巨擘间友谊的见证，对德国文学顶峰的气氛造成了严重的负面影响。

对应您写的语句"高贵倚靠卑贱才显得高贵"[4]——雨果有一句伟大的话："愚昧是智者的食粮。"

您颁发给卡罗萨和鲁道夫·博查特的奖章[5]铸造精美；您能想象，您为象征主义题写的座右铭"lucus a non lucendo"[6]令我欣喜。而且支撑这一观点的对兰波《元音》诗歌的分析[7]，我也认为无懈可击。您如此先觉地论证了技术与神秘主义之间的交叠，它在由军事训练堡领航的政权下显得更加鲜明。

最后：我非常喜欢雅各布森在您文章中扮演的角色[8]。您先前的母题通过他得到了体现。总之，这个名字出现在您的思考中，其效果就像

1　"您几乎写不出任何不会引起轰动或者不会丰富读者情感的诗行。"（参见《格奥尔格、霍夫曼斯塔尔通信集》，第85页）阿多诺书评中的引文参见《阿多诺文集》，卷10（1），第195页。

2　这句话出自雨果于1859年10月6日写给波德莱尔的信。作为回应，波德莱尔写了两首献给雨果的诗：《七长老》和《老妖婆》。——本雅明的引文出处参见《本雅明文集》，卷5（2），第911页。

3　参见《阿多诺文集》，卷10（1），第214页。

4　同前，第201页。

5　参见《阿多诺文集》，卷10（1），第206页和第210—211页（脚注12）。

6　参见同前，第231页。——拉丁语：字面意思是"林深蔽日"。译者注。

7　同前，第196—198页。

8　同前，第198页和第212页。

是一个双颊滚烫的小男孩从树林里冲出来，撞到了漫步在凉爽林荫大道上的我们。

您问起我的英语课。收到费莉西塔斯推荐的英语老师的地址时，我已经在另一位老师那里开始上课了。[1]令我担心的是，虽然我的进步没有很快，却远远领先于我在实际谈话中的应用能力。我原本也以为拉佐夫斯基小姐的移民担保书——就像您所说的——能起到很大的积极作用。但我现在不得不改变这个想法。关于美国领事馆的运作，我目前得到的信息（可是领事馆自己却没有任何音讯）一致表明，普通签证事务的进展非常缓慢。然而不幸的是，现在我自己的申请——在没有我个人干预的情况下——却因为这份移民担保书，变成了"普通"签证事务。否则我还有机会申请访问签证，像赫尔曼·凯斯滕[2]就刚刚申请到。（他不久会在纽约露面，还会去拜访马克斯。）

凯斯滕也认识索玛·摩根斯坦。不幸的是，我已经好几个星期没见着摩根斯坦了。您描写的"平庸倾向"，"连对自己都如此"，似乎让他很难跟我打交道，以至只有靠我的积极主动才能维持我们之间的关系。可我也缺乏主动性。倘若我们再见面，我会想起您的请求的。

回到签证的问题：作为签发非配额签证的条件（这是唯一能让我在短时间内过来的办法），除聘任外，现在又多加了一条出示正式教学活动证明的规定。这条规定里有一项条款，要求出示签证签发前两年内的教学活动证明，正是这项条款最近被盯得格外紧。这让我有些迟疑现在就给夏皮罗写信。在我能明确评估他对我的兴趣之前，我不想去求助于他。只有当我赴美的日期指日可待之时，我认为才可以：不管是因为移

---

1 为了计划的美国之行，本雅明从 1940 年 1 月底开始上英语课。格蕾特·阿多诺向他推荐的英语老师不详。她在 1940 年 1 月 20 日致本雅明的信里用英语写道："至于你提到的英语课，我咨询了我的英语私教，她的回复随信附上；也许能帮到你。"本雅明最终的英语老师不详。
2 德语作家赫尔曼·凯斯滕（Hermann Kesten, 1900—1996）在纳粹上台后移民荷兰，1940 年从法国拘留营里逃出以后，成功逃往纽约。

民程序的加快，还是非配额签证申请规定的重新松动。就目前而言，我担心即使有聘用书，其他规定恐怕也会对我不利。但如果您认为他有能力帮我弄到聘用书，我当然会不假思索地立即给他写信。

我能麻烦您一个行政（或许不止是行政？）问题吗？研究所杂志为何对我写的好几篇书评态度如此冷淡：我首先想到的是斯藤贝尔格书评，还有霍尼斯瓦尔德书评[1]，这两篇书评我都没有收到校样。

伽利玛出版社出了一本关于波德莱尔的书[2]，作者叫乔治·布林（Georges Blin），是巴黎高师的一位年轻人。这本书对我来说既无益也无趣，我相信这本身就说明了什么。我不打算为它写书评。

您认识威廉·福克纳吗？我很想知道您如何评价他的作品。我正在读他的《八月之光》[3]。

您的信件几乎没有延迟就寄到我这里了。所以我想，您可以——也应该更经常地——用德语给我写信。而我自己这边，用德语写信当然只能是例外。——请您随下一封信把您的里克特书评也寄给我。您知道我是里克特的学生（就像您是 Hans Cornelius 的学生一样）。我很期待您的书评。

非常诚挚的问候！

您永远的
瓦尔特·本雅明

1　这里指本雅明为道尔夫·斯藤贝尔格的《全景画——19 世纪的景观》（参见信 102 及其注释）以及理查德·霍尼斯瓦尔德（Richard Hönigswald）的《哲学与语言》（巴塞尔：1937 年）撰写的书评。这两篇书评均未在本雅明生前发表；现分别收录在《本雅明文集》，卷 3，第 564—569 页，以及第 572—579 页。
2　参见乔治·布林：《波德莱尔》（巴黎：1939 年）。
3　本雅明读的是《八月之光》的法语版（巴黎：1935 年）。

119　阿多诺致本雅明

1940 年 7 月 16 日[1]

纽约，西 117 街 429 号，航空邮件

我亲爱的瓦尔特：

今天是您的生日[2]，我想向您致以我们最诚挚的祝福！我无须向您表达我对您和对我们自己的美好祝愿。您可以放心，不管实现这些愿望需要做什么，我们肯定会去做的。

马克斯已经去西部考察当地的学术环境了。鉴于他离开纽约的时间将会有好几个月之久，所以他让我来负责解决您的问题。我们会尽一切可能加速您的移民申请。您可能会直接从马赛领事馆收到通知。我不确定美国领事馆会给您签发哪种签证，因为有三种类型可以选择：一种是配额签证，因为您申请的是这类签证；一种是非配额签证，因为您是我们研究所多年的成员；或者甚至还有访问签证。不管给您签发的第一个签证是何种类型，我们建议您接受它。

不过我们并没有只局限于试图让您来美国这一条路，而是同时也在想其他办法。其中一个办法是把您当客座教员"借给"哈瓦那大学。不过这个计划离实现还很遥远，所以不能被视为直接机会。圣多明各计

1　这封信是用英语写的。译者注。

2　这封信的复本日期"1940 年 7 月 16 日"明显有误，其原件的日期可能有过更改，因为本雅明在回信里写道："很高兴收到您 7 月 15 日的来信。"

划[1]目前看来不可行。当然，与法维兹小姐[2]保持密切联系总归是好的，她很合作，对事态也有非常好的判断力。

我暑假会一直待在这里，主要是为了能处理您的事务。格蕾特也留在这儿，她非常担心您的情况，自己的身体也欠佳，不过她让我向您转达她的问候和对您的生日祝福。马克斯在离开前特意让我向您保证，他对您的忠诚和友情不变。

因为您的事情，我们持续跟他保持联系。弗里兹[3]也留在这里，并让我向您转达他最诚挚的问候。

我期待收到您的每字每句，但同时，我自然也非常理解您现在不一定有写长信的心情。

另：您的简历[4]和出版物清单对我们很重要。所以您能尽快将二者寄给我们吗？

您永远的

泰迪

---

1 为了帮助本雅明逃离欧洲，社会研究所成员——特别是马克斯·霍克海默和弗里德里希·波洛克——6月初试图为他申请进入多米尼加的首都圣多明各的入境签证。——这个计划出于何种原因变得无法实现，不详。

2 参见信109及其注释。译者注。

3 这里指弗里德里希·波洛克。

4 参见《本雅明文集》，卷6，第225—228页。

120 本雅明致阿多诺

1940 年 8 月 2 日

卢尔德[1]，Notre Dame 街 8 号

我亲爱的泰迪：

很高兴收到您 7 月 15 日的来信，原因有多种。首先是您对这个日子的亲切纪念，其次是从您的字里行间中流露出来的深切理解。是的，我的确很难提笔写信。我已经告诉了费莉西塔斯，对积攒的手稿何去何从的问题我非常担忧。（与《拱廊街》相关的笔记和材料[2]比其他稿件的命运稍微好些。）但现在的情况却是，您应该也知道，我自己的命运并不好于我的书稿。去年 9 月份的遭遇[3]随时都有可能重演，但现在的征兆却跟去年大相径庭。最近几个月，我亲眼目睹了很多人从稳定的中产阶级生活，不止是沉沦，而是一夜之间坠落；所以任何形式的保障，不仅能在艰难的环境下为我提供外在支持，还更能为我提供内在的支撑。因此，收到"隶属"证明[4]时，我内心无比感激。信笺的

1　卢尔德（Lourdes），法国西南部接近西班牙边界的一座城市。译者注。

2　本雅明将他的拱廊街笔记与材料转交给了乔治·巴塔耶，后者将这些手稿藏在了法国国家图书馆里，参见《本雅明文集》，卷 1（2），第 759 页。

3　这里指本雅明被抓进拘留营一事。

4　这里指本雅明隶属社会研究所的证明。

抬头[1]令我惊喜，我想，它会让我对这份文件的感受长存。

几个星期以来，下一天、下一个小时的不确定性，笼罩着我的生活。我像读传票一样细读每一份报纸（这里的报纸现在就只有一张），从每一个广播节目中收听厄运使者的声音。我试图去马赛并向当地领事馆申辩的努力是徒劳的。因为一段时间以来，外国居民无法获得居住地变更许可。所以我现在只能靠大家从境外斡旋。特别是听说我有望直接收到马赛领事馆的消息，这又重新点燃了我的希望。领事馆的公文也许能让我有机会取得去马赛的通行证。（事实上，我无法决定是否与占领区的领事馆联系。我在德军占领前从这里往波尔多寄了一封信，虽然他们的回信很友好，却无关痛痒：我询问的卷宗都仍在巴黎。）

我听说了您与哈瓦那的斡旋和为圣多明各计划所做的努力。我相信您在尝试一切可能，或者像费莉西塔斯所说的，“超出了人力可及的范围”。我最大的担心是，可供我们支配的时间比我们设想的要少很多。尽管两个礼拜以前我还没有想过这种可能性，但是最近的消息让我决定请求法维兹小姐，通过卡尔·伯克哈特[2]的干预，尽可能帮我申请瑞士的暂留许可。我知道反对这条出路的理由有很多，但是，有一个非常有力的理由支持这一决定：时间。但愿这条出路可行！——我已经写信[3]向伯克哈特求助了。

我希望至今给您留下的印象是处乱不惊。请不要以为我现在的心态有变。但是我不能向您隐瞒事态的严峻性。我担心，现状中能被挽救出来的，终有一天将变得屈指可数。

1　该证明写于社会研究所的信笺纸上，信纸抬头印有瓦尔特·本雅明的名字。弗里德里希·波洛克曾经在回应汉娜·阿伦特对阿多诺和社会研究所的指责（参见阿伦特的文章《瓦尔特·本雅明》，载于 Merkur 杂志）时写道：“我手上仍持有几张纽约社会研究所的信笺纸，信头上按字母顺序印有所里‘研究员’的姓名。他们分别是：西奥多·W.阿多诺，瓦尔特·本雅明……”（参见 Merkur 杂志，1968 年，第 22 期，第 576 页）

2　卡尔·伯克哈特（Carl Burckhardt，1891—1974），瑞士外交官、历史学家。译者注。

3　这封信的日期是 1940 年 7 月 25 日。

您将会通过日内瓦分所收到我的简历——这封信恐怕也会从那里寄出。我把我的出版书目写在简历里了，因为我从这里实在没有办法整理出一份真正详细的书目清单。（书目总共将近450条。）倘若您坚持需要一份真正意义上的书目清单，也许研究所纲要[1]上的目录可以派上用场；其他我就无能为力了。

让我十分安心的是，您留在纽约保持警惕，我可以"联系到"您。波士顿的 Commonwealth 大道 384 号住着一位名叫麦瑞尔·莫尔的先生[2]，《今日文学与生活》杂志的主编 Bryher 女士[3]多次向他提起过我。他似乎很了解我的处境，并且愿意为改变它出力。我想也许值得与他取得联系。

另外，请您放心，我非常珍视法维兹小姐对我的关心和她的可靠。

令我难过的是，费莉西塔斯的身体状况仍不见好转，而且她今年都没法去度假休整。请向她转达我衷心的问候！

请您也向波洛克先生转达我最真挚的谢意和最诚挚的问候！

祝您一切顺心如意！

您的

瓦尔特·本雅明

---

1 参见《国际社会研究所：关于其历史、目标和活动的报告（1933—1938 年）》（纽约：哥伦比亚大学出版社，1938 年），第 27 页。

2 麦瑞尔·莫尔（Merrill Moore，1903—1957），美国精神病学家、诗人。译者注。

3 这里指英国女作家、赞助人 Annie Winifred Ellerman（1894—1983），笔名 Bryher。她可能通过阿德里安娜·莫尼耶认识了本雅明；本雅明在 1939 年 12 月致霍克海默的信里提到过 Bryher："她关注我的写作很久了，也很担心我被拘留。"

121   本雅明致亨妮·古兰［和阿多诺］

1940 年 9 月 25 日 [1]

西班牙，波港

在走投无路的情况下，我别无选择，只能结束一切。这里是比利牛斯山的一个小村庄，没有人认识我，我的生命将在这里走到尽头。

请把我的想法转告给我的好友阿多诺，并向他解释我现在的处境。我已经没有时间写这些我想写的信了。[2]

---

1   这封遗书是用法语写的。译者注。

2   本雅明大概是在 8 月 15 日以后抵达马赛，以领取霍克海默为他开具的移民担保书。但是由于没有法国的出境签证，本雅明被迫与亨妮·古兰（Henny Gurland）母子一同逃离马赛，在同样是犹太人的丽萨·菲特寇（Lisa Fittko）的帮助下，"非法"跨越法西边境。关于这一行人跨越比利牛斯山，逃往西班牙边陲小镇波港（Port Bou）的整个过程，参见丽萨·菲特寇的《逃越比利牛斯山》。然而，西班牙政府却在他们抵达的前一日突然改变了边境政策。任何"非法"入境人员都将被遣送回法国，而这也就意味着被引渡回德国。这就是本雅明所说的"走投无路的情况"，并让他决定在这里结束自己的生命。这封写给亨妮·古兰和阿多诺的遗书通过前者的转述才得以保存下来。参见《本雅明文集》，卷 5（2），第 1202 页。

本雅明的黑皮箱

代译后记[1]

　　本雅明在翻越比利牛斯山的时候，一直拎着一个黑色公文箱。带领本雅明一行人逃难的丽萨·菲特寇后来回忆，这个公文箱又大又沉，本雅明告诉她，"这里面有我的新手稿。……我不能把它弄丢。这份手稿一定要保存下来，它比我的生命还重要"。由于患有心脏病，本雅明逃难时行进缓慢，走走停停，每走十分钟，休息一分钟，菲特寇说这是他事先计算好的行进速度。但是这个公文箱非常重，同行的青年和菲特寇不得不轮流帮他提。"今天，"菲特寇回忆道，"大家经常问我：关于他的新手稿，本雅明都说了些什么？他跟你讨论过手稿的内容吗？它是不是发展了一套哲学新思想？天啊，我当时正忙着带领我的小队伍上山；哲学问题至少要等到下山才有功夫聊。当时的首要任务是从纳粹手里解救出几个人来，可我却跟他这个'怪人'在一起。老本雅明无论如何也不肯丢弃他的累赘——那个黑色公文箱；我们不得不拖着这个巨兽翻山越岭。"菲特寇的回忆与西班牙边境警察的报告吻合，报告记录了本雅明的遗物，其中确实有一个"皮质的公文箱"，还有"一些文件，内容不详"。

1　关于本雅明的公文箱，参见《本雅明文集》，卷5（2），第1183—1205页。

　　自从 1980 年听说了菲特寇的回忆以后，本雅明的好友肖勒姆和《本雅明文集》的编者、阿多诺的弟子蒂德曼就开始四处寻找黑皮箱和手稿的下落。可惜线索在西班牙 Figueras 档案馆中断。他们的推测是：这份"比本雅明生命还重要"的手稿或者被本雅明的同行伙伴亨妮·古兰出于各种原因销毁了，或者在波港边境处或 Figueras 档案馆遗失。肖勒姆相信它是《拱廊街》的最新成果，蒂德曼则推断它是《论历史概念》的其中一份手稿。于是，这篇遗稿便成了一个谜。

　　本雅明的很多手稿都是在他逝世几十年以后才陆续发现的。或许有一天，关于他生前试图挽救的最后一篇遗稿的谜团也会被解开。

刘楠楠

2022 年春，普林斯顿

我思，我读，我在
Cogito, Lego, Sum